U0580631

乾　隆　传

唐文基　罗庆四　著

人民出版社

目　　录

前　　言

　　乾隆在位 60 年,加上 3 年太上皇,执政长达 63 年,占有清一代四分之一。他的政治、经济、文化、军事、外交诸多活动,构成了色彩斑斓的历史画卷。我们以乾隆三十九年(1774 年)为界,分为前后二个时期。前期又以六年(1741 年)初举木兰秋狝、十六年(1751 年)首次下江南为界,分为三个小阶段。而十六年至三十九年,是乾隆朝鼎盛岁月,以后则盛极入衰。这种分期与分段,是否合乎历史实际,有待方家教正。

　　写乾隆,论乾隆,不能不把乾隆置于他所处时代来考察。乾隆是幸运儿。他承先祖余绪,仗全盛国力,平定边疆,拒西方殖民者,为统一多民族国家的巩固与发展,作出了贡献。他编纂《四库全书》等群籍,为保存与整理中国古代文献,起了巨大作用。但乾隆又是不幸者。中国封建社会时已日薄西山,乾隆毕竟回天无力。面对国内人口压力,国外西方侵略者觊觎,乾隆一切举措,从未越封建制度藩篱半步。政治上一味强化君主专制,外交上闭关锁国,经济上执行仍是传统的重农政策,无法把社会生产力引向深度与广度发展。他大兴文字狱,扼杀进步思想,遏制科学精神。他沾沾自喜建立"十大武功",自诩"十全老人",该打的仗打了,不该打的也打,花费大量财力。乾隆后期,中国从盛入衰,当时英国人视清朝为"一艘破烂不堪的头等战舰",绝非言过其实。纵看乾隆,不失为中国历史上一位好皇帝;但从世界史角度横看乾隆,中国落伍

1

了,乾隆落伍了。唯其如此,乾隆死后半个世纪,中国陷入半殖民地半封建的泥坑。是以,我们以为对乾隆评价过高及过低,都有失公允。

挚友周远廉先生《乾隆皇帝大传》,以及白新良先生《乾隆传》、庄吉发先生《清高宗十全武功研究》,均问世多时。他们对乾隆一生都作了深入研究。我们学识浅陋,写《乾隆传》时,参考了他们及史学界其他同人的著述,在此谨表谢忱。

作　者

1993 年 8 月

第一章 从皇孙到初政

（康熙五十年至乾隆五年）

第一节 青少年弘历

一、弘历出世

康熙五十年（1711年）八月十三日子夜，雍亲王胤禛忐忑不安的心情，顿时兴奋起来。他得知格格①钮祜禄氏生下了一个男孩。雍王邸（后改称雍和宫）霎时间似乎明亮得多。

此前，胤禛已得4子。长子弘晖，出皇后乌喇那拉氏，康熙四十三年（1704年）8岁夭折。齐妃李氏为胤禛生有3子，即弘盼、弘昀、弘时。但弘盼未满2周岁殇逝，还不曾叙齿排行；弘昀排行第二，11岁死去；眼前就只有8岁的三子弘时。胤禛贵为亲王，仅有1子，未免单薄。那正是诸王子间为争王储地位明争暗斗白热化之时。太子胤礽废而复立，而昏庸暴戾秉性不改，康熙是断难容忍的，其地位岌岌可危。胤禛与几个兄弟一样有觊觎皇位之心，却处处巧加掩饰，口头上说，储贰之事，"避之不能，尚有希图之举乎！"暗中却在作周密部署，以川抚年羹尧与同母弟胤祥等为核心组成了夺权小集团。胤禛心里明白，在诸阿哥中，谁能得到老皇帝

---

① 据《清史稿》卷214《后妃传》：钮祜禄氏"年十三，事世宗潜邸，号格格"。

的欢心,谁就能在未来主宰天下。多年来,他按这一信条制约自己的言行。现在,他又给康熙老皇帝增添一个孙子,这肯定会使自己在康熙内心天平上,增加一个砝码。

钮祜禄氏是四品典仪凌柱的女儿,乃父官爵并不显。她生下的这个儿子,排行第四,取名弘历。弘历便是后来在中国历史上执政长达63年的乾隆皇帝。

清朝的前几位皇帝,历来都有些奇怪的传说。诸如顺治因失恋而出家当和尚;康熙被儿子雍正害死,雍正为了夺取皇位,篡改乃父遗诏。这位未来的乾隆皇帝弘历传说更离奇,说他不是满族血统,而是汉族官宦之后。清季陈某,署名"有妫血胤",所撰《清秘史》中《弘历非满种与易服色之不成》篇写道:

"(浙江海宁)陈氏自明季衣冠雀起,渐闻于时。至(陈)之遴始以降清,位至极品。厥后,陈诜、陈世倌、陈元龙等父子叔侄,并位极人臣,遭际最隆。康熙间,雍正与陈氏尤相善,会两家各生子,其岁月日时皆同。雍正闻乃大喜,命抱以来,久之始送归,则竟非己子,且易男为女矣。陈氏殊震怖,顾不敢剖辨,遂力秘之。"

《秘史》所说陈氏,指的浙江海宁陈元龙。据陈敬懋《海宁渤海陈氏宗谱第五修》记载①,陈元龙有1妻2妾,共生1男2女②。儿子

---

① 存日本东京东洋文库。
② 《海宁渤海陈氏宗谱第五修》卷8《第十世世传・之暗子元龙》:"(陈)元龙,字广陵,号乾斋,……乙丑(康熙二十四年,1685年)会试第二名,殿试第一甲二名及第,授翰林院编修,历官文渊阁大学士兼礼部尚书,……生顺治壬辰(九年,1652年),终乾隆丙辰(元年,1736年),……配长洲相国宋文恪公女,……继王氏,……子一,邦直,王氏出。女二,长适太仓相国王公子、进士、四川宪副奕鸿,侧室王氏出;次适御史昆山徐树谷子、广西梧州郡守德秩,侧室吴出。"

陈邦直,生于康熙三十四年(1695年)①,比弘历大17岁。陈元龙的第二个女儿嫁给徐德秩。徐德秩是康熙时左都御史徐乾学的孙子,据乾隆《梧州府志》卷12《职官志》载,于雍正十一年(1733年)任梧州知府。另据阙名《徐乾学家谱》记载,徐德秩生于康熙二十六年(1687年),其妻是海宁陈元龙次女,与徐德秩同龄②。也就是说,陈元龙次女比弘历大24岁,更勿论其长女了。可见,《清秘史》所云:"会两家各生子",雍正以女易陈元龙之子云云,纯系无稽之谈。这本书的作者有着浓厚的排满思想,《清秘史》的序甚至不用清朝年号,用的黄帝纪年。他杜撰弘历非满种这天方夜谭,其用心不是很清楚吗?

二、康熙帝掌上明珠

弘历聪明伶俐,6岁就学,过目成诵。他先后受业于庶吉士福敏、署翰林院掌院学士朱轼、徐元梦和翰林院编修蔡世远等人。这几个人各有专长。福敏字龙翰,满洲镶白旗人。雍正请他为弘历启蒙,无疑是因为福敏性刚直,能够对自己儿子严格督课。在福敏指导下,弘历于13岁以前,已熟读《诗经》、《尚书》、《易经》、《春秋》和《戴氏礼记》等儒家经典和宋儒著作,以及《通鉴纲目》、《史记》、《汉书》等史籍,学业大有长进③。日后弘历曾说,自己"冲龄

---

① 《海宁渤海陈氏宗谱第五修》卷9《第十一世世传·元龙子邦直》。
② 日本东京东洋文库存阙名《徐乾学家谱》:"德秩,……字叙九,号南洲,例贡生,……癸丑(雍正十一年,1733年)特授梧州府知府,……康熙丁卯(二十六年,1687年)五月二十二日生,乾隆丁巳(二年,1736年)五月二十四日卒……配海宁陈氏,……元龙次女,……康熙丁卯七月二十九日生,乾隆庚午(十五年,1750年)七月二十四日卒,享年六十有四。"
③ 《乐善堂集·朱轼序》。

就儒时,(福敏)启迪之力多也"①。朱轼字若曦,江西高安人,负一时重望,被雍正命为弘历师傅,设教席于懋勤殿,受弘历行拜师礼。朱轼以经训进讲,授弘历贾谊、董仲舒和宋儒学说②。蔡世远字闻之,福建漳浦人,是当时著名学者,雍正元年在上书房教弘历等读四书五经、宋儒著述以及诸史、载籍。蔡世远讲儒学,"必引而近之,发言处事,所宜设诚而致行者",即以近傍实际,阐述儒家理论,而不是引导弘历读死书。他讲史,"则即兴亡治乱,君子小人消长,心迹异同,反复陈述"③,即通过对以往朝代兴亡、古人沉浮以及执政者思想修养等剖析,向弘历灌输治国平天下的历史经验和教训。这几位老师对弘历的影响很大,弘历自己说"于轼得学之体,于世远得学之用,于福敏得学之基"④。

康熙六十一年(1722年)春,胤禛的私园圆明园牡丹盛开。有一天,康熙乘兴到园中"镂月开云"牡丹台观花。胤禛向康熙引见弘历。12岁的弘历长得前庭方广,眉目清秀,身材颀长,举步稳重,谈吐声音既洪亮又悦耳。眼前这个翩翩少年,康熙一见就喜爱上了,即时带回宫中"养育抚视"。从此,祖孙形影相随,据弘历后来回忆:"夙兴夜寐,日觐天颜;绨几缥书,或示章句;玉筵传膳,每赐芳饴;批阅章奏,屏息待劳;引见官吏,承颜立侧"⑤。储君问题长时间折磨着老皇帝。父子成仇,兄弟侧目,垂暮老人内心是痛苦的。如今,这个小孙子成了他精神寄托。宋儒周敦颐《爱莲说》,是当时青少年必读名作。有一天,康熙要弘历背诵。弘历朗朗

---

① 《清史稿》卷303《福敏传》。
② 《清史稿》卷289《朱轼传》。
③ 《清史稿》卷290《蔡世远传》。
④ 《清史稿》卷303《福敏传》。
⑤ 《御制避暑山庄记·恩堂记》。

诵道：

> "水陆草木之花，可爱者甚蕃。晋陶渊明独爱菊。自李唐来，世人盛爱牡丹。予独爱莲之出淤泥而不染，濯清涟而不妖。中通外直，不蔓不枝。香远益清，亭亭净植，可远观而不可亵玩焉。予谓，菊，花之隐逸者也；牡丹，花之富贵者也；莲，花之君子者也。噫！菊之爱，陶后鲜有闻。莲之爱，同予者何人？牡丹之爱，宜乎众矣！"

弘历不仅背诵娓娓动听，而且解释融彻，康熙"奖悦弥至"。骑马射箭，原是爱新觉罗氏祖传家法。康熙要弘历向贝勒允禧学射箭，向庄亲王允禄学火器。这二人也是皇族中佼佼者。允禧是康熙的第21子，不仅善射箭，而且能诗能画。允禄是清太宗皇太极第5子硕塞的儿子，精数学、通乐律。弘历在他们传授下，骑射本领日见长进，无论是宫门挽弓，还是南苑围猎，命中率都甚高。垂髫少年的英武气概，观者叹服。

当年秋天，弘历被康熙带往避暑山庄，住在万壑松风读书。万壑松风在山庄的湖南山上松林之中。一天，御舟泊晴碧亭，康熙在船上远远地传呼弘历。弘历应声从岩壁满布的山坡上，踏跳而下。这可使老皇帝心惊肉跳，连声高呼："勿疾行，恐致蹉跌！"直到弘历上了御舟，康熙才松一口气。祖孙情深，于兹可见。

避暑山庄近侧狮子园，是康熙赏给胤禛的私园。一天，康熙携弘历临幸狮子园，传见了弘历生母钮祜禄氏。老皇帝爱乌及屋，连声称赞钮祜禄氏是"有福之人"。这一年木兰秋狝，康熙带着弘历到永安莽喀围场打猎。康熙射倒一只熊后，命弘历再射。弘历刚上马，带伤倒地的熊突然立起扑来。弘历控辔自若，毫不惊慌。康熙急忙补一枪，将熊击倒。老人眼见小孙子临危不惧，十分赞赏。回帐之后，激动地对温蕙贵妃说：此儿"是命贵重，福将过予"。

5

这一年十一月，康熙病危。临终前，他对大学士马齐说："第四子雍亲王胤禛最贤，我死后立为嗣皇。胤禛第二子有英雄气象，必封为太子"①。康熙弥留之际，已把大清的江山，付托给胤禛和爱孙弘历了。

第二节　登上皇帝宝座

一、《乐善堂文钞》的舆论准备

康熙六十一年（1722年）十一月十三日，康熙去世，胤禛继位。第二年改元雍正。12岁的弘历成了皇子。

元年（1723年）正月，雍正首行大祀之典。祈谷礼成，召弘历到养心殿，赐食馂。据史家解释，这是寓意"承福受胙"，雍正有意将来把江山付托给弘历。姑且不论这种解释是否符合雍正赐馂本意，我们在以后便会明白，雍正元年，新皇帝确已把弘历定为自己的接班人。

雍正八年（1730年）秋，年仅20岁的弘历，将他从14岁以来的诗文，挑选出一部分，辑成《乐善堂文钞》付梓。乐善堂是弘历的书斋。他在《乐善堂记》一文中写道：

> "余有书屋数间，清爽幽静，山水之趣，琴鹤之玩，时呈于前。菜圃数畦，桃花满林，堪以寓目。颜之曰乐善堂者，盖取大舜乐于人以为善之意也"②。

应当指出，今存于《四库全书》集部的《乐善堂集定本》共30卷，是

---

① 《李朝实录·景宗实录》卷10，二年（康熙六十一年）十二月戊辰条。按，因弘盼、弘昀早逝，所以朝鲜使者以为弘历是雍正第二子。

② 《乐善堂集》卷8《乐善堂记》。

乾隆二十三年户部尚书蒋溥等奉命重辑的,非雍正八年《乐善堂文钞》原本。《乐善堂文钞》刊行后,乾隆曾多次重订。但是,以后增加进去的诗文,也都是作者在雍正十三年(1735年)前的作品。所以,《乐善堂集》不论文钞还是定本,都是弘历青年时期所作。

关于编辑刊刻《乐善堂文钞》目的,弘历在序言中写道:

"余生九年始读书,十有四岁学属文。今年二十矣。其间朝夕从事者,四书五经、性理纲目、大学衍义、古文渊鉴等书,讲论至再至三。顾质鲁识昧,日取先圣贤所言者以内治其身心,又以身心所得者措之于文,均之有未逮也。日课论一篇,间以诗歌杂文,虽不敢为奇辞诡论,以自外于经传儒先之宗旨,然古人所云文以载道者。内返窃深惭恧,每自念受皇父深恩,时聆训诲,至谆且详,又为之择贤师傅以受业解惑,切磋琢磨,从容于藏修息游之中,得以厌饫诗书之味,而穷理之未至,克己之未力,性情涵养之未醇,中夜以思,惕然而惧。用是择取庚戌(雍正八年)九月以前七年所作者十之三四,略次其先后,序、论、书、记、杂文、诗赋,分为十有四卷,置在案头,便于改正。且孔子不云乎,'言顾行,行顾言'。《书》曰'非知之艰,行之维艰'。常取余所言者,以自检所行。行倘有不能自省克,以至于言行不相顾,能知而不能行,余愧不滋甚乎哉"①。

弘历说他刊刻《乐善堂文钞》,是为了常常能以自己所言,自检所行。这是堂皇之论,究其真实目的,绝非如此单纯。《乐善堂文钞》付梓时,弘历请14个人为他作序。其中有庄亲王允禄、康熙第17子果亲王允礼、贝勒允禧、平郡王福彭、大学士鄂尔泰、张

① 《乐善堂集·庚戌年原序》。

廷玉、朱轼以及当时在士林颇有名气的蔡世远、邵基、胡煦等人，还有他自己的弟弟弘昼。这些人的序言，对弘历是一片赞扬声。或说作者饱览群书，精通经史诗赋，"自经史百家以及性理之阃奥，诸赋之源流，靡不情览"（张廷玉序）；"精研《易》、《春秋》、载氏礼、宋性理诸书，旁及通鉴、纲目、史汉、八家之文章，穷其旨趣，探其精蕴"（朱轼序）。或说作者才思敏捷，"每为文笔不停辍，千言立就，而文思泉涌，采翰云生"（福彭序）。或说《乐善堂文钞》是稀世之作，"其气象之崇宏，则川渟狱峙也；其心胸之开浚，则风发泉涌也；其词采之高华，则云蒸霞蔚也；其音韵之调谐，则金和玉节也"（邵基序）。这些语言，除了含有阿谀奉承的调子之外，更多的是封建文人互相吹捧积习的表露。但耐人寻味的是，有人已经把弘历吹捧为怀有治国平天下道德和才能的储君。如张廷玉说：

> "皇子以天授之才，博古通今之学，循循乎祗遹圣训，敬勤无斁"。

鄂尔泰说：

> "皇子乐善之诚，充积于中，而英华外发，有不知其然而然者，……则精一危微之训，上接列圣之心传者，莫不此会而极"。

朱轼说：

> "圣祖仁皇帝德合乾坤，功参化育。我皇上钦明缉熙，圣以继圣，本精一执中之心法，发而为荡平正直之皇猷。万方臣庶，是训是行。矧皇子天禀纯粹，志气清明，晨夕侍奉之下，其熏陶涵育圣德圣训者，固日新月盛，莫知其然而然矣。从此敬承无斁，优游厌饫。戒于思虑之未萌，恭于事物之既接，进德修业之功，得而窥其所至。"

既是"天授之才"，"又上接列圣之心传"，"进德修业之功"更不可

"窥其所至",未来的天子已经在这些序言中呼之欲出了。

弘历聪明过人,对自己的未来,会有乐观的估计。他不必像父辈那样为夺权而明争暗斗。他要做的事情是,应当在皇族和朝臣之中,树立起自己未来英明君主的形象。其妙着就是借助于这一部《乐善堂文钞》,以表示自己不仅精通书史,擅长诗赋,而且有经世之才。果然,他的弟弟弘昼在序言中公开表示自愧弗如:

> "弟之视兄,虽所处则同,而会心有浅深,气力有厚薄,属辞有工拙,未敢同年而语也。吾兄随皇父在藩邸时,朝夕共寝食相同。及皇祖见爱,养育宫中,恪慎温恭。皇父见之,未尝不喜。皇父闻之,未尝不乐。……兄之乐善无穷而文思因以无尽。凡古圣贤之微言大义,修身体道之要,经世宰物之方,靡不发挥衍绎娓娓畅焉。"

作者不仅承认弘历曾受皇祖抚爱,而且说弘历已得圣贤"经世宰物之方",自己不敢与哥哥"同年而语"。弘昼是皇位最有力的竞争者,他既然心悦诚服,谁还能与弘历匹敌。在《乐善堂文钞》中,弘历多次提到康熙对自己的钟爱。说皇祖曾赐他"长幅一,复赐横幅一、扇一","恩宠迥异他人"[1],"得皇祖之泽最深"[2]。如此念念不忘皇祖恩宠,尽管包含着孙子对祖父的怀念,但这毕竟是弘历最荣耀的政治资本,怎能不经常注于笔端。总之,弘历刊刻《乐善堂文钞》是有政治意图的,目的在于为日后当皇帝作舆论准备。他把自己的读书处命之曰"乐善堂","盖取大舜乐取于人以为善之意"。这无异于以大舜自诩。

---

① 《乐善堂集》卷8《皇祖圣祖仁皇帝恩赐御书记》。
② 《乐善堂集》卷8《恭跋皇祖仁皇帝御制避暑山庄三十六景诗》。

二、受诏登基

雍正十三年(1735年)八月二十日,雍正在圆明园处理政务,虽身体偶感不适,但未曾重视。二十二日深夜,病情突然加剧。庄亲王允禄、果亲王允礼和大学士鄂尔泰、张廷玉、公丰盛额、讷亲、内大臣海望应召入寝宫。二十三日子时,这位统治中国13年的皇帝去世了,年仅58岁。关于雍正死因,或说中风,或说服用了道士炼的丹药。孰是孰非,有待研究。还有一种传说,雍正是被吕留良的女儿吕四娘刺杀。吕留良因反满文字贾祸,被戮死枭首。乃女吕四娘学得一身武艺,入宫刺杀雍正。这种传说当然缺乏依据。

雍正去世,内宫一片哭声。鄂尔泰、张廷玉对允禄、允礼说,雍正"因传位大事,亲书密旨,曾示我二人,外此无有知者。此旨收藏宫中,应急请出,以正大统"①。早在雍正七年(1729年)冬时,雍正染病,寒热时发,饮食不常,夜不能熟寝。八年(1730年)六月,召见允禄、弘历、弘昼和大学士、内大臣数人,"面谕遗诏大意"②。九月,又将立储密诏示知张廷玉,十年(1732年)正月再次密示鄂尔泰、张廷玉,"此时圣谕曰,汝二人外,再无一人知之"③。鄂、张所说"亲书密旨",就是指十年正月这一次。

不久,总管太监捧出黄封一函,内藏硃笔亲书传位弘历诏。张廷玉于灯下宣读,弘历跪拜受命之后宣布,"遵皇考遗旨,令庄亲王、果亲王、大学士鄂尔泰、张廷玉辅政"。

清朝的秘密建储制度始于雍正。康熙年间,康熙帝二次立太子,又二次废太子。储君问题,几乎折腾了半个世纪。雍正接受这

---

① 张廷玉:《澄怀主人自订年谱》卷3。
② 《清高宗诗文集》初集卷15《圣德神功碑》。
③ 张廷玉:《澄怀园主人自订年谱》卷3。

一教训,创立了秘密立储办法。雍正元年(1723年)八月十七日,他在乾清宫西暖阁召见总理事务王大臣和九卿,宣布:

> "今朕诸子尚幼,建储一事必须详慎,此时安可举行?然圣祖既将大事付托于朕,朕身为宗社之主,不得不预为之计。今朕特将此事,亲写密封,藏于匣内,置之乾清宫正中世祖章皇帝御书《正大光明》匾额之后,乃宫中最高之处,以备不虞。诸王大臣咸宜知之。或收藏数十年,亦未可定"①。

但是,据雍正去世时在场人张廷玉记载,当夜用的是雍正十年藏于圆明园的传位诏。这是可信的。雍正遗体黄夜运回宫中,"仓卒中得官厩驽马乘之,几至蹶踣"②。这短短十余字可以看出,其时行色匆忙,情景相当狼狈。

八月二十四日,弘历颁布数道谕旨。其中谕内外大臣旨,主要内容有三:第一,朕受皇考付托,凡皇考办理未竟之事,皆朕今日所当敬谨继述。这实质上是宣布自己将继续处理先帝未竟之业,维护政策连续性。第二,诸王大臣均是深受重恩之人,各宜殚心竭力,辅朕不逮。这是要求朝中大臣必须效忠自己。第三,外省文武大臣,如果因皇考"龙驭上宾",将已经上奏的本章"中途赶回,另行反改,或到京后撤回不进者,经朕查出,定行从重治罪"③。这是要求各级地方官处理事务应一如既往,不得欺慢。

还有一道是谕总理事务王大臣庄亲王允禄等人的,内容是关于鄂尔泰、张廷玉配享太庙问题:

> "雍正八年六月内,钦奉皇考谕旨,张廷玉器量纯全,抒诚供职。其纂修圣祖仁皇实录,宣力独多,每年遵旨缮写上

---

① 《上谕内阁》,元年八月十七日谕。
② 张廷玉:《澄怀园主人自订年谱》卷3。
③ 《乾隆实录》卷1。

谕,悉能详达朕意,训示臣民,其功甚巨。鄂尔泰志秉忠贞,才优经济,安民察吏,绥靖边疆,洵为不世出之名臣。此二人者,朕可保其终始不渝。朕万年之后,二臣著配享太庙。今朕欲将皇考此旨入于遗诏内颁发"①。

配享太庙对于封建官僚来说,是至高无上的荣誉。弘历宣布要将此事写入皇考遗诏,等于以雍正遗诏作为最权威的兑现保证。这种超出常格的作法,目的在于拉拢这二位满汉大臣的领袖人物,并通过他们争取整个官僚队伍对自己效忠。鄂、张二人故作姿态,"屡行固辞",谦让一番,最后还是感激涕零地接受了。二天后,鄂、张二人上奏,"不敢当辅政之名,请照例称总理事务"。弘历同意,降旨"凡宫门一切陈奏,先告知总理事务王大臣,再行进呈"②。

弘历还注意到稳定内宫问题。八月二十五日,他对太监颁谕说,国家政事,关系重大,不许妄行传说。皇太后仁慈,抚爱朕躬,凡有所知,岂有不告之理? 但市井传说,多有舛误。今后凡外间传闻,无故向廷传说者,即为背法,查出定行正法。这一谕旨是为了防止太监向内宫走递朝廷信息,拨弄是非,干扰政局。

弘历还降谕都统莽鹄立,命令他把炼丹道士张太虚、王定乾等人赶出西苑。雍正生前迷信道家丹药,张、王等就在西苑替皇帝炼丹。所以,雍正突然死亡,史家疑为丹药中毒,绝非捕风捉影之论。而弘历在乃父尸骨未寒之时,就急忙把炼丹道士驱逐出西苑,更使人有理由相信丹药对雍正健康造成严重损害。弘历这份诏谕写得很奇妙:

"皇考万几之余,闻外间炉火修炼之说,圣心深知其非,

---

① 《乾隆实录》卷1。
② 张廷玉:《澄怀园主人自订年谱》卷3。

聊欲试观其术,以为游戏清闲之具,因将张太虚、王定乾等数人置于西苑空闲之地。圣心视之与俳优人等耳,未曾听其一言,未曾用其一药。且深知其为市井无赖之徒,最好造言生事,皇考向朕与亲王面谕者屡矣。今朕将伊逐出,各回本籍。……若伊等因内廷行走数年,捏称在大行皇帝御前一言一字,以及在外招摇煽惑,断无不败露之理,一经访闻,定严行拿究,立即正法,决不宽贷"①。

上谕从为亲者尊者讳角度出发,轻描淡写地说他父亲视张太虚等炼丹术为"游戏消闲之具",也知道这批人是"市井无赖之徒",从未用过一药。这位年轻皇帝对炼丹术的鄙视与厌恶,表明他具有反对愚昧的可贵精神。

九月三日黎明,大驾卤簿全设。弘历先著素服向雍正帝梓宫行九拜礼。然后更换礼服,奉皇太后到永寿宫,亦行九拜礼。接着,至中和殿受内大臣和执事官行拜,再到太和殿即皇帝位,受亲王以及文武百官、朝鲜等国使臣朝拜,颁诏天下,以明年为乾隆元年。

第三节　完成雍正未竟之业

一、平定古州台拱叛乱

雍正突然去世,遗留给乾隆最急迫的事,莫过于西南和西北的民族问题。他说:"目前紧要之事,无有过于西北两路及苗疆

---

① 《乾隆实录》卷1。

用兵"①。

西南民族问题,即"苗疆用兵",指的是贵州古州(今贵州榕江县)台拱(今贵州台江县)一带苗族原土司叛乱。

元明以来,西南少数民族聚居地区普遍实行土司制度。中央政府委令当地少数民族的首领为土官,"曰宣慰司、曰宣抚司、曰招讨司、曰安抚司、曰长官司,以其劳绩之多寡,分尊卑之等级"。土司允许世袭,中央政府征以赋税,也可以驱使其众。土司虽"大姓相擅,世积余威",也必须假中央政府予以的爵位、名号,对部民"易为统摄"②。土司制度的建立,是封建专制主义中央集权统治的扩展,也密切了西南少数民族地区与内地政治经济文化的联系。但土司制度毕竟是与农奴制相适应的落后的政治体制。土司拥有大量世袭的土地,强迫土民为其农奴,耕田纳赋当差。康熙雍正时兰鼎元说,贵州各土司"一年四小派,三年一大派。小派计钱,大派计两。土民岁输土徭,较汉民丁粮加多十倍"③。在政治上,土民没有人身自由,他们对土司"无官民之礼,而有万世奴仆之势,子女财帛总非本人所有","土民一人犯罪,土司缚而杀之,其被害之家族,尚当敛银以俸土司,六十两、四十两不等,最下亦二十四两,名曰玷刀钱"④。各土司间,为争土地与劳力,常兵戎相见,战争接连不断,给少数民族带来了深重灾难。明朝以来,为强化中央对西南地区的管辖,陆续对各土司实行改土归流政策,罢撤土官,由中央派流官直接治理。降至雍正年间,采纳云贵总督兼兵部尚书鄂尔泰建议,清朝在西南更大规模地改土归流。鄂尔泰制定改

---

① 《乾隆实录》卷1。
② 《明史》卷310《土司传》。
③ 兰鼎元:《鹿州初集》卷1《论边省苗蛮事宜书》。
④ 兰鼎元:《鹿州初集》卷1《论边省苗蛮事宜书》。

土归流政策的基本点,是要削弱土司的政治经济特权。据鄂尔泰年谱载:

> "公以滇黔二省,苗猓离(杂?)处,时为民害。欲靖地方,须先安苗猓;欲安苗猓,须先制土司;欲制土司,须先令贫弱"①。

其具体内容包括:改土司为州县,取消土官世袭制度;没收原土官田产,发给土兵屯种;废除原土司的土贡制度,土民向官府自报田产,按内地税制计亩征赋。

改土归流削弱了少数民族地区封建农奴制的割据势力,是促使社会政治经济发展的进步政策。但它触犯了土司利益,势必引起土司的强烈反对。鄂尔泰以武力为后盾,剿抚结合,加以推行。雍正四年(1726年)五月,他首先出兵荡平广顺州长寨后,建营驻兵,分扼险要,"易服雉发,立保甲,稽田户"②,并乘胜招服黔边东西南的定番、镇宁、永宁、永丰、安顺等苗寨2千余③。古州(今贵州榕江县)的改土归流迟至雍正七年(1729年)才着手。此处"自恃地险峻,出没靡宁,扰害居民,劫夺行旅","为地方良善之患",是"自古未归王化之地"④。又有人传播说"改流升科,额将岁倍"⑤,所以当地土司顽固地反对改土归流。当年三月,鄂尔泰平定古州,雍正立即嘉奖鄂尔泰与协助鄂尔泰执行改土归流政策的贵州巡抚张广泗。

雍正九年(1731年)鄂尔泰返京。古州苗族头人"伺公已北

---

① 鄂容安等:《襄勤伯鄂文端公年谱》,载《清史资料》第2辑。
② 魏源:《圣武记》卷7《雍正西南改土归流记上》。
③ 鄂容安等:《襄勤伯鄂文端公年谱》,载《清史资料》第2辑。
④ 鄂容安等:《襄勤伯鄂文端公年谱》,载《清史资料》第2辑。
⑤ 魏源:《圣武记》卷7《雍正西南改土归流记上》。

上,文武官弁又不善防范,致复作乱"①。雍正十二年(1734年)当地谣言四起,说是"出有苗王"②。十三年二月,所属八妹、高表等寨"听信谣言",纠众滋事。叛乱以古州、台拱为中心迅速蔓延,攻掠所至,达凯里(贵州今县)、施秉(贵州今县)、黄平州(贵州今县)、清平(今贵州凯里县西北)、余庆(贵州今县)、镇远(贵州今县)、思州(治所今贵州岑巩),震动省城。五月,雍正派湖广、广西、云南、四川官兵2万名进剿,命贵州提督哈元生为扬威将军,统一调遣,湖广提督董芳副之。雍正还任命皇四子弘历、皇五子弘昼、大学士鄂尔泰、张廷玉、户部尚书庆复、礼部尚书魏廷珍、刑部尚书宪德、张照和工部尚书徐本等为办理苗疆事务王大臣,令张照和副都御史德希寿立即驰驿赴黔,指挥征剿。

张照是鄂尔泰政敌。古州叛乱发生,鄂尔泰引咎辞去伯爵。张照到达贵州后,没有集中全力征剿,殚心竭虑的是利用时机,进一步攻讦鄂尔泰。他一方面上疏密奏"改土归流非策",另方面策动哈元生也上疏弹劾鄂尔泰。哈元生是鄂尔泰一手提拔,自然不愿与张照合作。张照转而支持董芳,在前方专主招抚。"当是时中外畏事者争咎前此苗疆之不当辟,目前苗疆之不可守,前功几尽失,前局几尽变"③。西南改土归流面临着流产的危险。

正是在这严峻时刻,雍正撒手而去。年轻的新皇帝面对群情汹汹,弃苗疆之论甚嚣尘上而毫不动摇。他坚持用兵,果断地采取三项措施,力挽危局。

第一,迅速撤换前方主帅。八月二十四日,乾隆执政第二天,

---

① 魏源:《圣武记》卷7《雍正西南改土归流记上》。
② 《乾隆实录》卷153。
③ 魏源:《圣武记》卷7《雍正西南改土归流记上》。

降旨调张照返京,以张广泗总理苗疆事务,谕令速往办理。乾隆用张广泗代替张照,可谓知人善任。张广泗,汉军镶红旗人,以监生入赀授知府。雍正四年(1726年),协助鄂尔泰在云贵搞改土归流,次年擢贵州按察使,六年率兵讨平都匀、黎平、镇远、清平叛乱,因功超授巡抚。十年,以副将军之衔,随宁远大将军岳钟琪出兵西路,讨伐准噶尔部叛乱。出任苗疆总理事务大臣之前,是湖广总督。

第二,指示前方剿抚结合,停止滥杀无辜暴戾行径。清军纪律败坏,杀良冒功,是其惯伎。如八寨协副将冯茂,"杀诱降苗六百余,及其头目三十余冒功,于是逃归播告党徒,诅盟益坚,多手刃妻女而后出抗官兵,蔓延不可招抚"①。良莠不分,一概屠杀,不利于分化瓦解敌人。乾隆很不赞成。九月二十一日,他颁谕:

"朕闻得滇黔等省官兵,攻剿逆苗,其所过地方,概将空寨焚毁,甚至将已抚之苗,出寨当夫者,辄行诛戮。盖附近小寨,每为大寨逆苗阻使挟制,不得不从,若一概焚烧,毁弃米粮牲畜,诛其老弱子女,则胁从之徒无所依藉,势必并力格斗。"

九月二十四日再次指出:

"凶顽之寨及首恶之人,定应剿洗擒获,务尽根株。其余附和迫胁之苗,分别料理,必令尽缴器械,方许投诚"②。

区别已抚与凶顽,分清首恶和胁从,采取不同政策,必然减少阻力,有利于将战争推向胜利。

第三,批驳"弃置"论,坚持改土归流方针。九月七日,乾隆批阅张照从贵州送来的奏折时严厉斥责说:

---

① 魏源:《圣武记》卷7《雍正西南改土归流记上》。
② 《乾隆实录》卷3。

"又伊（张照）称，新辟苗疆，当因其悖乱而降旨弃绝，尤为乖谬。前朕与王大臣等会议时，金云苗人现在跳梁，此时断无弃置之理，惟有俟事平之后，再行计议。彼时张照亦力主此说，今何以自相矛盾如此。且折内忽云弃置，忽云痛剿，仍是两歧之见，究不知其意之所在，甚属糊涂。"

九日，又说：

　　"至于弃置新疆之说，皇考偶向朕与王大臣等商及，以为从前原不应料理，非谓目下也。此时询谋相同，力奏其不可，张照即在与议之列，皇考深以为然。今张照以为密奉弃置之谕，且将此转告哈元生，错谬已极。可令张广泗传谕哈元生知之。"①

应当指出，黔东西南苗族聚居地，在中国境内，所谓"弃置"，绝不是意味让它从中国分裂出去，而是对少数民族上层分子割据势力听之任之，放弃中央政府对它的行政管辖，从改土归流倒退到土司制度之前的羁縻政策，这显然不利于维护国家的统一和各民族之间经济文化的交往。雍正因苗疆叛乱，后悔改土归流，"以为从前原不应料理"，叛乱平定之后可以考虑"弃置"问题，纯属因噎废食之论，也是张照"弃置"论的根源。乾隆对张照"弃置"论的批驳，表明他维护国家和民族统一，比雍正更坚定。

　　张广泗衔命赴黔，到达镇远。十一月，他将了解到的前方情况，上奏乾隆。奏折指出，平叛数月，毫无成效，原因是：第一，起事之初地方官对叛乱的严重性估计不足。巡抚元展成"以熟苗必不致反"，提督哈元生又以为"苗人不难扑灭"，疏于轻敌。第二，指挥失当。调集来的数万官兵，哈元生只在大路沿途密布，而所用攻

---

① 《乾隆实录》卷2。

18

剿之师,不过一、两千人。东西奔救,顾此失彼。董芳驻守八弓(今贵州三穗县),仅以招抚为可了事,"较之哈元生更无实际"。第三,将帅不和,各行其是。张照于董芳所办之事,极口赞扬,于哈元生所办之事,痛加丑诋,"一切军机事宜,皆各行其意,从无一字相商"。乾隆阅后,降旨将张照革职拿问,元展成、德希寿、董芳拿解京师,哈元生革去扬威将军,暂留提督职,交张广泗差遣①。

十二月,张广泗集结大军于镇远,确保云贵往来大道的通畅。接着简选将士,面授方略,分兵三路进击。一路攻上九股,一路攻下九股,张广泗自己率一路攻清江下游各寨。乾隆元年(1736年)春,又增兵八路攻剿。苗兵在寨破之后,纷纷躲进牛皮大箐。"箐环苗巢之中,盘亘数百里,北丹江,南古州,西都匀、八寨,东清江、台拱,危岩切云,老樾蔽天,雾雨冥冥,泥潦蛇虺"②,官军不能进入。张广泗督诸军分扼箐口以坐困之,又旁布奇兵于大箐外,截获从大箐中跑出来的苗兵。继而又重重合围,步步进逼。至五月,俘馘万计,苗兵因饥饿和颠陨死者不可胜数。至六月,张广泗率兵共缴除1224寨,赦免388寨,斩首17600有奇,俘虏2.5万余,叛乱终于被平定。张广泗因功授贵州总督。

叛乱被平定之后,为了稳定苗疆,乾隆采取了四项善后措施。

第一,"永除新疆苗赋",即"将古州等处新设钱粮,尽行豁免,永不征收"。

第二,在苗疆"建立营汛,分布官兵"。

第三,"苗民风俗,与内地百姓迥别,嗣后一切自相争讼之事,俱照苗例完结,不必绳以官法。至有与兵民及熟苗关涉之案,隶

---

① 《乾隆实录》卷7。
② 《乾隆实录》卷22。

文官者仍听文员办理,隶武官仍听武弁办理,必秉公酌理,毋得生事扰累"①。

第四,将"逆苗绝户田产",令兵丁屯种。对于这一措施,协办吏部尚书事务顾琮、云南总督尹继善、两广总督鄂弥达都提出反对意见。他们认为,"招募屯田,尽夺生苗衣食之地",日后苗民"必聚众拼命"②;"屯丁不能自耕,仍须召苗耕种","久之视同奴隶,苗民既衣食无赖,又兼役使鞭笞","恐不出十五年,古州之事复见矣"③。但张广泗实行兵屯态度坚决,表示愿"以身家相保"④。他多次上疏力排众议,指出"新疆未垦之地甚多","原不必以日后之地少人多为虑";"屯军凌虐苗民,实为目前一紧要事",应拟定章程,设法防止:一方面禁止屯军"请人佃种",另方面饬令屯田"与苗民标明界址,以免挽越侵占"⑤。乾隆终于同意了张广泗的意见,于三年(1738年)十月,颁布了约束屯军事宜各款:第一,严禁兵役通事人等下寨采买,应另立市场,定期交易。第二,禁止文武衙门兵役人等滥役苗民,凡雇募苗夫,应给工价,陆路40里为一站,给银8分;苗船逆水30里为一站、顺水80里为一站,给钱1钱5分;随时雇募小工,日给钱3分。第三,递送公文,专责塘兵,不得用苗民。第四,慎选苗疆通事。第五,在苗寨立头人以约束其众。第六,严格屯田界限,不许越界侵占苗民田产,违者计亩论罪。第七,稽察屯户,不守屯规者依法严惩。第八,定期训练屯军技艺。第九,屯田严禁典卖,卖屯田1亩以下笞50,每5亩加1等,卖官田

---

① 《乾隆实录》卷22。
② 《乾隆实录》卷46。
③ 《乾隆实录》卷67。
④ 《乾隆实录》卷55。
⑤ 《乾隆实录》卷73。

加 2 等。第十,屯田纳税从乾隆己未年(四年)开始,上田亩纳米 1 斗,中田 8 升,下田 6 升,每斗加鼠耗 3 合;每年给百户工食米 12 石,总旗 6 石,小旗 3 石。第十一,在苗疆预筹积贮,动帑采买。第十二,酌增苗疆卫弁①。这些规定的主要条款,就是防止屯军对当地苗民的欺凌。同年十二月,据张广泗报告,镇沅等 6 府清出叛苗绝户田共 4473 亩,山土共 33 亩,俱拨归屯军②。

二、与准噶尔部息兵议和

西北问题,指的是对蒙古准噶尔部用兵。

我国北部边疆,东起黑龙江呼伦贝尔,南至瀚海,西界阿尔泰山,北到俄罗斯,是喀尔喀蒙古长期居住和游牧地区。在喀尔喀蒙古以西,是厄鲁特蒙古游牧地方。喀尔喀蒙古的土谢图汗、扎萨克图汗和车臣汗三部,都与清朝保持着密切的地方与中央关系。约在十六世纪后期,厄鲁特蒙古已分作准噶尔、和硕特、杜尔伯特和土尔扈特四部。康熙年间,准部首领噶尔丹曾发动叛乱,被康熙平定。康熙后期和雍正年间,准部首领策妄阿拉布坦觊觎阿尔泰山以东喀尔喀蒙古的牧场,并派兵掠哈密,又趁西藏内乱之时,进兵拉萨,结果被清军击败。

雍正五年(1727 年),策妄阿拉布坦去世,子噶尔丹策零继任准部浑台吉。当时,准噶尔部北方有沙俄的强大压力。雍正七年(1729 年),噶尔丹策零曾对俄国使者说:"看! 你们的城市造在额尔齐斯河和鄂毕河上是为什么呢? 那可是我的领土啊!"③在这种情况下,野心勃勃的噶尔丹策零,力图向东扩张,屡次骚扰喀尔喀

---

① 《乾隆实录》卷 78。
② 《乾隆实录》卷 82。
③ 转引自兹拉特金:《准噶尔汗国史》第 383 页。

蒙古的游牧地区。为了保护喀尔喀蒙古的利益与边境的安宁,雍正七年(1729年),清朝决定对准噶尔部两路用兵。北路以侍卫内大臣傅尔丹为靖边大将军,率师进屯阿尔泰山。西路以川陕总督岳钟琪为宁远大将军,率师屯巴里坤。雍正九年六月,傅尔丹北路军战败于科布多以西200里的和通泊,所部万余人,仅2000人生逃。十年(1732年)正月,岳钟琪西路军抗击准部对哈密的袭扰,无功而还。大学士鄂尔泰弹劾岳钟琪"拥兵数万,纵投网送死之贼来去自如,坐失机会"①。岳钟琪被削去公爵,降三等侯,尔后又被逮捕下狱,险些丢掉性命。

清军西北二路受挫之后,噶尔丹策零也被喀尔喀蒙古击败。十年七月,噶尔丹策零倾所部进犯喀尔喀蒙古,偷袭塔密尔河喀尔喀亲王额附策凌牧地②,掠其子女牲畜。策凌闻讯,"即以发以所乘马尾誓天",回师救援,追击准噶尔军。双方交战10余次后,在鄂尔浑河边额尔德尼昭亦即光显寺决战。准部3万余众被歼万余人,噶尔丹策零率余部逃奔。

这时,清朝和准噶尔部都无力把战争继续下去,皆有议和意向。雍正十二年(1734年)八月,清朝遣侍郎傅鼐、学士阿克敦前往准部,向噶尔丹策零提议,划分准噶尔和喀尔喀二部游牧分界线。清军主张双方以阿尔泰山为界,准部坚持以杭爱山为界,谈判没有成功。

准部以畜牧业为主,必须以畜牧产品与内地交换手工业品和农副产品,因而迫切要求与内地贸易。牧区分界谈判失败后,噶尔丹策零于雍正十三年(1735年)春,派宰桑吹纳木克,随同傅鼐等

---

① 魏源:《圣武记》卷3《雍正两征厄鲁特记》。
② 额附,清朝授予皇室宗女的丈夫以额附官职,其地位高低,以宗女地位而定。

到北京纳贡,同时携带近万张各色毛皮,到肃州(今甘肃酒泉县)出售,得价银约 14200 两,用其中一部分购买了所需的缎匹、绫䌷、茶、布等。肃州贸易的成功,使噶尔丹策零动心。当年十月,再派吹纳木克至京师进表。

此时,乾隆已经登基。他对准部的方针是议和。十月十日,颁谕说:

> "盖大兵之兴,原欲保护喀尔喀等。若旷日持久,我兵屯驻之地,悉喀尔喀之地,一切需用牲畜及游牧行走,不免有害于喀尔喀之生计,既于喀尔喀等无益,而糜费国帑,劳瘁兵力,常在极边屯驻,亦非国家之长计远虑"①。

正在这个时候,乾隆接到噶尔丹策零书信,并遣回两名被虏清军。这显然是准部作出议和的姿态。乾隆审时度势,也作出部署:

> "朕思准噶尔请和与否在伊,而防守在我。疆域既固,彼若请和,则允其所请;倘不请和,伊不得交易货财,数年之后,自致匮乏"②。

这几句话,概括起来,那就是以防守对进攻,以断绝贸易逼对方和谈。不过,对于驻扎在前线数万清军,是撤还是留,乾隆很费思量。他在给大将军庆复谕旨中说,准部虽二三年内不至于起事,但"惟数年之后,我兵尽撤,伊若潜过阿勒台山梁(阿尔泰山梁),扰动喀尔喀等游牧地方,惟时归化(今内蒙古呼和浩特)城兵不能速到,必至喀尔喀等寒心";若一味坐守,则数万兵丁钱粮,"又作何计较?"③同年十二月,乾隆要求总理事务王大臣,就撤兵和防守问题进行商议,并征询喀尔喀蒙古首领们的意见。总理事务王大臣经

---

① 《乾隆实录》卷 4。

② 《乾隆实录》卷 7。

③ 《乾隆实录》卷 7。

讨论建议,鄂尔坤贮米甚多,可留驻 5000 兵丁,而归化城亦应留驻 6000 人①。乾隆元年(1736 年)正月,署宁远大将军查郎阿也建议,于哈密城留驻 5000 兵丁,在布隆吉、赤靖等处,留驻 5000 兵丁②。

在这关键时刻,噶尔丹策零又派遣吹纳木克到京。他带来噶尔丹策零的表文,仍坚持原先提出分界线。正月十七日,乾隆在接见吹纳木克时指出:"朕知噶尔丹策凌(零)本无求和之意,特借此牵率奏请,希图通市之利耳"。并说,"噶尔丹策凌(零)能体朕意,谨遵皇考原旨定界,可再遣使来。不然,亦无庸再遣"③。

吹纳木克在京期间,乾隆宣布从西北撤兵,仅在鄂尔坤留驻 5000 兵丁,另派 1000 防守鄂尔坤城仓库。此外,以喀尔喀兵 1000 名留守乌里雅苏台④。乾隆选择准部使者在京时候宣布撤兵,无疑是向准部表示议和的诚意。同时,乾隆还宣布,让吹纳木克留住数日,进行贸易。此次划界谈判,又未成功。

乾隆二年(1737 年)闰九月,噶尔丹策零通过喀尔喀蒙古的额附策凌,向清朝转达要再次派使赴京的愿望。乾隆同意这一要求。三年正月,准部使者达什等至京,带来了噶尔丹策零的表文,并献貂皮 31 张。噶尔丹策零表文说:

> "向来阿尔泰山本系我部游牧之地,若尽令移住山阴,恐地窄不能容纳多人,请嗣后喀尔喀与厄鲁特各照现在驻牧,无相掣肘,庶彼此两安,以广黄教,以息群生,伏祈大皇

---

① 《乾隆实录》卷 9。
② 《乾隆实录》卷 10。
③ 《乾隆实录》卷 11。
④ 《乾隆实录》卷 11。

帝鉴悯"①。

乾隆阅后,认为奏疏"甚属恭顺,其事有易竟之机",遂决定派侍郎阿克敦为正使,御前三等侍卫旺扎尔、乾清门头等台吉额默根为副使,随达什等一同赴准部议和。但是,准部使者又通过策凌转达噶尔丹策零口头要求,要请政府的卡伦(哨所),"稍向内移"。二月十二日,乾隆在正大光明殿接见达什等人,回答噶尔丹策零提出的问题。关于划定牧界,乾隆指出:

> (噶尔丹策零奏疏中)"但于分界之处,仍未指明,尚属朦混。蒙古游牧无常,冬夏随时迁徙,若不指定山河为界,日后边人宁保无争乎?必彼此各守其界,无得逾越,庶可永固和好。若噶尔丹策零未尝明谕尔等,尔等自不敢擅议,朕当另遣大臣前往,与噶尔丹策零详悉定议。"

关于卡伦亦即清军哨所内移,乾隆明确回答:"卡伦之设,由来已久,于今岂得议移!"②断然拒绝了准部要求。三月,侍郎阿克敦、侍卫旺扎尔等衔命赴准部。双方几经磋商,最后达成以阿尔泰为界的牧区划分协定。十二月,噶尔丹策零派哈柳等随阿克敦至京进表。在表中,噶尔丹策零提出:

第一,"今议定界,请循布延图河,南以博尔济昂吉勒图、乌克克岭、噶克察等处为界,北以逊多尔库奎、多尔多辉库奎,至哈尔奇喇博木、喀喇巴尔楚克等处为界。我边界人等,仍在山后游牧,不得越阿尔台(泰)岭。其山前居住蒙古部人,只在扎卜堪等处游牧,彼此相距辽远,庶可两无牵掣"。

第二,准部对于清政府在科布多筑城驻兵心存戒虑,希望在准

---

① 《乾隆实录》卷61。

② 《乾隆实录》卷62。

25

部境内距科布多甚近的延图、托尔和二个卡伦稍稍内移。

第三，班禅额尔德尼五世是厄鲁特蒙古掌教大喇嘛，其时圆寂，请求派人"赴藏诵经布施"①。

对于牧界划分地点，乾隆表示同意。关于卡伦移动，坚决不允。为了消除准部疑虑，乾隆答应不在布延图、托尔和二处筑城驻兵，止于每年应略地时，各遣20至30人前往巡视，约不相害。"如此区处，尔之猜疑亦可尽释矣"②。至于班禅额尔德尼五世圆寂，欲派人进藏诵经布施，乾隆同意，而且表示可以遣官弁护送，但诵经人数限定100名。

四年（1739年）二月，哈柳带着乾隆答应的条件返回准部。十二月，哈柳又到京都。他所带来噶尔丹策零的表说："托尔和、布延图两卡伦不妨仍旧"，但赴藏人数限定100名太少，要求增至300名③。哈柳还口头要求允许准部人到北京和肃州贸易，其中4年1次赴京交易，人数不超过200名；4年1次赴肃州贸易，人数不超过100名。乾隆批准了准部的这些要求④。

经过长达4年的谈判，喀尔喀蒙古与准噶尔蒙古牧界终于划定。雍正曾经花费5年时间损兵折将，耗费钱粮，没有达到的目的，由乾隆实现了。对准部息兵议和的方针，虽然雍正已经提出，但没有来得及完成。乾隆继续贯彻，使清朝迅速摆脱了西南与西北二面作战的窘境。在与准部谈判过程中，乾隆坚持两点：一、应以阿尔泰山为界划定准部与喀尔喀蒙古的牧地，从而阻止了准部对喀尔喀蒙古的骚扰，维护了边境的安宁；二、反对卡伦内移，其意

① 《乾隆实录》卷83。
② 《乾隆实录》卷83、卷87。
③ 《乾隆实录》卷106。
④ 《乾隆实录》卷109、卷110。

义不仅在防范准部,更主要的是行使了清中央政府对中国边境地区正当的防卫权利。牧界划定后,准部人民额手称庆,噶尔丹策零摆宴庆贺,他说:"如今和天朝和好了,准做买卖。今年买卖很好,我如今要打发哈柳去请安谢恩"①。乾隆五年(1740年)之后,准部不仅多次遣使至京进贡,而且携货到肃州贸易,这对加强国内民族团结,无疑起了促进作用。

对西南用兵,坚持改土归流政策;对西北息兵,与准部议和,划定蒙古两部的牧界,这一战一和都取得圆满成功。年轻的乾隆完成了先帝未竟之业,初显其治理庞大中华帝国的杰出才能。

第四节　调整政治经济政策

清朝虽然处于中国封建社会后期,但由于康熙、雍正两代近80年励精图治,国家仍日臻强盛。台湾的回归、新疆的戡定、漠北蒙古的统一,驻藏大臣的设置与西南少数民族地区改土归流政策的实施,清朝在前所未有的广袤疆域上,进行有效统治,全国政治局面也从动乱走向稳定。奏折制度,特别是军机处的设置,使封建专制制度中央集权发展到顶峰。垦荒的成就,尤其是"摊丁入地"政策的推行,大大改善了清朝的财政状况。乾隆是时代的幸运儿。他接过祖辈创下的丰厚基业而登上皇帝宝座。尽管,由于封建社会后期生产力与生产关系基本矛盾也导致了这样或那样的社会问题,但都还没发展到严重程度,清王朝正处于方兴未艾之时。乾隆是位有志向有抱负的年轻皇帝,摆在他的面前的任务,不是对乃祖乃父政策全面地改弦更张,而是有针对性地就某些政治经济政策,

---

① 《朱批奏折·民族事务类》案卷号145第7号,第一历史档案馆。

作局部调整。

一、政治政策的调整

乾隆即位伊始,就对乃祖乃父治国方针进行总结:

"治天下之道,贵得其中。故宽则纠之以猛,猛则济之以宽。……皇祖圣祖仁皇帝深仁厚泽,垂六十年休养生息,民物恬熙,循是以往,恐有过宽之弊。皇考绍承大统,振饬纪纲,俾吏治澄清,庶事厘正,人知畏法远罪,而不敢萌徼倖之心,此皇考因时更化,所以导之于至中。……兹当御极之初,时时以皇考之心为心,即以皇考之政为政,惟思刚柔相济,不竞不绿,以臻致平康正直之治"①。

不应当把乾隆这一段话理解为,他主张以"宽"治世。乾隆自己也曾告诫大臣们,不要"误以为朕意在宽,遂相率于纵驰一路……此朕心所大惧者"②。乾隆所强调的是宽猛结合的"中",根据不同的政治需要,或用"宽",或以"猛"。在某些方面,他的"猛"较雍正有过之而无不及。

1.强调实政,革除官场恶习。

乾隆初政的突出特点是求实。求实所用的主要手段不是宽,而是猛。

乾隆多次强调,要以实心办实政:"从来有实心者,斯有实政;既无实心,自无实政"③。即位初年(1736年),乾隆在审阅殿试卷时发现,原考官所拟的第一名试卷中,有"耕耤之典"句,随即指

---

① 《乾隆实录》卷 4。
② 《乾隆实录》卷 14。
③ 《乾隆实录》卷 110。

出，"朕未曾耕耤，可置第二"①。这位士子本想对皇上说几句奉承话，由于讲过了头，到手的状元丢了。这是一桩小事，但反映了年轻皇帝的求实精神。

讲求实政，就得反对繁文末节。大学士鄂尔泰曾奏请回避御讳。乾隆说，避讳"虽历代相沿，而实文字末节，无关于大义也。"什么是"大义"呢？文官"当思宣猷布化，裨益于国计民生"；武官"当思效力抒忠，奏绩于疆场"；"士子读书励行，黎民守法奉公。"因此，他宣布"嗣后凡遇朕御名之处，不必讳"，如果臣工名字有与朕相同，"上一字著少写一点，下一字将中间禾字书为木字，即可有回避之意矣"②。他还多次强调，"繁文末节非所尚也。朕所望于诸臣者，惟在实心辅成治化。自今以后，凡无关于政事之实者，不必具折具本陈奏"③。

作为一国之君，要办实政，就必须对全国的经济政治状况有所了解。乾隆深知这正是自己不足之处："（朕）自幼读书宫中，从未与闻外事，耳目未及之处甚多"，因而希望大臣们能讲真话。清朝定制，在京满汉大臣应轮班条奏。乾隆降旨此例照旧执行，大臣们"其各抒己见，深筹国计民生之要务，详酌人心风俗之攸宜，毋欺毋隐"，"则朕采择有资，既可为万几之助，而条奏之人，其识见心胸，朕亦可观其大略也"④。

乾隆还意识到，要治理好天下，就应当允许别人指出自己的过失。他对大臣们说：

"即朕之谕旨，倘有错误之处，亦当据实直陈，不可随声

① 《乾隆实录》卷16。
② 《乾隆实录》卷3。
③ 《乾隆实录》卷4。
④ 《乾隆实录》卷3。

附和。如此则君臣之间,开诚布公,尽去瞻顾之陋习,而庶政之不能就绪者鲜矣"①。

新皇帝求治心切,态度应当说是诚恳的。但是,乾隆很快就发现,其时官场习气,与自己的理想要求,相去甚远,亟待整顿。

这些官场习气,概括起来,大体有三种表现。

其一是,热衷于做歌功颂德的表面文章。时值老皇帝去世国丧和新皇帝登基喜庆,正是官僚们做表面文章的大好机会。内外大臣又是上疏奏请节哀,又是献土产、呈嘉瑞,表示祝贺。乾隆并没有因此昏昏然,而是冷静地对待这一切。即位第三天,福建督抚送来了当地的果品。乾隆命令将果品进献皇考灵前,并传谕各省,"照例进朕之物,概行停止"②。但是,有令不行,有禁不止在封建官场已司空见惯。传谕之后,不时仍有各省进献的方物。第二个月,乾隆不得不以严厉的口气重申禁令:各省督抚贡献方物,"岂能自备于家而不取资民力乎!"是朕"受一次贡献","即百姓多费一次供应"③。把贡方物与烦民苛政联在一起,各省督抚自然不敢再送了。呈献嘉瑞,本是迷信蠢举,而历代帝王多以此沾沾自喜。乾隆却不然。他登基不到半个月,就下诏禁止陈奏庆云、甘露、嘉禾之类"祥瑞"。他说,最明效的"祥瑞"是"君臣上下一德一心,政绩澄清,黎民康阜",而不是"云气物产之菁华";如果"吏治民生,稍未协和底绩,即使休嘉叠告,诸物备臻,于地方治理亦毫无裨益耳。"④

乾隆屡次下诏,阻止内外大臣上奏请"节哀"的表章。对于元

① 《乾隆实录》卷3。
② 《乾隆实录》卷2。
③ 《乾隆实录》卷4。
④ 《乾隆实录》卷2。

老重臣奏请"节哀",乾隆无可奈何。广西巡抚金𬭤却因此碰钉子。乾隆在金𬭤奏折中批道：

"汝奏请节哀,知道了。两月以来,已屡次降旨,晓谕外省臣工,想汝已领悉矣。汝既感皇考深恩,惟有殚心竭力,经理地方,庶可极称"①。

其二是,只计较屑小琐事,不管大事,以及苟且、懒散习气。他曾斥责过昧大体和讲空话的现象：

"朕自继序以来,勤思治理,广开言路……而迩来诸臣所奏,或有不能适合其中,徒有陈奏之虚名,而不计及实有裨益于政治与否,或琐屑而昧于大体,或空言而无补于国,非朕求言之本意"②。

对于因循苟且,唯唯诺诺的官僚积习,乾隆也是痛恨的。他在阅读康熙实录中发现,康熙曾经指出如下情况：九卿会议,仅一二人发言,众俱唯唯。汉大臣事不关己,即默无一言。尤可奇怪的是,只要前人在题本画题签字,后人就依样画签,并不计较事之是非,有的人甚至在画签之后,才向别人询问题本讲的是什么事情。乾隆说,雍正年间这种习气虽有所悛改,但近日却有复蹈前辙之势。若不知儆惕改悔,则废弛之渐,又将此而开③。为了扭转这种局面,乾隆罢斥了一批昏庸官僚。如兵部尚书高起"性情乖张,怀私挟诈";刑部尚书宪德识见卑鄙,昏愦糊涂;工部尚书魏珍凡事推诿,先后都被撤职。

年轻皇帝是勤奋的,每天辨色而起,日理万机。然而,官僚们却是那样懒散,以至于出现了皇帝上朝等大臣的怪事。有一天,乾

① 《乾隆实录》卷5。
② 《乾隆实录》卷13。
③ 《乾隆实录》卷110。

隆说话了：

> "……凡朕御门听政,辨色而起,每遣人询问诸臣曾齐集
> 否? 数次之后,始云齐集。即今日亦复如是。诸臣于御门奏
> 事,尚且迟迟后期,则每日入署办事,更可想见"①。

当日,乾隆就把经常称病偷安、不肯勉力办事的兵部侍郎普泰
革职。

其三是,不关心民瘼,为自己乌纱帽不惜说假话。最直接影响
国计民生的假话,莫过于隐瞒灾情。乾隆说,自然灾害,虽尧汤之
世也不能避免,唯有以诚实的态度,采取措施,加以补救,欺罔无论
是对民还是对君对天,都是犯罪行为。他曾责问各省督抚：

> "揑报丰收,不恤民艰,使饥冻流亡之惨,不得上闻;蠲
> 免赈恤之恩,不得下逮职思其过,谁为厉阶! 清夜扪心,何以
> 自问!"②

乾隆元年(1736 年),甘肃固原、环县等处灾荒,官府赈济,大口每
日米三合,小口二合,不敷充饥。乾隆知道后甚为恼火,降旨指责
巡抚许容身为地方大员,既不能防灾于前,又不赈救于后,"一经
奏报,遂谓了事","如此轻视民命,为父母之谓何!"③

在革除官场恶习的同时,乾隆还注意到官吏的廉政问题。他
曾降谕要求督抚起表率作用,不许接受下属馈赠的土特产：

> "朕闻近日督抚中,于属员馈送土宜物件,间有收受一二
> 者,此风断不可长。……督抚为一省表率,既收州县土宜,则
> 两司道府馈送又不可少,层累递及,督抚所收有限,而属员之

---

① 《乾隆实录》卷 15。
② 《乾隆实录》卷 4。
③ 《乾隆实录》卷 10。

费已不赀矣。"①

对于贪官墨吏,一旦发现,即严加惩办。三年(1738年),工部尚书赵宏恩受贿事发,即被革职,"著自备斧资,前往台站效力"②。五年(1740年),福建巡抚王士任"纳贿婪赃",锒铛入狱③。

2.重新处理允禩集团和曾静案。

允禩集团案和曾静反清案,是雍正年间两起重大案件。对于允禩集团,雍正给予严厉取缔;对曾静反清案件,则采取宽纵政策。乾隆即位后,重新处理这二个案件。与雍正政策相反,乾隆对允禩集团纠之以宽,对曾静案则纠之以猛。

雍正即位后,康熙第8子允禩,因失去皇帝位,心怀不满,与其9弟允禟、10弟允䄉、14弟允禵等串通一气,构成了对皇权的威胁。雍正四年(1726年),允禩集团被取缔,允禩、允禟被雍正分别改含有侮辱性的名字"阿其那"、"塞思黑",并开除出宗室籍。雍正十三年(1735年)十月,乾隆指令诸王满汉大臣等,就阿其那、塞思黑子孙复归宗室问题进行讨论,同时下令清理因罪被黜的觉罗氏宗氏子孙,效法康熙政策,要将他们附载玉牒(皇室谱牒),分赐红带、紫带④。因事关重大,九卿"旋议旋改,胸无定见",讨论了一个月,仍众论游移。最后,乾隆巧妙地一锤定音:

"谨查康熙五十四年增修玉牒时,圣祖仁皇帝将从前革去宗室莽古尔泰、德克赖、阿济格等之子孙,加恩给予红带,收入玉牒。此即圣祖加恩之成宪也。今应遵照此例,将阿其那、

---

① 《乾隆实录》卷32。
② 《乾隆实录》卷32。
③ 《乾隆实录》卷117。
④ 《乾隆实录》卷4。

塞思黑之子孙,给与红带,收入玉牒"①。

这次,乾隆是打着乃祖旗号,改变乃父政策。乾隆二年(1737年),他还谕令将允䄉、允禵释放,并赐予"公爵空衔,不必食俸,仍令在家居住"②。

乾隆对包括阿其那、塞思黑在内的皇族,采取宽大政策,并非出于宗族的感情。他希冀以此来争取皇族和更多的满洲贵族对他的拥戴。

对曾静案件中的人物,乾隆则取完全相反的态度。

雍正六年(1728年),湖南人曾静密遣门徒张熙,投书川陕总督岳钟琪,抨击雍正是个有谋父、逼母、弑兄、屠弟等十大罪恶的暴君,宣扬"华夏之分大于君臣之伦",策动岳钟琪起兵反清。岳钟琪将此奏报雍正。案件审理过程中,曾静供认受浙江吕留良反满思想影响;张熙供认到东南访求吕氏遗书时,受吕留良门人严鸿逵、沈在宽等热情款待。雍正以独特方式处理此案。一方面,将已故的吕留良、严鸿逵戮尸枭首,吕留良儿子吕毅中、严鸿逵门徒沈在宽斩立决;另一方面将曾静供词及其所写的颂扬雍正和清朝统治的《归仁录》,和雍正处理这一案件的上谕,合刊成《大义觉迷录》颁布全国,作为反击排满思想、巩固清政权的宣传品,继而释放了曾静、张熙,并保证"即朕之子孙将来亦不得以其诋毁朕躬而穷诛戮之"③。乾隆即位的第二个月就撕毁了乃父当年的保证,下令逮杀曾静、张熙。乾隆说,对曾、张的宽大,只能至雍正朝为止,理由自然是堂而皇之:吕留良毁谤的,是我的祖父,所以我父亲杀

---

① 《乾隆实录》卷7。
② 《乾隆实录》卷41。
③ 《大义觉迷录》卷3。

了吕留良;曾静、张熙攻击的只是我的父亲本人,所以我父亲放了他。如今,我也要明正曾静之罪①。这位年轻皇帝以相当圆滑的政治手腕杀人。而他这样做的目的,与雍正释放曾静、张熙一样,也是要在全国范围内抑制反清排满思潮。不过雍正用的是硬中带软的手段,乾隆则以杀一而儆百。

　　3.调整宗室内部关系和弘晳集团案。

　　乾隆初政,在处理宗室内部关系方面,态度是谦让的。即位第二天,他的兄弟们因名字中都有一"弘"字,奏请更改避讳。乾隆不同意。他说,朕与诸兄弟名字,皆皇祖所赐,载在玉牒。如因朕一人而令众人改易,于心不安。希望诸兄弟修德制行,为国效力,尊君亲上之大义,不在于易名末节②。为了笼络庄亲王允禄、果亲王允礼等皇族中有影响的人物,乾隆赐允禄、允礼食亲王双俸,除升殿朝贺、典礼等重大场合外,便殿燕见,庄、果亲王等亲叔辈,均不必行君臣叩拜礼,"以昭朕敬长亲亲之意"③。他还指令翰林院,以往在撰写王、贝勒、贝子册文时,皇帝的叔、兄也都写作"尔",这不符合朕敬长之意。以后,"凡遇叔、兄等,皆当称叔、兄;自弟侄以下,则用尔字。永著为令"④。

　　但是,乾隆的谦让,不可能从根本上清除皇族内部权力之争。乾隆四年(1739年),发生了以弘晳为首的结党营私案。

　　弘晳是康熙第2子理亲王允礽的儿子。康熙年间,允礽太子之位,两立两废,康熙五十一年(1712年)终于被禁锢咸安宫。雍正即位时,封弘晳理郡王。雍正元年(1723年),诏于祁县郑家庄

---

①　《乾隆实录》卷4。

②　《乾隆实录》卷2。

③　《乾隆实录》卷3。

④　《乾隆实录》卷13。

修盖房屋,派驻扎兵丁,迎允礽居住。不久,允礽病故。雍正六年(1728年),弘晳进封亲王。但是,允礽失去皇位,弘晳耿耿于怀,公然以东宫嫡子自居。在弘晳周围,聚集一批失意的皇族。他们是弘升、弘昌、弘晈、弘普等人。弘升是康熙第5子恒温亲王允祺的儿子。雍正五年(1727年),弘升因事削去世子并被圈禁。乾隆即位后将他释放,授予都统,命管理火器。弘昌、弘晈都是康熙第13子允祥的儿子。弘昌秉性愚蠢,曾封贝子,因坐事一度被乃父奏请圈禁在家,乾隆即位时,加封贝勒。弘晈是允祥的第4子,允祥死后,雍正封他为宁郡王,但他与弘昌一样鄙陋无知,好饮谗食,每日唯事嬉戏。弘普是庄亲王允禄的儿子。允禄凭藉着乾隆对他的尊敬以及总理事务大臣兼管工部,理藩院尚书,食亲王双俸的显赫地位,实际上是弘晳集团的后台。乾隆二年(1737年)皇帝已注意到这一集团的活动,但没有采取措施,唯"冀其悔悟,渐次散解"[①]。两年之后,看到他们依然固结,恐有朝一日会形成皇权的威胁,不得不加以取缔。乾隆四年(1739年)八月,乾隆生日时,见弘晳进鹅黄肩舆一乘,疑心更大:生日献礼,单进此皇帝专用肩舆,"朕若不受,伊即留以自用",可见居心叵测。不久,有人出面首告弘晳大逆不道。宗人府奉命审讯,审出弘晳向妖人安泰询问,准噶尔能否打到北京? 天下太平否? 皇帝寿命如何? 将来我还能陞腾否? 乾隆降谕,弘晳之罪较阿其那、塞思黑辈尤重,应永远圈禁于景山东菜园,子孙革出宗室。弘昌革去贝勒,弘普革去贝子,弘升永远圈禁、弘晈虽保住王号,但永远住俸。允禄免革王爵,但停止双俸,罢去议政大臣、理藩院尚书和都统之职。安泰处以绞监候,秋后处决。乾隆通过此事,传谕宗室:

---

① 《乾隆实录》卷103。

"在朕临御天下,固不敢以亲亲之一节,而忘国家之大法,而宗室诸臣,亦当知国家之法,在所必行,若不知儆惕,身蹈法网,朕虽欲敦亲亲之谊,亦断不能宽假也"①。

弘晳集团案,实际上是阿其那、塞思黑事件的余波,是康熙雍正以来皇族内部争夺最高统治权斗争的尾声。乾隆处理了弘晳集团,消除了来自皇族内部的威胁。

二、经济政策的调整

乾隆对政策的调整,除了政治,也见于经济方面。经济政策的调整包括二个方面,一方面是完善某些政策,另方面是取消或改变某些政策。

1.财政政策的调整

乾隆即位后,财政政策最重要的调整,是多次减免各种农业税。雍正十三年(1735 年)九月三日,乾隆在即位诏中宣布:"各省民欠钱粮,系十年以上者",著户部查明候旨豁免②。继而又宣布"将雍正十二年以前各省钱粮实欠在民者,一并宽免"③。同时又批准漕运总督顾琮的奏请,蠲免江南苏州、松江二府浮粮④。明中叶以来,一部分漕粮改征白银,它通常不在蠲免范围之内。但是,乾隆即位当年十二月就宣布,将雍正十二年以前未完带征或缓征本色改折米银,逐一查明,奏闻豁免⑤。乾隆元年(1736 年)五月,又下令减轻山东益都"钦租地"税额。原来,康熙八年(1669 年)

---

① 《乾隆实录》卷 103。
② 《乾隆实录》卷 2。
③ 《乾隆实录》卷 3。
④ 《乾隆实录》卷 3。
⑤ 《乾隆实录》卷 8。

清朝下令将前明藩王田产予民佃耕者,改作民产,并与民田一例输银,称为"更名地",在益都则称作"钦租地",所纳田赋较其他民粮多一倍至四倍不等。"粮多赋重,小民输纳维艰"。乾隆下令取消"钦租地"名称,照该县上等民地纳税,每大亩纳银 2 钱 1 分零,小亩纳银 6 分 4 厘零①。明代以来,江苏、浙江一些地区,每年要向京师输纳一定数量上好稻米,称为白粮,供皇族消费及百官俸禄米。清初,二省岁运白粮共 22 万石。白粮运输从前明以来就是江南人民的沉重负担。二年(1737 年)四月,乾隆下令,除祭祀及宾馆用白粮外,百官禄米仅一半用白粮,而太监及赏给禁城兵丁皆用粳米。这样,每年只要输 10 万石白粮,余皆改征漕粮②,从而大大减轻了江南人民的负担。

雍正年间,清朝曾实行耗羡归公制度。耗羡本是明清时期田赋附加税,用以弥补田赋缴纳、运输和保存过程中的费用和损失,其具体名目繁杂。由于耗羡只是附加税,不作正赋,因而收支无从查核,地方官便于勒索,贪污中饱。这既影响了正赋收入,致国库亏空,也加速了吏治败坏。雍正二年(1724 年),经过内外大臣商讨,决定将耗羡归公,即各州县征收的耗羡,悉数上交藩库,然后将它分作三项用途:一是发还地方作公费使用;二是弥补地方财政亏空;三是发给各级官员作养廉银。雍正还下令降低耗羡征收标准,大多数省降到正赋的一成至一成半左右,个别省高于此数。乾隆即位,颁诏要求严格控制耗羡征收标准。他说:

> "惟是提解耗羡之法,行之已十有余年,恐日久弊生,奸吏夤缘胶削,羡外加耗,重困闾阎,不可不为深虑。著各该督

---

① 《乾隆实录》卷 18。
② 《乾隆实录》卷 40。

> 抚严饬有司,咸体朕意,知耗羡一项,可减而决不可增,可于格
> 外从宽,而断不可于额外多索"①。

乾隆还具体干预各地方耗羡征收额。如四川正粮银每两加耗达 2
钱 5 分。四川总督黄廷桂、巡抚杨秘奏请减至 2 钱,乾隆要他们重
新考虑,再减若干②。苏松常镇四府在雍正六年(1728 年)以前正
赋银每两仅加征耗羡 5 分,六年以后增至 1 钱,乾隆命令江南总督
应量减征耗率③。陕西省火耗原定加 2 征收,其中 1 钱 5 分作为养
廉银,另外 5 分用于采买社仓预备粮。乾隆鉴于西北二路大军渐
次撤退,军需简少而仓储已多,决定裁减 5 分,仅加征 1 成半④。

雍正年间,清朝实行摊丁入地制度,将丁银亦即人头税,摊入
税粮中征收。这是中国封建社会中经济制度的重大改革。但是,
终雍正一朝,摊丁入地的改革,并未在全国范围内完成。乾隆继续
执行。雍正七年(1729 年)湖北实行摊丁入地,每地赋银 1 两,加
征丁银 1 钱 2 分 9 厘余。但江夏等 19 州尚有所谓"重丁银"8308
两未曾摊入地赋。乾隆元年(1736 年)十月,降谕将它全部豁
免⑤。雍正年间,福建实行摊丁入地,每地赋银 1 两摊入丁银 5 分
2 厘 7 毫至 3 钱 1 分 2 厘零不等。但龙岩州所属宁洋县、福宁府所
属寿宁县,因地粮少而丁银额重,未曾实施。乾隆二年(1737 年)
遂降旨将上述两县丁银,按全省中则丁银计算,每丁只征 2 钱,其
余豁免,从而解决了这两县摊丁入地中遇到的难题。不仅如此,乾
隆元年,福建还查出通省共有缺额田地 54000 余亩。乾隆下令将

---

① 《乾隆实录》卷 7。
② 《乾隆实录》卷 7。
③ 《乾隆实录》卷 7。
④ 《乾隆实录》卷 7。
⑤ 《乾隆实录》卷 29;《清文献通考》卷 19《户口考》1。

这些缺额田的田赋以及摊入的丁银全部豁免。其他如延平府南平县、漳州府平和县、汀州府清流县等地的丁银,都减额摊入田赋①。福建省属台湾府丁银,每丁原征 4 钱 7 分,加上火耗,重达 5 钱,比大陆其他省份每丁征银 1 至 3 钱,要多出许多。乾隆于元年(1736年)下令,将台湾府丁银,"悉照内地之例酌中减则,每丁征银二钱"②。降至乾隆十二年(1747 年),又决定将台湾府丁银全部匀入官庄园内征收③。这是对台湾私人地主的照顾性政策。

乾隆还取消了某些不合理的商业税收和其他杂税。雍正十三年(1735 年)十月,他颁谕取消乡镇村落零星买卖的"落地税":

"朕闻各省地方,于关税杂税之外,更有落地税之名。凡耰锄、箕帚、薪炭、鱼虾、蔬菜之属,其值无几,必查明上税,方许交易。且贩自东市,既已纳课;货于西市,又复重征。至于乡村僻远之地,有司耳目所不及,或差胥役征收,或令牙行总缴,其交官者甚微,不过饱奸民猾吏之私橐,而细民已重受其扰矣。著通行内外各省,凡市集落地税,其在府州县城内,人烟辏集,贸易众多,且官员易于稽查者,照例征收,但不许额外苛索,亦不许重复征收。若在乡镇村落,则全行禁革"④。

山东泰山碧霞灵应宫香火旺盛,进香者须先到泰州衙门交纳香税,每名纳银 1 钱 4 分。雍正十三年十一月,乾隆降旨永行蠲除⑤。此外,他还下令免除江南等省芦课、学租、杂税等⑥。从清初以来,

① 《乾隆实录》卷 42;卷 60。《清文献通考》卷 19《户口考》1。
② 《乾隆实录》卷 24。
③ 《清文献通考》卷 19《户口考》1。
④ 《乾隆实录》卷 5。
⑤ 《乾隆实录》卷 7。
⑥ 《乾隆实录》卷 4。

福建渔艇,每年应向提督衙门交"规礼银"。二年(1737年),乾隆颁谕永行禁革①。同年,他批准广东巡抚杨永斌奏请,裁革粤东冗税,包括海阳县"杉饷",揭阳县粪、牛骨、皮碎、农具、棉条等杂税,广州通桥税口的几种小税,还取消揭阳县并肇庆等四府州所规定加征税条款382条②,批准裁革广西桂林等地鱼税、糖油税、生牛猪税和墟市小税③。

2.农业政策的调整和水利的兴修。

雍正年间,清政府曾大力倡导垦荒,虽取得很大成就,但也有不少地方官弄虚作假,以少报多,以熟田报作垦荒地。特别是田文镜、王士俊相继任河南巡抚时,将报垦数作为地方官考绩标准,报多超迁,报少申饬,搞得民怨沸腾。乾隆即位后,下令禁止虚报开垦,要求地方官详加核实。不久,大学士朱轼上疏要求停止丈地与报垦。他揭露各地报垦弊端:

> "四川丈量,多就熟增加钱粮。广西报部垦田,其实多系虚无。因请通行丈量,冀求熟田弓口之余,以补报垦无著之数。大行皇帝洞烛其弊,饬停止丈量,而前此虚报升科,入册输粮,小民不免苦累。河南报垦亦多不实。……请停止丈量,饬禁首报"④。

乾隆批准了朱轼的建议,指令迅速执行。

乾隆继位后,曾宣布将雍正十二年(1734年)以前各省拖欠钱粮,悉行宽免。这有利于业主,佃户未得实惠。为此,雍正十三年十二月,乾隆又降谕劝减佃租:

---

① 《乾隆实录》卷41。

② 《乾隆实录》卷41。

③ 《乾隆实录》卷42。

④ 《清史稿》卷289《朱轼传》。

"蠲免之典,大概业户邀恩居多,彼无业贫民,终岁勤动,按户输粮,未被国家之恩泽,尚非公溥之仪。若欲照所蠲之数,履亩除租,绳以官法,则势有不能,徒滋纷忧。然业主受朕惠者十,苟捐其五分惠佃户,亦未为不可。……其令所在有司,善为劝谕各业户,酌量减彼佃户之租,不必限定分数,……其不愿者听之,亦不得勉强从事。……若彼刁顽佃户,籍此观望迁延,则仍治以抗租之罪"①。

清初以来,各地佃农的抗租斗争,持续不断。乾隆的劝减佃租谕,旨在缓和佃农与地主间矛盾。但是,早在康熙四十九年(1710年),清朝已规定,嗣后凡遇蠲免,业主免7分,佃户免3分,永著为令②。而乾隆诏谕的基点是"劝"字,劝说地主在免赋的情况下酌减田租,官府不得硬性规定佃户免租分数,不愿减租者不得勉强从事,较之康熙减租谕,在租佃关系上是一个倒退。

雍正二年(1724年),清朝颁行老农顶带制度,每年从每乡选择一二个勤劳俭朴又没有过失的老农,授予八品顶戴,此又称老农总吏之例。雍正七年(1729年)改为三年评选一次。雍正创建这一制度,意在奖励稼穑,但执行过程中,"乃各州县中往往有似农非农之辈,觊觎钻谋,恃职不法",给了乡村恶霸、地痞弄权肆虐又一可趁之机。乾隆元年(1736年)七月,皇帝批准吏部议决,取消老农顶戴制度③。

雍正年间,为了解决贫困旗人的生计问题,清朝在京南的固安、新城、霸州、永清设立井田实验区,拨官田200多顷,派京城内16岁以上、60岁以下没有产业的旗人前往耕种。井田区仿照孟轲

---

① 《乾隆实录》卷9。
② 《康熙实录》卷244。
③ 《乾隆实录》卷22。

所描绘的古代井田制度,耕者每户授私田100亩,公田12.5亩,另给12.5亩作为室庐场圃之用。私田收获归各户耕作者,公田是8家共耕100亩,前3年免征,后3年收获归公。每户还发给白银50两,用来购买耕牛、农具、种子等。但是,愿往井田区的为数不多。雍正五年(1727年)清朝下令,将那些无业而又游手好闲的旗人,及犯有应受枷号鞭责处罚罪的革退八旗官兵,强迫发往井田区。《八旗通志》载:

> "设立井田试行十年以来,所以承种一百八十户,缘事咨回者,已有九十余户,循环顶补。而八旗咨往种地者,大都游手无艺不能当差之人,到井田后,仍不能服田力穑,行之未见成效"①。

井田试验未见成效,原因固然是耕种者本多系游手好闲之人,但更主要的是,这一种以劳役地租为剥削形式的农奴制,是历史的倒退。因此,乾隆元年(1736年)十一月,经乾隆批准取消,改作屯田,令耕种者按亩交纳屯粮②。

乾隆与乃祖乃父一样,十分重视水利建设,继位之后,动用国库抢修几次重大工程。

自宋代经济重心南移之后,江浙农业生产,无论是对人民生活,抑或国家财政收入,都是举足轻重的。浙江从仁和县(治所今杭州市)之乌龙庙至江苏松江金山沿海,以及江苏金山至宝山沿海,经常遭海潮袭击,人民的生活和生产受严重威胁。自汉代以来,沿海人民就开始筑海塘以御海潮,历唐、宋、元、明又修建不断。雍正年间,为了修补被海潮冲决的海塘,也曾派朱轼前往江浙查勘

---

① 《八旗通志》卷67。
② 《乾隆实录》卷31。

并主持海塘修建,但仅仅修筑了坍烂部分。这些海塘坍了修,修后又坍,总未得到根本治理。雍正十三年(1735 年)六月,海潮再次冲决海塘。八月,雍正去世,乾隆召朱轼还京办事,改派大学士嵇曾筠总理江南总河浙江海塘工程,继而兼浙江总督。嵇曾筠主持过黄河修治,对水利工程有丰富经验。他赴任后,首先抢修被冲决海塘,解除灾患。乾隆元年(1736 年)正月,他上疏报告:"旧塘工程,抢筑已多,春汛江海水势安稳"①。进而又在海宁城南筑石塘500 丈,办法是,先用密籤长椿,再平铺 1 尺厚 2 寸宽条石,外纵内横,略仿坡陀形,外表状如鱼鳞,故称鱼鳞石塘。为使石塘牢固,巨石之间灌以米汁灰浆,扣以铁钉、铁锔。筑塘所用土方,以往是就近挖取,从而在塘根附近,形成窪下河渠,致使海塘容易崩坍。嵇曾筠明令严禁在离塘身 30 丈之内取土。接着,嵇曾筠又奏请于仁和、海宁建鱼鳞塘 6 千余丈,第二年再请筑从海宁浦儿兜至尖山头鱼鳞大石塘 5900 丈②。三年(1738 年)九月,海塘工程告一段落,乾隆颁谕祭海神:

> "浙江海塘工程,为杭嘉湖苏常镇七郡生民之保障,前因潮溜北徙,冲刷堪虞,朕即位之初,特简大臣,殚心区划,荷神明默佑,沙涂日广,急溜潜移,工作易施,朕心慰庆,百姓欢呼,理应恭祭海神,以昭灵贶"③。

这时,乾隆调嵇曾筠进京入阁办事,并主持永定河水利工程。但嵇曾筠却积劳成疾,不久逝于病榻。为了表彰嵇曾筠,十一年(1746年),乾隆颁诏将他与康熙、雍正时期的治水功臣一样,入祀浙江贤良祠。继嵇曾筠之后,浙江巡抚卢焯奏请在海宁尖山跨海筑坝,

---

① 《乾隆实录》卷 11。
② 《乾隆实录》卷 49。
③ 《乾隆实录》卷 77。

江苏巡抚徐士林奏请筑宝山县杨家嘴海塘。乾隆一一批准①。

乾隆元年(1736年)四月,黄河水猛涨,由砀山毛城铺汹涌南下,冲坍申公堤,祝家水口、潘家道口等一带,平地水深三尺,麦田受淹,房屋倒塌。乾隆提出以疏通下流为重点的治河设想。他说:

> "此水下流,多在江南萧、宿、灵、虹、睢宁、五河等州县。今若止议挑浚上源,而无疏通下流之策,则水无归宿之区,仍于河渠无所裨益"②。

他还指令河南巡抚富德,会同江南总河等会勘明确,公同商议出治理方案。江南河道总督高斌建议,毛城铺减水石坝、萧县天然减水坝和睢宁县峰山四个减水闸,皆年久失修,水发为患,应疏浚毛城铺以下河道,经徐、萧、睢、宿、灵、虹至泗州安河徒门,纤直600余里,以达洪泽湖,利用洪泽湖进行蓄泄,再出清口与黄河交汇,而后东注入海。为了平衡上下游流量,防止黄河倒灌,保持洪泽湖蓄水量,高斌还建议疏浚清口,并于霜降水落之后,将清口西坝增长10—20丈,秋季水涨将清口东坝拓宽1—2丈。高斌的治河方案,得到乾隆的赞赏,但淮扬籍京官御史夏之芳等连名上疏反对。他们认为,开凿毛城铺引河,黄河必将夹沙入洪泽湖,洪泽湖难以承受,必危及高堰,从而造成黄河灌入运河,关系到淮扬民生的运河,将遭受损害。乾隆将夏之芳等人的意见,交付高斌等讨论。乾隆二年(1737年)三月,高斌会同新任户部尚书赵宏恩进京向乾隆面奏,并进呈治河图,说明毛城铺减水坝是康熙十七年(1678年)靳辅所建,现在的工程仅仅是坝下旧河量加挑浚,并非开坝,况水流

---

① 《乾隆实录》卷121;126。

② 《乾隆实录》卷18。

经 600 里纡回曲折,入洪泽湖时已澄清,不存在挟沙入湖之害①。乾隆肯定了高斌等的意见,将夏之芳等以阻挠之过失,交部察议。乾隆三年(1738 年),疏浚河道工程完成。第二年,黄河果然灌入运河。议者认为,这是高斌将运河口上移 70 余丈,直对清口造成的。乾隆命大学士鄂尔泰驰勘。鄂尔泰察看后认为,新口外挑水坝太短,应该加长,另外还建议,以宋代陈尧佐创造的木龙法可以解决黄河倒灌问题。结果,此法行,颇见成效②。

乾隆继位后不久,还治理了永定河,疏浚了浙江杭州、湖州水利,等等。

3.恤商政策。

与传统的轻商思想不同,乾隆有明确的恤商观点。他说:"商众即吾民者,朕心岂有歧视"③。对于商人在商品流通中的作用,乾隆是有认识的。他说:"至于商贾,阜通货贿,未尝无益于人"④。正是从恤商思想出发,乾隆有针对性地采取措施,保护商业资本。

雍正十三年(1735 年)十二月,苏州织造海保上奏,要在江南免征田赋耗羡,而增加关税,以关税节余部分作为官吏养廉银。乾隆阅后责备说:"独不思商贾亦吾民乎! 近来大以税重为苦,伊等不蒙宽减之恩耶! 汝有司榷之责,但当以清弊恤商为本,不当为越位之谋"⑤。这一年冬天,因西北用兵,将 2 万石军粮,包给商人领运,并发给了商人 1 万石运价。乾隆元年(1736 年),清朝从西北撤兵,原定运往的军粮已不再需要了。主管此事的官员严令商

① 《清史稿》卷 310《高斌传》。
② 《乾隆实录》卷 109。
③ 《乾隆实录》卷 5。
④ 《乾隆实录》卷 6。
⑤ 《乾隆实录》卷 9。

人限期退款,以致"众怨沸腾,深为苦累"。乾隆认为,这种作法"甚不妥协,大非朕体恤商贾之意",下令"著宽其限制,令商人徐徐还缴"①。

封建官僚历来视商贾为敲榨对象,百计侵掠。乾隆十分注意防范官府对商人的勒索,一经发觉,严惩不贷。淮关监督年希尧在徐州所属四县,私自添设税口,不仅差遣家人郑三等横征生事,而且还向买卖人勒索"票钱"、"饭钱","甚至民间收获粮石棉花,并市集零星买卖极细微之物,如鱼虾等类,亦勒令上税"。乾隆知道后,降旨严拿究审年希尧、郑三②。河南地方官榨取城乡百姓的种种花招中,有一勒索商人伎俩——"买办"。"如买办米、薪、布、帛各项什物,不问时值,止给官阶,亏短实多",商贾深受其害。河南巡抚雅尔图奏请次第禁革。乾隆对此甚是高兴,批道:"所办甚属妥协,须行之以实"③。官府控制的牙行,经常垄断市场,抽分利息,扰累商人。所以,牙行愈多,商人受害愈烈。乾隆四年(1739年),江苏各地纷纷报请增设牙行,有的县欲增数 10 个以至 100 余个。乾隆降旨严禁。他说,江苏如此,各省亦必皆然。著户部通行各省督抚,转饬布政使,将圣旨出示晓谕。今后除新开集场应设牙行须由府州核实详司报准外,如非新开集场,不许加增,否则唯各督抚藩司是问④。

乾隆对商人的正当贸易,采取保护政策,对非法经商则严厉打击。乾隆三年(1728 年),北京因受干旱影响,米价昂贵,官府减价

---

① 《乾隆实录》卷 20。

② 《乾隆实录》卷 6。

③ 《乾隆实录》卷 113。

④ 《乾隆实录》卷 95。

枭米,以济贫民。但是奸商潘七等囤积居奇,结果被逮捕严惩①。广东盐运使陈鸿熙在管理盐务期间,"巧取营私,无利不搜"。盐商缴饷后,本应随即发给盐引,陈鸿熙收了银却不给盐引,名曰"挂饷"。商人销售盐觔交来的税款,他也不上交国库,名曰"挂价"。挂饷、挂价得来的银两,陈鸿熙拿去经商,待获利之后,才归还原款,"余利娄收入己",是个典型的封建"官倒"。乾隆将他革职拿问②。

4.其他社会经济政策的调整

雍正十三年(1735年)十一月,乾隆降谕甄别僧尼道士。他说,多一僧道,即少一农民。若辈不惟不耕而食,不织而衣,且食必精良,衣必细美,计农夫三人耕,尚不足供一僧道食。因而要求各州县按籍稽查,除在名山古刹或城居而愿受度牒,遵守戒律,闭户清修者,其余房头应付和尚、火居道士等,皆集众面问,愿还俗者听之③。通过此次甄别,据礼部统计,各省颁给僧道度牒共30余万张,颁有度牒的僧道,每人准收徒弟一名,师徒合计约60万人④。

乾隆知道,民间家计稍裕者,每遇婚丧,侈靡过分。办丧事的甚至招集亲朋邻族,开筵剧饮,谓之"闹丧"。停丧时还连日演戏,出殡时沿途扮演杂剧。乾隆以为此有关风俗人心,不可不严行禁止,违者按律究处⑤。这对于扭转民间陋俗,有积极意义。

契尾作为政府颁发的田宅买卖纳税凭证,从元代以来已逐渐流行于许多地区。雍正时,田文镜巡抚河南,创立了契纸、契根制

---

① 《乾隆实录》卷67。

② 《乾隆实录》卷64。

③ 《乾隆实录》卷6。

④ 《乾隆实录》卷94。

⑤ 《乾隆实录》卷6。

度。这对于确认产权,减少财产纠纷,有一定作用。但在执行过程,官吏不免趁机勒索。雍正十三年,(1735 年)十一月,乾隆降谕禁止实行契纸契根制度:

> "民间买卖田房,例应买主输税交官,官用印信钤盖契纸,所以杜奸民捏造文券之弊,原非为增课而牟其利也。后经田文镜创为契纸契根之法,予用布政司印信,发给州县,行之既久,书吏夤缘为奸,需索之费数十倍于前,徒饱胥吏之橐,甚为间阎之累,不可不严行禁止。嗣后民间买卖田房,著仍照旧例,自行立契,按则纳税,地方官不得额外多取丝毫,将契纸契根之法永行禁止。至于活契典业者,乃民间一时借贷银钱,原不在买卖纳税之例,嗣后听其自便,不必投契用印,收取税银"①。

但是,在土地买卖日益频繁的情况下,人们所获得土地所有权仍希望能得到政府的认可,取得法律保证,因此,契尾或称契根,在实际生活中难以废除。乾隆元年(1736 年),广东巡抚杨永斌奏:

> "……今契纸既已革除,而契尾尚未复设。臣思契尾之例,系投契之时,官为印给,不同契纸第由民间价买致有滋扰可比,似应仍请复设,照依旧例,由布政使编给各属,令地方官粘连民契之后,钤印给发,……"

杨永斌奏请,经王大臣会同户部议奏,报请乾隆批准执行②。降至十二年(1747 年),乾隆获悉四川省在办理田房税契时,对于小数额的土地交易,地方官公然侵吞税款,不给契尾,于是颁谕说:

> "向来民间买卖(田房),例由布政司颁发契尾,与业户收

---

① 《乾隆实录》卷 8。
② 《清文献通考》卷 31《征榷》6《杂征敛》。

执为据,不惟杜隐漏之弊,亦所以息争讼之端,岂可以任不肖之员,侵欺舞弊?"[1]

他责令四川巡抚纪山查办此类案件。乾隆本来反对契尾之制,如今转而维护契尾的合法性。

乾隆对乃父政治经济政策的调整,触犯了一些人的利益,引起了他们的不满,署四川巡抚王士俊就是其中代表。前面说过,雍正时,王士俊巡抚河南,督促各地报垦,弄虚作假。乾隆即位后将他调任,垦荒政策也被否定了。王士俊心怀不满。乾隆元年(1736年)七月,他密折陈奏四事,其中第一条说,近日百官条陈,"惟在翻驳前案,甚有对众扬言,只须将世宗时事翻案,即系好条陈之说。溥天之下,甚骇听闻"。乾隆阅后勃然大怒,认为"指群臣翻案,是即谓朕翻案矣"。雍正去世以来,乾隆处处以"纯孝"的面目出现。他对乃父政策的调整,总是打着"皇考"的旗号干的。如今公然有人说朝廷上下"惟在翻驳前案",这无疑是攻击乾隆有背封建礼教。乾隆当然要恼羞成怒,斥王士俊讲的是"大悖天理之言"。七月二十九日,乾隆在养心殿召见总理王大臣九卿等,说明他为什么要对某些政治经济政策进行调整。大意是:

从来为政之道,损益随时,宽猛互济。皇祖深仁厚泽垂六十年,休养生息,物炽而丰,厥后遂有法网渐弛之势。皇考加意整饬,使纲纪整肃,又岂得谓翻案乎?皇考即位十三载,剂酌盈虚,前后亦非一辙。朕与皇祖皇考之心,原无丝毫间别,臣工如俱能仰体圣意,使政体清平,垂之永久,朕何心更有因时制宜之举!即如王士俊垦田一事,市兴利之美名,而行剥民之虐政。设使此案败露于皇考之时,岂能宽宥?彼回京时畏

① 《乾隆实录》卷288。

首畏尾,今见朕复加擢用,遂欲掩饰以前之罪,撰为邪说以覆护①。

乾隆遂下令逮捕严审王士俊,法司拟斩立决,乾隆改为斩监候,秋后处决。乾隆对"翻案"论的批驳以及对王士俊的处理,反映了他锐意进取的精神和决心,也为他政治经济政策的调整,扫除舆论障碍。

---

① 《乾隆实录》卷23。

第二章　排除困挠，"冀为成康"

（乾隆六年至十五年）

第一节　初举木兰秋狝

乾隆六年(1741年)正月十三日,皇帝宣布"今年朕进木兰行围",要各地派兵进京随围学习,为秋狝作准备。

据廷臣查考,康熙年间秋狝,每次用兵4000名至5000名。乾隆此乃首举秋狝,扈从人员拟用6000名,需马10000匹。此外围场附近的蒙古各部中,喀喇沁派出1000名,翁牛特派出200名,科尔沁派出100名,合计6230名①。

皇帝要行围旨意公布后,有人反对。二月七日,监察御史丛洞上疏劝阻巡幸行围,说"第恐侍从以狩猎为乐,在京臣工或因违远天颜,渐生怠安,……伏祈暂息行围,以颐养天年。"乾隆阅后,当即批驳说:

> "古者春蒐夏苗秋狝冬狩,皆因田猎以讲武事。我朝武备,超越前代。当皇祖时,屡次出师,所向无敌,皆由平日训肄娴熟,是以有勇知方,人思敌忾。若平时将狩猎之事,废而不讲,则满洲兵弁,习于晏安,骑射渐致生疏矣。皇祖每年出口行围,于军伍最为有益,而纪纲整饬,政事悉举,原与在京无

---

① 《乾隆实录》卷136。

异。至巡行口外,按历蒙古诸藩,加之恩意,因以寓怀远之略,所并甚钜。皇考两路出兵,现有征发,是以暂停围猎。若在撤兵之后,亦必奉行。况今升平日久,弓兵渐不如前,人情狃于安逸,亦不可不加振刷。朕之降旨行围,所以遵循祖制,整饬戎兵,怀柔属国,非驰聘畋游之谓。……朕性眈经史,至今手不释卷,游逸二字,时加警省。若使逸乐是娱,则在禁中纵所欲为,罔恤国事,何所不可,岂必行围远出耶。朕广开言路,丛洞胸有所见,即行陈奏,意亦可嘉,但识见未广,将此晓谕知之"①

乾隆坚持行围木兰,确非狩猎取乐,其目的是"遵循祖制,整饬戎兵,怀柔属国"。木兰秋狝始于清初。"木兰"满语,意为"哨鹿"。清朝统治者借秋狝之机,出关会见蒙古各部王公台吉,密切中央政府与蒙古地方政权的关系,即乾隆所云"怀柔属国"。行围打猎,在直隶承德府以北400里木兰围场(今围场县)进行。围场东西相距300里,南北长约200里,周长1000里,总面积约1万余平方公里。这里林深草盛,野兽出没。狩猎者"往来沙塞,风尘有所不避,冒风雪以习劳"②,十分艰苦,是一次锻炼满洲贵族吃苦耐劳与尚武精神的大好机会,也是对满洲兵士弓马技艺的一次实战训练。这种寓习武于打猎的活动,即乾隆所云"整饬戎兵"。

乾隆在即位的第六年恢复木兰秋狝,并非偶然。继平定贵州苗疆之乱后,清朝与准噶尔部息兵议和,雍正遗留给乾隆的两项紧要的未竟之业都完成了。乾隆已经有精力恢复这一活动了。更为重要的是,他虽即位伊始,就着手调整政治经济方针政策,也取得

---

① 《乾隆实录》卷136。
② 《圣祖御制文集》卷25。

一定成效,但并不因此盲目乐观。乾隆六年(1741年),他曾多次就军队中贪图安逸,武备废弛的现状,斥责将领。如五月二十六日降谕说:

> "承平之时,不忘武备,乃经国要务。近年以来,各省营伍,整饬者少,废弛者多,良由将弁董率不力所致。今细加访察,各营守备千把总等官,尚知演习弓马,以图上进之阶。及升任参游以上,安望其训练兵丁,整饬营伍? 此风若不悛改,则武备渐不可问矣。用是特颁谕旨,通行训饬,各该督抚提镇等。……若一二年后积习不除,军容未见改观,朕惟统领大员是问"①。

七月九日,他将赴木兰行围前,又十分感情地讲了眼前政治经济军事等方面存在的4个"未能也":

> "朕惟保天下者,求久安长治之规,必为根本切要之计。昔人谓持盈守成,艰于创业。非有德者不安,非有法者不久。……朕以凉德缵承大统,早夜孜孜,……措天下于泰山之安,不能远追唐虞,亦可媲美成康矣。乃朕澄心静观,今日之人心风俗,居官者以忠厚正直为心,而身家利禄之念胥泯,未能也;为士者以道德文章为重,而侥幸冒进之志不萌,未能也;民家给人足,渐臻端良朴愿之风,未能也;兵皆有勇知方,足备干城腹心之选,未能也。由此观之,数十年来惟恃皇祖皇考暨于朕躬,以一人竭力主持,谨操威柄,是以大纲得以不隳耳。倘或遇庸常之主,精神力量不能体万事而周八荒,则国是必致凌替矣。此实朕之隐忧,而未尝轻以语群工,亦终不能默而不语群工也。……语云,'取法乎上,仅得乐中'。阴阳否泰之

---

① 《乾隆实录》卷143。

54

机,不长则消,不进则退,断无中立之势。效唐虞不至,尚可冀
为成康。假令畏难图便,晏然自谓已治已安,则祸患即已潜
伏,不可不惧也"①。

此时此刻,这位31岁的青年皇帝,头脑是清醒的。他意识到守成
艰于创业,目前的4个"未能也"正是"隐忧"。尽管他夸大了乃祖
乃父和自己"一人竭力主持"的作用,但从居安思危的角度,把隐
忧公诸天下,以至于说如果"畏难图便",盲目乐观,"自谓已治已
安,则祸患即已潜伏"。他要求臣工奋发上进,纵然达不到唐虞之
治的理想境界,也要"冀为成康"之世。这种实事求是估量现实,
正是乾隆奋发进取精神的体现。木兰秋狝,是他要改变4个"未
能也"的措施之一,是他要"措天下于泰山之安","冀为成康"之世
的发轫。

为了使国家机器在行围期间能正常运转,七月十八日,乾隆谕
大学士等:

"朕因讲武行围口外,其办理一切政务,与在宫中无异。
在京部旗诸臣,理应益加黾勉,精勤奉职,倘或稍有懈弛,不但
迟误公事,且重负朕宵旰图治之本怀"②。

七月二十六日,乾隆奉皇太后由圆明园启銮赴木兰围场。第
二天谕免所过州县本年田赋十分之三。二十八日驻跸密云县。三
十日,在古北口阅兵。乾隆看到受检阅"队伍整齐,技艺娴熟",很
是高兴,颁谕加赏。八月一日开始在常山峪行围2天。七日,到达
波罗河屯,蒙古诸王公台吉等在此接驾。八日至张三营,十日至十
二日,行围3天。十三日,在驻地准乌拉岱赐宴蒙古王公台吉等以

---

① 《乾隆实录》卷146。
② 《乾隆实录》卷147。

及扈从王公大臣。十四日至二十二日又连续行围9天。在行围期间,乾隆见"随围蒙古兵丁行列整齐,号令严明,均知奋勉",降谕奖赏。二十八日,乾隆对随围的各地兵丁表现评价说:

> "所有随围兵丁,首推东三省暨察哈尔之巴尔呼等,汉仗好,马上熟练,手技便捷,行围整齐。"

对于其他省及京兵的表现,就不太满意:

> "汉仗弓马膂力骨格,尚属去得,当差亦甚勤奋,但于行围耐劳等处,较之稍逊,皆因平素好贪安逸所致,士气日见委靡矣。我满洲兵丁,从来到处超群,同是丈夫,岂可行走落后!"

对于士兵穿绸缎衣服,乾隆尤为反感。他说,

> "今看兵丁等所穿衣服,多用绸缎。围场之内,理宜服用布衣皮革,非惟结实,亦且省俭,奚用绸缎为耶! 缎衣一件之费,可得布衣数件,自应遵淳朴素习"①。

九月八日,乾隆回到避暑山庄,二十日回到圆明园。二十八日,乾隆降谕斥责那些借故不去行围的诸王大臣:

> "朕此次行围,诸王大臣中,竟有耽恋室家,诧故不愿随往者。朕已为姑容,亦不必明指其人。夫行围出猎,既以操演技艺,练习劳苦,尤足以奋发人之志气,乃满洲等应行勇往之事。若惟事偷安,不知愧耻,则积习相沿,实于国势之隆替,甚有关系。嗣后倘有不知悛改,仍蹈前辙者,朕断不轻为宽容"②。

从首次秋狝之后,直至三十五(1775年)年以前,除了七年

---

① 《乾隆实录》卷151。
② 《乾隆实录》卷151。

（1742 年）、九年（1744 年）、十一年（1746 年）、十三年（1748 年）、十五年（1750 年）、十九年（1754 年）之外，乾隆历年都要举行秋狝活动。三十五年后，因年逾花甲，行围才渐次减少。

第二节　对付粮食问题的措施

一、粮食问题的严重性

乾隆"冀为成康"之治，除了通过木兰秋狝整饬军队之外，还必须解决经济上所面临的最严重困扰，即粮价上涨，民食艰难的问题。

康熙雍正年间，市场上粮食价格较便宜。乾隆以来，粮价却直线上升。还在乾隆元年（1736 年），新皇帝就已经密切注视着粮价问题，在一份诏谕中说：

"湖南为产米之乡，向来米价，平时每石不过七八钱。近闻湖广省城米价腾贵，自正月二十四五（日）以后，每石贵至一两七八钱不等，民间有艰食之虑"①。

不仅产米之乡湖广粮价上涨约一倍半，其他地区也有不同程度的涨价。乾隆二年，山东旱灾，百姓缺食，清朝虽降旨平粜，许多人仍买不到粮食②。乾隆三年，"上下江收成歉薄，米价昂贵"③。

粮价上涨，粮食紧短，乾隆感到有必要采取对策。起初，他认为造成粮食紧张的原因之一是浪费，特别烧锅酿酒。因此，乾隆二年二月，颁布了禁止烧锅谕，说：

---

① 《乾隆实录》卷 13。
② 《乾隆实录》卷 41。
③ 《乾隆实录》卷 82。

"耗谷之尤甚者,则莫如烧酒。烧酒之盛行,则莫如河北五省。……朕筹之已熟,河北五省烧锅一事,当永行严禁"①。然而,禁止烧锅,必然危及酿酒业者的生计。禁令颁布后,刑部尚书孙嘉淦立即提出不同看法:"烧锅之禁,无益于盖藏,而有损于生计,止宜于歉,而不宜于丰年"②。乾隆将孙嘉淦奏疏给总理事务王大臣,要他们会同九卿详议,既不必曲从皇帝,"亦不可回护孙嘉淦",应"共衷定议以闻","若果严禁烧锅,不但于民食无益,而且有害,朕旨可收回"③。年轻皇帝对不同意见的处理是明智的,态度也是诚恳的。但大臣们讨论了一个月终无定见。

禁止烧锅令成为一纸空文。粮食涨价的势头有增无减。乾隆十三年(1748年),江西籍湖南巡抚杨锡绂说:"臣生长乡村,世勤耕作,见康熙年间,稻谷登场,每石不过二三钱,雍正年间则需四五钱,今则必须五六钱"④。同年,云贵总督张允随奏:"天下沃野,首称巴蜀。在昔田多人少,米价极贱,雍正八九年间每石尚止四五钱,今则动至一两外,最贱亦八九钱"⑤。贵州按察使介锡周也在这一年报告说,"臣于雍正四年初莅黔省,彼时京斗米一石不过四钱五分及五钱有零,……现今丰收之年亦须七八九钱一石,岁歉即至一两一二钱至二两不等"⑥。沿海地区粮价上涨幅度更大。乾隆五年(1740年),福建捐监纳谷,每石定价6钱,降至八年因"谷价昂贵,与原定银数大相悬殊",每石定价改为9钱⑦。乾隆八年

①《乾隆实录》卷42。
②《乾隆实录》卷42。
③《乾隆实录》卷42。
④《乾隆实录》卷311。
⑤《乾隆实录》卷311。
⑥《乾隆实录》卷311。
⑦《乾隆实录》卷185。

（1743年），江苏米每石1两2钱、谷每石6钱属于"常平"价格①。乾隆十三年（1748年），山东兖州、济南、泰安一带因旱歉收，青黄不接的五月间，"米麦杂粮价日渐增长，以粟而论，每石市价自1两4—5钱至1两7—8钱不等，"其余麦豆价值可以类推"②。

　　各地粮价持续上涨，乾隆感到问题的严重性："朕思天下米价频增，乃民食不足之渐"③。他把粮价问题和政治问题联系在一起进行思索，说"古太师陈物价以观民风，汉刺史问羊及马，民不敢欺"④。物价，尤其是粮价，关系到百姓生计。粮价腾涌，民心肯定动摇，社会必然无法安定，"措天下于泰山之安"就是一句空话。其时，正由于粮价上涨，粮食紧缺，各地抢米风潮接连发生。乾隆七年（1742年）冬至八年春，"湖广、江西、江南等处，抢粮之案俱未能免，而江西尤甚，一邑之中竟有抢至百余案者"⑤。江西仅袁州一带，乾隆八年二三月间，抢粮案多达160余起，"南（安）、吉（安）、抚（州）、饶（州）各属闻风效尤，旋拿旋息，彼息此起，抢案不一而足"⑥。乾隆对此是了解的，他说：

　　　　"朕闻今夏江西地方因米价昂贵，奸民屡有聚众抢夺之事。闰四月十二三等日，则有南安府属大庾、崇义两县乡民朱佩月等之案。闰四月初旬，有南康、上犹两县乡村居民被抢之案，又有赣州县城外虎喇桥、七里镇、攸镇抢米之案。闰四月十九、二十等日有赣县、万安两邑居民米谷被抢之案。……二

①　《乾隆实录》卷197。
②　《乾隆实录》卷290。
③　《乾隆实录》卷189。
④　《乾隆实录》卷299。
⑤　《乾隆实录》卷230。
⑥　《硃批奏折》乾隆八年八月初四日两江总督尹继善奏。

月内,袁州府宜春县之案,闰四月内吉安府永安县之案"①。

除江西之外,十二年(1747 年)五月河南"偃师县民因出借仓谷,棍徒拥至县署,拾砖掷伤典史之面"②。同年六月,"奉天牛庄地方,因上年歉收,米价渐贵,百姓在石匠王君弼等带动下,在街鸣锣,拦截过境粮车③。十三年(1748 年)正月徐州沛县夏镇百姓抢取食物,以致店辅不敢开市。同时,"萧县有妇女多人,聚集求赈,声言欲塞县署"④。这一年,福建厦门港居民因米价昂贵,抢掠米铺 5家⑤。浙江温州乐清县穷苦百姓,向当地富户强借粮食,"硬将谷石挑去";处州松阳县佃户打开地主粮仓,挑去粮食⑥。山东仅营州、郯城抢米案件就多达 52 起⑦。在全国性的抢米风潮中,声势最大的是乾隆十三年(1748 年)江苏顾尧年事件。时江苏粮荒,米价昂贵,百姓要求禁止贩米出境。四月,松江府青浦县民"阻遏米客,打坏行家房屋器物"⑧。五月,市民在顾尧年领导下,爆发了反对米商囤积居奇的斗争。顾尧年身挂木牌,书"为国为民非为己"字样,自缚赴抚臣辕门,请求将官府存米及铺户米一律平粜⑨。参加示威群众不下数万人。巡抚安宁竟将顾尧年等 3 人立毙杖下,从而激起市民愤怒,冲击了县衙门⑩。

各地抢米风潮此起彼伏,说明粮食问题不仅仅是经济问题,也

① 《乾隆实录》卷 195。

② 《乾隆实录》卷 290。

③ 《乾隆实录》卷 292。

④ 《乾隆实录》卷 313。

⑤ 《乾隆实录》卷 314。

⑥ 《乾隆实录》卷 315。

⑦ 《乾隆实录》卷 319。

⑧ 《乾隆实录》卷 314。

⑨ 顾公燮:《消夏闲记摘抄》。

⑩ 《乾隆实录》卷 316;《史料旬刊》第 29 期《潭行义折》。

是严重的社会问题,它尖锐地摆在乾隆面前,他必须花大气力加以解决。七年(1742年)三月一日,乾隆在勤政殿对九卿大臣们再次情绪激动地说了一通话,大意是:

> 国家继绪百年,至于今日可谓承平无事。然于无事之日,而竟谓无可事事,则将来必有事随之。怀安即是危机,狃治即为乱本。朕幼读诗书,颇谙治理,御极以来,无日不思措天下于邠隆。今起视天下,太平果有象乎? 目今生齿益众,民食愈艰,使猝遇旱干水溢,其将何以为计! 我君臣不及时筹划,又将何待①?

此次讲话进一步阐发了居安思危的道理。正是这种居安思危思想,使这位守成之君明白安与危是会转化的,无事之日若无可事事,"将来必有事随之",怀安即是危机。他看到大清统治稳固的一面,又看到生齿益众民食愈艰的另一面。踌躇满志的乾隆,为了把清王朝推向更加鼎盛的局面,"措天下于邠隆",就得拿出解决粮食问题的新方案。

二、粮食问题的对策

乾隆为平抑粮价,解决粮荒,所采取的措施,归纳起来,有如下6个方面。

第一,关心农业,重视粮食生产。乾隆对农业生产是高度重视的。无论旱还是涝,都会使他寝食不安;风调雨顺,更会喜形于色。乾隆九年(1744年)五月十六日,京畿大雨竟日,田野露足。第二天乾隆临朝兴奋地询问大臣:"不知百姓今该趁种否? 何不详悉

---

① 《乾隆实录》卷217。

奏闻,以慰朕怀!"①十一年(1746年)六月,直隶总督那苏图报告:"直隶通省,雨泽霑足,禾稼将次登场,民情欢忭;并多伦诺尔地方,雨水均调,游牧水草畅茂;蒙古一带边疆,禾黍丰盛,贸易安帖。"乾隆阅后批道:"所奏光景,京师亦同,较汝处有过之而无不及也。然此朕尚不敢谓即定丰收之象"。其时乾隆已定于九月十日出发登临五台山,因而在批示中接着写道:"俟万宝告成之后,幸五台时,与卿相见,我君臣之喜,当何如耶!"②盼望丰收的殷殷之情,跃然纸上。十三年(1748年)三月,乾隆东巡泰山等处还京。山东巡抚阿里衮连续具折请安。当时山东旱灾严重。乾隆在阿里衮奏折中批道:山东"曾否得雨,俱未奏及,朕心深为悬念"③。一个封建帝王,如此注视农业生产,确是难能可贵的。

第二,普免钱粮,散财于下,以促进农业生产。

十年(1745年)六月,乾隆宣布一项重大经济政策,普免天下钱粮一年:

"朕御天下,十年于兹。抚育蒸黎,民依念切。躬行俭约,薄赋轻徭。……今寰宇敉宁,既鲜糜费之端,亦无兵役之耗。所有解部钱粮,原为八旗官兵及京员俸饷之所需,计其所给,较之宋时养兵之费,犹十不及一二。至于各处工程,为利民之举者,亦祇取给于存公银两。即朕偶有巡幸,赏赉所颁,亦属无几。是以佐藏尚有余积。……朕思海宇乂安,民气和乐,持盈保泰,莫先于足民。况天下之财,止有此数,不聚于上,即散于下。皇祖在位六十一年,蠲租赐复之诏,史不绝

---

① 《乾隆实录》卷217。
② 《乾隆实录》卷269。
③ 《乾隆实录》卷311。

书。……朕以继志述事之心,际重熙累洽之候,欲使海澨山陬,一民一物无不均霑大泽,为是特降谕旨,将丙寅年(十一年)直省应征钱粮,通行蠲免。其如何办理之处,著大学士会同该部,即速定拟具奏"①。

旨刚颁布,御史赫泰就上疏谏阻,说"国家经费,有备无患。今当无事之时,不应蠲免一年钱粮。若云恩纶已沛,成命难收,则请将缓征带征之逋赋,通行豁免"。乾隆不同意,斥责赫泰"逞其私智小慧,妄议朝廷重大政务"。乾隆说,普免钱粮目的,"惟期溥海内外,家给人足,共享升平之福"。仅免逋赋则不同。"况逋欠钱粮,固有一时水旱无力输将者,亦有刁民抗玩,有意拖延者。若一体加恩,则良顽更无区别矣"②。不难看出,乾隆普免钱粮的立足点是"足民"。从"足民"出发,他较好地处理了财聚于上和散于下的关系。当国家财政状况有所好转,"佐藏尚有余积"时,为了"海宇乂安",就应当散一定财富于下,使百姓"均霑大泽"。赫泰不明白此中道理,难怪受乾隆斥责。

不久,大学士讷亲等提出普免钱粮的实施方案。即按康熙五十一年(1712年)的办法,将全国地丁银2824万两,分作三年,按省先后蠲免。对地丁银的附加税耗羡,讷亲等建议仍旧征收。乾隆同意讷亲等的实施方案,但他说,为使蠲免之年,"间阎之间终岁不闻催科之声",决定把蠲免年的耗羡,缓至开征年一并完纳③。

普免钱粮,只免地丁银,不免本色粮,但对个别地区有所照顾。如福建省台湾府属 ·厅四县,"因其编征本色",乾隆决定将其额征16万余石粟全部蠲免;奉天省"地丁钱粮,向来银粮并征",该

① 《乾隆实录》卷242。

② 《乾隆实录》卷243。

③ 《高宗纯皇帝圣训》卷141《蠲赈》4。

省奉天、锦州两府额征米豆也全部蠲免①。

普免钱粮之年，佃户向田主应纳的地租，乾隆降谕"酌减"，并要地方官对田主"善为劝谕，感发其天良，欢欣从事"②。但佃耕国有土地者，则明确宣布减租。如广东省的广州、韶州二府官租、屯田租、学田租，广西桂林、梧州等府官田租，云南官庄租，湖南城绥入官田租，河南开封、归德、彰德、怀庆、河南（指河南府）、南阳等府的滩地、官庄、官地、义田等项地租，台湾府官庄租课，都蠲免十分之三③。

继首次普免之后，三十五年（1770年）又因乾隆60寿辰，次年为皇太后八旬万寿，第二次普免钱粮。这次普免，乾隆作出新规定，于"轮蠲之年，通行劝谕，照应免钱数十分之四，令佃户准值减租，使得一体仰邀庆惠"④。四十二年（1777年）又实行第三次普免。五十五年（1790年）乾隆"欣开八袠，幸得小康"，降谕第四次普免。六十年（1795年）十月，在乾隆退位之前，为庆祝明年归政，决定于嘉庆元年（1796年）第五次普免。前后五次普免钱粮，共计1亿4千万两地丁银。

"漕粮向以供给俸饷廪粞之用，非水旱特蠲例不普免"⑤。三十一年（1766年），乾隆为庆祝他登基阅30年，降谕从当年开始至三十七年（1772年）为止，分批蠲免山东、河南、江苏、江西、浙江、安徽、湖南、湖北漕粮。蠲免总数达400万石。此后，又于四十五

---

① 《高宗纯皇帝圣训》卷141《蠲赈》4。
② 《高宗纯皇帝圣训》卷140《蠲赈》3。
③ 《高宗纯皇帝圣训》卷141《蠲赈》4；卷142《蠲赈》5；卷147《蠲赈》10；卷148《蠲赈》11。
④ 《乾隆实录》卷850。
⑤ 《乾隆实录》卷752。

年(1780年)、五十九年(1794年)二次蠲免漕粮。三次蠲免漕粮总额达1200万石。

作为税收的田赋,是政府以国家主权者资格,参与社会产品的集中分配。普免钱粮和漕粮,是企图从调整社会产品集中分配的角度,来改善清政府与有田之家的关系,大小地主自耕农都受益,一部分佃农也受益。乾隆这一散财于下的政策,增加了乡村民间积累,对发展农业,增加粮食生产,具有积极意义。

第三,减少国家粮储,通过平粜以控制粮价。

清代国家粮储,以常平仓为主,辅以乡村社会和市镇义仓。设立常平仓的目的,在于积有余以备灾荒。乾隆以前,额定仓储额为280万石,乾隆以来增至320万石①。乾隆以为,造成粮食紧缺另一原因,不在于人口增多,而在于仓储过多。他说:

> "乃体察各省情形,米价非惟不减,且日渐昂贵。不独歉收之省为然,即年谷顺成,并素称产米之地,亦无不倍增于前。以为生齿日繁耶,则十数年之间,岂遂众多至此! 若以为年岁不登,则康熙雍正年间,何尝无歉收之岁! 细求其故,实系各省添补仓储,争先籴所致"②。

为了控制仓储过多,乾隆下令暂停采买和纳谷捐监,只允许在丰收年景和丰收地区少量采买。如乾隆十年(1745年),江西丰收,乾隆批准巡抚塞楞额奏请,买补缺额仓储73万余石③。十三年(1748年)更明确下令,各直省常平贮谷数量,应按照康熙雍正年间旧额,多出部分以次出粜,或拨运补邻省不足④。与此同时,乾

---

① 《乾隆实录》卷189。
② 《乾隆实录》卷189。
③ 《乾隆实录》卷249。
④ 《乾隆实录》卷319。

隆还指示要充分发挥常平仓调剂粮食供应的作用。常平仓每年除了按"存七粜三"原则进行周转（库存积谷每年留下 7 成，出售 3 成）外，还要在荒年米贵之时，压价平粜，以赈饥民、抑粮价。如乾隆十年密云古北口一带旱灾粮贵，乾隆令地方官平粜济民①。同年八月，宣化府因灾米贵，开粜之后，粮价未平，清朝决定已开粜地方继续出粜，未开粜地方，立即开粜，务求粮价平抑②。

第四，通过截漕、拨运等办法，解决灾区粮食供应问题。

乾隆七年（1742 年），因江苏、安徽及浙江部分州县水灾，乾隆降旨截留三省漕粮 8 万石备用③。十一年，直隶旱灾，乾隆下令拨运河南、山东麦粮 20 万石，截留尾漕米 30 万石，拨运通州仓米 5 万石，运往宣化等地④。但是，以截漕和拨运办法解决粮荒，对乾隆来说，是很不情愿的。九年三月，他说：

> "国家岁转漕粟，以实京师，乃备天庾之出纳，关系最重。或因偶遇灾歉，万不得已而为截留之计，仅可间一行之，岂遂视为常法。今内外臣工，动以截漕为请，朕念切民依，亦屡次允从。……惟正之供祗可此数，焉得从而济之。用是特降谕旨，通谕直省督抚并饬守牧等官，各思所督何事，所抚何事，……务使百姓各知自谋，以裕生养之源"⑤。

不过尽管很不情愿，却迫于情势，不得不经常采用此法。据统计，乾隆一朝截漕多达 1440 万石以上，年均 24 万石⑥。

第五，鼓励商人长途贩卖粮食，严禁囤积居奇。

---

① 《乾隆实录》卷 247。
② 《乾隆实录》卷 247。
③ 《乾隆实录》卷 162。
④ 《乾隆实录》卷 259。
⑤ 《乾隆实录》卷 213。
⑥ 吴慧等《清前期的粮食调剂》，见《历史研究》1988 年第 4 期。

早在乾隆二年(1737年),皇帝就决定,凡贩运米谷到旱涝灾区的商船,给予免税放行的优惠待遇。七年(1742年)四月又进一步放宽,永远免除直省关口的米豆税。乾隆免税谕说:

> "第思小民朝饔夕飧,惟谷是赖,非他货物可比。关口征纳米税,虽每石所收无几,商人借口额税,势必高抬价值。是取之商者,仍出之民也。朕御极以来,直省关税屡次加恩减免,又恐榷吏额外浮收,刊立科条,多方训饬,每遇地方歉收,天津、临清、浒墅、芜湖等关口,商贩米船,概给票放行,免其上课,皆以为民食计也。但系特恩,间一举行。……今特降谕旨,将直省各关口所有经过米豆应输额税,悉行宽免,永著为令"①。

粮食免税贩卖,固然促进了粮食流通,但一些商人唯利是图,或在米船中夹带其他商品,或依然在灾区卖高价。十一年六月,乾隆警告说:

> "朕念众商乃无知愚人,当先加以化导,冀其醒悟,不忍未经晓谕之先,降旨遽循旧例"②。

但是,降至十三年十一月,终因粮价不减,乾隆降旨各关口恢复征收过关粮食税③。

在鼓励粮食长途贩运的同时,乾隆还屡次颁谕严禁米商囤积居奇。当时,安徽等地有些米商,为避免"囤户"罪名,耍弄花招,将米典给当铺,"坐视市米缺乏,价值大长,始行赎卖取利"。乾隆批准安徽巡抚范璨奏请,下令"除农民余米无多,质押者听,如数

---

① 《乾隆实录》卷164。
② 《乾隆实录》卷269。
③ 《乾隆实录》卷329。

至千石者,概不得质当"①。

第六,鼓励粮食进口,禁止粮食出口。

乾隆时期,常有暹罗商人贩米到福建广东等省贸易。七年,乾隆批准免征外洋商人运米的船货税。八年九月,再次下旨,"嗣后凡遇外洋货船,来闽粤等省贸易,带米一万石以上者,著免其船货银十分之五。带米五千石以上者,免其船货银十分之三"②。十一年七月,有暹罗商人载米4300石,另一商人蔡文浩载米3800石,均未达到免税标准。乾隆帝遂批准福建地方官申请,于当年九月又补充规定,运米不足5000石者,免船货银十分之二③。在鼓励粮食进口的同时,乾隆还禁止粮食出口。八年,他颁旨强调:"向来贩米出洋,例有严禁。惟在各该督抚时饬地方员弁,于各口要隘,实力巡查"④。

除了从国外进口粮食外,清朝还从国内台湾岛向大陆福建调拨粮食。据乾隆七年闽浙总督那苏图报告,清政府规定,每年从台湾调运福建金门、厦门、漳州、泉州米16万石⑤。这部分粮食,或供应清政府驻闽士兵口粮,或供应驻台士兵留闽家属口粮,故称"兵眷米"。

三、发动粮价上涨原因的讨论

乾隆采取以上措施,企图从发展生产和促进流通两个方面,增加民间粮食供应,平抑粮价。结果,事与愿违,粮价非但不减,反而

---

① 《乾隆实录》卷215。
② 《乾隆实录》卷200。
③ 《乾隆实录》卷275。
④ 《乾隆实录》卷204。
⑤ 《乾隆实录》卷177。

继续上涨。乾隆迷惘了。十二年(1747 年)十二月,他只好颁谕,发动各地督抚,就粮价持续上涨的原因,各自发表意见:

> "朕思米谷为民生日用所必需,而迩年以来,日见腾贵,穷黎何以堪此? 朕反复思之,不能深悉其故,亦未得善处之方。朕自御极以来,宵旰励精,勤求民隐,乃不能收斗米三钱之益,而使赤子胥民有艰食之累,殊益焦劳。可传谕各督抚,令其实意体察,详求得失之故,据实陈奏"①。

各督抚及其他地方官得悉谕旨后,纷纷上陈。

十三年正月,河南巡抚硕色说:

> "粮贵之源,大概由于生齿日繁,以一省而论,或此贵而彼贱,则由于丰歉不齐;或初贱而后贵,则由于商贾囤贩。居今而筹民食,惟在首严囤积之禁。至于采买官谷,原为地方备不时之需,若恐妨民食,不为采买,设有缓急,其何以恃?"②

三月,湖南巡抚杨锡绂、两广总督策楞、云贵总督张允随、贵州按察使介锡周、护理安徽布政使舒辂、江西巡抚开泰、署湖北巡抚彭树葵等相继上疏,讲了自己的见解。

杨锡绂认为,粮价上涨原因有四:"一曰户口繁滋,一曰风俗日奢,一曰田归富户,一曰仓谷采买"。关于人口增长对粮价的影响问题,杨锡绂发表了与乾隆不同的见解。他说:

> "圣谕谓自康熙年间以来,休养生息,便应逐渐加增,何至一时顿长? 以臣观之,实亦未尝不系渐增。……盖户口多,则需谷亦多。虽数十年间荒土未尝不加辟,然至今日而无可垦之荒矣"③。

---

① 《乾隆实录》卷 304。
② 《乾隆实录》卷 307。
③ 《乾隆实录》311。

舒辂、彭树葵、开泰的看法,与杨锡绂基本相似。舒辂说:"粮贵固由户口繁滋,而连年采买过多,实为切近"①,强调采买过多是直接因素,但承认人口繁滋是基本因素。彭树葵说:"湖北在康熙年间,户口未繁,俗尚俭朴,谷每有余,而上游之四川、湖南人少米多,商贩日至,是以价贱,遂号产米之乡。迨户口渐增,不独本地余米无几,即川南贩运亦少,谷寡价昂,势所必至"②。他强调户口渐增是致粮价昂贵的必然因素。开泰说,"米贵之由,不尽由囤户商贩采买积贮,大抵由于生齿日繁,地方官奉行未善"③。他看法与彭树葵一致。

四月,甘肃巡抚黄廷桂上疏则认为,该省粮价贵贱是收成好坏所致:"粮价,时贵时贱,总视年岁丰荒,不关生齿多寡,且民贫土瘠,无巨本囤户,亦无重赀商贩……"④。浙江巡抚顾琮根据该省的实际情况,认为米贵原因有三:"杭嘉湖树桑之地独多,金衢严宁绍台六府,山田相半,温处二府山多田少,向资江楚转输,近岁江楚价昂,商贾至者无几,此致之由一;地接江闽二省,商旅络绎,以有限之米谷,供无穷之取携,此致贵之由二;杭嘉绍宁台温六府,东际海,商渔出入,米谷随之,自外入者无多,自内出者难计,奸徒射利,每有越透,此致贵之由三"⑤。所强调的三点是,经济作物挤掉粮食生产,山多田少的自然条件限制了粮食生产,粮食流通中出多进少。

五月,安徽巡抚纳敏上疏说,米贵原因在于州县采买过多,以

①　《乾隆实录》311。
②　《乾隆实录》311。
③　《乾隆实录》311。
④　《乾隆实录》卷313。
⑤　《乾隆实录》卷313。

致"米谷在官者多,在民者少"①。

六月至七月,还有陕西巡抚陈宏谋、云南巡抚图尔炳阿、两江总督伊继善先后上疏,一致认为粮价上涨是人口增长使然。陈宏谋说:"米价日增,原非一时顿长,实由生齿日繁"②。图尔炳阿说:"米价之贵,总由于生齿日繁,岁岁采买"③。伊继善说:"米价日贵,由于户口繁滋"④。

从各地方官发表的见解可以看出,大多数人认为,粮食涨价与人口激增紧密相关。只有少数人强调是由于采买过多或粮食流通失调、或经济作物与粮争地引起的。这表明,降至乾隆年间,中国人口问题,人口对土地形成的压力,已被清政府中一部分人感受到了。尽管乾隆不理会,不承认,但这已成为事实。乾隆时期,人口增长速度甚快。据乾隆六年(1741年)统计,全国人口1.43亿⑤,十五年(1750年)达1.79亿⑥,四十年(1776年)达2.68亿⑦,五十九年(1794年)达3.13亿⑧。换言之,半个世纪之内,中国人口增加一倍有余。而耕地面积,雍正二年(1724年)统计,全国共有7.2亿亩,乾隆十八年(1753年)达7.3亿亩。也就是说,在将近30年之中,只增加1.2千万亩,增长率仅1.7%。在农业生产技术没有重大进步的当时,耕地面积增加速度远低于人口增长速度,粮价上涨就在所难免了,而且将愈来愈严重。直至五十六年(1791

① 《乾隆实录》卷315。
② 《乾隆实录》卷316。
③ 《乾隆实录》卷317。
④ 《乾隆实录》卷319。
⑤ 《乾隆实录》卷157。
⑥ 《乾隆实录》卷379。
⑦ 《乾隆实录》卷1023。
⑧ 《乾隆实录》卷1468。

年），乾隆才不得不承认人口的压力。他说：

　　"况国家承平日久，生齿日繁，物产祇有此数，而日用日渐加增。康熙年间，朕在冲龄时，即闻乳保等有物价昂贵，度日艰难之语。今又七十余年，户口滋生，较前奚啻倍蓰。是当时一人衣食之需，今且供一二十人之用，欲使家给人足，比户丰盈，其势断有所不能"①。

第二年，即乾隆五十七年（1792年），英国政府派遣的使团来华谒见乾隆时，就发现"中国人口繁殖是漫无止境的"。"在中国，平均每一平方哩所有的人数比欧洲人口最集中的国家平均一平方哩的人数多三百人以上"，因此，中国人"吃饭还要精打细算"②。这就是说，当时外国人也看出中国严重的人口问题。

第三节　解决钱贵银贱与八旗生计问题

一、钱贵银贱问题及其对策

　　乾隆前期，除了粮价上涨之外，钱贵银贱也是摆在年轻皇帝面前的大难题。

　　乾隆以来，除云南、四川两省之外，包括京师在内的大部省份，钱价腾踊。钱贵，是指铸币与银的比价提高。乾隆二年（1737年），苏州地区银1两仅兑换制钱730文；乾隆十三年（1748年），西安地区银每两仅值制钱600文③。随着商品经济的发展，商品贸易量的增加，社会需要足够的货币流通量。钱价上涨，说明社会

---

　　①　《乾隆实录》卷1370。

　　②　《英使谒见乾隆纪实》，商务印务馆1963年版，第503—504页。

　　③　王光越：《乾隆初年钱价增昂问题初探》，《历史档案》1984年第2期。

上铸币流通量与商品流通量不相适应,这势必影响民生。乾隆认识到这问题的重要性与严重性。他说:"制钱乃民间日用必需之物。近来各处钱文短少,价值昂贵,民间甚为不便"①。

为了解决制钱短缺,乾隆采纳臣僚建议,添炉鼓铸钱币。雍正十三年(1735年)九月,他登基伊始,就批准总理事务王大臣议奏,要求户、工二部着手铸"乾隆通宝"②。十月,又批准云南巡抚张允随奏请,在云南铸钱送京赴用。从乾隆三年(1738年)之后,清朝除了增加京师户部所属宝泉局和工部所属宝源局鼓铸制钱之外,还陆续在四川、贵州、福建、江苏、云南、浙江、湖南、广西、江西、湖北、广东、山西、陕西以及直隶保定等处,增开、复开制钱鼓铸局,或添设炉座。至乾隆十五年(1750年),全国增设炉座约990座,年新增制钱能力约180万串。请看下列:

增加制钱,需相应增加制钱原料铜、铅、锡的供应。作为铸币的基本原料铜,一靠进口洋铜,二用云南生产的滇铜。乾隆元年(1736年),清朝议定,每年采办洋铜和滇铜各200万觔。洋铜由官府预发本钱,招商采买,统一从上海与宁波二处进口。商人采购洋铜如果超过200万觔,准许将超额部分自行售卖。但是,官府收购洋铜定价太低。乾隆五年(1740年)江苏巡抚张渠奏:

表1:乾隆三年至十五年各省新增铸钱炉座与铸币数额表

时　间	地　　区	新增炉座	新增铸币(单位:串)
三年	四川宝川局炉座	7	728,000
四年	贵州宝黔局炉座	10	103,985

---

① 《乾隆实录》卷204。

② 《乾隆实录》卷2。

时　间	地　区	新增炉座	新增铸币（单位：串）
五年	开福建鼓铸局 复开江苏宝苏局 增云南省城局 增临安府局 复开浙江宝浙局	8 16 10 5 10	48,533 111,699 60,000 60,000 128,613
六年	复开云南东川府局 复开湖南宝南局	20 5	89,773 24,000
七年	增宝泉、宝源二京局铸钱 开广西鼓铸局 开江西宝昌局	10 6	339,726 28,800 41,932
八年	开湖北宝武局 开云南大理府局	15 15	72,800 67,330
九年	宝泉、宝源二京局加印鼓铸 贵州宝黔局加印鼓铸 增江西宝昌局炉座	 4	458,630 24,937 69,888
十年	开广东鼓铸局 开直隶保定局	6 6	17,244 72,800
十一年	增四川宝川局炉座	15	62,200
十二年	增湖北宝武局炉座	5	不详
十三年	复开山西宝晋局 开陕西鼓铸局	10 10	42,324 62,000
十四年	减云南省城局 减临安府局 广东宝广局增额鼓铸 增广西宝桂局	-10 -8 不详 8	减额不详 减额不详 不详 96,000
十五年	江浙二省钱局加额鼓铸 开云南广西府局鼓铸	不详 15	不详 67,330
合计		约 990	约 1,811,618

（据《清文献通考》卷 16—17《钱币考》4—5 记载制表）

"见今洋铜市价每百觔约需纹银二十两,与部定价每百
觔给银十四两五钱盖多悬殊。但旧时所定官价,原系予年发
帑令商置货出洋交易,已有余利,是以不致亏乏。若收各商自
贩之铜,仍照前价,未免有亏商本。查从前官办洋铜,原价之
外,尚有解京水脚饭食银三两。今议酌中定价,照十七两五钱
之数收买,庶可源源接济,于公私两有裨益。"

张渠这一提价建议,经大学士九卿会议批准执行。而且,浙江省进
口洋铜亦一例增价。同时,清朝对收购进口洋铜还作出新规定:
"凡洋铜进口,以五分听商自行售卖外,其余五分江浙二省对半官
收。有商人情愿贩铜者,广为设法招募,令其出洋采办"①。

滇铜是商人出资开采,官府除抽税外,还作价收买。雍正七年
(1729年)原定是加2抽课,课后余铜每百觔给银6两8钱收买。
乾隆三年(1738年)收购价增至8两3钱,八年又增至9两2钱。
十年,广西前任巡抚杨锡绂、布政使唐绥祖"因商人工本不敷,加
价至十三两,"部议只能按滇省厂价,每百觔给9两2钱。乾隆认
为,"该省铜价每百觔确需十三两,部议之数仍属不敷",同意按杨
锡绂原定价格发给②。不过,乾隆谕旨,看来并未贯彻。因此,十
一年七月,两广总督策楞、广西巡抚鄂昌奏:

"粤西铜厂,开采年久,陇路深远,挖取维艰,工费实繁。
若照原定二八抽课外,每余铜百觔给价八两三钱及九两二钱
之数收买,实在不敷,应请即遵谕旨所定十三两之价作为定价
收买。俟将矿旺铜裕,即行据实核减。又商人自铜百觔,除抽
课外,余铜八十觔,每百觔给价十三两,核计只该价银十两零

---

① 《清朝文献通考》卷16《钱币考》4。
② 《乾隆实录》卷254。

四钱,商民实无余利。请将余铜官买一半,其一半给商自卖,
获有余利,庶踊跃开采"①。
乾隆再次批准这一要求。于是,铜矿商人除去二成纳课,四成由官
府收购外,余下四成产量可以自由出卖,从而提高经营积极性。

制钱所需的铅,官府按每百觔3两5钱银作价收买,"此系就
价贱之时,与产铅省分统计折中定价。"但如浙江等不产铅省分,
"实需价银七两上下"。乾隆八年(1743年)十一月,为了避免不
产铅之地承办铅人员的赔补,决定以百觔4两8钱的价格,动用公
项银委员于楚黔产铅地采购②。至于锡,则从南洋等地进口③。

要缓解钱币的短缺,还需解决制钱流通过程中一些问题,诸如
毁钱制器、囤积制钱以操纵钱价和投机贩运牟利等。

清朝前期,制钱流通过程中出现这些问题,究其原因,在于制
钱的面值不仅背离了制钱本身的实际价值,而且还低于制钱内含
铜量的实际价格。据雍正八年(1730年)广东总督郝玉麟报告,粤
省滇铜的成本是每百觔需银20两④,即每斤铜价2钱银。清朝前
期,制钱重量几经变化。雍正十二年皇帝谕旨:

"鼓铸钱文,专为便民利用。铜重则滋销毁本,轻则多私
铸。原宜随时更定,筹划交通,斯可平钱价而杜诸弊。顺治元
年,每文铸重一钱,二年改铸一钱二分,十四年加至一钱四分,
康熙二十三年因销毁弊多,仍改一钱。嗣因私铸竞起,于四十
一年又仍复一钱四分之制。迨后铜价加增,以致工本愈重。
朕思……若照顺治二年例,每文铸重一钱二分,在销毁者无

---

① 《乾隆实录》卷271。
② 《乾隆实录》卷204。
③ 《清朝文献通考》卷17《钱币考》5。
④ 《清朝文献通考》卷15《钱币考》3。

利,而私铸者亦难,似属权衡得中"①。

但是,即使雍正十二年之后,制钱每文重1钱2分成为定例,因铜价上涨,毁制钱售铜仍然有利可图。康熙十二年(1673年)时,每文钱也是重1钱2分,"毁千钱可得铜八觔有余"②,如果按雍乾时铜价,8斤值银1两7—8钱。而官定制钱与银比价是,千文钱折银1两。也就是说毁钱一串取铜售卖,可获利银7—8钱。对于毁钱售铜,清朝曾严厉禁止。康熙十二年曾议定:"私销之罪同于私铸",为首者斩决,从犯绞决。但毁钱售铜利之所在,趋之若鹜,犯禁者仍不少。乾隆五年(1740年),浙江布政使张若震建议:

> "钱价之贵,实由私毁。欲清其弊,当绝其源。访之旧时炉匠,咸云配合铜铅,加入点锡,即成青钱,设有销毁,但可改造乐器,难作小件,民间无利可图"③。

清朝采纳张若震建议,令户部试铸,每红铜50斤,配白铅41斤8两、黑铅6斤8两,再加点锡2觔,共计100斤。试制后,令各省一体遵照改铸。改革配方之后制钱称"青钱",在此之前铸币称"黄钱"。青钱含铜仅50%,毁钱售铜无利可图,此风渐渐刹住。

除改革铸币材料外,有人建议减轻钱币重量。乾隆十一年(1746年)曾在湖北试行一年,奸民遂毁大钱以铸小钱,清朝只得下令停止。

清朝严禁囤积制钱以操钱价,亦不许贩运钱币投机倒卖。

降至乾隆九年(1744年)十月,大学士鄂尔泰提出全面查禁销钱的8条规定:1.将京师内外364座铜铺,全部搬到由官府提供的

---

① 《清朝文献通考》卷15《钱币考》3。
② 《清朝文献通考》卷14《钱币考》2。
③ 《清朝文献通考》卷16《钱币考》4。

官房中从事熔铜生产,并逐日查验其"每日进铺铜觔若干,并熔化打造出铺铜觔若干"。这一款规定,实际上是把熔铜生产置于官府严格控制之中。2.京师六七百家当铺,每一大当铺,"派给银三千两,听其营运",但每天应交纳制钱24串供官局上市发卖。这一款目的在于防止当铺囤积制钱。3.八旗内务府原设有米局27处,每局给银2500两、梭米2000石平粜。平粜米收入的制钱,不必贮存局内,"二十七局分为三班,于三日内每日将九局卖米钱轮流上市易银。"这一款是为了加速制钱流通。4.京城当铺,每年秋冬贮钱最多,"正值闲贮之际",所以每一大当铺应出制钱300串、小当铺100串,"俱自行运送官局,交员发卖,陆续易给还。"这一款也是要促进制钱流通。5.将已有钱市12名经纪,聚集在正阳门,每日上市时,由经纪招集铺户商人,谕遵官定价格,公平交易,杜绝私自买卖,不许垄断。这一款意在防止高抬钱价。6.京城客粮店,"每遇秋成,外来各种粮食,俱系车马载运,投店卖钱",对于如此大批量粮食交易,必须以银支付,不得用钱。这一款意在防止奸商以粮易钱后加以垄断或僻乡小民收贮制钱。7.京城制钱,不许贩运出京。"京城都会之地,各省经营贸易,络绎往来,奸商将钱装载出京,于价贵处兴贩射利。再闽广商船,由海洋直达天津,回空时概用钱文压载,运至本地货卖。又各省漕船回空,亦多载钱文,兴贩获利。京局所铸之钱,岂能供外省各处之用!"这一款意在阻止京师制钱流向各省。8.令直隶总督,晓谕近京富户,不许囤钱百串以上[①]。

鄂尔泰上述建议,曾在京师试行。十年(1745年)正月,乾隆

---

① 《乾隆实录》卷226。

颁谕各省根据本地情况,讨论仿行①。

鄂尔泰建议 8 款,并非款款都是良策。如将京熔铜作坊置于官府严密控制之下,使经营者失去自由经营。严禁京师制钱外流,既违背货币本身职能,又人为地阻碍京师与各省商品交易,不利于社会经济发展。因此,当军机大臣将上述 8 款归并作 6 款,发给各省讨论时,各省或同意执行,或以某款不符本地情况,表示难以仿效②。因此,十年三月,乾隆又提出解决钱贵银贱问题的"正本清源之至计",即以银为重,银钱并用政策:

> "钱文一事,有称广为开采者,有称严禁盗销者,有称禁用铜器者,更有称多则用银,少则用钱者,其论不一。即京师现在议定章程,稽查办理,亦不过补偏救弊之一端,终非正本清源之至计。朕思五金皆以利民,鼓铸钱文,原以代白金而广运用。即如购买什物器用,其价值之多寡,原以银为定准,初不在钱价之低昂。今不探其本,惟以钱为适用,其应用银者,皆以钱代,而趋利之徒,又复巧诈百出,使钱价高昂以为得计,是轻重倒置,不揣其本,而惟末是务也。不但商民情形如此,即官员办公,亦有沿习时弊者。如直隶兴修水利城工,坐粮厅采买布匹,所领帑金数万,皆欲易钱运往。其他官项,大率类此。……嗣后官发银两之处,除工部应发钱文外,其他支领银两,俱即以银给发,不得复易钱文。至民间日用,亦当以银为重"③。

这一席话,反映乾隆对银与制钱两种货币的见解。他对包括鄂尔

---

① 《乾隆实录》卷 232。
② 《乾隆实录》卷 232。
③ 《乾隆实录》卷 236。

泰八点建议的种种方案,都不满意,以为这些措施都是"终非正本清源之至计"。所谓"本源",指的"白银",而"制钱"是"末"。解决钱贵银贱,应该"以银为本",把银推向市场作为主币,成为主要的支付手段。但是,乾隆没有想到,民间以至官府为什么喜欢用制钱,而不愿用银?清代作为货币的银,虽有铸成50两1锭的"元宝"和重10两的"中锭"等,但也有重1—2两至3—5两的小块银。更主要的是,银块成色各异,各地秤砝不统一,因而在实际使用中,鉴别和称量都相当麻烦。乾隆上述谕旨颁给大学士九卿,他们复奏中有一段话:

> "……其用银之处,官司所发,例以纹银。至商民行使,自十成至九成、八成、七成不等,遇有交易,皆按十成足纹递相核算,盖银色之不同,其由来已久。……今民间所有,自各项纹银之外,如江南浙江有'元丝'等银,湖广江西有'盐撤'等银,山西有'西镨'及'水丝'等银,四川有'土镨'、'柳镨'、及'茴香'等银,陕甘有'元镨'等银,广西有'北流'等银,云南贵州有'石镨'及'茶花'等银,此外又有'青丝'、'白丝'、'单倾'、'双倾'、'方镨'、'长镨'等各色"①。

对于成色不一,名目各异的白银,民间交易当然不愿使用,而要用官府铸造的制钱。

不过,经过清朝采取的种种措施,降至乾隆十七年,除陕甘地区因用兵而导致钱价上涨外,大多数省份的钱,已渐趋平稳。

二、解决八旗生计的措施

八旗兵和满洲贵族是清政权的支柱。康熙中期之后,在和平

---

① 《清朝文献通考》卷16《钱币考》5。

环境中,八旗人口迅速增加。八旗满洲男丁,顺治五年(1648 年)为 55330 丁,康熙六十年(1721 年)为 154117 丁,增加 2 倍①。乾隆年间,八旗人口增加更多。时人魏源说:"计八旗丁册,乾隆初已数十万"②。乾隆十年(1745 年)仅北京八旗"丁口蕃昌,视顺治时盖一衍为十"③。与此同时,八旗官兵也逐渐丧失原有的尚武精神,日趋腐化。他们谋生无术,奢侈却花样翻新。如清朝规定,士兵不得穿缎靴,有人就用缎作靴里,制成"宁绸靴"④。元年(1736 年),乾隆曾训斥旗人的懒与侈:

> "八旗为国家根本,……迨承平日久,渐即侈靡,且生齿日繁,不务本计,但知坐耗财术,罔思节俭。如服官外省,奉差收税,即不守本分,恣意花销,亏竭国帑,及至干犯法纪,身罹罪戾,又复贻累亲戚,波及朋侪,牵连困顿。而兵丁闲散人等,惟知鲜衣美食,荡费赀财,相习成风,全不知悔。旗人之贫乏,率由于此"⑤。

旗人谋生路窄。在京旗人,除当兵之外,就是担任各省将军、副都统、城守尉等衙门的笔帖式,即掌理翻译满汉章奏文书的低级官员。"外省旗人除披甲当差外,无路上进"⑥。不管笔帖式还是当兵,名额都有限,不少人因而游手好闲,生计困难。从康熙以来,清朝为解决旗人生计问题,采取了多种办法。乾隆即位以来,对此问题同样不敢掉以轻心,采取了如下措施。

措施之一是,以"生息银两"为旗人谋福利。"生息银两"又称

---

① 安双成:《顺康雍三朝八旗丁额浅析》,《历史档案》1983 年第 2 期。
② 魏源:《圣武记》卷 14《军储篇》4。
③ 《清史稿》卷 396《柴潮生传》。
④ 《乾隆实录》卷 72。
⑤ 《乾隆实录》卷 72。
⑥ 《乾隆实录》卷 255。

"资生银"、"滋生本银"或"恩赏银两"。皇帝从内帑库银中拨一笔款,交给北京总管内务府和盛京内务府,再分拨给八旗都统或各省军政衙门,由这些衙门负责经营赢利。利银称为"息银"、"余生银",用来供内务府及各旗各官府旗人的福利开支。"生息银两"有相当一部分是直接借贷给旗人的。乾隆即位后,继续执行这项措施。八年(1743年)十一月,因盛京内务府原赏赐生息银两20万两不敷应用,又施恩加赏20万两①。他又降低旗人借贷"生息银两"的利息。雍正时,旗人借贷"生息银两"利息银,自1分2—3厘至2分不等。乾隆八年,皇帝批准将宗人府借给旗人生息银两利息降低到1分②。九年七月,又决定嗣后旗员以俸禄作担保借生息银两,利息银一律降为1分③。对于经济拮据的借贷者,乾隆还批准以库帑代为偿还。如公丰安乃父曾借镶蓝旗生息银两4000余两,无力完缴。乾隆批准从广储司支银5000两赏给丰安,以完此欠项④。

但是,贷给八旗人员"生息银两",非唯不能从根本解决他们生计问题,反而会使借贷者在利息盘剥下愈益穷困。所以,十五年(1750年)六月,乾隆决定限额借贷。他说:

> "从前皇考施恩动支帑项,交王等从轻贷息,以备赏赐使用。因王等办理维艰,朕改令都统等核办;……而伊等竟无深计,止图省事,俱借给八旗人等,既取息于旗人,而又赏给旗人,不惟终无裨益,久之子母相权,反无补于生计。旗人只图目下得银,指一人之俸,借数项之银,以致少得全俸之人。满

---

① 《乾隆实录》卷205。
② 《乾隆实录》卷205。
③ 《乾隆实录》卷220。
④ 《乾隆实录》卷206。

82

洲人等所赖者饷银,饷银不得,何以度日?且于国体亦有不合。此后著停止借放资息,遇有八旗红白有事,特施恩于长芦两淮盐课银两动支赏给。但恐停止借放后,又未免重息借贷,著将宗人府资生银如何限额借给,已经借放本银,如何展限陆续收交……详议具奏"①。

宗人府根据皇帝谕旨议定,嗣后八旗官员遇有红白事,一二品官限借 300 两,三四五品官限借 200 两,六至九品官限借 100 两,分 5 年 10 季还清。

措施之二是,不时赏赐旗人银两。如八年(1743 年)十二月,乾隆宣布,念"本年米价昂贵,又值年终诸物皆贵",八旗世仆未免窘迫,著加恩八旗各赏 1 万两,分与满洲 5 千两、蒙古 2 千两、汉军 3 千两,"令查明实在贫苦之人,不论各甲喇、佐领,统计人口多寡,各赏二三两"②。十年十一月,乾隆还批准军机处议决,每年固定赏给侍卫内大臣每人银 900 两,满洲都统每人银 700 两,蒙古和汉军都统每人银 600 两,满洲副都统和步军统领每人银各 500 两,蒙古和汉军副都统以及内大臣、散秩大臣、銮仪使、上驷院、武备院卿、步军翼尉各 400 两。以上赏赐每年共需银 63900 两③。

措施之三是,拨给土地,移驻屯垦。这是解决旗人生计的根本之策。乾隆六年,皇帝决定将在京 1000 名旗人,借给迁移盘费,移驻齐齐哈尔东南 600 里的呼兰地方的拉林、阿勒楚喀屯垦。办法是仿照官庄之例,每屯 10 名屯丁,给予耕地,每名岁交租细粮 30 仓石,"俟有成效,由近而远渐次举行"④。降至十年(1745 年)六

---

① 《乾隆实录》卷 367。
② 《乾隆实录》卷 206。
③ 《乾隆实录》卷 252。
④ 《乾隆实录》卷 242。

月,巡抚黑龙江户部郎中福明安鉴于闲散人多,建议在呼兰扩大屯垦:

> "黑龙江等处兵丁生齿日繁,现在各城闲散计有五千余名,若不早谋生计,将来必致穷乏。呼兰有地可耕,请照雍正十三年将奉天开户旗人移屯呼兰设立官庄之例,酌借卖米银两,令往耕种,分年交米还项"①。

乾隆阅后,交议政王会议讨论。王大臣复奏:"呼兰千里膏腴,可以大兴屯田,请以奉天开档之人,每年酌立屯庄十余座",同时建议,"各城各屯向乏树木,应于设立城池屯庄之处栽种,以供薪木梁柱之用"②。

移民屯垦收效甚微。至乾隆十六年(1751年)派往屯垦的总共只有1264户③。据乾隆十年(1745年)十二月阿勒楚喀副都统巴尔品报告,当地屯垦的孤寡老弱及15岁以下无能力作者计有百余户,年力虽强但不谙耕耘的屯户占十分之六七。由于耕种不力,收获无多,5口之家耕地1顷,日用之外所余不过30—40石;如果只耕地50至70亩,仅余10—20石。他要求清朝每年赏银5000两以为补助④。十六年八月,直隶总督方观承又报告:遣赴屯庄之人,不仅力田谋生者少,甚至有冒领官地官银,任意花销,然后逃回京城的。乾隆获悉后气愤地说:"实属有负朕恩",著将逃回者严行治罪,并指令军机大臣与王大臣共同相议,"嗣后应否仍遣务农,及如何调度?"议奏的结论是:除了将已遣未往和逃回者限期

---

① 《乾隆实录》卷242。
② 《乾隆实录》卷242。
③ 《乾隆实录》卷397。
④ 《乾隆实录》卷255。

遣往外,"嗣后无庸再派"①。旗人移垦政策失败了。

措施之四是,回赎旗地。清朝分给旗人的旗地,是国家所有,法律禁止买卖。乾隆亦曾重申严禁典卖旗地。如乾隆五年(1740年)宣布"禁八旗私行典卖承买地亩"②。七年,又经大学士等议准,"旗地倘私行典卖,将旗民分别按例治罪外,地亩地价均照例入官"③。但是,随着旗人日趋贫困,典卖旗地非但禁不住,反而日趋频繁。乾隆二年(1737年),御史舒赫德奏:"昔时所谓近京五百里,已半属民人"④。四年,据估计"民典旗地数百万亩,典地民人不下数百万户"⑤。十年,御史赫泰奏:"旗地之典卖与民者已十之五六"⑥。为了阻止旗人因缺少耕地而进一步贫困化,乾隆决定由官府出资,为旗人赎回典卖的土地。

回赎旗地,由清政府付给买主一定地价,强制取赎。这一办法,雍正八年(1730年)已实行过一次⑦。乾隆二年,有人奏请动帑收赎旗地,乾隆决心未下,仅答应"徐徐办理",实际上没有动作⑧。四年,乾隆才正式批准,"将从前典卖与民人之旗地,赎回报部。先尽原主取赎,如原主不赎,即准各旗官兵人等认买"⑨。同时,考虑到回赎旗地,对社会稳定可能产生的影响,乾隆指示"须于民全无扰累始为妥协"⑩。

---

① 《乾隆实录》卷397。
② 《乾隆实录》卷122。
③ 《乾隆实录》卷168。
④ 舒赫德:《八旗开垦屯田疏》,《清朝经世编》卷35户政。
⑤ 土庆云:《石渠余记》卷4。
⑥ 赫泰:《复原产等新垦疏》,《清朝经世编》卷35户政。
⑦ 《雍正实录》卷93。
⑧ 舒赫德:《八旗开垦边地疏》,《清朝经世编》卷35户政。
⑨ 《乾隆实录》卷104。
⑩ 《清文献通考》卷5《田赋考》5。

对于回赎旗地，有人持不同意见。乾隆四年尚书孙嘉淦说："贫乏兵丁，不止无从措价；假使措置，亦不能多，所买不过数十亩至一二百亩而止。"即使赎回，旗人"身在京城，不能自种。有限之地，不可设立庄头。差人讨租，往返盘费，所得租银，随手花销，实无管业之方。"所以，他认为"虽立法以均之，终至尽归富户，此必然之势也"①。孙嘉淦提出的，实质上是涉及回赎旗地，能否获得实际利益，收到预期效果的问题。清朝不能不认真对待。五年（1740年），户部根据直隶督臣的报告，提出有关旗地回赎的二点处理意见。其一，"取赎民典旗地，百姓不苦于得价还地，实惧其夺田别佃。"这涉及广大佃户的切身利益。处理办法是，明确宣布："嗣后无论何人承买，仍令原佃承种，其租银照旧。如庄头土豪，无故增租夺佃者罪之。"其二，应赎回旗地，"不下数千万亩"，应勘明"正户正身居家勤俭者"，或给上地100亩，或给中地150亩，或给下地200亩。这是要确保赎回旗地能真正拨给勤劳旗人耕作，以收实效②。

解决了有关政策之后，从乾隆九年（1744年）开始，回赎旗地大规模展开。据统计，降至十三年，共赎回旗地9510顷③；十三年至十八年，又赎回旗地10869顷；其后，又有十八年和十九年至二十五年二次大回赎，共赎回旗地18275顷④。关于赎价，分作下列几种情况：典出10年之内，照原价取赎；典出10年之外减原价十分之一；典出20年之外减原价十分之二；典出30年之外，减原价十分之三；典出40年之外，减原价十分之四；典出50年之外，减原

① 孙嘉淦：《八旗公产疏》，《清朝经世文编》卷35。
② 《清朝文献通考》卷5《田赋考》5。
③ 光绪《大清会典事例》卷159。
④ 《八旗通志》卷65。

价一半①。十一年(1746 年),又经直隶总督那苏图奏请,赎价作了调整,典出在 10 年之外者,逐年递减,至 50 年以外者,仍以半价取赎②。

回赎旗地同样达不到解决旗人生计的目的。原因有三:第一,买主不愿退还旗地,"民间又未有不欲隐瞒旗地为己恒业者";地方官也不肯认真执行,"畏事纷繁拖累,故奉行不无草率"③。第二,即使回赎一部分旗地,贫困旗人购买者少,大部分归于富室。第三,旗地赎回后,官府所定地租太轻,从而造成胥吏土豪包揽回赎旗地的局面。如十一年三月,顺天府尹蒋炳尹反映,民典旗地回赎之后,官定租额每亩仅 6 分至钱许,而回赎之前是亩纳租 2 至 3 钱。因此,"土豪胥役,遂将地亩包揽,仍照原额转租佃民,从中取利",贫苦旗人不得实惠④。针对以上弊端,清朝于乾隆十八年又作出新规定,"嗣后旗下奴仆及开户人典卖旗地,限一年内自首,官为回赎。""若原主不能赎,即交八旗内务府作为公产",而不是像以往听其他旗人购买。不久,又决定,"嗣后民典旗地,停其召买,交与该旗为公产,所收租息为养赡贫乏旗人之用"⑤。这就是说,旗地不再赎归私人,而是回赎给本旗作公产。

措施之五是"出旗为民"。这是企图从调整生产关系入手解决旗人生计问题。康熙以来,八旗农奴庄园制迅速向地主租佃制过渡。皇室贵族庄田从使用农奴即"壮丁"耕作,转而使用佃户佃耕。原来的农奴"壮丁",或随主征战立有战功而"开户"另居;或

① 《清朝文献通考》卷 5《田赋考》5。
② 《光绪大清会典事例》卷 159。
③ 赫泰:《复原产筹新垦疏》,《清朝经世文编》卷 35。
④ 《乾隆实录》卷 260。
⑤ 《清朝文献通考》卷 5《田赋考》5。

通过交纳赎身银两而开户另立户籍;或是作为"逃人"流亡他乡。那些仍然保持着农奴制的庄田,主人日渐穷困,旗地典卖,壮丁无事可作,反而成了主人包袱。乾隆适应旗地生产关系的变化,果断地采取了"出旗为民"政策,释放农奴。

乾隆三年(1738年),清朝颁布了旗人开户条例,规定"凡八旗奴仆,原系满洲蒙古,直省本无籍贯;带地投充人等虽有本籍,年远难考,均准其开户,不得放出为民"①。所谓开户,仅另立户籍别居,与原主人仍保留主仆名份。乾隆说:"此等另记档开户人等,本属家奴,不但不可与满洲正身并论,并非汉军及绿营兵可比"②。但既已另立户籍,离人身自由也只有一步之遥了。

释放农奴的"出旗为民"政策,颁于乾隆四年。当年,乾隆发布八旗家奴入民籍的规定:

"乾隆元年以前,八旗家奴经本主放出已入民籍者,准其为民。若系乾隆元年以前放出至元年以后始入民籍者,令归旗作原主户口下开户壮丁。至于赎身之户,均归原主佐领下作为开户"③。

这一规定,对于开户已入民籍者,以乾隆元年为界。元年前入民籍者,"准其为民";元年以后入民籍,仍作"开户壮丁"。显然,这里所讲的入民籍的开户壮丁,不管是乾隆元年以前或以后的,都应当是指立有军功者。至于那些通过经济手段"赎身之户",仍归原主下开户。换言之,这一次"出旗为民"规定的范围是很有限的。

七年(1742年)四月,乾隆又颁布汉军旗人"出旗为民"政策。清朝原来规定,凡汉军旗中出仕当差者,即便是外任人员,也不得

---

① 《清朝文献通考》卷20《户口考》2。
② 《乾隆实录》卷512。
③ 《清朝文献通考》卷20《户口考》2。

置产另居;闲散之人,即便是外省有亲戚可依或有手工技艺,亦不得别出营生。这种控制汉军旗人的规定,造成了旗内中下层的闲散人员增多,生计未免窘迫。乾隆谕旨,改变了这些规定,允许有条件的汉军旗人脱离旗籍另往:

"八旗汉军,其初本系汉人。有从龙入关者,有定鼎后投诚者,有缘罪入旗与夫三藩户下归入者,有内务府王公包衣拨出者,以及召募之炮手,过继之异姓并随母因亲等类,先后归旗,情节不一。其中惟从龙人员子孙,皆系旧有功勋,无庸另议更张,其余各项民人等,或有庐墓产业在本籍者,或有族党姻属在于他省者。朕意稍为变通,以广其谋生之路。如有情愿改归原籍者,准其该处人民一例编入保甲;有情愿外省居住者,准其前往居住;此内如有世职,仍令许其承袭;不愿出旗者听之"①。

乾隆这"稍为变通",把一大批束缚于旗内的劳动力释放出来了。

降至二十一年(1756年),乾隆才降谕全面实施开户家奴出旗为民政策:

"谕八旗别载册籍之人,原系开户家奴,冒入正户后经自行首明及旗人抱养民人为子者。至开户家奴,则均系旗下世仆,因效力年久,其主愿令其出户,凡遇差使,必先尽正户选用之后,方准将伊等选补,欲自行谋生,则又以身隶旗籍,不得自出。今八旗户口日繁,与其拘于成例,致生计日窘,不若听从其便,俾得各自为谋。著加恩将见今在京八旗,在外驻防,内别载册籍及养子开户人等,皆准其出旗为民。其情愿入籍何

---

① 《乾隆实录》卷164。

处,各听其便。所有本身田产,许其带往"①。

出旗为民政策,实质上是解放旗地庄园上农奴的政策。它不仅解决了开户家奴等人的生计窘迫问题,而且推动了八旗农奴庄园制的瓦解,促进地主租佃制的发展。

应当指出,乾隆为解决旗人生计所采取5项措施,前4项以旗人中统治阶级为主要对象。其时,这一群人已是集懒、侈于一身。贷给生息银两与不时赏赐,救急尚可,难以救贫。移屯垦荒,要四体不勤、五谷不分者自食其力,谈何容易。回赎旗地,又管理无方。八旗中统治阶级正在没落,乾隆恩惠,难挽此颓势。唯有"出旗为民"一策,针对八旗中劳动者,确实收到释农奴解放生产力的实效。这是乾隆政策中颇足称道的一着。

第四节　保守的矿冶政策

煤是手工业和日常生活燃料,铁是制作工具的基本原料,铜、铅是铸币的主要材料。矿冶业在经济生活中具有重要意义。雍正对此缺乏认识,采取禁矿政策。乾隆则不同,他对矿冶比较重视。五年(1740年),大学士赵国麟奏请降敕各督抚,"凡产煤之处,无关城池龙脉及古昔帝王圣贤陵墓,并无碍隄岸通衢处所,悉听民间自行开采"。乾隆准奏,要求各省督抚详议上报。结果,口外及山东、山西、湖南、甘肃、广东等地陆续上报产煤处所,听民开采②。八年,原任湖广总督孙嘉淦奏请开放湖南铁矿,听民采冶:

"湖南邵阳、武冈、慈利、安化等州县铁矿,俱系各该居民

①　《清朝文献通考》卷20《户口考》2。
②　《乾隆实录》卷110。

农隙自刨,以供农器,间有产铁旺盛之芷江县,挑往邻邑售卖,
应听商民自便"①。

乾隆准奏。同年,还批准贵州天柱县相公塘、东海洞等处开金矿,
按定例"开采每金一两,收课三钱"②。对于某些生产上遇到困难
的矿厂,乾隆则设法予以解决。如二十六年(1761 年)十二月,他
获悉北京西山煤矿"年久深窟,兼有积水,以致刨挖维艰,京城煤
价,渐为昂贵",立即著工部和步军统领、顺天府等各衙门,悉心察
勘,于煤旺可采之处,"妥议规条,准令附近村民开采,以利民
用"③。

乾隆开放矿禁政策,使矿业有一定发展。据统计,雍正十三年
(1735 年)全国矿厂仅 162 处,其中铜矿 44 处,铁矿 50 处,金
矿 3 处。乾隆十年(1745 年),全国矿冶增至 230 处,其中铜矿 55
处,铁矿 70 处,煤矿 6 处,金矿 5 处,银矿 25 处。五十二年(1787
年),全国矿冶总数增至 309 处,其中铜矿 56 处,铁矿 85 处,煤矿
23 处,金矿 16 处,银矿 27 处④。

但是,开矿办厂是有条件的。条件就是,对清王朝统治是否有
利。从这一立场出发,乾隆最重视铜的开采和冶炼,以供铸币,解
决钱贵银贱问题。

清代前期,铜的主要产地是云南,"各处聚集砂丁人等,不下
数十万"⑤。云南各铜矿,惟东川府(治所今云南会泽县)属汤丹、
大水、碌碌三厂最旺。但九年(1744 年)之后,产量下降。云南总

① 《清朝文献通考》卷 30《征榷》5。
② 《清朝通典》卷 8《食货》。
③ 《乾隆实录》卷 650。
④ 彭泽益:《中国近代手工业史资料》第 1 卷,第 387—388 页。
⑤ 《乾隆实录》卷 764。

督张允随于东川、昭通等处"预觅旺厂,先行试采"①。十二年张允随报告,试采数处,"每年得百余万觔,将来旺盛,即可以盈补绌"。乾隆对此甚高兴,批道:"此所为先事之良图,经邦之远猷。封疆大臣可以无忝,欣悦嘉许之外,无可批谕也"②。

我们知道,矿冶业是劳动密集型生产,劳动者绝大多数又是来自城乡中赤贫。一方面,他们劳动条件艰苦,倍受压迫与剥削,反抗性特别强。这是统治者对矿冶业存在与发展最感担忧的问题。另方面,矿工人数增多,乡村农业人口就要相对减少。这又是抱着以农为本的封建统治者所不愿意的。乾隆九年关于广东开矿的争论,就说明这一点。时两广前后任总督马尔泰、那苏图和署广东巡抚策楞上奏,广州等府有铜、铅及夹杂金砂等矿共200余处,要求开采。那苏图态度十分坚决。他说:

"况粤东山多田少,民人虽有胼胝之能,苦无耕作之地。与其飘流海外,作奸为盗,何如入山佣趁,使俯仰无忧。是开采非特为鼓铸计,兼无可抚养贫民也"③。

江西、江南两道御史卫廷璞、欧堪善有不同看法。欧堪善说:

"粤省环山距海,黎瑶杂处,数十年来安堵,皆由勤耕力穑,民有常业,故虽有宵小,无由起衅。若深山巨谷,大兴厂役,商人获利,尚难相安,倘各商亏本,工厂良顽不齐,人众难散,或乘此暗通海寇,勾引黎瑶,骚扰百姓,防范难周。且承商既多,或因山场陇口,争讼斗殴,嚣陵莫纪。……窃思粤省田亩虽少,而山河湖滨,种植杂粮蔬果,皆可为糊口之资。……

---

① 《乾隆实录》卷215。
② 《乾隆实录》卷287。
③ 《乾隆实录》卷227。

今大兴力役,愚民贪图佣值,较耕作稍优,势必抛荒本业"①。那苏图与欧堪善的论争,是两种经济思想的交锋。前者希望拓宽生产领域,摆脱耕地不足对经济生活的制约。后者则死抱着传统的单一农业不放,唯恐生产方式的变化会影响清王朝的政治统治。乾隆本来倾向欧堪善意见,批道:"欧堪善奏折,可抄寄与广东督抚马尔泰、策楞,悉心定议,务期妥协无弊,不可拘执前见"②。后来,他虽勉强批准广东开矿计划,但与欧堪善一样是顾虑重重,说"朕思开采一事,虽有益于鼓铸,每易于滋事",力主谨慎,强调"断不可因目前之微利,启将来之患端"③。因此,乾隆矿政是保守的,在矿冶规模、地点和经营方式上给予种种限制。

乾隆反对扩大矿冶规模。以云南铜矿为例。二十五年(1760年),因官府增加滇铜收购价格,云南各铜矿产量上升。雍正六年(1728年)滇铜年产量约 400 万斤④。降至乾隆三十一年(1766年),滇铜年产量达 1200—1230 万斤,已足够铸币之用。于是,云贵总督杨应琚奏请限制生产规模:"请嗣后示以限制,将旧有之老厂、子厂存留开采,只许在厂之周围四十里以内开挖漕洞,其四十里以外,不准再开,庶客户课长,不致日渐加增"。乾隆批:"如所议行"⑤。

矿冶地点被限定在僻远地方的地区,不能在靠近经济发达的中原山区。如九年(1744 年)五月,户部原已批准山东藁城知县奏请,在峄城、峄县(今山东枣庄市)、费县、临淄(今山东淄博市东川

① 《乾隆实录》卷 219。
② 《乾隆实录》卷 219。
③ 《乾隆实录》卷 297。
④ 《硃批谕旨·鄂尔泰奏折》,雍正六年四月二十六日折。
⑤ 《乾隆实录》卷 764。

旧临淄)、沂州(治所今山东临沂)、平阴、泰安等地山区开采银铜铅矿。直隶总督高斌反对：

> "盖开采矿砂，向惟行于滇粤边省，若山左中原内地，从未举行。而沂镇泰安，山属岱岳。费、滕、峄县，地近孔林，更属不宜。……更可惧者，去冬彗星所指，金称在齐鲁地方。今开矿适当其地，是于事则无利而有害"。

乾隆阅后批道："所奏甚是。朕竟为(户部尚书)舒赫德所欺。有旨传谕山东巡抚喀尔吉善停止矣"[①]。即使是僻远的深山，乾隆也不同意随便开采。如十二年(1746年)，署广西巡抚鄂昌奏，桂林府属义宁县龙胜以内独车地方，以及与湖南绥宁县连界的把冲岭，铜矿甚旺，应行开采。乾隆因其界接苗疆，降谕"照常封闭，以杜聚集奸匪之渐"[②]。

在经营方面，乾隆对矿厂的管理，矿冶产品的销售、价格以及矿工来源等方面，控制尤其严格。

清前期矿冶业，都是由商人出资经营。但矿厂的管理权却操在官府手中。如十年，户部议准四川巡抚纪山等要求开采乐山县老洞沟、宜宾县梅子凹铜矿，并作出若干规定。其中一条是，铜矿由官府"委佐杂干员管理厂务，其一切发价、运铜等事，即交各县就近经营"。这就剥夺了厂商对矿厂的管理和产品售销权。另一条是，"报采各商，土著流寓不一，应令地方官查验殷实良商，取结保送"[③]。依此规定，厂商本人也被置于封建官府控制之下。

清朝规定，矿冶产品一般是二八抽课，即按产量纳课税二成，其余八成归商人出售，但并非自由售卖，要受官府监督。清前期，

---

① 《乾隆实录》卷216。
② 《乾隆实录》卷297。
③ 《乾隆实录》卷244。

福建铁冶居全国重要地位。十年,福建巡抚周学健奉命清查沙县、尤溪、永定、长汀、归化、上杭、大田、漳平八县铁冶"有无未便"之处。周调查后报告说:"今查所雇人夫,俱非外来流民。铸出铁觔,亦止打造农具,沿海口岸员弁严查,不致远漏外洋"①。这就是说,福建各县冶炼出的铁,只许造农具,不许它用;只能售于国内,不能出口。而雇工只能是当地人,不得有外来流民。至于矿冶产品收购价,更是由官府单方面决定,有时还低于成本。这在前一节已经叙及。

由于清政府对矿冶没有投资,因而经常出现资本不足的局面。九年(1744年),两广总督马尔泰奏请在广州等处开矿,办法是,按"定例","每县召一总商承充开采,听其自召副商协办。一县中有矿山数十处,远隔不相连者,每山许召一商,倘资本无多,听其伙充承办"②。而江西道御史卫廷璞认为,广东缺乏富商大贾,资本不足:

> "盖开采必视乎商力。粤东僻处天末,土著之殷富者,通省不过数家。至外来流寓,如洋行、盐行,虽有数千家,而殷富者亦不过数家。余皆那移补苴,虚张声势,非如两淮、山右之拥巨赀者,虽经小折而无损也。更有一种无籍之徒,典卖现有之产,希图未然之益,合什佰小分为一大股,官验则有银,兴工则有银,一或失利,坑陷多人,荡产破家,势所必有"。

因此,他建议"先在府州县矿山,各择一二处先行试采,果有成效,方渐次举"。应该说,同样是反对广东大规模开矿,欧堪善从清王朝政治稳定出发,是保守的;卫廷璞从广东资本现状出发,主张先

---

① 《乾隆实录》卷238。
② 《乾隆实录》卷219。

试采而后推开,是实事求是的。有些矿厂就是因资本不足,被迫停产。如二十年(1755年)四川总督黄廷桂报告:"建昌会理川属黎溪铜厂,坐落深山,商贩收买甚少,而厂商本少力微,未能远运求售,每致工本无出,停采待变"[1]。对于矿厂资本不足,清朝就是不愿动帑项支持。

乾隆时期,即18世纪下半叶,欧洲工业革命方兴未艾,机器大工业正在逐步取代手工劳动。而欧洲矿冶业的发展,为工业革命提供了包括煤、铁等物质资料。其时,中国资本主义生产也正在萌芽之中。但是,乾隆保守的矿冶政策,阻碍了中国矿冶业的更快发展,从而延缓了整个社会生产领域中动力改造与工具革命,使中国社会生产力发展水平与欧洲的差距更大了。这正是封建生产关系对生产力发展的阻碍作用,在乾隆的矿冶政策中的具体表现。

第五节　打击朋党,整顿吏治

一、剪除鄂尔泰张廷玉两个政治集团

雍正弥留时,遗诏庄亲王允禄、果亲王允礼和大学士鄂尔泰、张廷玉四人辅佐弘历。允礼于乾隆三年(1738年)病故。乾隆四年允禄作为弘晳集团的后台,罢削议政大臣等职,失去权威。唯有鄂尔泰、张廷玉作为百官领袖,并立于朝。

早在雍正年间,鄂尔泰、张廷玉就分别在构筑自己的政治营垒。

鄂尔泰,姓西林觉罗氏,字毅庵,满洲镶蓝旗人,生于康熙十九

---

① 《乾隆实录》卷489。

年(1680年),虽年轻中举,终康熙之世仅任内务府员外郎小官。胤禛在藩邸时,曾有事求助鄂尔泰,遭拒绝。对于此事,胤禛非但不记仇,反而认识了鄂尔泰刚直性格,"以郎官之微而敢上拒皇子"①,登基后遂委以重任。雍正元年(1723年),鄂尔泰超擢江苏布政使,从雍正三年至十年,又历任广西巡抚、云南巡抚、云贵总督、云贵广西总督等封疆大员。十年,授保和殿大学士,入阁办事,位居首席军机大臣。鄂尔泰还是清朝"改土归流"政策倡导者和执行者,"节制滇南七载,一时智勇之士多出幕下"②,加上执掌内阁,士林蚁趋,逐渐形成以满洲官僚为中坚,包括一部分汉族官僚在内的政治集团,主要成员有庄亲王允禄、公哈达哈、军机大臣海望、湖广总督迈柱、河道总督高斌、工部尚书史贻直、巡抚鄂昌、总督张广泗、御史仲永檀、陕西学政胡中藻等。

张廷玉,字衡臣,安徽桐城人,大学士张英次子,康熙三十九年(1700年)进士,四十三年(1704年)奉旨值南书房。雍正即位,擢礼部尚书,不久兼翰林院掌院学士并调任户部。四年(1726年),授文渊阁大学士,五年进文学殿大学士,六年进保和殿大学士。八年,清朝因西北用兵,设立军机处。张廷玉制定了军机处规章,对创立和健全军机制度起了重要作用。他为人谨慎,所草上谕,全合雍正心意,因而备受赏识和宠信。雍正元年(1723年),皇帝赋诗赐张廷玉,曰:

> "峻望三台近,崇班八座尊。
> 栋梁才不忝,葵霍志常存。
> 大政资经划,订谟待讨论。

---

① 昭梿:《啸亭杂录》卷10《宪皇用鄂文端》。
② 昭梿:《啸亭杂录》卷2《鄂西林用人》。

还期作霖雨,为国沛殊恩。"①

雍正九年(1731年),又御书"赞猷硕辅"四字,命内廷制龙匾以赐②。从诗和匾,可以看出雍正对张廷玉的倚重。有一次张廷玉偶疾,雍正对近侍说:"朕连日臂痛,汝等知之乎? ……大学士张廷玉患病,非朕臂痛而何?"③八年六月,雍正颁谕鄂尔泰、张廷玉著配享太庙。这是皇帝赐给大臣最高的荣誉和奖赏。乾隆即位后,同样也离不开这位娴于典章、工于文字的老臣。乾隆二年(1738年),张与鄂尔泰同封三等伯。六年,张廷玉70大寿,乾隆御书"调元锡祉",撰对联"忠诚济美之台丽,弼亮延麻百福申"④,并赋诗一首赐给张廷玉。经过张英、张延麻父子长期经营,至雍正时以张氏为核心的桐城官僚队伍在迅速发展。雍正十二年(1734年),张廷玉自夸:"近日桐人之受国恩登仕籍者,甲于天下"⑤。降至乾隆前期,仅张氏一门登仕者凡19人。张廷玉曾得意写道:"自先父端(张英)而下,三世入翰林者凡九人,同祖者二人,是廷玉一门受圣朝恩至深至厚"⑥。与张氏世代联姻的姚氏,是桐城另一望族,"子姓蕃衍,仕宦众多",与张廷玉同时为官的有姚孔铼等10人⑦。

雍正对鄂、张二氏势力膨胀,采取姑息甚至赞赏态度。雍正十二年,他说:

"大学士鄂尔泰张廷玉实我朝之贤大臣。朕见伊两家后

① 张廷玉:《澄怀主人自订年谱》卷2。
② 张廷玉:《澄怀主人自订年谱》卷2。
③ 张廷玉:《澄怀主人自订年谱》卷3。
④ 张廷玉:《澄怀主人自订年谱》卷5。
⑤ 张廷玉:《澄怀主人自订年谱》卷3。
⑥ 张廷玉:《澄怀园文存》卷9《国朝馆选录序》。
⑦ 张廷玉:《澄怀园文存》卷9《姚氏宗谱序》。

起人才蔚然可观,是以屡加擢用,有甫经数年,而即至大贵者……彼夫识见卑鄙之人,未必不私心窃疑,而谓朕之暗其所好。……然朕之乐于用伊两家子弟者,亦自有朕之意在。一以两家之先人培植深远,方获生此贤哲为国家之股肱心膂……一以两家子弟素闻家教,与众不同,必不至负国恩而忘家训;一以两大学士如此忠诚,虽天下之人尚思教育成就之,所以训勉于一门之内者,必更加肫笃,可以代朕之提撕训导,令其有成。为此三者,择人而用,随才器使”①。

这段话讲得很明白,雍正有意扶植鄂、张两家族,既可从中选取一批温顺奴才,亦可以此树立忠君样板,“提撕训导”更多满汉地主。

在雍正扶植下,降至乾隆初年,随着鄂、张两大政治集团势力膨胀,他们之间明争暗斗的对立局面已趋严重。清人昭梿说:

“上之初年,鄂、张二相国秉政,嗜好不齐,门下互相推举,渐至分朋引类,阴为角斗”②。

对于这两大政治集团,乾隆洞若观火。他曾说内外官员,“如满洲则思依附鄂尔泰,汉人则思依附张廷玉。不独微末之员,即侍郎尚书中亦所不免”③。朋党之争,必然会从内部瓦解封建政权。乾隆毕竟不是雍正。他血气方刚,“临御以来,用人之权从不旁落”,对鄂、张两集团呼朋引类,党同伐异,垄断仕途,拓展各自营垒的斗争,不能不予置理。但他又精明过人,对于经营了数十年盘根错节的鄂、张两大政治集团势力的处理,没有操之过急。纵观乾隆所作所为,可以看出,他采取的是利用、限制到最后铲除的策略。乾隆二年(1737 年)会试,张廷玉任主考官,乃侄张若需中试。御试时,

---

① 张廷玉:《澄怀主人自订年谱》卷 3。
② 昭梿:《啸亭杂录》卷 1《不喜朋党》。
③ 《乾隆实录》卷 114。

乾隆出三道题,其中第一题是《为君难为臣不易》①。这弦外之音,是不难听明白的。当年十一月,乾隆以大学士不应兼管的常例,批准张廷玉辞去户部事务,只兼管吏部。张氏集团的权力受到某种程度的削减。

乾隆六年发生了仲永檀弹劾案。鄂尔泰集团从此走向垮台。

仲永檀,字襄西,山东济宁人,乾隆元年进士,五年考选陕西道监察御史,是鄂尔泰得意门生。就在这一年,原工部凿匠、京师富民俞氏无子,嗣孙年幼,义女婿许秉义为谋占俞氏家产,与内阁学士许王猷联宗,并托许王猷出面,邀不少朝臣往俞家吊丧,借以壮许家声势。此事被顺天府尹告发出来,许王猷受夺职处分,事情本已了结。但是,六年三月,仲永檀进一步揭发提督鄂善受俞家贿赂万金,大学士张廷玉送了柬帖,大学士徐本、赵国麟亲往吊丧,礼部侍郎吴家驹往吊得赀。仲永檀还告发说:"向来密奏留中事件,外间旋即知之。此必有串通左右,暗为宣泄者"②。乾隆甚重视仲永檀的告发,命怡亲王弘晓、和亲王弘昼、大学士鄂尔泰、张廷玉、徐本、尚书讷亲、来保7人会审鄂善。三月二十五日,乾隆又召集鄂尔泰等7人,亲自审问。他劝鄂善说,若确实受贿,于朕前实奏无妨,从轻审理。鄂善信以为真,承认受贿银1000两。乾隆立即降旨说:"念尔曾为大臣,不忍明正典刑,然汝亦何颜复立人世乎!汝宜有以自处也",要鄂善自裁。鄂善看形势不妙,知道上皇帝的当,随即翻供。乾隆恼羞成怒,降旨处鄂善死刑。仲永檀因此被擢佥都御史。乾隆还颁谕嘉奖说"自今以后,居言官之职者,皆当以

① 张廷玉:《澄怀自订年谱》卷4。
② 《乾隆实录》卷139。

仲永檀为法,不必畏首畏尾矣"①。

但是,仲永檀揭发大学士赵国麟等赴俞家送帖、吊丧,经审查,纯系子虚乌有。赵国麟,山东泰安人,康熙四十年(1706年)进士。该年会试,张廷玉以检讨担任同考官,两人关系自然不一般,仲永檀弹劾的是赵国麟,攻讦的目标却是张廷玉集团。赵国麟对仲永檀诬告不实,反而升官,心怀不满,上疏乞求引退。乾隆不肯,擢赵国麟为礼部尚书,以示安抚。赵国麟仍耿耿于怀,多次求退。这就惹火皇帝,终于被削夺官职,命在咸安宫效力。

仲永檀告发鄂善、赵国麟等尝到甜头,又把弹劾的矛头指向鄂尔泰政敌张照。

前面说过,当古州台拱苗变时,张照以抚定苗疆大臣的身份入黔指挥征剿,却因"挟私误军兴",被逮捕下狱,不久获释。乾隆七年(1742年),张照以刑部尚书兼领乐部。仲永檀竟以此上书弹劾,说张照"以九卿之尊亲操戏鼓"②。弹劾未能中的,张照衔恨入骨,探知仲永檀曾将留中密奏疏稿内容,泄露给鄂尔泰之子、詹事府詹事鄂容安,遂上疏摘发。乾隆即命庄亲王允禄、履亲王允祹、和亲王弘昼等会同大学士张廷玉、徐本、尚书讷亲、来保、哈达哈审理此案。结果,仲永檀、鄂容安承认,他俩"往来亲密,于未奏之前,先行商谋,即奏以后,复行照会"。十二月,乾隆降旨逮捕仲永檀,罢鄂容安职,鄂尔泰受降二级处分。乾隆认定,仲永檀依附师门,与鄂容安"结党营私",鄂尔泰亦有干系。"仲永檀如此不端之人,鄂尔泰于朕前屡奏其端正直率,则其党庇之处,已属显然……

---

① 《乾隆实录》卷139。
② 昭梿:《啸亭杂录》卷6《仲副宪》。

鄂尔泰自思之,朕从前能用汝,今日能宽汝,将来独不能重治之罪乎!"①这是对鄂尔泰集团的一次严重警告。乾隆十年,鄂尔泰病死,乾隆仍遵雍正生前许诺,将鄂尔泰配享太庙。

仲永檀事件闹得满朝风雨时,又出现刘统勋上疏要求暂停张廷玉家族升转之事。

乾隆六年十二月,都察院左都御史刘统勋上奏二折。一折说讷亲承办事务过多,另折说张廷玉家族居官者太众:

"大学士张廷玉历事三朝,小心敬慎。皇上眷注优隆,久而弗替,可谓遭逢极盛。然大名之下,责备恒多,勋业之成,晚节当慎。外间舆论动云,桐城张姚二姓,占却半部缙绅。此盈满之候,而倾覆之机所易伏也。窃闻圣祖仁皇帝时,曾因廷臣有升转太速之员,特谕停业升转……臣愚以为宜仿此意,敕下大学士张廷玉,会同吏部衙门,将张、姚二姓部册有名者,详悉查明。其同姓不同宗,与远房亲谊,不在此例。若系亲房近友,累世密戚现任之员开列奏闻,自命下之日为始,三年之内,停其升转"②。

刘统勋奏疏,实乃求乾隆以暂停升转办法,限制张氏集团势力的迅速膨胀。乾隆阅后降旨,一面抚慰张廷玉、讷亲:

"朕思二臣若果声势赫赫,擅作威福,则刘统勋必不敢如此陈奏。今既有此奏,则二臣并无声势可以拑制僚寀可知。此国家之祥瑞也,朕心转而为喜"③。

另方面,又同意对张廷玉亲族的升转有所抑制,并说这一措施于张

---

①　《乾隆实录》卷 181。

②　《乾隆实录》卷 156。

③　《乾隆实录》卷 156。

廷玉有益：

> "张廷玉亲族人众，因而登版籍者亦多，此固家运使然，然其亲族子弟等或有矜肆之念，为上司者或有瞻顾之情，则非大学士所能料及也。今一经查议，人人皆知谨饬检点，转于大学士张廷玉有益。刘统勋所请裁抑之处，著该部查议具奏"①。

把乾隆这段话，与当年雍正对张、鄂两家子弟的赞扬语言作一比较，就可以看出这两位皇帝的不同态度。雍正于两家是竭力扶植，乾隆则有所抑制。

张廷玉是官场老手，十分乖巧。他看出乾隆对自己家族势力的发展心存芥蒂，因此立刻上疏，要求辞去兼管吏部部务的职责。乾隆没有同意，这时他还需要张廷玉。十年（1745年），鄂尔泰死，乾隆没有让张廷玉当首席军机大臣，而是以"我朝旧制，内阁系满大学士领班"②为理由，把讷亲升为首席军机。十一年十月，张廷玉年逾古稀，乾隆准他"不必向早入朝，或遇炎蒸风雨，或自度宜于少休，亦不必勉强入内。其应办事务，可以在家办理"③。这算是对张氏优容。十三年正月，张廷玉再次求退，乾隆仍不同意，仅准辞去兼管的吏部事务④。直至十四年十一月，乾隆才同意张廷玉以原官并带伯爵衔致仕。但正是在这个时刻，张廷玉惹怒了乾隆。

乾隆早已答应要践行雍正诺言，让张廷玉身后配享太庙。但乾隆也说过，配享大臣，不宜归田终老。因此，张廷玉对自己能否

---

① 《乾隆实录》卷156。
② 张廷玉：《澄怀主人自订年谱》卷5。
③ 《乾隆实录》卷277。
④ 《乾隆实录》卷307。

配享有所担心,遂奏请"乞上一言为券"①。大臣竟要皇帝写保证书,乾隆自然很不高兴,但仍颁诏重申雍正成命,并制诗示意,用明朝刘基乞休后依然配享太庙例安慰张廷玉。张廷玉放心了。第二天令儿子张若澄上朝代为奏谢。求配享可亲自面奏,得到配享许诺后就不能亲自来谢恩,乾隆大为恼火,即时降旨斥责:

> "夫配享太庙,张廷玉毕世之恩,岂寻常赐赉、加一官晋一秩可比。不特张廷玉殁身衔感,其子孙皆当世世衔感。伊近在京邸,即使衰病不堪,亦应匍匐申谢。乃陈情则能奏请面见,而谢恩竟不能亲赴阙庭!视此莫大之恩,一若伊分所应得,有此理乎"②!

乾隆传谕写旨时,只有大学士傅恒和协办大学士汪由敦在场。汪是张廷玉门生,立即免冠为张廷玉求情。圣旨还未下,第二天一早张廷玉就亲自上朝谢恩。乾隆断定,张廷玉昨日不来今日来,定然是汪由敦传递信息,走漏风声。由此他联想起,张廷玉曾建议,自己告老之后,由汪由敦接任大学士之职,愈加怒气冲冲:"朕为天下主,而令在廷大臣因师生而成门户,在朝则倚恃眷注,事事要被典,及去位而又有得意门生留星替月,此可姑容乎!"③张廷玉因此被削去伯爵,以大学士原衔休致,但仍许配享。汪由敦罢协办大学士及尚书职,在任办事赎罪。

此时的张廷玉完全失宠。乾隆不时找借口训斥,直欲摧垮张氏集团。十五年(1750 年)二月,乾隆西巡五台山离京时,张廷玉随众送驾。乾隆因张廷玉"未曾叩首道旁,且毫无惶悚激切之意"

---

① 《清史稿》卷 288《张廷玉传》。

② 《乾隆实录》卷 354。

③ 《乾隆实录》卷 354。

而发火。三月,定安亲王皇长子永璜去世,初祭甫过,张廷玉奏请南还,乾隆斥责说:"试思伊曾侍朕讲读,又曾为定安亲王师傅,而乃漠然无情至于此,是尚有人心乎!"①从前,乾隆曾夸奖张廷玉、鄂尔泰"二人诚无愧唐之房(玄龄)、杜(如晦),顾朕弗及太宗耳"②。现在,乾隆对张廷玉的评价是,"在皇考时仅以缮写谕旨为职,此娴于文墨者所优为。自朕御极十五年来,伊不过旅进旅退,毫无建白,毫无赞勷"③,仅仅是几十年老缮写员而已。乾隆还说,张廷玉之所以"营营思退",一方面是政治上失意,"自揣志不能逞,门生亲戚素相厚者,不能遂其推荐扶植之私";另一方面又家有储积,"所积赀产又已足以赡身家"④。张廷玉又成为滑头自私的小人。乾隆把以往清朝配享诸臣名单给张廷玉看,要张自行对照,自审应否配享,并命九卿就此问题定议具奏。定议结果,罢张廷玉配享。乾隆准奏。同年九月,又揭发出张廷玉姻亲朱荃曾涉及吕留良案。乾隆降旨革去张廷玉大学士衔,追回以前给张廷玉的一切赏赐。至此,张廷玉彻底垮台了。

乾隆二十年(1755年)张廷玉去世,乾隆仍遵乃父诺言,将张廷玉配享太庙。这除了体现乾隆"纯孝"美德外,对张氏政治集团,不可能产生复炽效应。

二、全面整顿吏治

康熙、雍正都曾从厘正制度入手,大力整顿吏治。乾隆要励精图治,也必须大刀阔斧地整饬吏治。他没有去改革已有的官僚机

---

① 《乾隆实录》卷363。
② 张廷玉:《澄怀主人自订年谱》卷3。
③ 《乾隆实录》卷363。
④ 《乾隆实录》卷363。

构,而是针对中央九卿、科道和各省督抚、地方府县衙门存在的不同问题,从封建官吏职责规范化的角度,有针对性地提出整治要求。

对于中央九卿状况,乾隆有个基本估计。六年三月,他说:"朕就近日九卿风气论之。大抵谨慎自守之意多,而勇往任事之意少"①。所谓谨慎自守,实即不求有功,但求无过的无所作为习气。其通常表现之一是懒散。十一年三月某日,乾隆发现,应召在乾清门等候奏事的九卿,"有因祗候稍久而以劳苦含怒者",甚至"竟不候而归"。他恼火地斥责说:"朕机务维勤,不敢暇逸,而大臣则已退食自公,优游闲适矣!……诸臣思之,当愧于心也"②。其表现之二是因循推诿,文移往来。乾隆说:"朕闻近来各部院办理,因循成习。每遇难办之事,即互相推诿,文移往返,动往岁月。迨夫限期已满,则潦草完结,以避参议。至于易结之事,又复稽延时日,及至限满,则苟且咨行,以期结案"③。这种无所作为习气,与乾隆励精图治的抱负和雷厉风行作风,格格不入。七年三月清明节,乾隆在勤政殿对九卿说:

"近来九卿大臣,朕实灼见其无作奸犯科之人,亦未闻有作奸犯科之事。然所谓公忠体国,克尽大臣之职者,则未可以易易数也。不过早入衙署,办理稿案,归至家中,闭户不见一客,以此为安静守分,其自为谋则得矣!……至于外而督抚,内而九卿,朕之股肱心膂也。万方亿兆,皆吾赤子。其为朕教养此赤子者,朕非尔等是赖,其将奚赖? 今尔等惟以循例办稿为供职,并无深谋远虑为国家根本之计,安所谓大臣者欤! 如

① 《乾隆实录》卷 138。
② 《乾隆实录》卷 261。
③ 《乾隆实录》卷 71。

仅循例办稿已也,则一老吏能之"①。

乾隆话很严厉,也很中肯。作为皇帝股肱,九卿大臣不能仅满足于不作奸犯科,更不能把自己混同于老吏,以入署办稿为供职,应深谋远虑国家大计,有所建树。

科道、御史承担着监察职责。乾隆说:"夫言官之设,本以绳愆纠缪,激浊清扬。朝廷之得失,民生之利病,无不可剀切敷陈。内而廷臣,外而督抚,果有贪劣奸邪实据,指名弹劾,亦足表见风裁"②。但实际上科道御史并未尽责。四年(1739年),乾隆就指出:"近来科道官员,条陈甚少,即有一二奏事者,亦皆非切当之务……嗣后各精白乃心,公直自矢,毋蹈缄默陋习"。此后,缄默之风虽有所改变,却又转而"撼拾浮嚣",以浮言为依据,抓住末节问题作文章,"徒事怀私窥伺"③。乾隆认为,言官不能履行职责,关键在素质低。要改变这种状况,就应慎重言官选拔。原来,御史由各部院堂拣选司员保荐,然后由吏部引见,皇帝简命。乾隆以为这办法有局限性,"各堂官保送,皆就伊等所见举出。统计一衙门官员,不过十之一二,其余众员,朕未经遍览,此中或可任科道而不在保送之列,亦未可定"。因此,乾隆三年(1738年)时,就改为"例应选翰林部属等官,一概通行引见"④,扩大了选拔对象。但选拔对象太多,皇帝又难以一一考察。降至十一年十月,降旨恢复九卿保荐法,但须经请旨考试后,引见候皇帝简命⑤。

督抚是封疆大臣,身系一方国计民生重任。乾隆对督抚重视,

① 《乾隆实录》卷162。
② 《乾隆实录》卷277。
③ 《乾隆实录》卷277。
④ 《乾隆实录》卷65。
⑤ 《乾隆实录》卷277。

不下于九卿。他说:"九卿督抚,皆朕股肱大臣,国计民生均有攸赖"①。他要求督抚居官首先要忠于职守,尽心尽责,"处官事如家事","若当官而存苟且之心,将百事皆从废弛矣。"八年十一月,他听说河南巡抚雅尔图"官署鞠为茂草",湖南巡抚许容以文书废纸糊窗,甚是恼火,认为事虽细,但说明二人"其心不在官",遂降旨切责,"此即孙樵所谓以家为传舍,醉浓饱鲜,笑而秩终"②。乾隆说,督抚有封疆之寄,主要职责是督察属官:

> "从来为政之道,安民必先察吏。是以督抚膺封疆之重寄者,舍察吏无以为安民之本……夫用人之柄,操之于朕,而察吏之责,则不得不委之督抚"③。

乾隆话是精辟的。他以"察吏"为"安民"根本,视作封疆大臣首责,也就是从抓各级行政官员入手,抓国家的治理,从而抓住了政治管理的核心环节。他还告诫各地督抚,不要在法令上多做文章,要把督察属员工作认真抓起来:

> "(督抚)其有一二号称任事者,又徒事申教令,务勾稽,而无当于明作有功之实效,是但知求之于民,而未知求之于治民之吏也。……古称监司择守令,一邑得人则一邑治,一郡得人则一郡治。督抚有表率封疆之任,不在多设科条,纷扰百姓,惟在督察属员,令其就现在举行之事,因地制宜,务以实心行实政"④。

从此不难看出,关于法令、官吏和社会安定三者之间的关系,乾隆强调的是官吏的主导作用。他认为,如果一味更张法令,那就是

---

① 《乾隆实录》卷 204。
② 《乾隆实录》卷 204。
③ 《乾隆实录》卷 70。
④ 《乾隆实录》卷 288。

"但知求之于民"，即只知道要百姓遵守这样或那样的法令，其结果只能纷扰百姓，搞得鸡犬不宁。地方治绩如何，不在法令，而在官吏人选，得人则治，任用非人则不治。乾隆如此强调地方官贤与不肖对社会治乱的作用，反对督抚们更张法令，有客观社会因素，也有主观原因。清王朝延续至乾隆时期，封建经济政治体制已定型成套，以改科条为名，行扰民之实，的确不可不防。而作为封建帝王，乾隆又十分自信自己的雄才大略。在他看来，当臣子的只要"仰遵圣意"，照章办事，就可以达到治国平天下目的。因此，与历代帝王一样，乾隆强调的也是人治。他曾说："有治人，无治法。任法不如任人。"

乾隆还十分重视州县地方官的人选。他说："知县一官，古称司牧，其才具之短长，乃政治得失之所关，民生休戚之所系"①。他引唐朝张九龄的话说："县得良宰，万户息肩；州有贤牧，千里解带"②。良宰贤牧的标准是什么呢？乾隆说，古今有些地方官，但知用心于刑名钱谷，考成无过，上司亦认为是好官，这不对。良牧标准，一是"经划有方，劝课有法，使地有遗利，家有盖藏者"③；二是"视百姓如赤子，察有饥寒，恤其困苦，治其田里，安其家室"④。也就是说，既能采取有效措施，发展地方经济，又能关心百姓疾苦的，才是好官。要做到这两点，地方官就应当经常深入乡村，体察民情，了解各地生产状况。九年五月，他对州县官说：

"所谓知州必能知一州之事，知县必能知一县之事。顾名思义，循名责实，岂簿书钱谷无误期令，遂谓可胜任愉快

---

① 《乾隆实录》卷 295。
② 《乾隆实录》卷 204。
③ 《乾隆实录》卷 208。
④ 《乾隆实录》卷 208。

耶！……州县所属地方,虽广狭不一,事务亦繁简不同,然一月之中,岂无斋戒停刑之日,亦有因公下乡之时,果能乘此余暇,不辞劳瘁,亲履田间,与父老子弟欢然相接,如家人父子,言慈言孝,启其固有之良,度其原,相其流泉,审物土之宜,因间阎之便,利所当兴者举之,害所当除者去之,则养教兼施,善政莫乎是"①。

这里,乾隆告诫地方官,不要成天围着簿书钱谷打转,应乘间下乡村作调查访问,从百姓生产生活状况,到民情风俗、土壤水利等等,都应有切实的了解,要因间阎之便,兴利除害,造福地方。乾隆把到民间搞调查研究,看作对州县官的基本要求,这对改变衙门的官僚作风,显然有积极意义。不过,在封建时代这种要求是不可能得到贯彻。

乾隆在整顿吏治的过程中,还注意到幕客对政治的干扰问题。十二年(1747年)二月,广西道监察御史黄登贤奏,各省幕客多聚会省城,勾结各衙门吏书,从中打探衙门内情,遇到州县呈文申详,则多方批驳,迫使州县长官不得不到省会访求幕客中与上司衙门关系密切者,用厚金延聘,彼此串合。他请求皇帝降谕各巡抚,将聚集在省城的府县幕客,严查驱逐。乾隆接纳了黄登贤建议,下旨执行②。

乾隆还极其关注各地武官的状况。六年十月,乾隆获悉,四川建昌镇臣赵儒、重庆镇臣苏应选,俱年逾七旬,体力已衰,遇事逢迎瞻顾,立刻颁谕各省提督,凡是精力已衰不能统率操练的武官,应令其休致。为了查阅各营伍状况,九年正月,乾隆派尚书讷亲到河

---

① 《乾隆实录》卷217。
② 《乾隆实录》卷285。

南及上下江、淮、徐、山东等地巡视。三月,讷亲报告,河南开封府驻防满洲兵操练时"进退生疏,队伍亦不整齐",其他各省情况大抵相似。乾隆阅后生气地说:"览此,即可见外省大吏,无一不欺朕矣"①。十一年九月,乾隆决定,从十二年开始,遣员分批查阅各省军队。当年查阅直隶、山西、陕西、四川、甘肃五省,第二年查阅湖北、湖南、云南、贵州四省,十四年查阅广东、广西、浙江、福建四省。三年一阅,周而复始②。

要整顿吏治,就要加强对官吏的考核。清制,内外官三年一考核。京官考核称京察,外官考核称大计。考核分称职、勤职和供职三等,政绩特别卓异者可引见候旨升擢。考核不及三等的官员,要纠以"八法",即贪、酷、罢软无为、不谨、年老、有疾、浮躁和才力不及者。贪、酷者革职拿问,罢软无为和不谨者革职,年老和有疾者勒令休致,浮躁和才力不及者酌量降调。乾隆知道这种考核往往瞻徇情面,弄虚作假,不少人甚至"滥列一等"。因此,于四年(1739年)下令将"八法"改为"六法",宣布"贪、酷二者,不应待三年参劾",即一旦发现就要参劾。九年又决定,凡考绩列一等者,应经大学士验看,慎重甄别。顺治时曾经规定,三品以上京官应自陈政绩。乾隆认为"自陈繁文,相率为伪,甚无谓也"③,下令取消。乾隆前期,对官吏的考核还是比较认真的,不少地方官因考核不及格或罢或降或休致。以乾隆十年(1745年)为例,这一年全国大计中,被劾为不谨、罢软、才力不及、浮躁、年老、有疾者共计180人。其中不谨官43人,罢软官17人,才力不及官35人,浮躁官13人,

① 《乾隆实录》卷212;213。
② 《乾隆实录》卷274。
③ 《乾隆实录》卷255。

年老官 40 人,有疾官 32 人①。一次大计,有这么多官员不及格,说明考核并非徒具形式。

惩治贪污是整顿吏治的重要内容。乾隆对贪官惩办十分严厉。二年(1737 年),山西学政喀尔钦在布政使萨哈谅支持下贿卖文武生员一案被揭露。乾隆为之震惊。他说,御极以来,体恤群吏,增俸禄,厚养廉,以为天下臣工,自必感激奋勉,砥砺廉隅,断不致有贪黩败检以干宪典者。不意竟有山西布政使萨哈谅、学政喀尔钦,秽迹昭彰,赃私累累,"实朕梦想之所不到","一省如此,他省可知矣"②。降旨将喀尔钦斩立决,萨哈谅斩监候。

喀尔钦一案未了,六年三月,左都御史刘吴龙又揭发浙江巡抚卢焯在处理嘉兴府桐乡县汪姓分家案件时,贪赃枉法,受贿银 5 万两,该知府杨景震受贿 3 万两③。九月,总督那苏图参奏,荆宜施道姜邵湘"管理荆关税务,肆志贪饕,横征暴敛,侵蚀冒销,饱其慾壑"。荆关税课每年还有余银 3 万余两,姜邵湘年侵吞几及一半④。接着,又发生浙江巡抚常安贪污案、四川学政朱荃贿卖生童案,等等。

面对日益增多的贪污案件,乾隆决定加重惩治。他说:

"近来侵贪之案渐多,照例减等,使可结案。此辈既属贪官,除参款外,必有未尽败露之赃私。完赃之后,仍得饱其囊橐,殊不足以惩儆"⑤。

这就是说,对贪污犯采取罚赃减等办法不足惩儆。为此,他下令将

----

① 《乾隆实录》卷 259。
② 《乾隆实录》卷 138。
③ 《乾隆实录》卷 138。
④ 《乾隆实录》卷 151。
⑤ 《乾隆实录》卷 151。

乾隆元年以来重大贪污犯,陆续发往军台效力,以为黩货营者戒。嗣后贪污犯亦照此办理。十二年,又降旨修改惩治贪污法。原法律规定,贪污官吏至秋审时,概入缓决,而且"不入情实",所以不至于处死刑。乾隆命九卿于秋审时,"核其情罪,应入情实者,即入于情实案内,以彰国法"①。

不过,乾隆对贪污案的处理虽较以往严厉,但乾隆一朝的贪污案,仍层出不穷。

第六节 取缔"邪教"

一、取缔大乘教

乾隆前期,社会阶级矛盾虽未尖锐化,但人民的反抗斗争没有停止。民间秘密宗教成为群众反清组织。各地秘密传播的宗教,有大乘教、罗教、宏阳教、收元教、长生道等。这些秘密宗教,与元末以来的白莲教,在教旨、信奉对象、教仪、经卷和组织形式上,既有许多相似之处,又各具特征。由于他们的信仰背离了封建正统思想,行为和组织更是与封建政权相对立,所以被清朝目为"邪教"。

在各种秘密宗教中,大乘教传播最广泛。这自然引起乾隆的关注,坚决予以取缔。

大乘教组织最早是在贵州被告发的。

乾隆十一年(1746年)闰三月,贵州总督张广泗密奏,雍正时云南大理鸡足山"妖人"张保太,"妄刻《皇经注解》及《先后天

---

① 《清文献通考》卷207《刑考》137。

图》,惑人入教,形踪诡秘",张保太本人虽于雍正十年(1732 年)事发,被云南地方官拿获,"监毙狱中",但党羽流入贵州、四川,传及各省,要求降谕查缉①。四月,张广泗又奏:

"雍正年间,有云南大理府妖人张保太倡习白莲教,后流入贵州、四川,传及各省。近闻贵州省城有魏姓斋婆,招引徒众习教,党类甚多。并闻四川涪州有刘权,云南有张二郎,皆系为首之人。现已将黔首魏斋婆拿获审办,并密咨川、滇二省,一并严拿刘张二犯,从严究治"。

乾隆看到张广泗奏折,立即批道:

"此等邪教惑人,乃地方不应有之事,何以近日屡见之,务须办理得宜,毋纵毋滥,以除后患。奸厥渠魁,胁从罔治,而又在神速不露为妙也"②。

张保太,又作张保泰,原是云南大理府太和县贡生。康熙二十年(1681 年)间在鸡足山开堂倡教,法号道岸,释名洪裕。他所传大乘教,又称无为教,是白莲教的支派。张保太自称,该教是陕西泾阳县八宝山"无生高老祖"开派,流传至第 48 传祖师杨鹏翼,原是云南腾越州生员。张保太得杨鹏翼传教,是为第 49 代收圆祖师③。据上述张广泗奏疏,张保太于雍正十年被逮入狱监毙。但是,据直隶总督那苏图奏报,乾隆四年(1739 年)逮捕的常州府江阴县长泾镇西来教首犯夏天佑供称,乾隆三年夏天佑曾亲往云南,面见张保太,张时年已八十余岁④。可见,乾隆初张保太还活在人间。又据十一年七月乾隆说,"如云南之张保太因从前遇赦释放,

① 《硃批奏折》乾隆十一年闰三月二十六日贵州总督张广泗奏。
② 《乾隆实录》卷 265。
③ 《乾隆实录》卷 273。
④ 《乾隆实录》卷 90。

今日遂至蔓延"①。这里所谓"遇赦",当指乾隆登基时特赦。再据乾隆十一年九月云南总督兼巡抚张允随奏:"滇省火官会,臣自乾隆六年将张保太拿禁监毙后,即檄令全省通行严禁"②。可见,张保太不是死于雍正十年,而是死于乾隆六年之后。

作为白莲教支派的大乘教,与弓长的圆顿教有密切关系。关于弓长,黄育楩《破邪详辨》卷:

> "噫,弓长即张,分姓为号,粗俗之至。再查邪经,知弓长飘高等同为明末妖人"。

又据方家研究③,弓长创立圆顿教时在天启四年(1624年)。他曾撰《古佛天真考证宝经》,简称《龙华经》。《龙华经》分24品,其中《混沌初品》云:"无始以来,无天地,无日月,无人物,从真空中化出一尊无极天真古佛来"。又云:"古佛出现安天地,无生老母先天立"④。《龙华真经》是圆顿教的经卷,而古佛天真和无生老母则是圆顿教中二尊最高的男女佛。圆顿教还宣传末劫思想,而弓长就是领无生老母旨意来拯救末劫中黎庶,渡他们回真空家乡,赴龙华会。"初会龙华是燃灯,二会龙华释加尊,三会龙华弥勒祖,龙华三会愿相逢"⑤。赴龙华会是乘法船去的。《排造法船品》云:"无生老母令太上老君无影山前排造大法船一只,大金船三千六百只,中金船一万二千只,小法船八万四千只,小孤舟十万八千只,又令五千数百佛祖佛母真人,及九十六亿皇胎儿女、八万四千金童

---

① 《乾隆实录》卷270。
② 《乾隆实录》卷275。
③ 喻松青:《明清白莲教研究》第54页至55页,四川人民出版社1987年版。
④ 黄育楩:《破邪详辨》卷1。
⑤ 黄育楩:《破邪详辨》卷1。

玉女、十万八千护法齐领船只,救渡众生"①。

上述这些无生老母、龙华会、燃灯、法船等说教,都被大乘教吸收和传播。张保太自称第49代收圆祖师,负有收圆的使命。收圆即收皇胎儿女回真空家乡团圆。

张保太大乘教从云南传播到贵州、四川、江苏、江西、湖北、湖南、山西等地。张保太死后,云南由其子张晓接法开堂。贵州的首领是魏明琏和其妻魏王氏,亦即魏斋婆。他俩得张保太"左右中官授记"。魏明琏死后,魏王氏以右中官兼领左中官,接法开堂。在贵州受封于张保太的,还有承中授记唐世勋、上绕授记吕仕聘、果位护道金刚授记魏之璧,退职千总雷大鸣被授为上绕执事②。可见其内部已形成一套组织机构。云贵大乘教还有固定的聚会日期。据张广泗说:"邪教根源,多缘假托做会名色,招徒惑众,……张保太大乘教内,于天官、地官、水官三会外,又添一火官会,每逢会期,齐集建醮",其中火官会期是每年四月十五日③。

四川大乘教首领刘奇,即刘权,又名刘元亨。他曾随张保太到泸州学"无生最上一乘教"④。张保太死后,大乘教内部传说,刘奇是"张保太转世","张保太已借刘奇之窍,临凡度众",将来兴龙华会时要推刘奇为教主⑤。因此刘奇在四川及其他各地教徒中有很高声望。四川大乘教内还有法船、瘟船、铁船组织。法船首领是刘奇本人,瘟船首领是僧人雪峰,铁船掌教是朱牛八。

江苏的大乘教传播甚广泛。江阴县原有西来教,教头夏天佑

① 黄育楩:《破邪详辨》卷1。
② 《乾隆实录》卷275。
③ 《乾隆实录》卷271。
④ 《乾隆实录》卷268。
⑤ 《乾隆实录》卷275。

是张保太弟子,于乾隆四年(1739年)被取缔。宜兴有僧人吴时济倡立龙华会,会内骨干杜玉梁等人各有"授记封号"。震泽、宝山、嘉定等地有燃灯教①。太仓州燃灯教首领王一岩,素来宗张保太。王一岩死后,由妻王徐氏接法开堂。王徐氏自称是"活佛临凡",称她的外甥女周氏是"观音转世","愚民被诱,妄希获福消灾"。他们与四川刘奇保持密切联系。王徐氏多次遣人入川,与刘奇通声息,还给刘奇送"香金纱衣"②。

湖广邻近贵州,当地大乘教传自贵州,教徒甚众。湖北教首是金友端,湖南教首是莫少康等人。湖南巡抚杨锡绂说:

> "查大乘邪教各要犯,莫少康在楚招徒最多,其次陈南明等亦俱要犯。浏阳、湘阴、武陵、茶陵等数州县,被惑从教者,不下一千余人"③。

大乘教也传播及直隶与北京。直隶掌教是保定的唐登芳。唐登芳之前,有个从贵州来的吕斋婆在北京西便门外白云观传教④。

对于大乘教在各地传播,地方官初时不以为意。在他们看来,大乘教徒"不过吃素念经,并无别情"⑤,"托名烧香礼拜,经文亦不过寻常劝世之语"⑥。但是,在乾隆的心目中,大乘教是危险的异端:

> "从来左道惑众,最为人心风俗之害,理应严加惩创,庶足儆顽悖而安善良"⑦。

---

① 《乾隆实录》卷268;270。
② 《乾隆实录》卷269;275。
③ 《乾隆实录》卷275。
④ 《乾隆实录》卷268;269;270;271。
⑤ 《乾隆实录》卷90。
⑥ 《乾隆实录》卷268。
⑦ 《乾隆实录》卷269。

而且他还看到，"邪教"蔓延必将从思想上政治上对封建统治构成威胁：

> "看来此等匪犯，显系彼此连结，声息相通，蔓延各省，非一方一邑之邪教诱人钱财者可比"①。

因此，当他接到张广泗报告时，就亲自布置对大乘教的清查取缔。乾隆十一年（1746年）六月六日至八日，他下了九道谕旨，指示云南、贵州、四川、江苏、直隶、湖广、江南、江西、山西等地缉拿大乘教首领。

在乾隆的督促下，云南省总督兼巡抚张允随逮捕了张晓及刘奇的徒弟刘钧和要犯杨声等6人。张晓、刘钧凌迟处死，杨声等斩立决。张允随还派兵看守张保太、杨鹏翼埋尸处，准备到定案时毁坟戮尸②。

贵州省总督兼巡抚张广泗，是这一案件的"发奸摘伏"者，深得乾隆赏识，清查尤其卖力。他经过秘密查访，缉拿了张保太弟张二郎。从审讯张二郎获得口供，知道火官会聚期，遂于乾隆十一年四月十五日会期之际逮捕了贵州大乘教首领魏斋婆等人。经审讯，魏斋婆又供出大乘教内部组织情况以及某些掌教人名单。四川大乘教首领刘奇，湖广教首莫少康、刘选升、孙其天，北京吕斋婆等人，都是魏斋婆供出的。张广泗还上奏，除了法船首领已获，瘟船首领僧人雪峰已获旋毙外，唯铁船首领朱牛八难以缉获。牛八实乃朱字。朱牛八显然非真实名字，而是含有怀念朱明王朝、反清复明深意的化名。白莲教经常散布牛八复位的传闻。如滦州石佛口王氏家族编的《三教应劫总观通书》说："清朝已尽，四方正佛，

---

① 《乾隆实录》卷269。
② 《乾隆实录》卷273。

落在王门。胡人尽,何人登基,牛八原来是土星"①。这样神秘人物,当然难以捕捉。四川巡抚纪山从一名铁船教徒胡恒口供中认定,朱牛八在贵州罗贡生家被招为女婿。乾隆谕令张广泗缉拿。张于仁怀黔西一带细访无踪。仁怀县安罗里虽有一家姓罗,却非贡生,当地60—70家佃户多系苗人,更没有秘密教派的传播②。

四川巡抚纪山对大乘教追查不力,多次受乾隆斥责。他虽然逮捕了刘奇,却未"搜查陈奏",且误信铁船不与刘奇大乘教同派,"并非通达声气"。乾隆斥纪山:"汝办理此等事,甚不满朕意"③。此后不久,纪山看到张广泗咨文,知道铁船教原是大乘教中的支派,感到问题的严重性,立刻上奏:"将刘奇供出在川之王清直、王之璧、张万学等十四名飞速密拿。在云南、贵州、直隶、江南、江西、湖广、山西之胡大思、朱牛八、吕斋婆等十九名密咨该省查拿"。乾隆阅后更加恼火,立即批道:"此汝等所能究出!想接到张广泗之咨会耳!攘人功而为己有,甚属无耻。朕自愧无知人之明"④。不过,四川缉捕大乘教也不是一无所获。降至乾隆十一年七月,共捕获大乘教骨干人物129名,其中由贵州、云南移咨应捕的56名内,已获35名;本省审讯出应捕的124名,已获94名⑤。尤其是,纪山逮捕到自称李开花的要犯苏君贤。早在乾隆六年(1741年)时,广西迁江县被获的"邪教"李梅一案中,案犯已供出李开花、覃玉真等"捏造妖言,蛊惑愚民"等情节,但未抓获。而大乘教又广

---

① 《清代档案史料丛编》第3辑,嘉庆二十年十二月二十六日《谕那彦成将石佛口王姓为首传教者照律问拟》。
② 《乾隆实录》卷272。
③ 《乾隆实录》卷269。
④ 《乾隆实录》卷269。
⑤ 《乾隆实录》卷270。

泛传播说,法船教主刘奇是弥勒下凡管理天下,李开花作皇帝。纪山经过查访,得悉苏君贤冒称李开花,"狂悖惑人,妄图非分",拿获后斩立决①。纪山还通过审讯刘奇,"供出各省斋头办事之人"②。

大乘教在江南有一定势力。乾隆十一年五月,江苏巡抚陈大受在太仓、宝山缉拿燃灯教首领王徐氏及其甥女周氏等人。六月,太仓州教徒数十人持香拥到该州公堂,声言"周氏系观音转世,王徐氏是活佛临凡,我辈迎接供养。"其时适知州高廷献下乡,教徒即转赴苏州请愿。另外,当陈大受出郊劝农时,太仓、宝山、昆山、新阳、青浦等地教徒一百数十名,拦道焚香跪称,"伊等皆卖产人教之人,今活佛被拿,不可得见,求提来一见,死亦甘心"③。此前,陈大受虽抓获龙华会首领吴时济,但未审出吴时济与张保太关系,曾被部驳。乾隆对此本来就很不满,如今又加上教徒二次聚众滋事,火上浇油。他斥责陈大受欺隐案情,失之宽纵,要两江总督尹继善负起责任,留心查缉,"不应专听巡抚办理。"

为清查曾在北京传教的吕斋婆,清朝费了很大气力。四川审讯刘奇,审不出有关吕斋婆的情况。同案犯供说,湖广的金友端,知道吕斋婆下落。但刑讯结果,金委实不知。后来,贵州抓获吕斋婆女婿张天序。张天序供认,有个江南人年尚科,曾带着张保太一张委帖、一张授给吕斋婆,叫吕斋婆到北京开道。贵州魏王氏也供认,江南仪真人黄中清曾和吕斋婆一同赴京传道④。经追查,年尚科、黄中清均已死去。京城步军统领舒赫德查询白云观道士张士

① 《乾隆实录》卷 271。
② 《乾隆实录》卷 270。
③ 《乾隆实录》卷 269。
④ 《乾隆实录》卷 271;272。

诚等,说乾隆五年(1740年)冬,确有一四川道姑,携带儿子、侄儿来观居住,半个多月后就到平郡王府去了。乾隆降旨询问平郡王福彭。福彭复奏,乾隆六年正月,确有四川重庆府一个道姑与子、侄在京住月余后返川。道姑姓宋或姓李,记不清了。线索又回到四川。纪山于重庆府白衣庵内拿获一个宋道姑,供说夫家娘家均不姓吕,显然,不是那个吕斋婆①。追查吕斋婆终无结果。

除上述重点地区外,保定、湖广、江西、山西以及广东等地,也在黑风腥雨中追捕大乘教要犯,烧毁"妖书伪谶"。十一年十一月,因为首犯云南张晓、四川刘奇、贵州魏斋婆、江苏王徐氏等均已拿获正法,胁从犯亦分别治罪,乾隆宣布"邪教"追查结束,但邪书应继续收缴②。

二、镇压福建老官斋教徒暴动

乾隆十三年(1748年)正月,福建建安、瓯宁二县发生了老官斋教徒暴动。

福建老官斋是罗教支派。罗教是明代正统至嘉靖时山东即墨人罗清创立的。罗清又名罗静、罗怀、罗孟洪等,被信徒尊称作罗祖。罗清著有《苦功悟道卷》、《叹世无为卷》、《破邪显证卷》、《正信除疑自在卷》、《巍巍不动泰山深根结果宝卷》,共5部6册。罗教的教义,既吸收佛教的"空论",把"真空"作为宇宙本源,又吸收宋儒思想,把无极、太极作为宇宙本源,认为"万般都是无极化",所以,罗教又称无极教、太极教。无极圣祖也就成了福建老官斋崇拜的偶像。

---

① 《乾隆实录》卷272。
② 《史料旬刊》第27期《老官斋案》,见福州将军新柱折。

福建老官斋传自浙江,官府视它为大乘教。乾隆十三年三月福州将军新柱奏:

"老官斋系罗教改名,即大乘教。传自浙江处州府庆元县姚姓远祖普善,遗有《三世因由》一书,托言初世姓罗、二世姓殷、三世姓姚,见为天上弥勒,号无极圣祖。无论男妇皆许入会吃斋。入其教者,概以普字为法派命名,其众俱称为老官"①。

乾隆前期,庆元县姚氏后裔姚正益每年来闽传教一次,教徒奉姚氏若神明。最初,教徒不多,仅遗立村会首陈光耀即普照的斋明堂一处。后又有周地村的千兴斋堂、芒田村的得遇堂、七道桥的兴发堂、埂尾村的纯仁堂等相继建立。各堂教徒人数不等,或数十人,或百余人。"各堂入教命名者,每名收香火银三钱三分",每月朔望各聚会一次②。

老官斋徒聚会吃斋,地方官原不以意。乾隆十二年(1747年)十一月,斋明堂会首陈光耀等搭盖篷厂,聚集乡民,点烛念经,被乡长告发。瓯宁县派兵擒获陈光耀等。斋明堂头人被捕,其他各堂首领人心惶惶,怕陈光耀在审讯中将他们供出。于是,被通缉的逃犯葛竟仔,伙同妻舅魏现、七道桥会首黄朝尊、教徒宋锦标之妻女巫严氏(法名普少)等商议攻城劫狱。严氏"素能降神,又能舞剑召魔"②。她遂捏称坐功上天受师父嘱咐,弥勒即将下降治世,用以动员教徒。葛竟仔、魏现等又私造伪劄兵符旗帜,设立元帅、总帅、总兵、副将、游击、守备、千总等职,搜集鸟枪、刀、枪、器械、火药,制造包头绸布,人给一块,上绘"无极圣祖图记"。乾隆十三年

---

① 《史料旬刊》第 27 期《老官斋案》,见福州将军新柱折。
② 《乾隆实录》卷 309。

正月十二日,严氏再次假托降神,谶语说弥勒佛要入府城。魏现等遂以"神言煽惑同会",约定十四日齐集各堂,十五日各执刀枪器械,抬迎菩萨进城,由居住在城内的教徒、画匠丘士贤为内应。葛竟仔还同时封锁各村口,只许进山,不许出山,挟各处乡民入伙。十五日上午,千余名教徒在芒田村祭旗,严氏乘轿张盖,率众先行。魏现、黄朝尊、官月照等会首,指挥教徒扛抬神像,手执大小蓝白旗,上书"无为大道"、"代天行事"、"无极圣祖"、"劝富济贫"等,一路跳跃,直奔建宁府城。

最先向官府报告老官斋徒暴动消息的,是一位布贩张国贤。正月十四日,他挑着40余匹布,在离县城40里地方,被老官斋徒扣押。张国贤逃回府城禀报。知府徐士俊不相信。后来,接到塘兵报告,才派兵赶往镇压。途中老官斋徒队伍被打散,纷纷逃窜进山。官兵又进山搜捕300余人。

对于老官斋徒暴动,乾隆颇为关注。他接到地方官奏折后,将徐士俊革职,降谕说:

"但此等邪教,建立斋堂,以致谋为不轨,既由于平时不行觉察,亦因地方官擒缉迟延,以致酿成事端"①。
乾隆亲自过问对漏网的老官斋要犯的追捕。在堵截暴动队伍时,为首的魏现逃跑了。乾隆指示说:"此一犯不比他人,必当弋获"②。对于其他参加暴动的教徒,乾隆批示,"即多戮数人,亦使奸徒知所畏惧,不特孽由自作,亦除暴安民,理当如是"③。在乾隆督促下,闽浙总督喀尔吉善派兵四出搜捕魏现等要犯。五月二日,魏现终于在深山老林中被逮捕。参加暴动的老官斋徒,共被抓获

① 《乾隆实录》卷310。
② 《史料旬刊》第28期,《老官斋案》,见薛儒奏折。
③ 《乾隆实录》卷312。

300 名,打死和自缢的 9 名。喀尔吉善拟定对暴动教徒分别 6 等治罪:首恶凌迟,助谋立斩,以邪教诱惑愚民绞候,被胁同行充发乌喇(即服差役),知情不首流徒,仅喫斋实未知暴动事者概缓查拿①。拟罪结果,计凌迟 1 名,立斩 49 名,立绞 6 名,绞候 1 名,发遣乌喇者 88 名,枷责 99 名,罪犯家属没为奴发遣乌喇 19 名,共 265 名,其余或被监毙或自缢。处以刑罚如此之多,尤其是处以死刑者如此之多,充分暴露了统治者的凶残。

老官斋徒暴动虽然规模小、时间短,并没有给清朝造成任何威胁,但乾隆从中悟出清查"邪教"的紧迫性。十三年三月二十日,他降谕:

> "自来妖言左道,最为人心风俗之蠹。地方大吏理应严行禁遏。上年云南张保太案内之大乘教,蔓延及于数省,邪党多至数百,皆由平日地方官员不能觉察事先,以致私相煽诱,潜谋不法。……今又有福建老官斋会官月照等,因其党被府县拘禁,恐致败露,辄敢纠众焚劫,旋经官兵扑灭。山西亦有收元教内之韩德荣等私立教名,转相勾引。看来各督抚,于上年奉到谕旨之后,不过将大乘教内一二人犯,遵奉查拿,其他邪教并未留心访察可知。……朕前降旨,原不专为大乘一教。可再传谕各督抚等,罗教一案,务须加意查办,杜绝根株。嗣后凡有干涉烧香聚匪之处,俱当留心查察,一有访闻,即行擒捕,不可稍存怠忽"②。

乾隆此谕后,全国各地加强了对民间宗教的查禁和防范。福建在总督喀尔吉善主持之下,清查全省范围秘密宗教组织。清查结果,

---

① 《乾隆实录》卷 311。
② 《乾隆实录》卷 311。

除莆田、仙游、邵武等处民间崇拜观音大士,在家吃斋之外,各地共有斋堂 75 处。其中分布情况是:建宁县罗教斋堂 2 处;长汀县罗教大乘教一家门斋堂 14 处;宁化县罗教斋堂 13 处;清流县各教斋堂 13 处;归化县大乘教斋堂 13 处;连城县观音教大乘门斋堂 2 处;武平县观音教堂 6 处;南平县罗教斋堂 1 处;霞浦县罗教斋堂 1 处;建安县罗教斋堂 4 处;松溪县罗教斋堂 1 处;崇安县观音斋堂 1 处;台湾府诸罗县罗教斋堂 2 处。各斋堂,吃斋者自 2—3 人至 10 余人不等。喀尔吉善下令将经堂悉行拆毁,男女信徒悉行查出,"改邪归正,不使稍有遗漏者,仍滋后患"①。

第七节　用兵瞻对

乾隆前期,平定苗疆及议和准部后,少数民族中与清中央政府关系最紧张的,是瞻对与大小金川。

从打箭炉(今四川康定)以西至西藏,是藏族聚居地。在雅砻江上游夹江而居的,名曰瞻对。瞻对又分上中下三瞻对,各 20 余寨。其中上瞻对距打箭炉凡 14 站,下瞻对距打箭炉 18 站。瞻对四面环山,地方险阻②。但它西接里塘、巴塘,是内地经打箭炉通往西藏的交通要道,共有大路五条:

> "(上下瞻对)东有大路二条,西南北共有大路三条,俱属要隘,界连四瓦述等土司。凡瞻对之出入内地路,俱由四瓦述地界经过"③。

直至清康乾时期,瞻对地区还处于落后的原始状态。部族林立,争

---

① 《史料旬刊》第 29 期《老官斋案》,见喀尔吉善、潘思榘折。
② 《乾隆实录》卷 239。
③ 《乾隆实录》卷 235。

斗不休。因地处交通要道,又时常劫掠行旅,称作"夹坝"。雍正八年(1730年),清朝因瞻对"纠党抢劫",发汉土官兵12000名前往征剿,川藏交通因此一度好转。但降至乾隆年间,瞻对又剽掠如故。九年(1744年)十月,四川巡抚纪山报告,从江卡汛撤回的把总张凰,带兵丁36名,行至海子塘地方遭瞻对人"夹坝",抢去驼马军器行李。乾隆甚重视,批道:"此案必期示之以威而革其心,首犯务获,以警刁顽。不然将来川省无宁岁矣"①。四川巡抚纪山鉴于瞻对地形险恶,攻击匪易,不敢贸然用兵,因失事地点属里塘土司管辖,遂檄饬里塘土司追击赃盗。瞻对不予理会,川陕总督庆复不得已决定发汉兵4000名,并调杂谷、瓦寺、木坪等土兵4000名,由打箭炉出发,向瞻对进迫,以武力胁迫瞻对交出凶犯。与此同时,纪山等又积极筹划征剿事宜。十年四月,他向打箭炉运去粮饷5000石,将四川省库银39.3万两借支出来,用以制备军装和给发汉土官兵安家银以及采买军需②。同月二十八日,乾隆批准议政王大臣会议决定,派建昌镇总兵袁士弼为总统,率汉土官兵12000名进剿瞻对,同时命令附近瞻对的西宁镇汉土官兵1000名、藏王颇罗鼐所属江卡兵1000名、德尔格番兵1000名联络声援③。

瞻对并不惧怕清兵。六月,下瞻对首领班滚发兵200名在西纳山下插营阻挡。乾隆获悉,指示前方将领说:"兵贵神速。今汝等尚无进师之期,已有兵阻挡矣,善用兵者如是乎?"④

七月初,在乾隆一再催促之下,清军分三路进攻瞻对。南路由

---

① 《乾隆实录》卷227。
② 《乾隆实录》卷239。
③ 《乾隆实录》卷239。
④ 《乾隆实录》卷242。

夔州协副将马良柱率领,从里塘向边多等处进发;北路由松潘镇总兵宋宗璋率领,从甘孜向阿斯推进;中路由总统建昌镇总兵袁士弼统领,从沙普隆抵日里等处。署四川提督李质粹驻扎东俄洛调度策应。初期,仗打得比较顺利。上瞻对首领肯朱慑于大军压境,赴袁士弼营投诚。中南二路官兵接连破50余寨,夺卡6处。但九月以后,军事进展迟缓,所报战绩,多属虚假。十月,乾隆接到战报,说北路军攻破喇嘛甲尔温布所据灵达卡隘和木鲁大山,占山梁,破卡碉,歼敌甚众;中路官兵攻底朱,烧毁碉楼21座,歼敌数十名;南路军攻擦牙所,克21寨,攻毁46寨,歼敌无数。瞻对人逃入林箐①。此后,庆复又多次奏报清军得胜战况。降至乾隆十一年(1746年)正月,庆复上奏说,根据李质粹报告,北路军进攻灵卡,连日夺山梁5道,贼卡12座,战碉6座,碉楼2座。中路军攻克腊盖下寨后,又进攻底宋,毁石砌3层战碉2座。目前因北路军阻雪难进,遂合中路军分作四路,一攻上腊盖,一攻中腊盖,一攻底朱,一攻纳洪多,共毁碉55座,"贼酋"班滚在河西乞命并令伊母到李质粹营求降。南路军因西藏台吉冷宗鼐患病回江卡,土兵散归,暂停进兵。乾隆获悉后指出,班滚既在河西乞命,伊母又亲出叩求,"自当乘势直捣如郎,立擒班滚,何得令伊母回巢?"而且,冷宗鼐土兵撤回,就应随即调别处土兵前往接应!乾隆强调说,李质粹"全无调遣",庆复"不可不亲身前往,以善其后"②。这样,庆复只好离开成都,赶赴前方。但他没到李质粹所驻扎的木鲁山,以"粮饷亦需预筹"为由,暂驻口外四马塘。同时,他向乾隆揭露,宋宗璋、袁士弼攻底朱、纳洪多等处,"亦多虚张声势,具报不实";南路

---

① 《乾隆实录》卷251。
② 《乾隆实录》卷257。

马良柱所部，"兵威素著，惟因中北两路不能进攻，而众番并拒南路，兼以冷宗瓡之兵私回，兵势单弱，"因而要求"俟雪消草生再为酌量前进"①。乾隆遂降旨革袁士弼总统衔，令仍带原领兵效力；宋宗璋姑免处分，以观后效；李质粹严行申饬。乾隆十分感慨地说："不过剿捕一么麽小丑，致调兵万余，动帑百万，而班滚尚抗拒我兵。今事已如此，务将匪拿获，平定该处地土方可"②。

四月十三日，清军攻克班滚所居的如郎寨。十四日，尚书班第与李质粹到达如郎，得悉班滚已携家逃走。土守备汪结对班第说，班滚母舅沙加邦在丫鲁地方，估计班滚是逃往沙加邦处。二十日，班第与李质粹追至丫鲁，将该处大小碉楼40余座全部烧毁。碉内所居的无辜"男妇老幼，俱被火烧，一人未能逃脱"③。在清军暴行面前，人们自然不愿意讲出班滚的真实下落。"官兵四处诘询，土人俱云班滚实系烧死，再四访查无异"④。

六月，庆复上奏："瞻对已平，贼首歼灭"，提出善后措施7款：1."分地以绝盘踞"，将瞻对土地剖散割裂，分拨附近土司；2."设官以资管束"，与瞻对接壤并在战斗中立功的土目分别授长官司、千百户等；3."统辖以专责成"，在附近土司选一夷众所素服者统辖该地方；4."纳贡以昭恭顺"，应随其地利，或青稞、马匹、皮张，酌折银两完纳；5."巡察以警愚番"，每年秋末，令该管文武官员，带茶封赏号，于适中之地，传集各土司共同考核；6."定禁以防顽固"，嗣后所定地方，均不许建碉；7."立法以清夹坝"，即酌立夷例，严禁"夹

① 《乾隆实录》卷259。
② 《乾隆实录》卷260。
③ 《乾隆实录》卷268。
④ 《乾隆实录》卷268。

坝"。乾隆一一批准①。

庆复因平定瞻对有功,加封太子太保,其他人皆从优议叙。但因清军没有找到班滚尸体,对班滚是否确已烧死,乾隆心存疑问。十二年三月,大金川战事爆发,乾隆任张广泗为川陕总督,把指挥进剿大金川的大权交给张广泗的同时,要张广泗在金川密访班滚下落。当年九月,张广泗报告说,征剿瞻对,因里塘土司"汪结做中,班滚的兄弟俄木丁投降了,叫班滚逃往别处去"②。十月,张广泗再奏,说班滚仍踞如郎:

> "查明班滚仍踞如郎,且敢肆行多事,攻打康朱,踪跡显然。汪结于班滚潜逃时,明知隐匿,且遣使往来,暗通消息。游击罗于朝亦系上年承办此案之人,恐其发露,意欲多方掩饰"③。

乾隆获奏立即降谕指出,目前应专注金川,待金川事竣,即移师如郎,擒获班滚,但汪结和罗于朝既私通班滚,应调赴军营一一讯明。十一月,乾隆降谕将李质粹拿交刑部。不久,汪结供认,他于去年六月就知道班滚并未烧死,尔后又获悉班滚藏于空七寨,并禀告总兵宋宗璋。"宋宗璋听见甚是愁怕,叹一口气说,如今叫我有什么法等语。"乾隆因涉及许多从征将领,为了稳定军队,谕张广泗:"且现今行间将士,半属从征瞻对之人,倘共知前此隐讳之事皆已显露,必人怀惊畏",要张广泗"务须审度机宜,慎重经理"④。

降至十三年二月,张广泗向乾隆细奏奉旨密查班滚下落情况。他说,进攻瞻对时,庆复曾通过汪结,令汪结化谕班滚弟弟俄木丁

---

① 《乾隆实录》卷269。
② 《乾隆实录》卷298。
③ 《乾隆实录》卷300。
④ 《乾隆实录》卷305。

撤守如郎桥,并擒献班滚。实际上俄木丁与汪结合谋,放走班滚,撤出如郎寨。官兵虽经过如郎寨,并未进入,仅焚烧泥日寨,谎报班滚烧死,随即班师。三月,乾隆降旨逮捕宋宗璋、马良柱,解京审讯。八月宣布庆复罪状是,与李质粹等上下通同,将班滚儿子沙加七立更名德昌喇嘛,令仍居班滚大碉,冒称经堂,从而保护了班滚的儿子与战碉,以致逆蛮无所畏惮①。庆复被拿交刑部监候,俟金川事竣再行审理。十四年九月,金川战事结束,乾隆念庆复祖先是勋戚世旧,加恩赐自尽。第二年,又将李质粹斩首。

此时,金川战事草草结束,乾隆已无力对付川西各土司。班滚虽然复踞瞻对,但也慑于清朝大军进剿,因而在庆复被杀之后,屡次求降。十五年二月,乾隆批准四川总督策楞和提督岳钟琪奏报,允许班滚求降。班滚也表示"当即约束番众,禁做夹坝;遇有差使,倍竭报效"②。

第八节　首征金川

一、金川之役的起因

乾隆时期,聚居在大渡河上游大小金川两支流的藏民有数万人。其中大金川地区,纵约二、三百里,横约数十里,口不满万人③。大小金川地处青藏高原,峻岭丛蘁,山深林箐,鸟道羊肠,交通极为不利,沿河地方以竹索为桥,皮船作渡。藏民垒石为房,号

---

① 《乾隆实录》卷 322。
② 《乾隆实录》卷 358。
③ 《乾隆实录》卷 105。

"住碉",分布在半山腰或山顶。①

大小金川土司都是明金川寺演化禅师后裔。顺治七年(1650年),清朝授小金川头人卜尔吉细为土司。康熙五年(1666年),大金川头人嘉勒巴内附,清授予演化禅师印,俾领其众。雍正元年(1723年),嘉勒巴庶孙莎罗奔以土舍将兵从将军岳钟琪进藏平叛立功,清正式授予大金川安抚司印。从此,大小金川土司分立,小金川土司势力削弱。莎罗奔并非人名,据当时当地人说:"莎罗奔、扎勒达克皆非人名。番人称出家为莎罗奔,掌管印信为扎勒达克"②。又说,"莎罗奔,番语为诸酋之长"③。可见,莎罗奔是土司头人称号。雍正末至乾隆初,任大金川莎罗奔的,名曰色勒奔④。

与大小金川接壤相错的,有杂谷、瓦寺、沃日、木坪、明正、革布什咱、巴底、巴旺、绰斯甲布等土司。这些地区深寒多雨雪,惟产青稞、荞麦,藏民们生活艰苦。据清朝官府报告,"杂谷等土司辖'蛮'民,家口数万有余,山多地少,一年产谷,仅敷半年食用,每于九月收获后,约计五六万口入内地各州县佣工"⑤。可见这里藏民与内地经济联系密切。为了争夺土地与权力,各土司之间常互相攻杀。如大金川土司与革布什咱土司有宿怨,乾隆二年(1737年),大金川首领色勒奔霸占革布什咱土司辖地,双方各纠众格斗⑥。乾隆四年七月,杂谷、梭磨、沃日等土司又三次攻劫小金川;与此同时,大金川土司也三次发兵攻打革布什咱。为此,川陕总督

---

① 《乾隆实录》卷 309。
② 《乾隆实录》卷 583。
③ 《乾隆实录》卷 325。
④ 《乾隆实录》卷 101。
⑤ 《乾隆实录》卷 307。
⑥ 《乾隆实录》卷 219。

鄂弥达上奏,"土司性嗜报复,若不慑以兵威,愈无忌惮",要求"勒兵化诲"。清朝作为中央政府,负有维护地方稳定的职责。乾隆在鄂弥达奏疏上批道:"卿其相机料理。总之,待此等人,不可不使之畏天朝兵威,亦不可但以兵威压服,而不修德化也"①。这道谕旨,虽反映乾隆对藏民的歧视,但他没有把维护地方安定,单方面寄托在"兵威"之上,希望以"修德"化之,即要求以较温和的手段,从政治上感召藏民。这显然是较为明智的政策。

乾隆七年,大金川土司色勒奔病故,第二年十一月,清朝任命色勒奔细袭职,这位新任莎罗奔野心勃勃,为控制小金川,把侄女阿扣嫁给小金川土司泽旺。泽旺性懦弱,受制于妻。阿扣私通泽旺弟土舍良尔吉。乾隆十年,莎罗奔勾结良尔吉,袭取小金川,生擒泽旺,小金川土司印信归良尔吉执掌。

此时,清政府对川西瞻对的战争甫告结束,正需喘一口气,对大小金川的矛盾与斗争,川陕总督庆复和四川巡抚纪山都无意派兵介入,仅檄谕和息。庆复还向乾隆上奏:"因地势极险,运粮无路,且伊自在土司内相扰,并非干犯内地",建议采取"以番御番之法",不派兵干预。乾隆同意,批道:"瞻对甫完功,佳兵不详,卿所见极是"②。

莎罗奔虽迫于清廷压力,释放泽旺,交还土司印信,但扩张野心不死。十二年正月,他发兵攻打革布什咱土司的正地寨,二月又发兵攻打明正土司的鲁密、章谷,藏民望风奔避,坐汛把总李进廷不能抵御,退保吕里。这时,乾隆仍无意出兵。二月,他降谕:"如但小小攻杀,事出偶然,即当任其行消释,不必遽兴问罪之师,但使

---

① 《乾隆实录》卷 101。
② 《乾隆实录》卷 279。

无犯疆圉,不致侵扰,于进藏道路塘汛无梗,彼穴中之斗,竟可置之不问"①。至三月,当乾隆获大金川攻占鲁密、章谷,李进廷退保吕里,就一反过去不发兵的态度。三月二十一日,他连降二道谕旨。第一道谕旨是调庆复回京,任张广泗为川陕总督。第二道谕旨是宣布派兵进剿大金川:

> "……看此情形,则贼酋恃其巢穴险阻,侵蚀诸番,张大其势,并取扰我汛地,猖獗已甚。张广泗到川之日,会同庆复,将彼地情形,详加审度,其进剿机宜,作何布置,一切粮饷,作何接济,善为办理。再瞻对甫经平定,即有大金川之事。揆其所由,因渠魁班滚未曾授首,无以示威,使之闻风慑服。即报班滚焚烧自缢之处,情节可疑,焉知不诡诈免脱,潜往大金川勾通致衅,张广泗到彼,正可详细访察"②。

这里,乾隆把大金川土司的扩张骚扰行为,与瞻对首领班滚潜逃联系在一起。

三月十九日乾隆又接到报告,说莎罗奔纠集党羽,攻围霍耳、章谷,杀千总向朝选,进迫到打箭炉附近的毛牛地方,伤清军游击罗于朝。乾隆按捺不住了,降谕张广泗即速赴川,与庆复、纪山"一同商酌进兵,迅速剿灭"。

乾隆自己津津乐道、夸耀于世的"十大武功"中第一功——金川之役,就这样开始了。

二、误用张广泗损兵折将

乾隆对张广泗在贵州处理苗疆事务所获的成功,极为赏识:

---

① 《乾隆实录》卷284。
② 《乾隆实录》卷286。

"西南保障,实卿堪当"①。张广泗由贵州总督改任川陕总督,乾隆指示说:"大抵番蛮与苗性相似。今莅川省,即以治苗之法治蛮,自能慑服其心,消弭其衅,务须一一通盘计算,为永远宁谧之图"②。这就是说,要求张广泗以处理苗疆的方法、经验来处理金川问题。

十二年(1747年)四月下旬,衔命入川的张广泗,确是踌躇满志,希图再建奇功。他随即向乾隆报告,现有汉、土官兵2万余,但土兵各怀二心,非逡巡观望,即逃匿潜藏;而官兵单弱,攻守难以支持,请于近省再调兵2000。乾隆同意③。张广泗入川之初,军事上也确有所进展。他收复了毛牛、马桑等地。小金川土司泽旺更是闻风投诚。张广泗自以为稳操胜券,他向乾隆报告:"征剿大金,现已悉心筹划,分路进兵,捣其巢穴,附近诸酋输诚纳款,则诸业就绪,酋首不日可以殄灭"④。乾隆也以为战争可以速胜。他说,"从来兵贵神速。名将折冲,未有不以师老重费为戒者"⑤。要求张广泗"指期克捷"⑥。

但不论张广泗还是乾隆,对战局的估计都是脱离实际,过于乐观。

大金川主要据点有两个:一是勒乌围,又叫勒歪,由莎罗奔亲自把守;另一是刮耳崖,由莎罗奔侄儿郎卡父子把守。这两个据点都在大金川河以东,相距120公里。为了攻打这两个据点,张广泗

---

① 《乾隆实录》卷252。
② 《乾隆实录》卷286。
③ 《乾隆实录》卷291。
④ 《乾隆实录》卷293。
⑤ 《乾隆实录》卷292。
⑥ 《乾隆实录》卷293。

分兵两路。西路军又作四小路:第一,由松潘总兵宋宗璋率领土汉官兵4500名,从党坝进攻勒歪;第二,由参将郎建业等率土官兵3500名,从曾头沟、卡里攻勒歪;第三,由威茂协副将马良柱率领汉土官兵3500名,从僧格宗进攻刮耳崖;第四,由参将买国良、游击高得禄率兵3000名,从党坝进攻刮耳崖。南路军由建昌镇总兵许应虎统率,又分三小路:参将蔡允甫率众由革布什咱攻取正地、古交,然后与西路宋宗璋、郎建业会合,夹攻勒乌围;泰宁协副将张兴、游击陈礼率部由巴底、娘尽前进,与西路军马良柱、买国良会合攻打刮耳崖。另一路派游击罗于朝,会同土司汪结率领由绰斯甲布进发,攻取河西各寨。西南二路7军共计3万余名。张广泗自己也从杂谷闹移驻小金川美诺寨调度指挥。七月末,西路军打到距刮耳崖仅20里地;南路军得大金川守卡3处,金川兵退守独松碉寨。降至八月,在大金川构筑的战碉面前,清军就束手无策了。张广泗向乾隆报告攻碉难:

"臣自入番境,经由各地,所见尺寸皆山,陡峻无比。隘口处所,则设有碉楼,累石如小城,中崎一最高处,状如浮图,或八九丈十余丈,甚至有十五六丈者。四周高下皆有小孔,以资瞭望,以施枪炮。险要尤甚之处,设碉倍加坚固,名曰战碉。此凡属番境皆然,而金川地势尤险,碉楼更多。至攻碉之法,或穴地道,以轰地雷;或挖墙孔,以施火炮;或围水道,以坐困之。种种设法,本皆易于防范,可一用而不可再施。且上年进攻瞻对时,已尽为番夷所悉,逆酋皆早为预备,或于碉外掘壕,或于碉内积水,或护碉加筑护墙。地势本居至险,防御又极周密。营中向有子母、劈山等炮,仅可御敌,不足攻碉。据臣纪山制有九节劈山大炮二十余位,每位重三百余觔,马骡不能驮载,雇觅长夫抬运,以之攻碉,若击中碉墙腰腹,仍屹立不动,

惟击中碉顶,则可去石数块,或竟有穿者,贼虽颇怀震惧,然却
瓽补如故"①。

掘地道,挖墙孔,断水路,用炮击,种种办法均不能奏效。乾隆得
悉,有些动摇。九月,谕张广泗,要张就二种方案提出意见。一是
以京兵更换绿旗兵作战。乾隆说:"朕意兴师已久,尚未奏凯,绿
旗兵丁不足取胜,与其日久而师老,不如送京师旗兵之精锐,一以
当十,汰绿旗之闲冗,以省无用之费"②。二是将大金川划归西藏
管辖。乾隆说:

> "因思彼处地邻西藏,来往之所必经,若即归入西藏,令
> 王子朱尔默特那木札勒就近管束,受达赖喇嘛化导,其一应铃
> 辖稽查,悉令王子派头目前往经理,以专责成,现有驻藏大臣
> 总辖董率,足资弹压。如此则西炉藏路,俱可永远宁谧,不致
> 劳动官军"③。

另外,据四川巡抚纪山报告,进入九月份,大金川地方已是"冰雪
严凝"。乾隆考虑到官兵"艰于取捷",又传谕张广泗,要他酌量情
形,暂且移师向阳平旷之地,稍为休息,俟春气融和时再战④。但
是,张广泗建功心切。他拟定新作战方案,向乾隆报告:"查有昔
岭山梁可以俯瞰勒乌围,直下刮耳崖。拟于九月中亲往督率指示
进攻,务于九、十两月内进取贼巢"⑤。当时,莎罗奔及其兄就吉日
父子面对着大军压境,也是心虚,屡次遣人乞降,都被张广泗拒绝。
乾隆得悉张广泗新的作战方案和莎罗奔求和消息,态度也就变得

---

① 《平定金川方略》卷3。
② 《乾隆实录》卷298。
③ 《乾隆实录》卷299。
④ 《乾隆实录》卷301。
⑤ 《乾隆实录》卷300。

强硬起来,降谕说:

> "况此番官兵云集,正当犁庭扫穴,痛绝根株,一劳永逸,断无以纳款受降,草率了局之理。著传谕张广泗,务将莎罗奔擒获,明正典刑"①。

但就在这时刻,前方形势陡变。九月九日,本已就抚的土目恩错复叛,带领大金川兵抢占游击陈礼驻劄的马邦山梁,阻断清兵粮道。十一月底,大金川兵围攻副将张兴营盘。十二月十八日,张兴所部粮尽,被大金川兵诱至右山梁沟底。包括张兴、陈礼在内五六百名官兵全部被杀。张兴所部败溃,驻劄河东及其山梁的郎建业失去犄角之势。十三年(1748年)正月二日,大金川兵又攻占江岸噶固碉卡,七月再夺取郎建业所立的卡伦7处,第二天杀游击孟臣。二十日,在大金川兵追击之下,参将郎建业退至巴底,而总兵马良柱所部也撤退纳贝山下喇布碉内居住。张广泗损兵折将,进攻计划完全破产。

这一连串军事失利,张广泗负有不可推卸的责任。当大金川兵攻打马邦时,马良柱等请张广泗调兵支援,皆被张广泗斥之为悖谬。自十二月七日至十三日,张兴部队绝粮7日,以饥饿困疲之卒,迎击强悍之敌,当然非败没不可。可是,事后张广泗向乾隆报告中,全部委过于张兴"昏懦无能",仅假惺惺承担所谓"不能早为觉察"之罪,请求乾隆将他"勅部严加议处"②。与此同时,他又要求增兵1万名,增炮100位,增饷100万两,保证于夏秋之间结束战争:

> "四月内正当塞外雪消之际,彼时兵力已足,攻具已备。

---

① 《乾隆实录》卷301。
② 《乾隆实录》卷305。

计贼现存不过四五千人。我兵汰其伤病及无用士兵,可存三万余人。以六击一,臣虽愚懦至极,而天威所临,贼人断不能支,以理势揆之,夏秋之间,定期竣事"①。

乾隆十三年春,乾隆对张广泗尚未完全丧失信心,但对张指挥战争的才能已有所怀疑,一方面批准张广泗增兵添炮拨饷的要求,同时又说:"为此大兵云集,各部进剿头绪繁多,虽张广泗才猷素著,而独力支持恐难"②。他正在酝酿着如何加强前方的指挥力量。

此时,兵部尚书班第正衔命筹运粮食,查勘进入川西粮道。二月,班第根据所了解情况,密奏乾隆:"张广泗自去冬失事后,深自愤懑,亟图进攻。第番情非所熟悉,士气积疲"。他认为增兵不如选将,建议起用世为四川提督的岳钟琪。但是,岳钟琪在征噶尔丹策零时,就是因为张广泗等的弹劾被捕下狱,直至乾隆二年才获释。他与张广泗有仇恨。乾隆对此颇有顾虑,在批复班第奏疏中说:"此见亦可,但不知张广泗与彼和否? 若二人不和,又于无益"③。尽管如此,乾隆还是倾向于起用岳钟琪。二月,他降谕:

> "朕思岳钟琪久官西蜀,素为川省所服,且夙娴军旅,熟谙番情,伊虽获罪西陲,亦缘准噶尔夷情非所深悉。若任以金川之事,自属人地相宜。伊三世受国厚恩,自必竭力报称,以盖前愆。著张广泗会同班第商确,如有应用岳钟琪之处,即著伊二人传朕旨,行文调至军营,以总兵衔委用"④。

张广泗不情愿起用岳钟琪,又不敢抗旨,复疏中对岳的评价充满贬意,反对任为大将军,仅同意用以提督:

① 《平定金川方略》卷5。
② 《平定金川方略》卷5。
③ 《乾隆实录》卷309。
④ 《乾隆实录》卷310。

"岳钟琪虽将门之子,不免纨袴之习,喜独断自用,错误
不肯悛改,闻警则茫无所措,色厉内荏,言大才疏。然久在
戎行,遇事风生,颇有见解。以为大将军则难胜任,若用提
督,尚属武员中不可多得者,且闻为大金川所服,诚如所谕,
人地相宜"①。

乾隆不能不考虑张广泗的态度,且对岳钟琪才能也缺乏实际了解,
因此降旨岳钟琪以提督衔赴军前效力。同时,降谕班第,暂停查勘
粮道,留驻军中佐助张广泗。乾隆要班第留军协助张广泗,还有更
深远的考虑。原来,他曾设想平定金川后,将金川划归西藏王子朱
尔默特那木札勒管辖。班第在雍正年间曾办理过西藏事务,对西
藏甚为熟悉。但是,班第自量无论识见与物望都难以影响张广泗。
因此他又建议遣一员"能谙练机宜,识见在张广泗之上"的重臣赴
军前料理。乾隆经过考虑,决定派领班首席军机大臣果毅公讷亲
为经略,赴川西指挥战事。

三、老师糜饷怒斩主帅

岳钟琪在雍正年间进攻西藏时,曾统率过金川兵,在金川有很
高的威信。乾隆用岳钟琪是正确的,任讷亲为经略,却是重大失
误。讷亲,姓钮祜禄氏,满洲镶黄旗人,清开国元勋弘毅公额亦都
曾孙,祖父遏必隆是康熙四辅臣之一。雍正五年(1727年),讷亲
袭公爵,当年十一月入军机处,十三年授白旗都统,旋进一等公。
乾隆元年(1736年),迁镶黄旗都统。第二年任兵部尚书、军机大
臣,三年迁吏部尚书,四年加太子太保。九年,衔命巡视河南、江
南、山东各省营伍,并察勘海塘、河工,十一年授保和殿大学士,鄂

---

① 《乾隆实录》卷313。

尔泰去世后,任首席军机大臣。讷亲还有较好官声:

> "上(乾隆帝)即位初,以果毅公讷亲为勤慎可托,故厚加信任。讷亲人亦敏捷,料事每与上合。以清介持躬,人不敢干以私,其门前惟巨獒终日缚扉侧,初无车马之迹。然自恃贵胄,遇事每多谿刻,罔顾大体,故耆宿公卿,多怀隐忌"①。

讷亲具有敏捷、清介的特点,作为行政长官是颇称职的。乾隆正是看中讷亲这些长处,委以经略重任。他认为,"惟讷亲前往经略,相机调度,控制全师,其威略足以慑服张广泗,而军中将士亦必振刷归向,上下一心,从前被玩之习,可以改观,成克期进攻之效"②。此时此刻,乾隆把平定金川胜利的希望寄托在讷亲身上。但乾隆错了。作为文官,讷亲缺乏指挥战争的军事经验,又因为勋戚后裔少年早贵,身上有骄娇二气。

五月二十日,讷亲到成都,第二天出发赴川西,六月三日到达张广泗驻扎的小金川美诺地方。讷亲到达的第二天,张广泗就离开美诺前往卡撒。可见二人并未细商破敌之策。史称讷亲"自恃其才,蔑视广泗",看来当信此说。六日,讷亲也赶到卡撒美沟军营。九日,他会同张广泗察看腊岭等处山势之后,就决定集中万余兵力从色尔力山梁进攻,"限二日克刮耳崖,将士有谏者,动以军法从事,三军震惧"③。这当然是军事躁进。六月十四日,署总兵任举、副将唐开中、参将买国良分兵三路进攻腊岭。买国良率众上岭抵木城左右,金川兵一齐出击,城内矢石如雨,枪炮交加,买国良阵亡。第二天,任举、唐开中攻石城东面,哈攀龙攻南面。十六日,任举中伏兵阵亡,唐开中身负重伤。战斗失利,讷亲的骄气也被打

---

① 昭梿:《啸亭杂录》卷1《杀讷亲》。

② 《乾隆实录》卷312。

③ 昭梿:《啸亭杂录》卷1《杀讷亲》。

掉了。他立刻改攻碉为筑碉，要效法敌方，以碉逼碉："贼番因险据碉，故能以少御众。今我兵既逼贼碉，自当亦令筑碉与之共险，兼示以筑室反耕之意"①。

乾隆接到讷亲奏报，立即意识到此策不中紧窍，批谕中详析筑碉之策不宜，内容可以概括作三点：第一，违反了攻守异用原则。"彼之筑碉以为自守也，我自宜决策前进，奋力攻取"。第二，兵力财力不允许。"今因彼守险，我亦筑碉，微特劳费加倍，且我兵已深入贼境，地利、气候素不相习，而守碉势须留兵，多则馈运难继，少则单弱可虑"。第三，贻留后患。"且将来大金川扑灭之后，此地不过仍归之番，是今劳师动众，反为助番建碉之举，恐贻灾于国，跃治于番部矣"。乾隆还说"昨批此折，即以为不妥。今思之一夜，终非善策，不如速罢之为宜"。

对讷亲以碉逼碉战术，张广泗不表态。乾隆在批谕中指出："可见彼有推诿之意，殊添朕忧，讷亲不可不知也"②。

讷亲在筑碉战术被否定之后，束手无策。从此，他不敢自出一令，临战则避于帐房之中，遥为指示。如此主帅，自然受人耻笑，军威日损。尚书班第、内大臣傅尔丹、提督岳钟琪都是"未发一谋，未出一策"。御史王显绪建议"以番制番"。乾隆听说王显绪父子熟悉金川情形，命王显绪征询乃父王柔破敌之策。王柔到军营竟向讷亲建议请终南山道士用五雷法术以击贼碉③。这荒诞不经的插曲，反映清朝上下对金川战碉一筹莫展。闰七月，乾隆接到讷亲、张广泗奏疏，二人意见相左。张广泗认为：

"（大金川）日下已日食不继，将来必益尢以为生，可以坐

---

① 《乾隆实录》卷318。
② 《乾隆实录》卷318。
③ 《平定金川方略》卷10。

待其毙,……今冬明春不难扫穴"。

讷亲认为:

> "我兵果能争夺数处,贼必内溃。然贼巢食用果否匮乏,
> 究难臆揣,而我兵攻剿无可乘之机。至冬寒春冷,恐益不扬。
> 冬间似减撤久役兵丁,令留驻官兵时用炮击碉卡,俟明岁加调
> 精锐三万,于四月进剿,足以成功,最迟亦不逾秋令"①。

两位主帅对敌情的估计不一,对战略选择和战争进程的看法都不
同。更可奇怪的是讷亲提出上述增兵建议后,随即又在另一奏疏
中否定自己的方案,说:

> "来岁加兵,计需费数百万。若酌留兵万余,据守要害,
> 相机用炮击碉,令接壤土司各为防御,狡寇亦能坐困。第久驻
> 终非长策,若俟二三年后,再调兵乘困进捣,自必一举成功。
> 此二三年内,或有机可乘,亦未可定。臣为民力国用起见,故
> 计虑及此。若以迅奏肤攻而论,仍不如明年接办之速。谨将
> 所见并陈。"

讷亲前后所奏不一,可见方寸已乱,胸无谋略。在奏疏中,讷亲还
告了张广泗一状。说张广泗回护贵州籍将领,"好恶不公",而且
兵虽4万,分路太多,势微力弱。他强调说:

> "且因分路太多,应进之路,每苦兵力不足,是则失于筹
> 算,昧于地形,顿兵老师,诚难辞咎。臣奉命经略,理应参奏,
> 但若此,则臣与督臣势难共事"②。

这样一来,"顿兵老师"的责任,就全部落到张广泗头上。

乾隆阅过奏折后,既恼火又忧虑。他批道:"岂有军机重务,

---

① 《乾隆实录》卷321。
② 《乾隆实录》卷321。

身为经略,而持此两议,令朕遥度之理。……不如明云臣力已竭,早图归计,以全始终"。又说:"览所奏军营现在情形,几于智勇俱困。金川小丑,不料负固难于剿灭遂至如此。官兵攻扑,进不能前,退不能守。即小小获胜,尚未伤彼皮毛"①。他的必胜之念动摇了,对讷亲更失去信心,说:"大学士心膂重臣,诸务资其赞勷,岂可久留边徼。即如所云需俟至一二年后即使成功,亦无在彼坐待一二年之理,应即还朝办事"。对于讷亲所告发的张广泗问题,乾隆批示说:"朕亦闻其如此,但金川军务,究当赖伊筹办,今亦不必论矣"②。乾隆只能以无可奈何的心情注视着前方动态。

八月八日,乾隆接到岳钟琪二份告发张广泗奏折。其一,说张广泗选定刮耳崖为进攻对象的决策失误:"今刮耳崖虽系逆酋要地,但地险碉多,攻取不易。非若勒乌围贼巢,路径甚多,如卡里山、固噶沟二处路不甚险,可出奇兵,直捣勒乌围。勒乌围一破,四路自溃"。岳钟琪还说,他曾向张广泗建议,应该集中各路兵力,"归并党坝,首尾夹攻。且党坝至勒乌围不过五六十里,只须康八达一破,便可直捣巢穴"。张广泗以"不便更易"为借口加以拒绝。其二,说张重用小金川叛逆良尔吉和汉奸王秋。岳指出,良尔吉素通莎罗奔侄女小金川土司泽旺之妻阿扣,勾结莎罗奔谋夺小金川土司印,还率众烧毁沃日各寨。张广泗到达之后,不但没有将良尔吉及其亲信汉奸王秋正法,反而令良尔吉领兵,以致土司"各俱怀疑,不惟不肯用力,且恐良尔吉暗通金酋,更生他变"③。乾隆阅后,降谕讷亲调查落实。就在此时,乾隆又接到前方打败仗的奏

---

① 《乾隆实录》卷321。
② 《乾隆实录》卷321。
③ 《乾隆实录》卷322。

报。闰七月下旬,讷亲、张广泗为摆脱困境,讨好皇帝,组织了一次军事行动。二十三日,进攻康八达。二十七日因卡撒屡攻不下,改攻喇底二道山梁。清兵分左右二路进兵,右路军到达沟口,数十名金川兵从山梁上呐喊压下,3000余清兵抱头鼠窜,拥挤奔回,多有损伤。八月十七日,清军失败的战报到北京,乾隆批道:"即不能以一当十,亦何至三千之众,不能敌贼番数十人,而至闻声远遁,自相蹂躏,此事实出情理之外,闻之骇听"①。他对讷亲、张广泗彻底失望。九月十日,谕讷亲、张广泗驰驿来京,面议机宜,川陕总督印由傅尔丹暂行护理,所有进讨事宜,会同岳钟琪相机行动。继而,又命令尚书班第即赴军营同办军务。九月十九日,乾隆又接到讷亲、张广泗报告,说八月二十四日大金川兵二三十人夜袭杂谷营卡,趁土汉官兵熟睡之间,偷袭营垒,杀伤兵丁,抢去炮位。乾隆阅后气愤地指出:"则其平日毫无纪律,视同儿戏可知。大金川自用事以来,大约失之严者少,失之懈弛者多,总由军纪不明,以致无一人合宜,殊非朕本意所及料也"②。从乾隆十一年(1746年)六月以来,金川用兵达二年有余,所费几及2000万两,而对付不了一个土司,乾隆完全震怒了。他决定惩办讷亲、张广泗。九月二十九日,乾隆以"玩兵养寇,贻误军机"③罪名将张广泗革职,拿交刑部审理,令侍卫富成押解至京。十二月七日,乾隆御瀛台亲鞫张广泗。五天后,以"狡诈欺妄,有心误国,情恶重大",立决张广泗。十四年正月,乾隆以"退缩偷安,老师糜饷"罪,下令将讷亲缚赴军营,以乃祖遏必隆之刀斩首于军前。

① 《乾隆实录》卷323。
② 《乾隆实录》卷325。
③ 《乾隆实录》卷331。

四、遣傅恒岳钟琪抚降莎罗奔

罢撤讷亲、张广泗之后,乾隆将平定金川的重任交给傅恒。十三年九月二十八日,乾隆降谕:

> "自御极以来,第一受恩者无过讷亲,其次莫如傅恒。今讷亲既旷日持久,有参重寄,则所为奋身致力者,将惟傅恒是属"①。

这一天,乾隆帝著傅恒暂管川陕总督印,前赴军营办事。第二天,授经略,统领一切军务。十月六日,傅恒又从协办大学士升为大学士,九日定为保和殿大学士兼户部尚书。

傅恒,字春和,姓富察氏,满洲镶黄旗人。乃祖米思翰在康熙时曾任户部尚书,对平定三藩之乱作过贡献。傅恒的姐姐是乾隆的妻子孝贤皇后,乾隆十三年三月在东谒孔林的回京途中,死于德州。傅恒作为皇帝妻舅,倍受宠信。乾隆十年被授命在军机处行走,二年后授户部尚书。傅恒受命任经略金川军务时,是一位不满27岁的血气方刚青年。

为了配合傅恒出征,乾隆决定增兵添炮拨饷,以加强军事力量。他降谕从陕甘、云南、湖北、湖南、西安、四川以及京师、东北增派35000满汉官兵,加上原有的共计6万人。除了在金川军营铸造重2000余斤的铜炮多位之外,乾隆还催促从京师运去很有威力的冲天炮、九节炮、威远炮等。十月,乾隆命令从广储司运银10万两给傅恒带往军营犒赏官兵外,又从户部库银和各省拨银400万两以供军需。乾隆还降旨整修从京师至成都的48驿站,以及从成都至军营的马步24塘,以期交通顺畅,便于运兵和传递军情。

---

① 《乾隆实录》卷325。

十月九日，乾隆颁谕前方将士，指出"金川用兵几及二载，尚未成功"，这是由于讷亲、张广泗"措置乖方，毫无谋略，不身亲督阵，畏缩不前，且号令不明，赏罚不当"所致。两年以来，士卒重罹锋镝饥寒之苦，兵不用命虽法律不容，但"咎归主帅"。现经略大学士傅恒赍往内帑银两，分别赏予汉土军士，"以示投醪实惠，鼓励士心，务令踊跃向前，锐师采入，迅奏肤功。"①乾隆颁这道谕旨，目的在于提高前方士气。

十月十日，乾隆接到岳钟琪战报，说九月十二日他指挥清兵攻康八达山寨，击毁大战碉 2 座，小战碉 3 座，平房 40 间，木石卡各 10 座，石洞 2 座，焚粮仓 12 座。十四日，又攻取石洞 1 座。十八日夜克取葛布基大碉 8 间，小平房 6 间，木城 1 座，石卡 4 处，砍破大皮船 4 只，前后杀敌甚众。乾隆大为振奋，说"良由岳钟琪调度得宜，是以有此克获"，希望他乘破竹之势，如果能在经略到达之前，"岳钟琪自行出力奏捷"，"岂不更于颜面有光耶！"②

十一月二日，乾隆在重华宫赐宴傅恒。三日，傅恒出师。乾隆亲至堂子行祭告礼，在堂子大门处亲祭吉尔丹纛、八旗护军纛后，又来到东长安门处幄次，亲赐傅恒酒，命傅恒在御幄前上马。皇子及大学士来保送傅恒至良乡。傅恒受此殊荣，自然十分感激，在途中上疏表示，"此番必须成功。若不能殄灭丑类，臣实无颜以见众人"③。他有时日行竟达 320 里，"带星就道，薄暮尚未解鞍"④。从成都到达军营，途经天赦山，道路险峻，又遇雪冰滑，十数匹马坠

① 《乾隆实录》卷 326。
② 《乾隆实录》卷 326。
③ 《乾隆实录》卷 331。
④ 《乾隆实录》卷 330。

入山涧。傅恒下骑与官兵一齐步行 70 里①。十二月十八日,到达
金川军营。

傅恒入川后,下令诛杀良尔吉、阿扣和汉奸王秋,消除了隐患。
十二月二十一日,他到达卡撒军营,视察地形,立刻向乾隆报告舍
战碉专捣贼巢的作战方案:

> "(卡撒)所有左右山梁,不过两坡相对,地非甚广,贼人
> 所守各碉,俱在目前,亦不甚大,似乎攻克非难,不知何以用兵
> 一二年尚不能进取……臣细度情形,前此之误,在于专攻碉
> 卡,每攻一碉,需时甚久,兵力大伤,所得不过尺寸。贼境坚碉
> 林立,且闻大兵将至,守御益严,毋论攻其有备,克取为难,即
> 使数日而克一碉,恐数年不能竣事。今惟奇正兼施,相机行
> 事。或以奇兵绕出其后,或以偏师另行取径。彼出则直挫其
> 锋,并力斩杀;不出则听其坐守空碉,而以锐师深入,专捣贼
> 巢。又令各路齐进,使之彼此受敌,左右不能兼顾,昼夜不息,
> 寝食无暇,自必至于内溃,而酋首可擒矣"②。

所谓"锐师深入,专捣贼巢"的作战方案,即从卡撒出发,避开战
碉,深捣刮耳崖。对于这一作战方案,乾隆不同意:"卡撒一路,尤
属险要。……不若由党坝一路,避奇险之坚碉,乘可用之兵力,尚
可连获胜阵,奸丑执馘,以为纳降奏凯之地"③。

乾隆不同意直取刮耳崖的作战方案,显然受岳钟琪影响。如
上所述,岳钟琪曾向乾隆状告张广泗选定刮耳崖为进攻对象的决
策错误。他担心傅恒重蹈张广泗覆辙。更重要的是,当傅恒到达

---

① 《乾隆实录》卷 331。
② 《平定金川方略》卷 21。
③ 《乾隆实录》卷 322。

川西军营之时,正是乾隆考虑对金川重大战略转变之际。

十三年(1748 年)十二月,乾隆已认识到金川战事之难。十七日,前任四川布政使高越报告,现有驻军营官兵夫役,每月需米2.1 万余石,今添满汉官兵,加上运夫等,每月约添 2 万石,累计从现在起至明年五月止需米 25 万石,加上其他一切需要,约需要银870 余万两①。乾隆看了高越奏折后说:

> "据高越奏称,'蜀中挽运军需,全资民力,轮流更替,即村曲乡民,亦多征发不已。近添新旅,募夫尤众。一出桃关,山路歧险,雪深冰结,艰苦视内地倍甚。成都米价昂贵,民食艰难,请将常平仓谷碾米平粜,竭力办理,据实直奏'等语。观此,则川省物力虚耗,大概可观。高越虽称据实直奏,恐困惫情形,尚有未尽形之章牍者。内地民情可虑,奏凯宜速。夫以江南富庶,米价偶翔,刁民辄乘机肆恶,况川省以险僻之区,值军兴旁午之会,意外易滋事端,诚不可亟为筹虑。前所传谕,以四月初旬为期,盖深有见于此也"②。

乾隆清醒地估计到,战争给四川省造成"物力虚耗"的真实情况,高越是不敢全部如实具奏。他从成都米价昂贵,联想到其时江南各地粮价上涨和此起彼伏的抢米风潮。为了金川区区蛮荒之地,耗费如此庞大物力与人力,又影响了国家稳定,而战争胜利希望却是那样渺茫。乾隆对打这场战争后悔了。接到高越奏折的当天,他就说:"朕若早知如此,并此番调遣,皆可不必。此皆讷亲、张广泗贻误,不据实入告之咎也。目下既有为山九仞之势,则一篑之势难于中止"③。十八日又说:"金川小丑,初不意糜费如此物力。两

---

① 《乾隆实录》卷 322。
② 《乾隆实录》卷 331。
③ 《乾隆实录》卷 331。

年之间,所用几及二千万"①。二十二日,在下令杀讷亲的同时,说"设令讷亲、张广泗早行奏闻,朕必加以裁酌,不至多此一番劳费矣。今朕于此事颇为追悔。但办理已成,无中止之势。即此而论,讷亲、张广泗误国之罪可胜诛耶!"②二十三日,当他阅到傅恒奏折中说"此番必其成功,若不能殄灭丑类,臣实无颜以见众人等语"之后,"辗转思之,竟至彻夜不寐",立即降谕说:

> "朕若知征途险阻如此,川省疲惫如此,早于今秋降旨,以万人交岳钟琪料理,更不必调派满兵,特遣重臣,费如许物力矣。奈无一人具奏,朕实不知彼地情形,办理至此,筹划周矣,人事殚矣。若夫成功,则有天焉。或上苍不遽绝其种类,俾偷生于窟穴,原属化外,于国家何关轻重,而强人力抗天心,其将能乎!"③

这位对藏民有荒唐歧见的封建帝王,此时已感到心力俱尽,无可奈何了。因此,他对自己内弟一心一意要建功成名的勃勃雄心,以皇太后名义加以劝导:"经略大学士此行,原为国家出力,非为一己成名。如为成名起见,岂有费如许帑项,如许生命,专供一己成名之理"④。

十四年正月一日,乾隆宣布:"今朕已洞悉形势,决定收局"⑤。接着,又连续降谕,要求傅恒在四月底五月初班师还朝,并说:"或得一二阵连胜,俾贼酋穷蹙乞命,即可因势纳降"⑥。为了促使傅

---

① 《乾隆实录》卷331。
② 《乾隆实录》卷331。
③ 《乾隆实录》卷331。
④ 《乾隆实录》卷331。
⑤ 《乾隆实录》卷332。
⑥ 《乾隆实录》卷332。

恒回师,乾隆还援引康熙亲征噶尔丹时,"因挽运稽迟,不得已下诏班师"的事例,要傅恒效法。正月十五日,因傅恒的姐姐孝贤皇后丧服将次"小祥",即期年之日,乾隆又以皇太后名义,要求"大学士理应奔赴行礼"为理由,令傅恒于二月初旬起程返京。乾隆还在谕旨中说,"朕于今年正月初三日始定撤兵之计,今日皇太后圣母慈谕,此即朕新运顺畅之机"①。十六日,乾隆还十分恳切地对傅恒降谕说:"是贼据地利,万无可望成功之理。朕思之甚熟,看之甚透。上年办理实属错误,及早收局,信泰来之机。朕改过不吝,经略大学士当恢宏见识,为国家远大计"②。为劝导傅恒回师,乾隆可谓苦口婆心。十八日,他正式颁旨,召傅恒班师还朝,"其纳降善后事宜交四川总督策楞办理"③。

　　此时,大金川在清军围困之下,坚持了一年又八个月,已到粮尽兵疲的困境,无力把战争继续下去。莎罗奔屡次在战场上喊降。正月十二日,他又遣人到军营具禀求降。十五日,再次派人来军营恳切求情。傅恒却坚持要莎罗奔和郎卡叔侄"亲缚赴辕",实际上企图趁这二人求降之时,将其逮捕,"还朝献俘"。乾隆获悉傅恒这一意图后,坚决反对,他要傅恒"不若昭布殊恩,网开三面"④,如果"必加诛戮,岂朕覆载包容之量所能忍出耶!"⑤

　　傅恒是很不情愿撤兵的,多次上疏要求展期还朝。但是,皇帝不断催促,圣命不可违。在这样情况,他同意莎罗奔乞降。正月二十日,莎罗奔遣人呈献求降甘结六款:1、永不侵扰诸番;2、供役比

---

　　① 《乾隆实录》卷332。
　　② 《乾隆实录》卷333。
　　③ 《乾隆实录》卷333。
　　④ 《乾隆实录》卷333。
　　⑤ 《乾隆实录》卷334。

各司勤勉;3、尽还所谅诸番土地;4、擒献以往"误犯天兵"元凶;5、送还从前侵夺的人民马匹;6、照数献出枪炮军器。可是,傅恒以"元凶未经面缚"为理由,拒绝受降。莎罗奔通过绰斯甲布土司,求岳钟琪出面代为求情,傅恒同意了。经傅恒批准,岳钟琪带随从四五十人进勒乌围。莎罗奔迎接甚恭。当夜,岳钟琪解衣酣寝,莎罗奔完全放心了。第二天,岳钟琪至经堂,要莎罗奔、郎卡于佛前礼誓。随后,岳钟琪回答将这一切情况禀告傅恒。二月五日,莎罗奔、郎卡于寨门外除道设坛,带领喇嘛、头目多人,焚香顶戴鼓乐来到傅恒军营投降。傅恒宣布皇帝圣旨,"示以德威,宥以不死"。莎罗奔感激欢欣,永誓不再违犯,并呈献佛一尊,银万两。傅恒纳佛却银,受降成功。这一天,远近土司观者如堵,人们以息战和平而万声欢呼,踊跃庆贺。

乾隆自诩为"十大武功"的首功金川之役,就这样匆匆忙忙地收兵。战争虽然以大金川投降告终,而清军在战场上实无取胜。但是,好大喜功的乾隆却御制平定金川文勒石太学。他居然论功行赏,一等忠勇公傅恒,已进公爵,"更无殊典",赐四团龙补褂,宝石帽顶,著于朝贺典礼之处时常服用,还另赐豹尾枪二杆,亲军二名,又勅建宗祠,春秋致祭。岳钟琪复三等公爵,赐号威信,授予兵部尚书衔。以前西征准噶尔时,岳钟琪获罪令罚赔补银 70 万两,现全数豁免。莎罗奔出于感恩,要进番童番女各 10 名给乾隆,并在刮耳崖建祠供傅恒长生禄位。乾隆允许建祠供长生禄位,但拒收童男童女。乾隆还批准岳钟琪请求,剩余的军粮不再运回内地,以 7000 石半补给小金川士兵,半为恩赈,又以 1000 石救济小金川穷苦百姓[1]。

三月,四川总督策楞上奏金川善后事宜 12 条:1、在巴底、巴旺

---

① 《乾隆实录》卷 335。

各立土千户,责令革布什咱管辖;2、扎什诺尔布从军出力,由他承袭革布什咱土司,给予号纸;3、金川既还以前侵占诸土司地,杂谷、革布什咱、沃日、小金川等土司应联为一气,息事宁人;4、小金川土司泽旺与沃日女土司泽尔吉联姻;5、泽尔吉仍护理沃日土司印务;6、小金川被毁碉房宜督修;7、小金川副土司大小郎素宜分别安插;8、郎卡异母弟土舍汪尔吉,先前投诚清军,今事竣不能回寨,应交其母舅扎什诺尔安插;9、加衔奖励梭磨、竹克基、党坝等土司;10、各部土司请加级以示鼓励;11、严汉奸出入番地之禁;12、赎回夷民所典买汉地,嗣后禁止汉人将土地私售番民①。这 12 条规定,乾隆一一批准了。金川之役,至此告一段落。

第九节　平定西藏叛乱

大金川战火甫熄,西藏又发生叛乱。

西藏古称唐古忒,又称土伯特,隋唐时称吐蕃。唐贞观年间,文成公主带释迦牟尼佛铸像入藏,佛教从此在西藏广为传播。西藏于元代正式隶属中国版图。明末,统治西藏地区的是佛教中"噶举派",亦即"白教"的噶玛政权,其首领藏巴汗对另一教派"格鲁派"亦即"黄教"进行了残酷迫害。崇德四年(1639 年),清入关建立全国统治权前夕,皇太极遣使致书西藏黄教僧俗领袖土伯特汗和五世达赖罗桑嘉措,表达了清朝愿支持黄教,"延致高僧,宣扬佛教"②的诚意。从此,双方交往渐多。崇德六年(1641 年),五世达赖和四世班禅罗桑曲结联合密招厄鲁特蒙古和硕特部顾实汗

① 《乾隆实录》卷 336。
② 《太宗实录》卷 49。

率兵入藏,推翻噶玛政权,建立了和硕特蒙古和西藏黄教联合统治的噶丹颇章政权。达赖和班禅从此成为西藏的最高教主,而具体政务则由达赖委任的第巴——藏民习惯称为藏王——来掌管,实权则操在顾实汗手中。顺治九年(1652年),五世达赖至北京朝觐,清帝隆重接待,并以金册印封"西天大善自在佛所领普通瓦赤喇怛喇达赖喇嘛"。从此达赖这一封号及其在西藏法王的政治地位,才由清中央政府正式确定下来。可以说,在崇德顺治时期,清朝主要是通过宣布崇佛以及册封赏赐等手段,笼络西藏上层人物,以维系中央与地方的关系。

康熙二十一年(1682年),五世达赖在布达拉宫去世,享年66岁。第巴桑结嘉措秘不发丧,企图乘机假达赖名号控制西藏,排斥和硕特蒙古势力。三十五年(1696年),康熙亲征蒙部准噶尔部噶尔丹时,发现达赖已死及第巴匿丧阴谋,降旨斥责,但未处分第巴。四十年,统治西藏的顾实汗孙达赖汗去世,其子拉藏汗继位。他与第巴关系更加紧张。四十四年,拉藏汗率部击败藏兵,杀第巴,废桑结嘉措所立六世达赖喇嘛仓央嘉措,另立伊喜嘉措为六世达赖。桑结嘉措余党逃往新疆,求助准噶尔蒙古,策妄阿拉布坦遂于康熙五十六年(1717年)率兵入藏,攻布达拉宫,杀拉藏汗。为平定西藏之乱,康熙挥师入藏,于五十八年把准噶尔蒙古驱回伊犁,留兵4000名驻扎西藏。清兵驻藏始于此时。康熙还封平乱有功的西藏第巴阿尔布巴、康济鼐为贝子,另一第巴隆布奈为辅国公,授颇罗鼐为扎萨克一等台吉,任康济鼐总理全藏政务,是为藏王,又封阿尔布巴、隆布奈、颇罗鼐、札尔鼐四人为噶隆(意即西藏地方政府主管官员),组成西藏地方政府噶厦。

雍正元年(1723年)驻藏清军撤离。五年西藏内乱,阿尔布巴、隆布奈、札尔鼐三噶隆联合袭杀康济鼐,阴谋投奔准噶尔。颇罗鼐率兵进拉萨镇压叛乱,擒获阿尔布巴等。雍正闻讯,发兵15000人进藏,继续平叛,并封颇罗鼐为贝子,继尔晋贝勒,总管全藏。雍正还设立驻藏正副大臣各一人,留兵2000名,分驻前后藏,归驻藏大臣管辖。

康雍时期驻兵西藏以及驻藏大臣的设置,清中央政府对西藏地区的统治有所强化。

但是,颇罗鼐统治时期,西藏地方军事力量扩展迅速。颇罗鼐深得雍正信赖,为防御准噶尔进犯西藏,他受命训练骑兵10000名、步兵15000名,分防各要塞。雍正十一年(1733年)清朝却把驻藏军队减少至500人。乾隆对颇罗鼐的信任不亚于雍正。四年(1739年),乾隆晋封颇罗鼐为郡王,封其长子珠尔默特车布登为辅国公,次子珠尔默特那木扎勒为札萨克一等台吉。十一年,乾隆又命颇罗鼐在两个儿子中挑一个任为"长子",以便日后袭王爵,总理藏务。在军事力量壮大的同时,颇罗鼐家族又取得藏王世袭权,其在西藏的统治地位得以巩固与提高,也埋下了大农奴主贵族势力割据作乱的祸根。

十二年颇罗鼐病逝,先前立作"长子"的珠尔默特那木扎勒袭封郡王。乾隆此时传谕驻藏大臣副都统傅清,说有几件事令人担忧。一是珠尔默特年幼新袭,未必能服众心;二是新郡王与达赖有不和之意,希望傅清"善为和解";三是今年正逢准噶尔"入藏熬茶",应提防准部乘颇罗鼐新殁,借端生事。总之,乾隆担心颇罗鼐之后,西藏会发生动乱。这种顾虑不无道理。果然,颇罗鼐病故,珠尔默特那木扎勒拒绝达赖来吊奠诵经。经傅清斡旋,此事才妥善解决。乾隆闻奏,说"可释朕西顾之忧"①。

---

① 《乾隆实录》卷296。

但是,乾隆高兴太早了。珠尔默特那木扎勒怀有割据西藏的分裂野心。他阴谋扩充军队,于十三年向驻藏大臣索拜呈称,在阿哈雅克地区发现准噶尔"贼人",要求往喀喇乌苏练兵。索拜同意。乾隆责索拜"乃竟不察虚实,堕其术中矣"①,遂逐步意识到珠尔默特那木扎勒外表恭谨,"究未必能安静奉法"②。

十四年金川战事结束,乾隆因不满纪山在金川战争期间的表现,将他从四川巡抚降任驻藏大臣。纪山抵藏一个月,珠尔默特那木扎勒才出来会见,显然存轻忽之意。纪山向乾隆报告:

> "到藏以来,留心访察珠尔默特那木扎勒,看来情性乖张,属下俱怀怨望,且伊又有疑忌达赖喇嘛之心,恐日久众怨愈深,达赖喇嘛亦不能忍,致生事端"。

纪山建议,从后藏调珠尔默特车布登协同珠尔默特那木扎勒办事,"以分其权",并将达赖移驻泰宁。乾隆斥责纪山"此奏甚属舛谬"。他说,纪山的任务是"察看"珠尔默特那木扎勒"见朕谕旨时是否真切感畏,伊之行止能效法伊父颇罗鼐否?或当教育,或当防范","并非即有办理之意"。"至日后生事与否,本难逆料"。这里,乾隆给纪山规定的任务只是"观察",不得"办理"。他怕一有行动,"显露情形,转至启土伯特疑心"③。在乾隆这一方针指导下,纪山自然无所作为。为了便于"观察",纪山设法接近珠尔默特那木扎勒,与之"相对盟誓,甚至具折请安奏事,皆与一同列名"④,还令兵丁演戏,与珠尔默特那木扎勒"宴会观剧,日醉他

---

① 《乾隆实录》卷 324。
② 《乾隆实录》卷 343。
③ 《乾隆实录》卷 351。
④ 《乾隆实录》卷 355。

乡"①。十月,乾隆见纪山无能,遂命傅清重任驻藏大臣,与纪山一同驻扎。

十二月,乾隆又接纪山奏折,说珠尔默特那木扎勒称,住在阿里克地区的伊兄珠尔默特车布登派人抢其买卖人货,派兵把守通藏要道,扬言要发兵来攻,为此不得不调兵防范果尔弼地方。乾隆不相信,认为珠尔默特车布登向无蠢动端倪,珠尔默特那木扎勒为人暴戾,安知非捏词陷害其兄,欲兴兵构衅! 为慎重起见,乾隆一面责令纪山派员赴阿里克,面见珠尔默特车布登,察其动静,并劝告他果有委曲,应禀明驻藏大臣,代为剖分曲直,不可擅动干戈;另方面传谕四川总督策楞、提督岳钟琪密为筹画调度,以备缓急②。此时,策楞见驻藏清兵减少到仅有百人,奏请增至原额 500。乾隆不同意,说藏地数十万众,官兵即使增至 500 名,既不足以资防范,徒启彼之疑③。不久,乾隆撤纪山驻藏大臣,代之以侍郎拉布敦。

十五年正月,乾隆接傅清、策楞等奏折,说他们认为,珠尔默特那木扎勒"由于与兄不睦,架捏诬陷,决不致有侵犯之事"。乾隆断定傅清等看法"大约近是"。此时,乾隆君臣把珠尔默特那木扎勒在西藏的所作所为,都看作是仅仅为了对付乃兄,并没有危及清中央政府对西藏的统治。不久,乾隆获悉珠尔默特车布登病故,甚感怀疑。但果真病死与否,既无从致诘,也不必深究。他说,"虽明知为彼所愚,亦不妨姑且从权,置之不问"④。更重要的是,乾隆认定珠尔默特那木扎勒与兄不和,伊兄死,"既无与相敌之人,伊亦无可构衅,或从此安静,亦未可定",因此,对拉布敦等请求准许

① 《乾隆实录》卷 385。
② 《乾隆实录》卷 355。
③ 《乾隆实录》卷 355;356。
④ 《乾隆实录》卷 358。

珠尔默特车布登一子承袭,乾隆坚决不答应,说珠尔默特那木扎勒既不容其兄,又何有其兄之子。承袭一事,实乃徒生枝节①。二月二十日,他传谕军机大臣:"今车布登已死,藏地无事,若更议派兵驻守,多作张皇,适足动其疑虑",宣布添兵一事,毋庸办理②。乾隆把珠尔默特车布登的死,看作西藏从乱到治的契机,一代英君竟糊涂至此。

十五年(1750年)夏季,西藏局势急剧恶化。五月五日,乾隆接傅清、拉布敦奏折,报告说珠尔默特那木扎勒往萨海地方调动部队,搬运炮位等情形。但是,乾隆仍不相信这是图谋不轨行动,侃侃而谈珠尔默特那木扎勒不至于叛乱的原因:

> "从来有异谋者,非有所贪图希冀于所不当,则必祸患逼身,出于不得已。以珠尔默特那木扎勒言之,伊身为藏主,操生杀而擅富贵,俸赐所欲,贸易所入,岁获重赏,而且倚藉中朝声势,众蒙古皆与往来,可得厚利,伊更何所贪图希冀? 若叛去,则全无所得,伊何所利而反耶? 至伊远在天末,虽有大臣往驻,并不监制其行为,分夺其声势,伊又何拘束困苦,而以逆谋自救耶? 利无可图,害无可避,而谓其将有异谋,诚过虑也!"③

乾隆断言,珠尔默特那木扎勒调兵搬炮,或者是为威胁伊兄所部头人,或因清朝接连更换驻藏大臣心存疑惧。他要傅清等人不必急于释疑,俟到冬季,当珠尔默特那木扎勒"深知天朝德意",积疑自然冰释④。乾隆对形势估计如此不切实际,源于他那过分的自信。

---

① 《乾隆实录》卷358。
② 《乾隆实录》卷359。
③ 《乾隆实录》卷364。
④ 《乾隆实录》卷364。

他自信"天朝"给珠尔默特那木扎勒那么多恩惠与权力,对方何苦要避利趋害搞叛乱?这种过分的自信心,挡住了乾隆的视线,使他看不见珠尔默特那木扎勒割据称王的野心。

入秋之后,珠尔默特那木扎勒谋叛行为公开化。他扬言"我已设计撤回汉兵四百名,其余若不知机早回,必诛戮",并下令封锁塘汛,"沿途汉土兵民及文书俱不许往来"[1]。又派人潜通准噶尔部,"求其发兵至拉达克地方,以为声援"[2]。对于拥护清中央政府的上层人物,珠尔默特那木扎勒疯狂迫害,他派兵抄没了噶隆班第达、布隆赞等人的家,驱逐珠尔默特车布登之人,杀害颇罗鼐旧人。傅清、拉布敦见情况危急,决定候珠尔默特那木扎勒从打克萨返回拉萨接见之时,即为擒获。他们将计划上奏乾隆,并要求"不待请旨,即行乘机办理"[3]。乾隆见奏,忧心忡忡,认为二人孤悬在藏,轻率冒险,必酿大祸。十月八日,乾隆明谕傅清等"不可妄动",又密令策楞、岳钟琪等筹集川兵,以为防剿之计,同时命班第即速进藏更换拉布敦,会同傅清相机办事。

未得乾隆诏书,傅清、拉布敦就决计动手除逆。他们商量:"徒为所屠,乱既成,吾军不得即进,是弃两藏也。不如先发,虽亦死,乱乃易定"[4]。十月十三日,他们以接旨为名,将珠尔默特那木扎勒召入通司冈驻藏大臣衙门。珠尔默特那木扎勒登楼下跪接旨时,傅清从背后挥刀砍下其首级,并杀其随从四、五人。珠尔默特那木扎勒党羽罗卜藏扎什跳楼走脱后,纠集同伙进攻衙署。傅清遣人向班第达求援。班第达力薄,奔告达赖。达赖遣僧众救护,被

① 《乾隆实录》卷 376。
② 《乾隆实录》卷 386。
③ 《乾隆实录》卷 372。
④ 《清史稿》卷 312《傅清传》。

围不能入。叛军放火烧房,加紧进攻。傅清身中三枪,立即自尽。拉布敦为叛军所杀,同时被害者有主事策塔尔、参将黄元龙、通判常明,以及2员千总、49名士兵和77名商民。罗卜藏扎什等将粮务衙门库银85000两抢掠一空后,带兵潜逃。

叛乱发生后,七世达赖喇嘛噶桑嘉措一面委班第达代理藏王事,维持局面;一面传令各地藏民,不得伤害汉人。达赖还派人追查被劫饷银,并于二十三日擒获罗卜藏扎什等叛逃分子。

十一月十四日,乾隆从策楞、岳钟琪奏折中,得悉傅清、拉布敦平叛捐躯。第二天,他宣布几项重大决定:第一,命策楞、岳钟琪率兵3000入藏,总兵董芳统兵2000名随后策应,陕甘总督尹继善驰驿赴川,料理一应军机。后来,见西藏局势稳定,罗卜藏扎什已被擒获,改令策楞率兵800入藏,岳钟琪驻守打箭炉,董芳返川。第二,宣布兴师入藏,"惟务搜除逆党,以安地方。凡非逆党亲信,一无株及,被难番民,优加恤赏。至塘汛番人,将官兵捆缚,本应治罪,但系听从珠尔默特那木扎勒所使,概置不问"①。第三,对傅清、拉布敦以及其他捐躯弁兵,加恩优恤。后来,追赠傅清、拉布敦一等伯,子孙给一等子爵,世袭罔替,又在拉萨通司冈及北京崇文门建"双忠祠",合祀二人,春秋致祭。第四,不同意再立藏王。他说:

　　"若如达赖喇嘛所奏,即将班第达立为藏王,将来又成一颇罗鼐,日后伊子又思世袭,专据其地,转滋事端。"

他传谕址弟,"以藏地多立头人,分杀其势,正当乘此机会,通盘筹画,务彻始彻终,为万全之计"②。

　　① 《乾隆实录》卷376。

　　② 《乾隆实录》卷376。

叛乱过后,乾隆认真思考西藏致乱的祸根。他认为问题关键在于第巴与办事噶隆事权太大,驻藏大臣毫无实权:

> "即如珠尔默特那木扎勒一言而塘汛断绝,班第达一言而塘汛复通,信息往来,惟藏王之言是听,而驻藏大臣毫无把握,如此即驻兵万人,何济于事!"①

又说:

> "由今观之,办理噶隆之人,权势不使太专,是朕所加恩永辑藏地亿众生灵之要道也"②。

乾隆还检讨了以往对藏王只"加恩"不"裁抑"的失误,说:

> "珠尔默特那木扎勒凶悖肆恶,恣行无忌,本因向来威权太盛,专制一方,致酿此患。乃朕加恩过重,有以纵之,不可不追悔从前之不早为裁抑"③。

西藏叛乱,是清朝前期治理乏力的恶果。乾隆未能看出珠尔默特那木扎勒一伙割据分裂野心,未能采取措施防范于未然,酿成事端,导致两大臣平叛捐躯,是他治国前期的一大败政。他既觉察及此,断然采取对策,予以纠正。十一月十六日,传谕议政大臣、亲王、郡王以及满汉大学士、尚书会同军机大臣,就西藏善后事宜进行商讨,同时命侍郎兆惠赴藏,偕策楞等共同办理善后事宜。

十六年(1751 年)三月,策楞、班第等根据乾隆指示,提出《酌定西藏善后章程》13 款。其中主要的有:

> 应查照旧例,添放噶隆 4 名,其中 1 名由深晓黄教的僧侣担任,庶于僧俗均有裨益;

> 噶隆办理公务,应在公所,不得在私宅,凡地方些小事务,

---

① 《乾隆实录》卷 377。
② 《乾隆实录》卷 377。
③ 《乾隆实录》卷 377。

众噶隆秉公会商办理,应具折奏事重务,须遵旨请示达赖喇嘛及驻藏大臣酌定办理,钤用达赖喇嘛印信及钦差大臣关防;

西藏各级官员补放,噶隆等应公同禀报达赖喇嘛及驻藏大臣酌定,俟奉有达赖喇嘛并钦差大臣印信文书遵行。

全藏民人均达赖喇嘛所属,禁止私占及滥发免差文件。

乾隆基本同意章程内容,著照所定执行;但指出"藏地关系最要者,尤在台站,此乃往来枢纽所在",以前被藏王控制,今于章程中未曾议及。但既甫经定议,不必马上更改,应于一二年后再办理①。

根据《酌定西藏善后章程》13 款规定,藏王制被取消,噶隆权力受抑制,重大问题须经达赖喇嘛及驻藏大臣核准,从而提高了达赖喇嘛及驻藏大臣的地位与权力,削弱了农奴主贵族权势。这是西藏政治体制的重大改革,它强化了清中央政府对西藏的统治,也有利于西藏政局的稳定。乾隆从以往失误中清醒过来,为维护国家统一又做了一件好事。

---

① 《乾隆实录》卷 385。

第三章　乾隆盛世

（乾隆十六年至三十八年）

第一节　省方问俗下江南

一、南巡前的准备

十四年(1749年)十月五日,乾隆降谕,定于十六年正月巡幸江南。

下江南路途遥远,事关重大,毕竟不同于西登五台山、东谒泰山、孔林那样容易。因此,谕旨说这是"出于该省绅耆士庶,望幸心殷,合词奏请",又经大学士九卿等集议而后确定的。皇帝"俯从所请"的理由更堂皇:

> "江南地广人稠,素所廑念。其官方戎政,河务海防,与凡闾阎疾苦,无非事者。第程途稍远,十余年来未遑举行。屡尝敬读圣祖实录,备载前后南巡,恭侍皇太后銮舆,群黎扶老携幼,夹道欢迎,交颂天家孝德,心甚慕焉。朕巡幸所至,悉奉圣母皇太后游赏。江南名胜甲天下,诚亲掖安舆,腓览山川之佳秀,民物之丰美,良足以娱畅慈怀"①。

这里,乾隆摆出巡幸江南原因:1.要了解江南军事、政治、河务、海

---

① 《乾隆实录》卷350。

防情形及闾阎疾苦;2.心慕圣祖康熙南巡受群黎夹道欢呼的盛况,他也要领略一番受万民欢呼拥戴时的风光;3.奉皇太后游览江南秀丽山川,睹丰美民物。

乾隆何以在登基 15 年之后才下江南? 他晚年撰《南巡记》说:"吾临御五十年,凡举二大事。一曰西师,一曰南巡"。"若夫南巡之事,则所为宜迟而莫速者"①。乾隆把下江南视为与平定西北边疆同等重要的平生二件大事,只不过此事宜迟不宜速。他虽向往江南,但迟迟成行,其中不无道理。登基十余载以来,平定了贵州苗疆,与准部息边议和,金川之役又甫告结束,财政状况也有所改观。十五年正月,他说:"上年军务告竣,岁值丰登,库帑储备,尽已宽裕"②。正是在一片升平景象时,乾隆宣布巡幸江南。可以认为,十六年下江南之举,标志着乾隆朝已步入巅峰时期。

南巡谕旨一宣布,江南地方官受宠若惊。十月中旬,闽浙总督喀尔吉善和署浙江巡抚永常就上折奏请皇帝,在临幸浙江时,阅视海塘工程。乾隆答应。

皇帝下江南,首先要解决的是路程与道路问题。十一月,山东巡抚准泰奏,从山东到江南,有中、东二条道可供选择。中路从德州经兖郡至韩庄。东路则经泰安至红花埠。康熙时台儿庄以下河道浅,如果走中路至韩庄,还要纤道宿迁方可登御舟南下,甚麻烦。东路虽长,但方便,所以康熙走的是东路。如今,台儿庄以下运河已修通,御驾可由滕县沿着宽平道路,到达黄林庄码头,登舟南下,路既短又方便。尽管如此,执意效法乃祖的乾隆,南巡时仍然沿着康熙走过的东路。

① 《南巡记》,《重修扬州府志》卷 3《巡幸三》。
② 《乾隆实录》卷 357。

关于沿途道路应否加宽,路旁田园、房屋、塚墓应否拆迁问题,十五年正月乾隆说:"朕巡幸江浙,问俗观风,清跸所至,除道供顿,有司不必过费周章"。他指示,路旁百姓塚墓,只要"于辇路经由无碍,不得令其移徙",有些地方只要"间或蔽以布帷营蒯之属"①就可以了。遵照谕旨精神,闽浙总督喀尔吉善于三月报告,江南山水交错,道路不如北方平旷。杭嘉二府,道旁弥望皆桑,经勘察,御舟所经河道,纤路最宽不过1丈以上或不足1丈,为保护田园,不敢过求开阔,凡营盘处所,必详勘无妨民业之处,签椿修治;西湖各处名胜所经陆路,止期修治平坦,无事开拓宽广;其民间塚墓,无得轻议迁移。乾隆赞成,批道:"总以务朴省事,及息浮议为要"②。乾隆意图很清楚,不希望百姓利益受损,从而引起訾议。十月,闽浙总督喀尔吉普善又奏:1.杭州、嘉兴两郡俱系水乡,湖荡港汊纵横交错。自江南交界至杭州,陆路唯有运河纤道,宽仅7—8尺。若另辟陆路,必多挖废民间田园。今勘定副河一道,建议应用杂物及打前站的执事人等,均由副河前进。2.御道两旁,本应布兵站围。但浙江运河纤道,竟有无可站立之处。因此酌定于支河汊口岸,各安卡兵二、三名,临时禁遏人舟;如无路径处,不复安兵站围。两岸村镇居民,许令男妇老幼跪伏瞻仰。这二条建议,乾隆皆欣然采纳。

乾隆声称,下江南目的之一,是要巡视河务。但浙江巡抚永贵报告,由杭州至海塘路一条,窄狭纡曲,难以驻跸。而且,"今堤工巩固,引河顺轨,此次似无庸临视";杭州候潮门外有观海楼,可远眺中小覃引河,以前圣祖曾临幸,今应略加修饰,以备巡览。此外,

① 《乾隆实录》卷357。
② 《乾隆实录》卷361。

绍兴府之南镇、兰亭二处,近接禹陵,从前圣祖未曾临幸,该处俱有房屋,可略加修理,此次是否临幸,恭候钦定①。

　　三月,向导大臣努三、兆惠等奏,朱家闸引河、洪泽湖九里冈、清口木龙、运河闸、高邮州东堤、南关、车罗坝以及高家堰八处,"均关运道民生,工程紧要,仰请亲临阅视"②。关于到绍兴禹陵奠祭,努三等认为有困难。一是"河道狭窄,仅容一船,经过石桥四十余座,须折毁过半"。二是"旱地安设营盘,地气甚属潮湿"。但乾隆执意要去禹陵,说:"不躬亲展奠,无以申崇仰先圣之素志"。他要向导及地方官不应"鳃鳃以水道不容巨舰,旱地难立营盘之虑",更不应议拆桥数十座,回銮后再费巨资一一修理。他说,朕在宫中,由高梁桥至金海,也常御宽数尺、长丈余小船。越中河路既窄,日间当驾小船。石桥不必拆毁,另在湾岸稍宽可停泊处,造一大船,专备晚间住宿,不必于旱地立营,就可避免潮湿。这既省钱,又可防随行人员践踏春花之患③。绍兴之行,就这样决定下来。

　　为了准备南巡费用,清朝批准两江总督署江苏巡抚黄廷桂奏请,于乾隆十五年在江苏宝苏局增铸"八卯",至第二年即辛未年停止④。乾隆还批准,沿途各省截留漕粮 10 万石,浙江省因温州、台州等处受灾,准许截留漕 15 万石⑤,以资市场平粜。此外,还将直隶、山西、河南、浙江四省未完的耗羡银全行豁免,江苏、安徽、山东三省免未完的十分之六⑥。十六年,乾隆动身时,又谕所过州

　　① 《乾隆实录》卷 357。
　　② 《乾隆实录》卷 361。
　　③ 《乾隆实录》卷 361。
　　④ 《乾隆实录》卷 360。
　　⑤ 《乾隆实录》卷 374。
　　⑥ 《乾隆实录》卷 356。

县,本年应征额赋,蠲免十分之三①。

为避免南巡期间运河上漕船、运盐船和商船拥挤,确保河道畅通,乾隆批准地方政府采取如下几项措施。1.批准两淮盐政吉庆奏请,于十五年十月,预运第二年盐觔40万引,每引加耗20觔,作为盐商先期赶运耗费的补尝②;2.准浙江省奏请,令杭、嘉、湖等府漕船,全部于十五年十二月初开行,以保证明年二三月该地区运河畅通;3.浙江盐商因资本微薄,准其按销地远近,于十五年冬远者预领十分之五,近者预领十分之三,正课先纳,其他例输引杂公费,缓至明年四月交纳;4.京口等处为南北咽喉,百货丛集,轴舻衔尾,如果先期于各处早为拦截,必然导致商贾裹足,市价昂贵,因此拟在御舟抵达前三、五日,稍令商船避入支港,俟御舟过后立即放行③。

十五年十一月,总理行营王大臣和硕亲王允禄等奏南巡随从官兵及马匹、船只安排情况。1.随从官员除已派外,再派侍卫三班;2.兵丁原定派八旗600名,健锐营400名。但江浙一路俱乘船,健锐兵久不操练,应停派。3.到达江南登舟后,量减各处官员,仅取差使无误者,其余俱留河北;其前锋护军等兵,减派500名,合之江宁迎驾兵200名,足敷差使。章京拟派40员,虎枪侍卫兵拣选40员,俱先发放二月路费,途中计日补给;应骑马官员,仍于京中全数给发;随驾大臣官员,明春俸银于今冬先放。皇上登舟后,随行王大臣马不必过河,令与官兵一体留住江北。5.江浙旱路应需马匹,除御马用船载住外,随从人员用马照康熙年间例,取用于

---

① 《乾隆实录》卷380。

② 《乾隆实录》卷371。

③ 《乾隆实录》卷379。

地方。大臣 1 员马 5 匹,章京侍卫 1 员马 3 匹,护军紧要执事人等马 2 匹,余下的 2 人马 3 匹,合计需用马 6690 余匹。6.由徐家渡至直隶厂,由小五台至平山堂、高旻寺,由苏州至灵岩、邓尉、虎邱等处,非紧要差使,俱留于舟次,约须备马 4000 匹,仍令每 10 匹外多备 1 匹,以便添用。7.船多反致拥挤,拟大臣每员给 2 只或 1 只,其侍卫官员等 2—3 人或 4—5 人 1 只,拜唐阿兵丁 8—9 人或 10 数人 1 只,酌量匀派。除装载物件便民船 25 只外,统计沙飞、马溜船 440 只即可敷用,已预备的多余船只,各觅生理,不必守候。8.随行官员人等,在 10 里以内者回船住歇。米粮柴草,派地方官招商于行营左右公平售买,其黑豆令山东巡抚采买,运往沂州一带接济。这一方案,乾隆批准执行①。但临行之前,两江总督黄廷桂奏,马数太多,江省人稠地狭,难以安顿饲养,再请酌减。闽浙总督喀尔吉善也报告说:"马多道窄,恐致喧挤"。乾隆同意将每 10 匹之外多备的 1 匹减除②。

十二月十六日,乾隆申谕南巡期间文武官员、兵丁应凛遵事项:"如所在行宫,与其远购珍奇,杂陈玩好,不如明窗净儿,洒扫洁除,足供信宿之适也";"经过道路,与其张灯悬彩,徒侈美观,不若蔀屋茅簷,桑麻在望,足砚盈宁之象也";"闤阓通衢,人烟稠密,正以见懋迁有无之乐,不得因道路湫隘,俾迁移廛舍或致商民失业也";"其扈从满汉文武大臣官员侍卫等,皆当奉公守法,不得与地方官往来交际,潜通馈遗";"兵丁及随从人等,著该管大臣,各严加约束,经行所至,不得稍有滋扰,春苗遍野,无得践踏,违者察出从重治罪"③。大学士一等公傅恒,被任命为南巡行营总理。南巡

---

① 《乾隆实录》卷 376。

② 《乾隆实录》卷 379。

③ 《乾隆实录》卷 379。

准备工作一切俱妥。十二月十九日,乾隆又谕,巡幸江浙期间,著庄亲王允禄、履亲王允陶、和亲王弘昼以及大学士来保、史贻直在京总理事务。二十一日,颁谕军机大臣,南巡期间,凡西藏四川军机文报,应立即递送行在。河南、江苏、浙江各督抚,应酌量地方情形,安设腰站,派拔夫马,限定时期,相接邮传,以免迟误文报①。可见,在南巡期间,乾隆仍密切注视着其时刚平定叛乱后的西藏局势。

二、首次下江南

十六年(1751 年)正月十三日,乾隆奉皇太后从北京动身,首下江南。当天,他降谕允许沿途百姓瞻仰:"人烟辐辏之所,瞻仰者既足慰望幸之忱,而朕亦得因而见闾阎风俗之盛"。除"果属湫隘难容"地段外,"若道途宽广,清跸所经,无虞拥塞,不得概行禁止"②。二十二日,又宣布对南巡所经地方承办差务官员的奖赏:"凡有罚俸降级之案,俱准其开复。其无此等参罚案件者,各加一级"③。

进入山东后,乾隆陆续颁布减征蠲赋和赈灾谕旨。正月二十一日,宣布蠲除经过山东州县本年额赋十分之三④。二十六日,又宣布山东省因灾借出谷食,从十五年起分 5 年带征,但邹县、平阴等县重灾,常征欠谷 97.5 万余石概行蠲免⑤。二十七日,乾隆遣官分别祭祀东狱与孔庙。二月三日,宣布山东被灾的兰山等 7 州

---

① 《乾隆实录》卷 379。
② 《乾隆实录》卷 380。
③ 《乾隆实录》卷 381。
④ 《乾隆实录》卷 381。
⑤ 《乾隆实录》卷 381。

县加赈1个月①。

二月一日，乾隆还宣布对江苏、安徽、浙江三省采取优待性文化教育政策，三省岁试文童，府州县大学增取5名，中学增取4名，小学增取3名，"以副朕育才选士之至意"②。

二月四日，乾隆进入江苏后，随即遣官祭祀已故治河功臣靳辅、齐苏勒和嵇曾筠等祠。八日，奉皇太后渡黄河，至天妃闸。是夜御舟驻跸直隶厂。十日，祭清河神威显王庙，阅视高家堰水利工程。十五日，他降谕，经过淮安，见城北一带，内外皆水，"虽有土堤为之防，而人烟凑集之区，设经异涨，其何以堪，甚觉怃然。亟应改建石工，以资保障"，指示总河高斌等会同总督黄廷桂确勘详估，及时建筑③。这次督察与部署，体现乾隆对黄淮地区水利工程的关心。

在江苏期间，乾隆还多次降旨赈济该省灾民，减免赋税。二月十一日，他宣布对乾隆十五年受灾极重宿州等九县和稍重凤阳等九县，分别加赈一个月，并豁免宿迁、桃源、清河所借籽种银两。谕旨指出：穷黎嗷嗷待哺，要该省布政使永宁速往办理，上述各州县正印官即回本任，专力放赈④。二十五日又宣布，清河、宿迁、大河卫等八州县一卫，原决定当年应带征上年灾欠的漕米麦豆等，俱分作3年带征，又豁免扬州府兴化县积欠的荒废田钱粮⑤。

乾隆南巡江苏期间，两淮盐商"踊跃急公，捐输报效"。乾隆予以嘉奖，各按商人本身职衔，加顶带一顶，又特准"两淮纲盐食

① 《乾隆实录》卷382。
② 《乾隆实录》卷382。
③ 《乾隆实录》卷383。
④ 《乾隆实录》卷383。
⑤ 《乾隆实录》卷383。

盐于定额外,每引赏加十觔,不在原定成本之内,俾得永远霑受实惠"①。

今镇江市北焦山,是东汉末名士焦光隐居之所。二月十七日、十八日两天,乾隆到此游幸,赐焦光祠匾:"山高水长"。同时,他还到达金山寺畅游,在《游金山寺用苏轼韵兼效其体》诗中吟道:"轻舟风利过淮扬,此间初识有江在"。尽管诗味寡淡,但还是流露了作者初见长江时喜悦心情。

二十一日,乾隆到达苏州。为表示对长洲人原致仕礼部侍郎沈德潜的优遇,赐他在原籍食俸。在苏州日子里,他派员给三吴各处先贤祠送去亲书匾额。给周泰伯祠匾"三让高踪",言偃即子游祠匾"道启东南",范仲淹祠匾"学醇业广",韩世忠祠匾"中兴伟略",越王钱镠匾"忠顺贻庥",陆贽祠匾"内相经纶",岳飞祠匾"伟烈纯忠",于谦祠匾"丹心抗节",苏州紫阳书院也赐匾"白鹿遗规"。

二十四日,乾隆游览了苏州附近的灵岩山。二十五日,在苏州阅兵。

二十八日,乾隆到达浙江嘉兴府,阅兵,赐扈从王公大臣并浙江大小官员食品。颁谕说,朕南巡江浙,绅士以文字献颂者,载道接踵。著大学士傅恒、梁诗正等,会同江苏、安徽、浙江总督、学政详议对三省进献诗赋士子的考试选取办法。讨论后遂议定,由三省学政各自预选。江苏、安徽预选中者赴江宁,浙江预选中者赴杭州。俟皇帝驾临江宁、杭州时,分别命题考选②。这是对江南士大夫优待,使他们获得一次做官的机遇。

---

① 《乾隆实录》卷383。
② 《乾隆实录》卷383。

在嘉兴期间,乾隆游览了南湖,赋《烟雨楼用韩子祁诗韵》:

春云欲泮旋濛濛,百顷南湖一棹通。

回望还迷堤柳绿,到来才辨谢梅红。

不殊图画倪黄境,真是楼台烟雨中。

欲倩李牟携铁笛,月明度曲水晶宫。①

从诗中不难看出,乾隆被江南如画的山水迷住了。

三月一日,乾隆到达杭州。在籍翰林院侍讲刘振球自粤东来浙江迎驾,乾隆赐以御笔诗章及题匾"词垣耆瑞"。同时,赐江宁钟山书院、苏州紫阳书院、杭州敷文书院武英殿刊本"十三经"、"廿二史"各一部。三日,幸敷文书院,游观潮楼,阅兵。四日,遣官祭钱塘江神庙、南镇之神以及明臣王守仁祠,赐王守仁祠匾"名世真才"。六日,祭钱塘江,并奉皇太后渡江。这一天,批准总理行营大臣大学士傅恒奏,将强入杭州民家酗酒闹事的粘竿拜唐阿德克新正法,粘竿大臣等严加议处。七日,乾隆到达绍兴。八日,亲祭禹陵,行三跪九叩礼。九日,奉皇太后回銮,渡钱塘江抵杭州。十一日颁谕,浙江省进献诗赋士子考中的有谢庸、陈鸿宝、王又曾,"著加恩特赐举人,授为内阁中书,学习行走,与考取候补人员一体补用。并仍准其会试"②。十六日,回銮至苏州。十八日,幸范仲淹祠,赐园名"高义",赐范氏后裔范宏兴等各缎 1 匹、貂皮 2张。遣官祭晋臣卞壶祠,赐匾"典午孤忠";祭宋臣曹彬庙,赐匾"仁者有勇";祭明臣徐达墓,赐匾"元勋伟略";祭常遇春墓,赐匾"勇动风云";祭方孝儒墓,赐匾"浩气同扶";祭已故清两江总督于成龙和傅腊塔祠。二十四日到达江宁。第二天,阅兵,奉皇太后临

---

① 《乾隆诗选》第 113 页,春风文艺出版社 1987 年版。

② 《乾隆实录》卷 384。

视江宁织造机房,到明孝陵祭明太祖朱元璋墓,行三跪九叩礼,并颁谕曰:

> "朕省方问俗,巡幸江宁。象山之麓,明太祖陵在焉。皇祖圣祖仁皇帝南巡时,念其为一代创业之君,銮舆屡诣,旷典光昭。朕于驻跸诘朝,即驾前往,躬申奠谒。念本朝受命以来,百有余年,胜国故陵,寝殿依然,松楸无恙,皆我祖宗盛德保全之所致也。可令该督抚,饬地方官加谨保护,其附近陵地,毋许樵牧往来,致滋践踏。并晓谕各陵户知之"①。

乾隆在谕旨中,摆出一副胜利者大仁大义的姿态。但是,祭明太祖墓,行三跪九叩礼,传谕地方加意保陵寝,这对于笼络江南汉族士大夫不无意义。

三月三十日,乾隆宣布,江苏省进献诗赋士子中,选取蒋雍植、钱大昕、吴烺、褚寅亮、吴志鸿,著按浙江省例补用。

四月四日,乾隆跸直隶厂。五日,到禹王庙行礼,御书匾"平成永赖"。六日,到蒋家坝阅视堤工。九日,至黄河岸边,祭河神,渡河。十日,筹定洪泽湖五坝水志,其主要内容,可以概括如下四点:

1.立石永禁开放天然坝

> "洪泽湖上承清、淮、汝、颍诸水,汇为巨浸,所恃以保障者,惟高堰一堤。天然坝为其尾闾,伏秋盛涨,辄开此坝泄之,而下游诸州县胥被其患。冬月清水势弱,不能刷黄,往往浊流倒灌。在下游居民,深以开坝为惧,而河臣转为籍以防险秘钥。朕南巡亲临高堰,循堤而南,越三滚坝,至蒋家闸,周览形势,乃知天然坝断不可开。夫设堤以卫民也。堤设而民仍被

---

① 《乾隆实录》卷385。

其灾,设堤何用? 若第为掣流缓涨,自保上游抢险各工,而邻国为壑,田庐淹没,勿复顾惜,此岂国家建立石堤,保护生灵本意耶? 为河臣者固不当知此存心也。天然坝当立石永禁开放,以杜绝妄见"。

2.确立仁、义、礼、智、信五坝开放原则

"俾五坝石面高下,以仁、义、礼、智、信为之次,……必仁义礼三坝已过水三尺五寸犹不足以减盛涨,则启智坝之土;仍不减乃次及于信。斯为节宣有度,较之开天然坝之一往莫禦者悬殊矣。"

3.决定于信坝北雁翅以北一律改建石堤

"再高堰石堤至南滚南坝以南,旧用土工石堤,有首无尾,形势不称,应自新建信坝北雁翅以北,一律改建石土。南雁翅以南至蒋家闸,水势益平,则石基甎甃,如此方首尾完固,屹如金汤,永为淮扬利赖"。

4.强调河工应以"实著功效"为己责

"朕观河臣管领河漕,数千里民命所系,视督抚绥辑一二省者为难。冒涉风雨,守护堤防,亦视督抚坐办案牍者为劳。而督抚职在刑名钱谷,事有实据,是非难掩。河臣遵守章程,可以福命苟安无事,则其任较易,历来河臣,不乏表表尸祝之辈,而糜帑养患,有罪无功,其识机宜得关键,实著功效者几人哉! 果使全不兴工,则置民瘼于不问,河臣几于虚设,固无此政体。如其糜脂膏以掷虚牝,则蠹弊之最巨著。总之,河不可不治,而无循其虚名;工不可不兴,而必归于实用。斯为至要"。[1]

---

[1] 《乾隆实录》卷386。

以上 4 点,是乾隆视察河淮水利工程之后提出来。这比起以往身居深宫,凭奏牍指示治河方略,当然要更切合于实际。

四月十九日,乾隆路过泰安,至岱庙瞻礼。五月四日,返回至北京,奉皇太后居畅春园。二十五日,谕说,朕今春南巡时,经清江浦一带,雨水似觉太多,天气尚寒,恐于麦秋有碍,时为廑念。回銮之后,该督抚等虽已屡次请安,但究竟未将地方情形奏报。著询问两江总督黄廷桂等,将该处雨水情形,麦秋如何,民情是否拮据,据实即速奏闻①。可见,乾隆回京后,仍悬念着江南的国计民生。

三、后五次下江南

自十六年(1751 年)首次南巡之后,乾隆又五次下江南,所经路途,与首次下江南大致一样。

第二次是二十二年一月十一日从京师出发,四月二十六日返抵圆明园。

第三次是二十七年一月十二日从京师出发,五月四日返抵圆明园。

第四次是三十年一月十六日从京师出发,四月二十一日返抵圆明园。

以上四次都是奉皇太后南巡。第四次回銮时,乾隆面谕江南诸大吏,圣母春秋高而江浙途经数千里,此后勿再吁请圣母皇太后南巡。

第五次是四十五年一月十二日从京师出发,五月九日返抵圆明园。这一年,乾隆已是 70 岁老翁了。

第六次是四十九年一月二十九日从京师出发,四月二十三日

① 《乾隆实录》卷 389。

返抵圆明园。

与首次南巡一样,乾隆仍把视察民情、巡视水利工程与维系人心,作为南巡活动的基本内容。

在后五次南巡期间,乾隆还是把视察水利工程放在首位。他自己说:

> "朕巡省所至,首在勤民,而河湖要工,所关尤钜。一切应浚应筑,奏牍批答,自不如亲临相度,得以随处指示也"①。

作为封建帝王的乾隆,能认识到亲身考察,现场指导,强于按文牍批示,愿意走出皇宫,"亲临相度",这多少含有注重实际的治政方针,较之历代最高封建者在深宫高墙之内发号施令,要高明得多。二十二年,他第二次南巡时,济宁因灾积水未消,滕县等受淹。乾隆任白钟山为南河河道总督,前往治理,并亲赴徐州一带视察,指示徐州城外增建新石工四段,共长 1566 丈,与旧有三段石工相接,从而使徐州城安全有了保障。乾隆还巡视了高堰堤工,提出从武家墩迤北,建筑砖工。二十七年,再次阅视高堰时,对高堰五坝水,志作出新规定:"上坝增一尺之水,下坝开十丈之门"②。从而使下游滨河州县减少了水患威胁。从济运坝至运口 500 余丈,原是土堤,乾隆决定一律接建砖工。三十年,巡视清口,提出于原有 4 架木龙之外,再增建 1 架,以使挑溜全趋北岸,冲刷陶庄积土,收清黄并流之效。四十五年第五次南巡时,经过淮徐,查看陶庄引河,发现引河二头宽 90 丈,中段仅宽 60 余丈,水势被束,未能大畅,下令中段再拓宽 40 丈。

乾隆最为关心的一项工程是浙江沿海塘堤。从二十七年第三

---

① 《乾隆实录》卷533。
② 《乾隆实录》卷658。

次南巡之后,每到浙江,都要赴海宁等地视察塘工。二十七年三月,他到杭州的第二天,就赶赴海盐履视海塘堤工。其时,在修筑海宁段塘堤时,存在着修筑柴塘或石塘之争。有人认为,石塘虽坚固,但海宁沿海一带百余里,皆浮土活沙,不易沉石筑塘;如果内移数十丈建石塘,又要毁坏许多田庐。柴石塘争议孰是孰非,只有亲自调查考察后才能判断,正如乾隆在筑海塘诗中云"切忌道旁论,不如目击凭"①。他亲自试验排桩,200多斤的碇打下去,因砂散不能稳固。试验结果,乾隆决定只好建柴塘,同时用坦水石篓办法以加固塘根。四十五年四月,他在海盐视察后,要求将老盐仓一带,凡可以下桩改建石塘之处,一律改建石塘,凡长4200余丈。在改建同时,乾隆提出,原有柴塘必须保留,作为石塘的"重关保障"。其时,地方官视柴塘为无关紧要的可废之工,不但不加保护,反而任居民拆毁。乾隆知道后传谕地方官:"将来石工告竣,迟之数年,朕或亲临阅视,尔时柴工倘有损坏,惟该督抚是问"②。他还视察了海宁城,指示说,海宁城鱼鳞石塘,外系条石作墙,内填碎石,历年久远,潮汐冲刷,底桩微朽,又有裂缝。城东八里之将字号至陈文港密字号七段塘工,地当险要,塘身单薄,亦微有裂缝,著将以上两处塘工,一律改建鱼鳞石工③。乾隆四十八年,老盐仓石塘添建竣工,乾隆原欲将该督及承办文武官员交部叙功。但是,翌年他六下江南,巡视海塘后,发现"所办工程不惟不应邀叙,并多未协之处"。乾隆所指出的问题,可以概括作如下3点:1.既建石塘,自应砌筑坦水,以保护塘工。但督办塘工的前闽浙总督兼浙江巡抚陈辉祖等并未筹划至此。2.柴塘之后有沟漕一道,积水不浅,日积

①　《乾隆御制诗三集》卷21《观海塘志事示总督杨廷璋巡抚庄有恭》。
②　《乾隆实录》卷1104。
③　《乾隆实录》卷1102。

日甚,必淹浸渗漏石塘。3.石塘上堆积土牛,"甚属无谓,不过为适观起见"。乾隆认为,应将塘上土牛,填入沟漕内,将柴塘后之土,顺造斜坡,并在上面栽种柳树,必根株幡结,使石塘柴塘连成一势①。应该说,乾隆下江南期间,对海塘工程的视察是相当细致的,部署也是切合实际的,对提高海塘工程的质量,起了重要作用。

从首次下江南以来,减免所过州县的钱粮,已成惯例。一般情况下,免直隶、山东、江苏、浙江本年地丁银十分之三,受灾区免十分之五,江宁、苏州近郭州县全免。累年拖欠的地丁银,或全免或部分减免。有时,还因灾免借欠的籽本银。如乾隆二十二年,将杭州、嘉兴、湖州、绍兴4府借欠籽本银37800余两全部蠲免②。据统计,六次南巡共免所经州县通赋及钱粮达2000余万两。

乾隆屡次指示,南巡期间不得影响沿途商旅利益。二十二年,巡漕给事中洋海奏,当回銮之时,通州从北而南的商船,应悉行回避。乾隆批道:"所见甚属纰缪",并说"运河为南北往来通衢,将来皇太后回銮时,商民船只,遇有支河汊港,原可暂行回避。即无可避之处,亦令附泊旁岸,不致妨碍纤道可耳。若专为关防起见,则舵工、水手、在执事者且不令其回避,何况行人而先期尽行禁阻可乎!"③如此从民生出发考虑问题,相当明智。

乾隆在南巡期间,给予两淮盐商不少经济实惠。二十二年、二十七年的纲盐,每引均加赏10觔,不在原定成本之内④。四十五年批准,将长芦商人应征的5年盐课银50余万两内十分之一,分作五年带征,又豁免两淮盐商应征"还川饷"120万两,缓征庚子年

---

① 《乾隆实录》卷1201。

② 《乾隆实录》卷534。

③ 《乾隆实录》卷654。

④ 《乾隆实录》卷654。

（四十五年）应完纳银 27.6 万余两①。当然,盐商为报答"隆恩",在乾隆南巡期间,多次解囊。除首次南巡时,盐商在扬州平山堂捐资植梅花万株供皇帝观赏外,还捐资修建了高旻寺行宫,购置无数珍物玩好。四十九年,两浙商人何永和等捐银 60 万两,用以改建老盐仓鱼鳞石塘②。

乾隆南巡期间,对江南士大夫多方笼络,竭力表现出对士子的关心厚爱,对乡居旧臣的眷念。第二次下江南时,他决定依第一次南巡之例,批准江苏、安徽、浙江三省府州县学增收童生。谕旨说:

"因念三吴两浙,民多俊秀,加以百年教泽,比户书声。应试之人日多,而入学则有定额,甚有皓首而困于童子试者,其无遗珠之惧耶! 宜循旧典,再沛渥恩。其将江苏、安徽、浙江三省本年岁试文童,照乾隆十六年例,府学及州县大学增取五名,中学增取四名,小学增取三名"③。

增加童生招收名额,成了历次南巡定例。此外,对献诗赋、献书画者,也分别奖赏。乾隆二十年,大学士史贻直因坐事致仕回原籍江苏溧阳。乾隆二次南巡时,史前来接驾,皇帝高兴地说,史贻直"两年以来,家居安静,业已改悔。兹朕南巡,前来接驾,见其精神未衰,尚堪任使,且宣力年久,本系旧臣",著仍补授大学士,入阁办事④。原协办大学士梁诗正请假终养在家乡浙江钱塘,因接驾,乾隆著加恩准其按品级在家食俸。侍郎钱陈群"今养疴林居,亦著加恩在家食俸"⑤。三十年,原词臣沈德潜、钱陈群因到杭州接

---

① 《乾隆实录》卷 1099。
② 《乾隆实录》卷 1200。
③ 《乾隆实录》卷 532。
④ 《乾隆实录》卷 535。
⑤ 《乾隆实录》卷 531。

驾,各加太子太傅,沈德潜的一个孙子和钱陈群的一个儿子各赐举人①。

这里应顺便说及,关于乾隆第三次南巡时,住在海宁陈元龙的儿子陈邦直家的问题。前已叙及,《清秘史》作者杜撰乾隆是陈元龙的儿子,其中又一根据就是,乾隆三下江南时,曾住在陈家,诣问过陈家的家世:

> "适乾隆时,其优礼于陈氏者尤厚。尝南巡至海宁,即日幸陈家,升堂垂询家世,将出至中门,即命封之,谓陈氏曰,'厥后非天子临幸,此门勿相开也。'由是陈氏永键此门。或曰乾隆实自疑,将欲亲加访问耳。"②

乾隆从第三次南巡开始,每次下江南都要至海宁,其目的在于巡视海塘工程。至于住在陈家,那是官员们安排的,不是乾隆自己挑拣的。陈氏宗谱写道:

> "岁壬午(乾隆二十七年),纯皇帝三举南巡盛典,大吏以海隅僻壤,惟陈园可为驻跸之所,公(陈邦直)亦以世受国恩,故宜自效,爰鸠工庀材,一一躬阅其事,以昭慎重。观者多以简陋为安。适临幸之日,转以朴素无华,仰邀睿赏,一时恩赉稠叠,未易悉数,复蒙垂问家世年齿甚详"③。

原来海宁为"海隅僻壤",惟世代官宦的陈氏家园可供皇帝住宿,官员们才作出这样安排。乾隆到陈家,确实问了陈氏家世,但是,问了人家祖先的情况,就怀疑起询问者是被询问者的后裔,天下哪有如此推理?

---

① 《乾隆实录》卷730。

② 《清秘史·弘历非满种与易服色之不成》。

③ 《海宁渤海陈氏宗谱第五修》卷25"原大传"3《第十一世侍读愚亭公》。

乾隆下江南,一部分臣僚认为是去游山玩水。二十三年(1758年),副都御史孙灏上谏疏,希望皇帝明年停止巡幸索约勒。奏折中有一句话,"索约勒非江浙胜地可观"。乾隆阅后恼羞成怒,以为这是讥讽南巡,批驳说,"其言更为荒诞。且南巡之举,岂仅为山水观览之娱!上年朕临除邳淮泗沮洳之地,为之相视求瘼,疏泄求防,次第兴举,今岁农事倍收,孙灏宁不闻之乎!"①乾隆批驳孙灏,目的是要表白下江南绝不是为游山玩水,而是"相视求瘼",而且产生了良好效果。四十九年三月,他在第六次南巡途中,写了《南巡记》,对自己六下江南,作了总结:

"……我皇祖六度南巡,予藐躬敬而法之。……南巡之事,莫大于河工。而辛未(十六年)、丁丑(二十二年)两度,不过勒河臣慎守修防,无多指示。……至于壬午(二十七年)始有定清口水志之谕。丙申(四十一年)遂有改筑浙江石塘之工。今甲辰(四十九年)更有接筑浙江石塘之谕。至于高堰之增卑易砖,徐州之接筑石堤并山,无不筹度咨取,得宜而后行。……河工关系民命未深知而谬定之,庸碌者惟遵旨而谬行之,其害可胜言矣!……若夫察吏安民,行庆施惠,群众所颂以为亟美者,皆人君本分之应为。……故兹六度之巡,携诸皇子以来,必视于躬之如何无欲也,视扈跸诸臣以至仆役之如何守法也,视地方大小吏之如何奉公也,视各省之民人之如何瞻观亲近也。一有不如此,未可言南巡也……"②

尽管乾隆《南巡记》自我增饰不少鲜艳色彩,但所讲内容基本合乎实际。他说乃祖六度南巡,他"敬以法之",仍然打着康熙帝旗号,

① 《乾隆实录》卷576。
② 《乾隆实录》卷1201。

办自己的事。乾隆朝与康熙朝的局势已大不一样。康熙帝于国内干戈甫息之际南巡,目的是求国内统一安定的局面。乾隆时期,江南政局是稳定的。南巡虽然起了维系民心,尤其笼络南方士大夫与商人的作用,但毕竟不是乾隆南巡的最大动因,其主要目的,就是乾隆《南巡记》所说的"莫大于河工",是要亲自视察水利工程,解决江南频繁的水害。如果说,康熙南巡主要目的在于政治,乾隆南巡的主要目的则在于经济。江南是清代经济重心。在以农业为本的封建社会中,一个关心民瘼、孜孜求治的帝王,自然要关心水利工程。他不屑于靠"奏牍"指示水利工程,而要实地考察之后决策。不管乾隆对河淮与海塘工程的考察是走马观花抑或下马观花,但他强调实际考察而后定策,这在历代帝王之中,可算是一位以唯物态度理政的典范。而且,通过六次南巡,走出深居,对了解民间实际情况,总是有所裨益。正如《南巡记》所说,他不仅自己这样做,而且要求他的接班人"诸皇子"随驾南巡,学习他如何理政,随他一同体察吏治民情。

当然,乾隆六度南巡,财力物力的耗费也是惊人的。史家甚至认为,南巡浪费,是造成乾隆后期国力逐步衰竭的重要原因之一,同时助长了社会浮华、颓废之风。南巡产生副作用是肯定的,但说因此导致清朝逐步衰竭,则言之过重。

第二节　戡定准部

一、讨伐达瓦齐

乾隆五年(1740年)清朝与准噶尔部息兵和好的局面,维持十余年后,终因准部内乱而受到破坏。

乾隆十年九月,准部噶尔丹策零去世,遗三子一女。长子喇嘛达尔扎、次子策妄多尔济那木扎勒、幼子策妄达什、女乌兰巴雅尔。在选择继承人的惯例上,准噶尔部是有嫡立嫡,无嫡立庶长,与汉族传统颇为一致。噶尔丹策零长子喇嘛达尔扎,序虽为先,然非嫡出,汗位就落入年仅12岁的同父异母弟策妄多尔济那木扎勒之手。策妄多尔济那木扎勒贪玩成性,整日里屠狗取乐,恣睢狂惑,贤愚不辨,忠奸不分,把王室搞得乌烟瘴气。他的姐姐乌兰巴雅尔略加规劝,反遭幽禁。曾支持他立位的大宰桑纳庆、活拖洛、博活尔岱也先后受迫害,许多宰桑及部分王室成员失望之余,开始考虑谋求新的汗位人选。以乌兰巴雅尔的丈夫赛音伯勒克为首的准部上层集团经过周密策划,于乾隆十五年春除掉不得人心的策妄多尔济那木扎勒,立其庶兄喇嘛达尔扎为汗,企图稳定准部动荡的局势①。

　　喇嘛达尔扎成为准部最高统治者,部分准噶尔贵族对他寄予厚望。但是,即位不久,他就原形毕露,而且手段比他弟弟更加凶狠暴戾。这时,原准部渠师大策零敦多布之孙达瓦齐开始与辉特部台吉阿睦尔撒纳结成同盟,试图说服喇嘛达尔扎幼弟策妄达什出面谋位,由于事泄,策妄达什惨遭毒手。据逃入清朝的准噶尔人乌巴什回忆:

　　　　"从前策旺多尔济那木扎尔被害时,尚存幼弟蒙库什(即策妄达什)。有台吉达瓦齐及阿睦尔撒纳等欲立蒙库什,遣二宰桑前往蒙库处,为喇嘛达尔扎所觉,与蒙库什俱被害"②。
策妄达什的死,使达瓦齐和阿睦尔撒纳在这场汗位争夺中失去了

---

① 《乾隆实录》卷373。
② 《平定准噶尔方略》初编卷54。

182

关键的棋子,在对手咄咄逼人的气势之下,他们被迫离开准部。

乾隆十六年九月,达瓦齐率众投清受阻,不得不避居哈萨克,由于喇嘛达尔扎的苦苦追索,哈萨克阿布赍汗不敢久留他们,他们只好悄悄回到过去的旧游牧地①。面临生死存亡的挑战,达瓦齐显得丧沮消沉,"计无所出,日夜涕泣而已"。他的盟友阿睦尔撒纳鼓励达瓦齐振作起来,"与其束手待擒,何若铤而走险,兵法所谓往阨其吭者也"②。达瓦齐采纳阿睦尔撒纳的冒险计划,果然成功。他们仅以1500多名士卒偷袭伊犁,使整个局势发生了戏剧性的变化。

阿睦尔撒纳的才能、胆识远非达瓦齐之辈可比,但居然把垂手可得的汗位宝座拱手让人。据史家说,乾隆十九年以前,他不仅对达瓦齐应该登汗位没有异议,而且千方百计帮达瓦齐夺位,把达瓦齐的敌人看作是自己的敌人③。如果这种说法成立,那么说明阿睦尔撒纳与达瓦齐的感情非同一般。但是,根据阿睦尔撒纳的为人及当时复杂社会背景来判断,事情显然不那么简单。阿睦尔撒纳不能自立,当有难言之隐。

首先,在重门第出身的准噶尔社会中,他因身世较低微,身价不如达瓦齐。阿睦尔撒纳的祖父曾是显赫一时的和硕特拉藏汗,父亲丹衷由西藏入赘准部,成了准噶尔王室的上门女婿。当策妄阿拉布坦入侵西藏杀死丹衷父子时,阿睦尔撒纳还在母亲的腹中。不久,他母亲作为封建政治的牺牲品又被嫁给辉特台吉纬征和硕特,所以他一出生就成了辉特部的人,长大后游牧于雅尔一带④。

---

① 《平定准噶尔方略》初编卷54。
② 昭梿:《啸亭杂录》卷3《西域用兵始末》。
③ 兹拉特金:《准噶尔汗国史》,商务印书馆1980年12月内部版。
④ 祁韵士:《皇朝藩部要略》卷10《厄鲁特要略二》。

他的身世既不幸而又复杂。与此相比,达瓦齐幸运得多,他与喇嘛达尔扎是近族,同出台吉巴图尔辉世系,又恃祖父大策零之功,"为国人所向"。所以,魏源说阿睦尔撒纳"以已和硕特种,国人未附,乃推立达瓦齐为汗"①。

其次,达瓦齐所拥有的支持者及手中实力明显超过阿睦尔撒纳。达瓦齐原在额尔齐斯沙喇泰地方游牧,地险人众,"是很有根基,有力量的人"。后来小策零敦多布之孙讷默库济尔噶尔又率众归附,使其力量又增。因此,当攻下伊犁夺得汗位时,一般准噶尔人都认为达瓦齐立为台吉是理所当然的事。

再次,哈萨克阿布赉汗及沙皇俄国对达瓦齐的支持意向,使阿睦尔撒纳在心理上又多一层压力。哈萨克汗与达瓦齐保持友好的关系。达瓦齐亡命哈萨克时,曾得到阿布赉汗的帮助。沙皇俄国虽远离准部,但一向很"关心"清朝西北所发生的事。乾隆十七年(1752年)八月,沙俄政府给奥伦堡涅普留耶夫和捷弗凯列夫将军的命令指出:

> "要竭力争取前者(指达瓦齐),因为他是目前有希望控制全准噶尔的人,而跟他在一起的另一个人(指阿睦尔撒纳),因为是那里的准噶尔统治者的叔伯兄弟,为了往后的事,……应尽可能加以抚慰和召来奥伦堡"②。

毫无疑问,当时的形势于内于外都对达瓦齐有利,阿睦尔撒纳只好克制夺权欲望。

胜利后最重要事情,就是分配共同得来的利益。过去在攻打喇嘛达尔扎时,达瓦齐曾许诺事成之后,将伊犁以北地区让阿睦尔

---

① 魏源:《圣武记》卷4《乾隆荡平准部记》。
② 兹拉特金:《准噶尔汗国史》,商务印书馆1980年内部版。

撒纳来管理，卜罗塔拉以南由他自己管理，乾隆十八年十月，阿睦尔撒纳派人要求兑现，"因达瓦齐不允"，双方发生争执①，矛盾公开化。

达瓦齐一方面忌恨阿睦尔撒纳，担心他的权势过大使自己无法控制局面，但另一方面他又离不开阿睦尔撒纳，"每遇急难，必邀阿逆至，与之调停"。基于这种情形，两者仍然若即若离，达瓦齐也只能在私下里与人发发牢骚：

> "彼虽才能，终为我之臣仆，何敢以臣凌君，而忘其已为所立也"②。

面对达瓦齐的反复无常，阿睦尔撒纳不得不为自己的后路留了一手。在下决心与达瓦齐决裂之前，他派人试探哈萨克阿布赉汗的态度，请求提供 4000 匹马和骆驼，10000 只绵羊，结果出乎意料的顺利，因此他进一步邀请哈萨克出兵协助袭击达瓦齐的牙帐，也未遭拒绝③。对于阿睦尔撒纳这样一个政治赌徒而言，哈萨克方面的态度成了他最后下注的筹码。而这时，达瓦齐似乎也预感到一场解决双方争端的最后决斗不可避免，对部众说："不诛阿某，祸终未艾"④。

乾隆十九年（1754 年）六月，达瓦齐带精兵 3 万直奔额尔齐斯，又命骁将玛木特带乌梁海兵 8000 东西两面夹攻。阿睦尔撒纳虽有所准备，却未料来势如此凶猛，只得率部向内地迁移，沿途且战且退。七月抵喀尔喀蒙古境内，在获得清政府同意之后，于八月

---

① 《宫中档乾隆朝奏折》乾隆十九年九月初五日，刘统勋奏折。
② 昭梿：《啸亭杂录》卷 3《西域用兵始末》。
③ 兹拉特金：《准噶尔汗国史》，商务印书馆 1980 年内部版。
④ 昭梿：《啸亭杂录》卷 3《西域用兵始末》。

进入卡伦,其属下兵丁、妇女人众计约 25000 余名①。乾隆先后命贝子扎拉丰阿、散秩大臣萨喇尔、员外郎唐喀禄、侍郎玉保等前往赏赐及办理安插事宜。

乾隆对准部事务的了解主要通过边疆大臣的奏报,知之不详。乾隆十五年九月,原达什达瓦旧部宰桑萨喇尔因不满喇嘛达尔扎的残暴,愤然率部千余户内投,乾隆立即召见并详细询问有关准部近来局势的演变。萨喇尔坦诚地分析了当时的形势:

> "目今诸台吉皆觊觎大位,各不相下,达尔扎以方外之人,篡弑得国,谁肯愿为其仆?况往昔噶尔丹在时,优待下属,亲如骨肉,其宰桑有功者,噶亲酌酒割肉食之。每秋末行围,争较禽兽,弯弓驰骋,毫无君臣之别,故人乐为之用。今达尔扎妄自尊大,仿效汉习,每召对时,长跪请命,声咳之下,死生以之。故故旧切齿,其危亡可立待也"②。

萨喇尔所言不久即被应验,但乾隆这时对西北用兵不甚动心。十八年八月,他曾对军机大臣们说:

> "达瓦齐本系别支,胆敢作乱弑君,自为台吉。若系属国,尚当兴师问罪,但我大国无乘乱兴师之理"③。

同年十二月,他再谕军机处,重申"堂堂天朝","不肯乘衅发兵攻取"的立场,并命令边关将士做好两件事:一是接纳"穷蹙来降之人",二是严密注视边卡动静,"以逸待劳"④。然而,时隔数月,当阿睦尔撒纳来降的消息传入京师时,他有些按奈不住。十九年五月初四日,乾隆对廷臣宣布:"朕意机不可失,明岁拟欲两路进兵,

---

① 《乾隆实录》卷 469;魏源:《圣武记》卷 4《乾隆荡平准部记》。
② 昭梿:《啸亭杂录》卷 4《萨赖尔之叛》。
③ 《乾隆实录》卷 445。
④ 《乾隆实录》卷 452。

直抵伊犁"①。他选择这个时机表达戡定准部的意向不是偶然的。

西北准噶尔部众，俗耐劳苦，擅于格斗，天山以南，葱岭以西，阿尔泰山以东各部畏之如虎，一闻其至，无不奔走。故从噶尔丹始，内外兼并，横行于厄鲁特各部及回疆、唐努乌梁海、青海、西藏、哈萨克、喀尔喀蒙古各地，赫然成为西域霸主。清朝西北地区的安定与否，关键在于能否遏制准部割据势力的膨胀，所以康、雍两朝多次用兵，然各有胜负，问题未能彻底解决。乾隆当然想寻找机会，以完成祖上"积年未成之功"②。但光有这种心愿还不够，康熙、雍正两朝未竟之事，说明难度不小，他必须耐心地等待。噶尔丹策零之死引起准部汗位之争，西北边陲大乱，乾隆认为此为戡定西北的大好时机。另方面，准部对其他蒙古诸部的侵扰，使得内附的人口日益增多。如何妥善安置越来越多的西北内附人众的矛盾，也越来越突出。乾隆历来以"天下共主"自居，对周边内附来者不拒。十五年，萨喇尔归附，安插在察哈尔一带。十八年杜尔伯特部三车凌举族内徙，朝廷为此大费脑筋，派人往黑龙江等处勘地安插。十九年三月，阿睦尔撒纳要来的消息进宫③，又是一个安插问题接踵而至。乾隆此时没有退路，最明智的选择是出兵西北，以求一劳永逸。用他自己的话说：

> "朕以天下大君，焉有求生而来者不为收养之理，转致被达瓦齐戕害。夫收之则必养之，若令附入喀尔喀游牧，非惟喀尔喀等生计窘迫，数年后必有起畔逃避之事，则喀尔喀等转受其累矣。况达瓦齐作乱之人，今即收其数万众，虽目前不敢妄

① 《乾隆实录》卷464。
② 《乾隆实录》卷474。
③ 《乾隆实录》卷459。

举,而日久力足,必又蠢动,侵我边围,与其费力于将来,不若乘机一举,平定夷疆,将车凌、阿睦尔撒纳安置原游牧处,使边境永远宁谧之为得也"①。

尽管乾隆自认为征准时机很好,朝中敢于支持者却不多,唯大学士傅恒不"牵于浮论",赞同出兵②。应该说,不赞成出兵准部者,也有自己的理由。达瓦齐对清朝并无恶意,对改善与中央政府的关系很有热情。十八年八月,舒赫德建议派使臣与达瓦齐修好,结果遭乾隆训斥③。次年,达瓦齐主动派贡使到北京,极力表现恭顺的态度,希望获清政府谅解,享受和平时代噶尔丹策零同样待遇,允许赴藏熬茶等。乾隆说,"堂堂大清,中外一统,而夷部乱臣,妄思视同与国"④,断然拒绝。达瓦齐的恭顺态度,在某种程度上引发了部分清朝大臣的同情。他们希望不启边衅,要求维护与准噶尔部的和议。但在乾隆心目中,达瓦齐既是"夷部乱臣",已失人心。准部内斗激烈,这正是戡定西北边陲的大好良机,岂可坐失。因此,一切要求维持和平局面的建言,均予拒绝。

从十九年五月开始,清朝积极备战。乾隆指示,由阿尔泰山与巴里坤分西、北二路进兵,其中北路军3万名,西路军2万名,分别征调自京城满洲兵、黑龙江兵、索伦巴尔虎兵、绥远城右卫兵、西安满洲兵、西安绿营兵、宁夏兵、察哈尔兵、新降厄鲁特兵、归化城土默特兵、阿拉善蒙古兵、哲哩木兵、昭乌达兵、喀尔喀兵、和托辉特兵、宣化大同绿营兵、甘肃各营兵,等等。所需战马共15万匹⑤。

---

① 《乾隆实录》卷474。
② 《乾隆实录》卷474。
③ 《乾隆实录》卷445。
④ 《乾隆实录》卷475。
⑤ 《乾隆实录》卷464。

乾隆还谕各地,筹集粮饷,踏勘进兵路途。他还接连赏赐、欢宴蒙古各部王公、台吉、宰桑,特别是刚刚率部内附的杜尔伯特部台吉车凌、车凌乌巴什和车凌孟克等,以争取他们合作进讨达瓦齐。

不管阿睦尔撒纳降清如何迫不得已,有一点乾隆很清楚,即此人将是这次征准不可缺少的人物。十九年七月,他对前去办理边务的大臣策楞说:"阿睦尔撒纳乃最要之人,伊若来降,明年进兵大有裨益"①。对阿睦尔撒纳颇为了解的前准部宰桑萨喇尔也及时进言指出:"其为部众所畏服,正可资以前驱,迅扫残孽"②。是年十二月,乾隆匆匆赶往热河,急召阿睦尔撒纳一行到行在陛见,共商进兵计宜。十二日,降清者在避暑山庄御行殿受到庄严、隆重的接待。乾隆命王公大臣皆往陪宴,从容抚慰,"并赐上驷舆之乘,亲与其分较马射,并以蒙古语询其变乱始末,赐宴而退"③。清朝皇帝的雍容气派和威严,让边远来客大开眼界。

对阿睦尔撒纳降清的诚意,清朝中有人持怀疑态度。办理北路军务的户部尚书舒赫德及定边左副将军策楞,向乾隆提出两条处理意见:一是不宜将阿睦尔撒纳的部众留居乌里雅苏台附近,因为"军营粮饷军器马匹牲畜,俱在周围近处,又系通准噶尔大路,恐将明年进兵之事,向准夷泄漏"。二是"将阿睦尔撒纳等大台吉,一并留在军营候旨,其老少子女,俱令携带接济口粮,移至所指地方"。乾隆指责他们见解"甚属错误",认为:

"远方归顺之人,尚未知内地作何安插,乃甫经归命,即将其父母妻子发遣,留伊本身丁军营,伊心岂有不生疑惧?"④

① 《乾隆实录》卷468。
② 昭梿:《啸亭杂录》卷4《萨赖尔之叛》。
③ 昭梿:《啸亭杂录》卷3《西域用兵始末》。
④ 《乾隆实录》卷469。

当然,乾隆此番言论并不说明他对阿睦尔撒纳就信任不疑。其实,早在本年五月,他就谈过阿睦尔撒纳为人"诡诈反复,全不可信"①。但乾隆早已成竹在胸,他对阿睦尔撒纳与其说是信任,勿宁说是从策略上考虑。他需要的是一名进军准部的引路人。

十九年八月,清政府修定原派兵计划,喀尔喀兵由6000改为2500,以新降阿睦尔撒纳、讷默库等所率2300名厄鲁特兵替补②。另外,绿营兵丁原定1万名裁至6000,宣大两镇炮手1000名减去。同年十一月,闽浙总督喀尔吉善主动请命,酌派精悍灵巧的福建藤牌兵随征,结果也被拒绝。乾隆此时的指导思想相当明确,"即满洲兵丁亦不多用,仍以新归顺之厄鲁特攻厄鲁特"③。围绕"以准制准"的原则,乾隆还决定两路先锋均委以准部降人。阿睦尔撒纳任定边左副将军,率所部出北路;萨喇尔为定边右副将军,率所部出西路。乾隆还特别赞赏阿睦尔撒纳沿用昔日旧旗的请求,以使"彼处人众,易于识认"④。年底,阿睦尔撒纳提出,原定二十年秋季出兵不妥,应该提前:

> "塞外秋狝时,我马肥彼马亦肥,不如春月乘其未备,且不能远遁,可一战擒之,无后患。又准部东境以额尔齐斯河与中国交界,本杜尔伯特原屯地,近接阿尔泰山,可屯田备饷,宜先遣兵万人据形势,而大兵二万整队继进"⑤。

乾隆最后采纳这个建议,定于二十年二月大军开拔。

清政府在积极备战的同时,还发起政治攻势,以瓦解达瓦齐的士气。十九年十一月,乾隆亲拟诏书宣示准部,其文如下:

---

① 《乾隆实录》卷465。

② 《乾隆实录》卷470。

③ 《乾隆实录》卷479。

④ 《乾隆实录》卷476。

⑤ 魏源:《圣武记》卷4《乾隆荡平准部记》。

"诞告尔准夷有众,昔尔台吉噶尔丹策零,祗服朕训,恭顺无失,朕嘉其诚笃,二十年来,叠沛恩施,俾尔有众,各得休息。逮策安多尔济那木扎勒,赋性暴戾,不恤其众,喇嘛达尔扎,因而篡弑,于时曾欲代天申讨,歼此逆乱,念噶尔丹策零后嗣,惟有喇嘛达尔扎一人,用是恩施格外,未加剿除。达瓦齐以噶尔丹策零臣仆,敢行篡弑,致噶尔丹策零后嗣灭绝,且又残害同人,酷虐其下,败坏黄教,悉令还俗。朕念噶尔丹策零,恪恭敬顺,事朕有年,安忍视其宗灭地亡,使衽席黎元,流归左道。又值杜尔伯特台吉车凌、车凌乌巴什、辉特台吉阿睦尔撒纳等,不胜其虐,率部投诚。朕君临天下,一视同仁,车凌等沥诚祈请,朕焉有不收留抚养之理。是以特沛殊恩,悉皆加爵晋秩,其属下宰桑,亦予官职及银缎产畜,俾得安居。然使安置于喀尔喀地方,不免侵占游牧,互有杂处,殊为无益,不若仍居旧地为尤善也。今为尔众两路兴师,北路命将军班第、阿睦尔撒纳,西路命将军永常、萨喇尔,率兵前进,平定准部,以为车凌、阿睦尔撒纳人众复业之所。尔夷众有车凌、阿睦族属,欲行内附者,朕亦一体施恩,其余有众,如谓达瓦齐既弑其主,又绝人嗣,思念大义,不甘为彼臣仆,慕朕德化,抒诚来降者,朕亦同车凌、阿睦尔撒纳等一体抚恤,使居民游牧处,不令他徙。总之先来者先受朕恩,后来者后蒙朕惠,即使达瓦齐能痛改前非,输诚投顺,朕亦一体封爵,不令失所,尔等如不晓朕怜念夷众丧亡,溺于左道,拯诸水火之意,不知大义所在,仍怀观望或敢抗拒者,大兵所至,必尽歼除,尔等其详求朕谕,熟思利害,善自裁择,勿遗尔悔,为此延告"①。

① 《乾隆实录》卷477。

诏书措词冠冕堂皇,语气软硬兼施,既阐明出兵准部的原因和目的,又暗示清政府对准部政策的倾向,乾隆的态度和立场都极其明确,不愧为一篇出色的战斗檄文。

清军一切准备就绪,北路定于乾隆二十年二月十五日由乌里雅苏台拔营。因哈萨克人先行抢掠达瓦齐辖区,阿睦尔撒纳奉命提前三天于二月十二日动身,随行的有参赞大臣额驸色布腾巴尔珠尔、郡王品级青滚杂卜、内大臣玛木特、奉天将军阿兰泰等。二十四日抵达库卜克尔,三月一日到齐齐克淖尔。将军班第紧随其后,于三月三日带大队人马经过库卜克尔,与先头部队仅差九天的行程。十九日,当后续官兵抵额尔齐斯之西喇托辉地方时,前后之师已旌旗相望。这时乾隆反而担心起阿睦尔撒纳的作用能否得以充分发挥,"一则阿睦尔撒纳,系准噶尔人众知名之人,令伊带哨探兵前行,人多认识,于收服准夷人众较易。再前队既有哨探,复有将军随后带兵继进,声势联络,军威益振。如将军副将军合并一处,则众人惟知有将军,不复更知有副将军,转置阿睦尔撒纳于无用之地,不足以展其所长,殊于军行无益"①。乾隆对阿睦尔撒纳的借重,于兹可见。

阿睦尔撒纳的前锋进展顺利,几乎没有遇到有力的抵抗。第一批降人是达瓦齐手下的大宰桑阿巴噶斯、乌斯木济、哈丹等人,乾隆特别吩咐要另行办理安插事宜②。四月九日,额米尔河集赛宰桑齐巴汗迎清军于途次,十七日,噶克布集赛宰桑达什车凌率2000户望风归顺③。二十一日,阿睦尔撒纳听说达瓦齐驻兵察布齐雅勒地方,遂轻骑突进,二十八日,抵达尼楚滚,正好与西路前锋

---

① 《乾隆实录》卷486。
② 《乾隆实录》卷486。
③ 《乾隆实录》卷487。

萨喇尔互为犄角。

西路军虽比北路晚十三天起程,但沿途进展速度却不慢。萨喇尔于三月七日抵准部边界扎哈沁游牧地,木齐巴哈曼集率所属300户迎降。九日,宰桑敦多克以1200余户来归,十日,阿尔噶斯旧宰桑德济特之弟普尔普及子衮布带60余户叩迎。十二日,准部最有势力的大台吉之一噶勒藏多尔济投降清军,乾隆不胜欣慰,封他为绰罗斯汗。十三日,布鲁特之得木齐巴拉、诺海奇齐等30余台吉,辉特台吉托博勒登族弟巴朗、噶勒杂特得木齐博勒坤、车凌们绰克俱相继款附。十四日,巴尔玛得木齐伯克勒特、收楞额库鲁克等率旧宰桑噶齐拜之子图尔塔默特属户归顺①。二十九日,萨喇尔途次罗克伦,新降噶勒藏多尔济请求随营效力。四月五日,招抚吐鲁番回民1000户。二十七日,尾随达瓦齐踪迹,驻登努勒台地方,与阿睦尔撒纳军营相隔仅20余里。清军自进入达瓦齐辖地,两路直插准部腹地,如入无人之境,几乎天天都可不战而胜,其建功之易亦是乾隆始料未及的。

达瓦齐没有估计到清军会提前行动。及清军进入准部,其部下不战而降使得他阵脚大乱。为了摆脱西、北两路锋线的压力,不得不移师伊犁西北格登山地区。四月三十日,阿睦尔撒纳、萨喇尔齐头并进,"沿途厄鲁特、回子等,牵羊携酒,迎叩马前"②。五月五日,渡过伊犁河,逼迫达瓦齐退守格登山。达瓦齐此时虽拥众万余,然军械不整,马力疲乏,人心离散,仅凭地势险要作困兽斗。十四日夜,阿睦尔撒纳派翼领喀喇巴图鲁阿玉锡、厄鲁特章京巴图济尔噶勒、新降宰桑察哈什等带兵20余名往探敌营。阿玉锡出敌不

---

① 《乾隆实录》卷485。
② 《乾隆实录》卷489。

意,左冲右突,达瓦齐惊魂未定,以为清军发起总攻,率 2000 余人遁去,其余辎重及人员皆为阿睦尔撒纳所获①。格登山告捷,证实乾隆用人恰当,指挥无误,所以他自己也为此得意万分,事后欣然赋诗:

> 敉宁西极用偏军,天马人归敬受欣;
>
> 每至夜分遥檄问,所希日继喜相闻;
>
> 有征已是无交战,率附常称不变芸②。

达瓦齐逃出格登山,翻越奎鲁克岭,南走回疆,身边仅剩百余骑。六月八日,以乌什城阿奇木伯克霍集斯素与之善而来投奔,结果误入罗网。十四日,班第派人提解达瓦齐,二十五日,遣哈达哈押送他入京。是年十月十七日献俘京师。论功行赏,傅恒以襄赞之力,加封一等公,班第封一等诚勇公,萨喇尔封一等超勇公,阿睦尔撒纳晋双亲王食双俸。达瓦齐因对清廷并无恶意,免死加恩封亲王,入旗籍,赐第京师,得善终,充分展示乾隆怀柔远人的用心。随后,乾隆御制平定准噶尔告成太学碑,以永昭后世,是为第一次平定准噶尔之役③。

二、平定阿睦尔撒纳叛乱

达瓦齐俯首听命,准部地区出现权力真空,对于它的未来将以何种形式存在? 乾隆的算盘与阿睦尔撒纳的梦想有明显的距离。

乾隆鉴于准部强盛,曾抗衡清朝数世,故平准之后,欲“众建而分其力”,重建厄鲁特四部的统治秩序④。当达瓦齐手下大宰桑

---

① 《乾隆实录》卷 490。

② 《西域图志》卷首 1《天章》。

③ 魏源:《圣武记》卷 4《乾隆荡平准部乱》。

④ 魏源:《圣武记》卷 4《乾隆荡平准部乱》。

噶勒藏多尔济来降时,即被封为绰罗斯汗,另外又以策凌为杜尔伯特汗,阿睦尔撒纳为辉特汗,班珠尔为和硕特汗①。乾隆作如是安排显然不能满足阿睦尔撒纳的胃口。他志在统辖准部全境,以为在征达瓦齐战役中屡立战功,清朝会"以己为珲(浑)台吉,总管四卫拉特"②。他对班第说:"但我四卫拉特,与喀尔喀不同,若无总统领,恐人心不一,不能外御诸敌,又生变乱"③。他还纵容亲信大造舆论,四处宣称说乾隆必封阿睦尔撒纳为总汗,又仿效噶尔丹策零时期行文俱以专用小红钤记,弃清廷颁给的副将军印信,不用乾隆所赏黄带孔雀翎,私自占有达瓦齐拥有的马驼牛羊,擅杀投诚台吉宰桑,逼迫不听他指使的宰桑远离伊犁。二十年(1755年)五月,乾隆降谕,待擒获达瓦齐,阿睦尔撒纳赴热河觐见,再行加恩。得到班第、萨喇尔进呈的关于阿睦尔撒纳不法行为的密折后,遂以阿睦尔撒纳负恩狂悖、叛逆昭彰,决定先发制人。六月,乾隆催促阿睦尔撒纳驰赴热河,同时密令班第,如果阿睦尔撒纳不肯动身,就以会同防范哈萨克为由,诏萨喇尔、鄂容安设计将他一举擒获,就地正法。班第以兵力单薄,不敢贸然下手。乾隆又密令阿桂等带兵赶往塔尔巴哈台地方将阿睦尔撒纳的妻子及亲信拿送解京。

六月二十九日,阿睦尔撒纳在扎萨克亲王额琳沁多尔济陪同下,动身入京觐见。尽管他本人并不知道乾隆的意图,却早有心理准备。六月中旬,被派往监视阿睦尔撒纳的额驸色布腾巴尔(勒)珠尔奉诏先回皇宫,阿睦尔撒纳与额驸言语相通,甚是投机,故私下以总统厄鲁特四部之意乞其代奏,并约定若得皇上允许,便于七月下旬往见。其实,阿睦尔撒纳对入觐并无兴趣,他关心的是,托

① 《乾隆实录》卷485。
② 祁韵士:《皇朝藩部要略》卷12《厄鲁特要略四》。
③ 《乾隆实录》卷489。

付色布腾巴尔珠尔的事情能否被批准。因有约在先,所以在与额琳沁多尔济同行时,格外小心,沿途迁延慢进。八月,阿睦尔撒纳到乌隆古,仍未得到额驸消息。这时他明白将要发生什么事。乌隆古邻近阿睦尔撒纳旧游牧地区。于是他便留下乾隆所给定边左副将军印,不辞而别。据礼亲王昭槤所记载:

> "迨八月中尚无信,疑事已变,入境且得祸,遂阴召其众,张幕请额宴。酒数行,起谓额曰:'阿某非不臣,但中国寡信,今入其境,如驱牛羊入市,大丈夫当自立事业,安肯延颈待戮?'遂命呼酒者再四起,旌旗耀目,拥阿逆出营去。阿逆徐解副将军印组,掷与额曰:'汝持此交还大皇帝可也!'遂据鞍驰去。额琳沁多尔济瞠目视之,无如之何"[①]。

阿睦尔撒纳叛走,重新引起准噶尔地区的骚动,许多不甘失败的宰桑及其旧人闻风附和,攻击进入准部地区的清军。八月二十三日,伊犁宰桑克什木、都噶尔、巴苏泰率兵攻掠伊犁,班第、鄂容安等不敌,于次日带守军朝崆吉斯方向退却,二十九日,被围于乌兰库图勒。班第、鄂容安战败自杀,副将军萨喇尔虽突出重围,旋即被乌鲁特宰桑锡克锡尔格擒送阿睦尔撒纳处。是时定西将军永常拥兵 5000 驻穆堡,听说伊犁不守,本可派兵接应北路幸存官兵,但他恐遭阿睦尔撒纳暗算,疑惧不前,从而造成严重后果。乾隆降旨究其失职怕事之罪,拿押来京,病死于途中。刘统勋以协理总督转运军储驻巴里坤,因轻信谣言,退守哈密,失去救人机会,乾隆念其一介书生,军旅之事非他所长,不加究责,仅拈诗嘲讽:

> 集赛伊犁历一过,珠崖请弃竟如何?

> 我非勤远惟观火,卿误养奸作止戈。

---

① 昭槤:《啸亭杂录》卷 3《西域用兵始末》。

究胜寒蝉原所谅,堪称老马无可讥。

犎牛骑进阳关矣,只恨难为叩角歌①。

准部得而复失,清军西、北两路损兵折将,乾隆不得不重新调整人事安排,任命额驸策楞为定西将军,富德、玉保、达瓦党阿为参赞大臣,又命兆惠驻巴里坤办事。二十一年(1756年)正月,玉保挂任先锋,追寻阿睦尔撒纳的踪迹,沿途进展颇为顺利。一日,清军抵特克勒河,距阿睦尔撒纳营地不远,玉保正待下令追击,侍卫福昭突然来报,说台吉塔尔布、固尔班和卓、伯什阿噶什、巴图尔乌巴什等已将阿擒获②。这本是一个未经证实的传闻,玉保却信以为真,驰报策楞。策楞亦因立功心切,不审虚实,飞章京师告捷。事实上,这是阿睦尔撒纳玩弄的一个花招,借此迷惑清军,赢得脱身时间,率残部越库陇癸岭,逃往哈萨克。二月十三日,乾隆在动身赴孔林前,获此消息,十分激动,立刻改行程,去泰陵感谢祖先的"默垂庥佑",并降谕封策楞为一等公,玉保为三等男。二十六日乾隆又获策楞奏折说,前报擒阿逆,"事属子虚"③。乾隆怒气冲冲,降旨将玉保、策楞革职,解京治罪。是年五月,乾隆任命达瓦党阿接替策楞定西将军之职,富德副之,巴里坤办事大臣兆惠以定边右副将军衔协助军务。

达瓦党阿奉命出西路,哈达哈出北路。阿睦尔撒纳与西路清军相遇,败北后逃入哈萨克人的帐营。这时他故伎重演,遣哈萨克人前往达瓦党阿军营,诡称阿睦尔撒纳"即欲擒献,但需汗至,乞暂缓师待"④,结果又一次金蝉脱壳。与此同时,北路出击的哈达

---

① 《西域图志》卷首2《天章》。
② 《明清史料》庚编,第10本。
③ 《乾隆实录》卷506;507。
④ 魏源:《圣武记》卷4《乾隆荡平准部记》。

哈遇阿布赍汗哈萨克兵千余,也无心追剿,听其逸去,两路清军遂无功而返①。

阿睦尔撒纳逍遥遁去,使准部形势进一步恶化。喀尔喀亲王额琳沁多尔济因阿睦尔撒纳逃走,被乾隆赐自尽。当地人众对此很反感。郡王青滚杂卜乘机大做文章,擅自撤回所守台站卡座,使清政府北路台站从第十台到二十六台处于瘫痪状态,联络中断。受清朝册封的准噶尔绰罗斯汗、辉特汗、杜尔伯特汗皆因家属被留在热河,实际上成为人质,心怀不满,相继作乱。阿睦尔撒纳一看各地台吉宰桑纷纷构乱,便从哈萨克出山,与他们会盟于十罗塔拉河畔,自立做梦寐以求的四部总台吉。

二十一年九月,定边右副将军兆惠曾奉乾隆之命进驻伊犁。及阿睦尔撒纳复叛,伊犁势单力薄,乾隆唯恐兆惠有失,密令他火速退回巴里坤,同时调拔察哈尔、吉林兵各1000,索伦兵2000,阿拉善兵500,前往巴里坤待命应援。十一月二十五日,兆惠从济尔哈朗东行,经鄂垒、库图齐、达勒奇等地,于次年正月五日抵乌鲁木齐,遭噶尔藏多尔济、扎那噶布尔、尼玛、哈萨克锡喇等叛乱宰桑联合攻击。二十二日,疲惫不堪的官兵在特讷格结营自保,期待救援。三十日,自巴里坤间道接应兆惠的侍卫图伦楚及时赶来解围。二月二十三日,清军返抵巴里坤②。

兆惠未回之前,乾隆就调兵遣将集结巴里坤,准备反攻。成衮扎布因熟悉蒙古事务,授定边将军,其弟车布登扎布才情干练,暂署定边左副将军印务。舒赫德、富德、鄂实为参赞大臣,色布腾巴尔珠尔、阿里衮、明瑞、额勒登额、侍卫什布图铠、巴图鲁奇彻布等

---

② 《乾隆实录》卷530;魏源:《圣武记》卷4《乾隆荡平准部记》。

著在领队大臣行走①。三月,将军成衮扎布出北路,右副将军兆惠出西路。

遵照乾隆指示,清军做打恶战的准备。但在进军途中,情况迥异。原来准部地区这时发生了两件大事:一是叛乱的台吉噶尔藏多尔济被他侄子扎那噶尔布袭杀,而宰桑尼玛接着又密谋擒杀扎那噶尔布;另一是厄鲁特各地痘疫流行,染疾者甚众,幸存的四处逃亡,叛军不战自溃。兆惠进入厄鲁特地区的首要任务,就是打探阿睦尔撒纳的行踪。五月一日,他派奇彻布、达礼善、努三、爱阿隆、图伦楚等带兵去额布克特地方侦察,终于从游牧人口中得知阿睦尔撒纳已潜逃巴雅尔。六月,哈萨克阿布赉汗请降,遣使纳贡,且誓言帮助擒获阿逆。这样,阿睦尔撒纳唯一能安身匿命的处所就只有偷越边境逃往俄罗斯。

清军在境内搜捕阿睦尔撒纳不见踪迹,兆惠等也估计到他可能已进入俄罗斯,于六月中旬,遣顺德讷前往俄罗斯铿格尔图喇,会见俄方官员。俄方一口否认阿睦尔撒纳的到来。二十七日,驻扎在阿尔察图的阿布赉汗派人告称,本月十九日阿睦尔撒纳来投,阿布赉"告以明早相见,因先散其马匹牲只"。阿睦尔撒纳知情况有变,同数人步行遁去②。兆惠等据此更加确信阿睦尔撒纳藏身俄境。俄方为搪塞清政府,谎称阿睦尔撒纳已淹死额尔齐河。顺德讷一行便沿河打捞十几日,谎言终被揭穿。八月十五日,顺德讷往见西伯利亚总督玛玉尔,提醒俄方必须遵守双方约定,引渡逃犯。俄方再次否认,但兆惠、富德已从俘虏的口供中证实阿睦尔撒纳在俄罗斯。据目击者伊宛供称:

---

① 《乾隆实录》卷530。
② 《乾隆实录》卷543。

"七月初旬,见阿睦尔撒纳带领八人步行至俄罗斯,被割草人擒获,我因认识阿睦尔撒纳,并去观看,阿睦尔撒纳问我为谁,答以达瓦属人,阿睦尔撒纳遂入玛玉尔室内,是夜即送往察罕汗处,其八人又于次日解送"①。

乾隆获知阿睦尔撒纳遁入俄罗斯,缉拿叛匪的态度仍十分坚决,说"是逆贼一日不获,西路之事一日不能告竣"②。他谕令理藩院行文萨纳特衙门,要俄方"遵照原定不匿逃犯之条,将阿睦尔撒纳送来"③。但沙皇俄国仍无视中国政府的正当要求,拒绝交出叛匪。

沙皇俄国庇护叛匪,是希冀以阿睦尔撒纳作为分裂中国、染指西北的工具。但是,乾隆二十二年(1757年)九月,阿睦尔撒纳这位民族的罪人因患痘疫暴死他乡,结束可耻一生。沙俄当然不愿为一具僵尸而与清朝闹翻。十一月一日,西伯利亚总督将阿睦尔撒纳的尸体运到恰克图。次年正月,俄罗斯毕尔噶底尔差图勒玛齐、毕什拉等到中俄边界请清朝派人验看尸体。经乾隆派人前往验看,断定阿睦尔撒纳确死无疑。乾隆遂放心地说:"俄罗斯将阿睦尔撒纳之尸解送与否,均可不必深论"④。

三、重新制定西北治理方针

1.对准部地区的善后措施。

准噶尔地区几经兵火,残破不堪。耕地、牧场荒废,城镇、村庄被毁,人口更是急骤减少。有关资料表明,战前准部有宰桑63,新

---

① 《平定准噶尔方略》正编卷44。
② 《乾隆实录》卷547。
③ 《乾隆实录》卷547。
④ 《乾隆实录》卷557。

旧鄂托克24,昂吉21,集赛9,共计20余万户,60万余口①。战争中死亡惨重。据礼亲王昭梿《西域用兵始末》记载:

> "其他诸贼,既降复叛,自取诛灭,草薙禽狝无唯类,固无论已,此固厄鲁特一大劫,凡病死者十之三,逃入俄罗斯、哈萨克者十之三,为我兵杀者十之五,数千里内遂无一人。苍天欲尽除之,空其地为我朝耕牧之所,故生一阿逆为祸首,辗转以至澌灭也"②。

赵翼《平定准噶尔前编述略》指出:

> "时厄鲁特慑我兵威,虽一部有数十百户,莫敢抗者,呼其壮丁出,以次斩戮,寂无一声,骈首就死。妇孺悉驱入内地赏军,多死于途,于是厄鲁特种类尽矣"③。

椿园《准噶尔灭亡纪略》载:

> "大兵分途进剿,诛杀厄鲁特男妇子女逾百万,其余窜伏于山谷中者,经官兵四出搜查诛夷尽绝,因而灭其种类"④。

魏源《乾隆荡平准部记》云:

> "帝怒于上,将帅怒于下,合围掩群,顿天网而大狝之,穷奇浑沌梼杌饕餮之群,天无所诉,地无所容,自作自受,必使无遗育逸种于故地而后已。计数十万户中,先痘死者十之四,继窜入俄罗斯、哈萨克者十之二,卒歼于大兵者十之三,除妇孺充赏外,至今惟来降受屯之厄鲁特若干户,编设佐领昂吉,此外数千里间,无瓦剌一毡帐。"⑤

---

① 魏源:《武圣记》卷4《乾隆荡平准部记》。
② 昭梿:《啸亭杂录》卷3《西域用兵始末》。
③ 赵翼:《皇朝武功纪盛》卷2《平定准噶尔前编述略》。
④ 椿园:《异域琐谈》卷2。
⑤ 魏源:《圣武记》卷4《乾隆荡平准部记》。

清末学者龚自珍在《上镇守吐鲁番领队大臣宝公书》一文中也指出：

> "准噶尔故壤,若库尔喀喇乌苏,若塔尔巴哈台,若巴尔库勒,若乌鲁木齐,若伊犁,东路西路,无一庐一帐是阿鲁台(厄鲁特)故种者。"①

阿睦尔撒纳叛乱被平定后,准噶尔地区人口大量减少,是严峻的事实。他们或损于兵燹,或失之流亡。摆在乾隆面前一个难题是,要在这样一个废墟上重新繁荣西北地区。

早在二十年(1755年)正月,军机处就受乾隆的指示,拟定西北地区善后若干事宜。他们提出七条大纲:一、查四卫拉特台吉户口,授扎萨克及编列旗分佐领、设官。其四卫拉特之人,应安置各原驻附近地方,不必将一姓聚处。二、回人岁纳贡赋税准噶尔,今准夷底定,除岁供喇嘛外,余赋悉蠲,贡赋亦应议减。三、现收之乌梁海既编列旗分佐领,有续收者应照办,一同移置各原地,其管辖人令班第选奏。四、扎哈泌人众,应移于喀尔喀游牧之外、厄鲁特台吉所住之内,则阿尔泰山内藩篱愈固。五、大兵撤回,于满洲蒙古兵内留500名随班第等驻扎伊犁。六、伊犁既驻大臣,应择形胜地驻兵为声援,西路吐鲁番、鲁布沁地方膏腴可耕,驻兵1000,再瓜州、乌鲁木齐俱可屯田、驻兵,则伊犁、鲁布沁声息相通,亦展疆土。七、准夷既平,喀平喀游牧应加恩展宽,喀尔喀、厄鲁特游牧以阿尔泰山梁为界,乌梁海所居游牧不动,所有阴坡令喀尔喀游牧居住,阳坡则厄鲁特居住,喀尔喀北界俄罗斯,西界厄鲁特,派京师满洲蒙古兵数千前往屯驻,一如蒙古授产安插,以靖边境②。

---

① 龚自珍:《上镇守吐鲁番领队大臣宝公书》,《皇朝经世文编》卷81《兵政》。
② 《乾隆实录》卷480。

这种设计的中心是围绕"以准制准","众建而分其力"的原则,体现乾隆原先的制边设想。当准部大台吉噶尔藏多尔济来归时,乾隆马上推出重建四卫拉特的方案,封噶尔藏多尔济为绰罗斯汗,阿睦尔撒纳为辉特汗,车凌为杜尔伯特汗,班珠尔为和硕特汗[1]。对于四卫拉特各部基层组织,他设想参照喀尔喀蒙古之例,设盟长、副将军各一员,有事报驻扎大臣转奏朝廷。二十年(1755年)六月,令"所有应放盟长及副将军之人,俟伊等到热河入觐后,朕量其人才,再降谕旨"[2]。同年九月阿睦尔撒纳等叛清已成事实后,乾隆重新分封四卫拉特汗,其中绰罗斯汗、杜尔伯特汗不变,和硕特汗由沙克都尔曼济、辉特汗由巴雅尔分别接替[3]。

然而,西北局势的演变出乎意料。平定阿睦尔撒纳叛乱后,乾隆只好放弃初衷,改由政府直接统治该地区,引进内地郡县政治体制,迁移人口,大兴屯田,开台设卡,驻兵换防,开创清朝统治边疆地区的新局面。

乾隆二十七年(1762年),清政府在伊犁设置了伊犁将军府,最高长官伊犁将军由皇帝任命,下设都统、参赞大臣、办事大臣或领队大臣,另在部分地区辅之以州县制。乾隆朝陆续建置的有迪化直隶州(在乌鲁木齐)、镇西府(在巴里坤)、昌吉县、奇台县、吉木萨尔县、玛纳斯县等。至于准部地区以外的诸多民族,清政府仍沿用旧制,分封其世袭王公贵族。

戡定准部,乾隆以"武定功成,农政宜举",大力推广屯田。当时屯田的方式主要有兵屯、户屯、遣流犯之屯及回屯4类。

乾隆二十一年,乾隆调拔出征兵士留哈密附近的塔纳沁地方

---

① 《乾隆实录》卷485。
② 《乾隆实录》卷490。
③ 《乾隆实录》卷490。

屯种,开兵屯之始。二十三年,命雅尔哈善、黄廷桂等筹备伊犁屯事。二十五年,办事大臣阿桂奉旨自阿克苏率满洲、索伦兵500名、绿营兵100名、回人300名到伊犁驻屯。至三十四年,由内地陆续增调屯兵2500名。四十三年,将军伊勒图奏准所调屯田兵由单身改为携眷属,定额3000,除500名职镇守,其余分25屯,人均种地20亩,此为长屯驻守之始。四十七年,因屯粮过多,伊勒图裁减10屯1000名,五十四年,将军保宁奏准增加7屯,终乾隆一朝这个屯数没有变更。

户屯有民户、商户、绿营眷兵分户之区别。乾隆三十七年,将军舒赫德奏准客民庄世福等48户编入屯田户籍,每户给地30亩,官府借给耕牛、种籽、口粮,三年内将借项清还,每亩纳租银5分。三十九年,又有张成印等23户加入。四十六年,王已兴等30户加入,他们共耕种3030亩地,规模不算太大。商屯始于乾隆二十八年,主要由商人招募流亡垦荒种地,规模大于民屯。绿营眷兵分户之屯始于乾隆四十五年,由驻防绿营兵分户子弟组成,官给土地数目与民屯相似,但科征以所种实物为主,其规模也小于商屯。

有组织地征遣流犯屯田西北乃乾隆首创,始于三十八年,初由获罪较轻或发遣为奴者任之。降至乾隆末年,因屯田缺额较大,"遂议除洋盗被胁服役发往回疆为奴各犯不准截留外,其情重人犯内有年力精壮者,暂准截留补额,俟有情轻者到哈密,再将所留重者更替,照原拟发落"①。用流犯屯田生产,集中反映出准部地区人口之不足。尽管乾隆朝遣流屯田规模不详,但可以肯定,作为其他屯田种类的补充,它仍不失为行之有效的权宜办法。

二十五年,办事大臣阿桂自阿克苏北上伊犁,带300名回人屯

---

① （清）姚元之:《竹叶亭杂记》卷1。

田。同年,陕甘总督杨应琚奏请在哈拉、沙拉、库车、库尔勒4处招集回人"有愿垦荒者,令搬移前往"①。三十二年,清政府先后从乌什、叶尔羌、和阗、哈密、吐鲁番等地调集6000回户屯田。三十八年,伊勒图奏准分回户为九屯耕种,每户交粮16石,年计96000石,乾隆末年达到10万石左右②。在几类屯田中,回屯的规模显然较大。据统计,到乾隆四十年止,新疆南北两路屯田面积近100万亩、屯丁10余万人③,成绩斐然。

除了屯田之外,乾隆还在准部地区辽阔的草原上实行屯牧,开辟马、牛、驼、羊等畜牧业基地。到五十八年,共计有马28500多匹,牛14800多头,骆驼4100多只,羊14万余头④。

乾隆一系列恢复生产的措施颇见成效。三十六年,陕甘总督文绶视察新疆,抵达巴里坤时,正值秋后。他看见城外禾稼盈畴,屯田甚广,颇为丰美,城关内外,烟户铺面比栉而居,商贾云集。他再往西行到木垒河一带,看见该地连年招民垦田,良田多达34000余亩,内地商贾、艺业民人俱来趁食,"屯田民人生齿繁衍,扶老携幼,景象恬熙"。到乌鲁木齐,"天气和暖,地土肥美,营屯地亩日以开辟,兵民众多,商贾辐辏,比之巴里坤城内更为殷繁"。再往西走,"其地肥水饶,商贾众多,几与乌鲁木齐相似"。文绶在巡查期间,还曾遇上内地前来当佣工的民人,据他们反映新疆地广粮贱,佣工一月可得银一二两,积蓄稍多,生活有余⑤。文绶所陈视察见闻,或有夸张,但不可否认北疆的社会经济正逐渐恢复和

---

① 杨应琚:《筹回民垦种安集疏》,《皇清奏议》卷51。
② 《西陲总统事略》卷7。
③ 王树枏:《新疆图志》卷30。
④ 《西陲总统事略》卷7。
⑤ 文绶:《陈新疆情形疏》,《皇清奏议》卷59。

发展。

　　乾隆经营西北边疆，很大一部分精力是花在防务方面。二十一年派兵屯驻塔勒纳沁地方，二十五年，阿桂又奉命带满洲、索伦兵及绿营兵屯驻伊犁。次年九月，增兵屯驻与俄罗斯、哈萨克交界的塔尔巴哈台[①]。早期驻军均是当年出征西北的将士。从二十七年开始，清朝陆续抽调东北、直隶、陕甘等地区的绿营兵、满洲蒙古八旗兵、锡伯营兵、索伦兵、察哈尔兵及降清厄鲁特士兵参预驻防[②]。屯驻新疆的军队按其需要可分为驻防与换防。驻防即士兵可携家眷随军，常年驻守防地或参加军屯，而换防则为临时性驻防，任务不变，只是时间较短，常例是三年或五年一换，不许带眷属[③]。至于驻军布防情况主要视各地位置而定，伊犁是西北中枢，乌鲁木齐为新疆门户，巴里坤、吐鲁番都是清军据点，是故皆以满洲绿营驻防为主，其下属各镇、台、卡伦则以换防为主。随着经济的复苏，人口增多，其防卫以伊犁为中心开始向纵深发展。以伊犁为主体形成惠宁、绥定、广仁、瞻德、拱宸、熙春、塔尔奇、宁远八城环状驻防[④]。乌鲁木齐所属也先后建防迪化、巩宁等城镇。四十五年，新疆"城郭林墟无殊内地"[⑤]。

　　乾隆在厄鲁特地区还模仿八旗制度，建立上三旗和下五旗。从二十五年（1760 年）起，将陆续招抚之厄鲁特人及由哈萨克布鲁特投出的厄鲁特人编为右翼。二十九年，又将自热河携眷移驻达什达瓦之厄鲁特官兵编为左翼。三十二年，经将军阿桂奏准，将左

　　① 《乾隆实录》卷 645。
　　② 祁韵士:《西陲要略》卷 2。
　　③ 《西陲总统事略》卷 1《伊犁驻兵书始》。
　　④ 祁韵士:《西陲要略》卷 2。
　　⑤ 索诺穆策凌:《陈新疆事宜疏》,《皇清奏议》卷 63。

翼列为上三旗,右翼列为下五旗,各设总管、副总管一员,每旗佐领一员、骁骑校一员。三十七年,将军舒赫德奏请将投诚土尔扈特内安插伊犁之沙毕纳尔人归入下五旗。他们游牧种地自食,闲时操演,清政府时常赏赐钱粮以资补助①。

乾隆经营新疆乃是寓兵于政、寓兵于农、寓兵于牧,既增源节支,又达到保卫边疆的目的。

2.对乌梁海人的直接管理

在加强西北治理的过程中,乾隆帝还注意到乌梁海的治理问题。乌梁海,明属兀良哈,其人自谓"托跋",实际上就是南北朝鲜卑族的后裔,他们的语言、风俗习惯、宗教信仰与蒙古族极为相似②。据徐松所考:

> "乌梁海人有三部,曰阿勒坦(阿尔泰)乌梁海,曰阿勒坦淖尔乌梁海,为科布多属,曰唐努乌梁海,为乌里雅苏台属"③。

乌梁海人以其各部所居地方而得名,唐努乌梁海居唐努山一带,在外蒙古西北、叶尼塞河上游,地理位置最为紧要。阿尔泰乌梁海居阿尔泰山一带,即今之布尔津县及其以北地区。阿尔泰淖尔乌梁海居阿尔泰淖尔地方,今在俄国帖列茨湖附近。在沙皇俄国势力染指叶尼塞河流域以前,乌梁海人从事采捕射猎,依木而住,归属于准噶尔贵族的统治。17世纪以后,一部分为俄罗斯所占有。

清朝议及乌梁海事务始于康熙。康熙五十四年(1715年),准部首领策妄阿拉布坦纷扰喀尔喀蒙古,康熙命散秩大臣祁里德督大军赴吹河防御,随同出征的扎萨克图汗博贝认为,准噶尔东来全

---

① 祁韵士:《西陲总统事略》卷4。
② 何秋涛:《朔方备乘》卷5《征乌梁海述略》。
③ 徐松:《西域水道记》卷5。

恃乌梁海人,进为之向导,退为之屏障,若招降乌梁海人,则足以遏止准噶尔的气势,使喀尔喀免受其害。康熙从其议,命扎萨克台吉济纳尔达、阿里尔、根敦罗尔藏三人往招。九月,乌梁海头目和罗尔迈率属归顺,皆安插于博贝之下。雍正二年(1724年)正月,博贝进京觐见,雍正帝询及属下乌梁海生计,得知博贝曾从祁里德处借饷银18000余两补贴各户,特下诏准其不还。四年,雍正命博贝所部千余人随清军前锋统领驻唐努山南面特斯地防御准部的侵扰,同时传谕乌梁海自修战备,以防不虞①。雍正五年十月二十一日,清政府与俄罗斯签订《恰克图条约》,其第三款内容大体是:

> "乌梁海人向不明国籍,每年分向中俄两国贡纳貂皮一张,自此次划界后,划归中国之人民,不得再向俄国进贡,属俄国之人民亦然"。②

唐努乌梁海地方根据条约正式归入清朝版图,属乌里雅苏台定边左副将军管辖。

康雍两朝仅及唐努乌梁海之部分,对其管理采用委托方式,安置于扎萨克部之下,所以经常出现逃人现象,内部极不稳定。乾隆七年(1742年),乾隆命博贝次子额琳沁承袭父命,继续帮助清朝管理归降之乌梁海。十六年,乾隆诏额琳沁议定乌梁海出入汛界例,饬禁所部越境与准噶尔及回人私下贸易。十八年,准部降清宰桑萨喇尔奉命对阿尔泰乌梁海进行剿抚,次年二月,他由崆格进屯卓克索,额琳沁和博贝之孙青滚杂卜等率众随同。乾隆又谕成衮扎布让额驸策楞把军营由塔密尔移驻乌里雅苏台,召尚书舒赫德返京面援方略。三月,萨喇尔、额琳沁等招降乌梁海宰桑达克车

---

① 何秋涛:《朔方备乘》卷5《征乌梁海述略》。
② 孙福坤:《蒙古简史新编》第125页。

根。二十年正月,乌梁海降人察达克招包沁种人来归,乾隆叙功授其内大臣职。班第在进军伊犁途中,遣车布登负责搜捕乌梁海人。七月,车布登与副都统敦多卜率兵300越萨勒巴什岭往收该处居住之乌梁海,宰桑敦尔卓辉鄂木布等偕众听命。另外,还有旧属准噶尔之乌梁海散居汗哈屯处,察达克等往招,宰桑哈尔玛什、玛济岱、纳木札勒、保衮、莽噶拉克、纳穆克布、珠库鄂木等相继来归,自是阿尔泰乌梁海略定。

乾隆安置新来之乌梁海人,一改前朝做法,将所收人户编设旗分佐领,利用其旧人为各处总管,青滚杂卜以熟悉乌梁海情形之故受命总理其事。阿睦尔撒纳叛乱后,乾隆令青滚杂卜率乌梁海兵随参赞大臣哈达哈出征。二十一年五月,清军追剿乌梁海之倡乱者,青滚杂卜私携所部退回牧地,并派人赴乌里雅苏台军煽众喀尔喀,令散归辉特,使清军攻势严重受阻。二十二年正月,青滚杂卜伏诛,九月,乾隆命乌梁海降人察达克领兵400前去招降阿尔泰淖尔乌梁海,其宰桑特勒伯克、札尔纳克闻风归附。十二月,授特勒伯克为总管。并以旧乌梁海与杜尔伯特错牧其间甚属不便,暂定乌兰固木为杜尔伯特牧地,另以科布多为乌梁海牧地。二十四年八月,诏赛音诺颜亲王成衮扎布安抚乌梁海。是时,乌梁海之察达克以科布多产貂不多,生计艰难,请求迁往阿尔泰山以南额尔齐斯之源采捕,乾隆准其所请。二十七年十二月,乾隆命铸乌梁海左右翼总管印,分别颁授察达克、图布新,乌梁海人开始新的生活。

乾隆招抚乌梁海人数不详,从各部所设佐领来看,当属唐努乌梁海最多,有45佐领,阿尔泰乌梁海次之,有7佐领,阿尔泰淖尔乌梁海最少,仅2个佐领。乾隆对他们不仅在政治上加强统治,同时在经济上免其贡赋,引导他们屯田放牧,在军事上开汛界、设卡伦,以确保乌梁海的安定。乌梁海人数虽不多,但地处西北边陲,具有军事上战略意义。要安定西北,乌梁海人的安定不可或缺。强化对乌梁海的治理,是乾隆经略西北的重要组成部分,清人何秋涛曾高度赞扬说:"乌梁海部落虽小,然金山剑海之间古为用武之地。自天威远震,疆以戎索,而卡伦以外辟地千里,所谓无形之金汤也"①。

第三节　统一回疆

一、大小和卓木叛清

阿睦尔撒纳叛乱甫定,又发生回部大小和卓②叛清分裂的严重事件。

回部是指天山南路回教徒居住的地区,古有袁纥、韦纥、乌护、乌纥、回纥、回鹘、畏兀儿等不同称谓。传说唐朝以前,那里的居民信仰佛教。元朝以降,随伊斯兰教的东渐,百姓改而从之。伊斯兰教在中国有回教之名,该地区所以通称回部。

回部旧汗是蒙古成吉思汗次子察哈台之后裔。明末,伊斯兰教创始人穆罕默德第 26 世孙玛木特迁入喀什噶尔,并在政治上和宗教上逐渐取代了蒙古人的统治地位③。但是,从 17 世纪以来,回教内部"白山宗"与"黑山宗"两个教派对立,逐渐演变为两个政治派别的斗争,回部地区各城镇因此像一盘散沙。17 世纪末,喀什噶尔"白山宗"首领阿法克被"黑山宗"排挤,北上投靠准噶尔。

---

① 何秋涛:《朔方备乘》卷 5《征乌梁海述略叙》。
② 和卓,伊斯兰头面人物的称呼。和卓既是宗教领袖,又是拥有大量土地和农奴的大农奴主。
③ 魏源:《圣武记》卷 4《乾隆戡定回疆记》。

噶尔丹看有机可乘,遂于康熙十七年(1678年)进兵天山南路各部,立"白山宗"哈资拉忒阿法克为首领,控制了回部地区①。从此,回部上层受准部统治者压制,下层则受其剥削,时间长达半个多世纪。为防止南路反抗,准噶尔贵族把有影响、有威胁的回部首领都弄到伊犁做人质。阿布都实特之子玛罕木特,以族贵向得回人尊敬,曾受命总理南部各城。他身居叶尔羌,广收人心。噶尔丹策零将他迁入伊犁。他死后,两个儿子即大、小和卓木兄弟遭到同样命运。据记载:

> "和卓木特在伊犁生二子:长曰布拉敦,亦曰布拉伊敦,次曰和(霍)集占,即回子所称之人小和卓木也。和卓木墨特(玛罕木特)死,二子仍在伊犁,准噶尔虑其生事,不肯放入回城"②。

回部贵族命运尚且如此,普通回人更是不堪设想,据《平定回部勒铭叶尔羌碑文》描述:

> "准夷昔强,……以回为羊,役以耕耘,利其善贾,三倍市欣。……四大回城,输租献赋,腾格是供,卫拉是惧,茧丝奚堪,沟壑已遽"③。

在噶尔丹策零统治时期,仅叶尔羌一地每年得纳贡赋10万腾格。凡回民所种米、谷、菽、麦,"眼同收割,先与平分,而后用十分取一之法,重征粮税"。准部差往各地之头目,"日奉以酒肉妇女,去仍多索赆遗,少不如意,辄纵其从人,恣行抢掠"④。另外,准噶尔统

---

① 张星烺:《中西交通史料汇编》第2册。
② 《西域总志》卷2。
③ 《西域图志》卷18。文中所说"腾格",回部地区货币,1腾格准制钱50文,值银1两。
④ 七十一(椿园):《西域闻见录》卷7。

治者还强迫大量回人去伊犁从事耕作,受役者若奴佃,"课其引水种稻秫,服劳供赋不敢怠"①。许多地方回人不堪其扰,死绝逃亡。

顺治三年(1646年),吐鲁番首领遣使奉表入贡,算是清朝与回地正式往来的开始。后因河西回民丁国栋等联合哈密、吐鲁番抗清,清政府下令关闭嘉峪关,交通断绝。顺治八年(1651年),叶尔羌头目主动送还所掠内地民人,取得清廷谅解,重开贡道与贸易②。噶尔丹入侵南路后,强行阻断回部地区与清朝的通贡。康熙三十五年(1696年),被准部当作人质的回部首领阿布都实特自拔来投,康熙派人护送到哈密③。为避免哈密、吐鲁番两地回人受准部的骚扰,清朝将两处部分回人移居内地。康熙六十年(1721年)五月,厄鲁特宰桑和勒博斯额穆齐率兵500围攻投清的回人,抚远大将军允禵令发兵2000赴吐鲁番。雍正三年(1725年)四月,大兵撤还,朝廷议徙吐鲁番回人于内地,此次愿迁入内地者共650人④。雍正九年三月,再次晓谕回人,"伊等倘自揣力不能敌,不妨仍为移避之计"⑤。雍正十年十二月,回民1万余口内附安插于瓜州,皇帝命总督刘于义、巡抚许容妥善处理,协助其筑堡、造房,给与口粮、牛种等项⑥。

乾隆初,准噶尔问题尚未解决,清朝对回政策仍然是防护与迁移兼顾。十二年(1747年)七月,命将金塔寺100余户回众移于哈密种地居住⑦。征准前夕,又遣官赴瓜州编旗队,置管旗章京、副

---

① 《西域图志》卷12。
② 祁韵士:《皇朝藩部要略》卷5。
③ 魏源:《圣武记》卷4《乾隆戡定回疆记》。
④ 《平定准噶尔方略》前编卷9。
⑤ 《平定准噶尔方略》前编卷22。
⑥ 《平定准噶尔方略》前编卷33。
⑦ 《平定准噶尔方略》前编卷50。

管旗章京、参领、佐领、骁骑校各员,如哈密例①。十九年,清军准备两路出击,横扫回疆北路。此举得到各地回众支持,他们积极配合清军,有乘机逃离准部者,有为清军当向导者,也有直接参与战斗者。二十年五月,伊犁贸易回人阿达莫米木等十三宰桑共率2000余户来投,又组织熟悉地形的回军300名帮助追擒叛首达瓦齐②。

清军攻下伊犁,大小和卓木兄弟结束了长期受制于人的囚徒生涯,回部地区也摆脱了准噶尔贵族残暴统治。在这种新形势下,对大小和卓木的合理安排及对回部地区的妥善管理问题,摆在乾隆面前。

二十六年六月,定北将军班第提出,让两和卓木返回南疆招服回众:

> "伊等原系喀什噶尔回人头目,因叶尔羌、喀什噶尔人心所服,是以恳求前往阿克苏城,招服叶尔羌、喀什噶尔人众"③。

乾隆对这一建议深以为然,但作了两点补充:一是尽快催促兄弟俩进京觐见,二是"仍令复回原部,并将此预行告知,俾知感激"④。其实,在乾隆的潜意识里存在着这样一种想法:回部长期为准噶尔所困,大小和卓木不过是厄鲁特人的囚徒,北路荡平,足以震慑南路,回部地区归顺是指日可待之事,没有想到纵虎归山贻下后患。二十一年四月,他风闻回部有投诚之意,便派策楞带兵晓谕南路,

---

① 祁韵士:《皇朝藩部要略》卷15。
② 《平定准噶尔方略》正编卷12。
③ 《平定准噶尔方略》正编卷14。
④ 《乾隆实录》卷487。

"即准其归降,其如何安插纳贡之处,奏闻靖旨"①。十月,别有用心的小和卓木派人来北京城里试探风声,乾隆高兴不已,以为回部遣使来谒,意甚诚笃,"果能遵谕贡赋,即不必加以兵力"②。他以为大小和卓木是"感激图报,永知恭顺之忱"③。于是乎下旨召见大小和卓木,意欲通过施恩加宠,从而抚定回部。但小和卓木却另有如意算盘。他并不想就这么轻易让回部纳入清朝版图,受中央政府的管辖。时适阿睦尔撒纳在北路叛清。这无疑使野心勃勃的回部强人受到鼓舞,决定脱离清朝,参与阿睦尔撒纳的叛变行动。阿睦尔撒纳叛乱转眼间被平定,小和卓木逃回故居,开始策划反清④。起初,大和卓木对弟弟的行为颇有疑虑,规劝说"从前受辱于厄鲁特,非大国兵力,安能复归故土,恩不可负,即兵力亦断不能抗"⑤。小和卓木不以为然说:"你我兄弟二人被准噶尔禁锢,历有年所,今始得归故土,若听大皇帝谕旨,当与禁锢何异?"⑥其实,这位民族分裂分子小和卓木真正担心的是,乾隆会追究其"率众助逆"之责,决心与清朝闹独立:"莫若与中国抗拒,地方险远,内地兵不能即来,来亦率皆疲惫,粮运难继,料无奈我何。且准噶尔已灭,近地并无强邻,收罗各城,可以自立"⑦。

对于小和卓木的狂悖叛逆行为,乾隆渐有所闻,因此耐心逐渐消失,二十二年正月,指示军机处:

> "令波罗泥都(大和卓木)等酌定贡赋章程,前来陈奏,

---

①　《乾隆实录》卷 511。
②　《平定准噶尔方略》正编卷 33。
③　《平定准噶尔方略》正编卷 47。
④　魏源:《圣武记》卷 4《乾隆戡定回疆记》。
⑤　《平定准噶尔方略》正编卷 58。
⑥　《回疆通志》卷 12。
⑦　《回疆通志》卷 12。

伊等遵行则已,倘稍有拒犯,俟剿灭厄鲁特后,再派兵前往办理"①。

同年四月,他再谕军机大臣:"伊等不即前来投顺,明系别生异心,即应派兵擒拿",他还特别强调:即使两和卓此时来归,"亦即擒拿来京,否则,即派兵剿灭"②。

同年五月,又发生副都统阿敏道在南疆被害事件。二十一年秋,阿敏道奉右副将军兆惠之命,率索伦兵 1000 名、厄鲁特兵 2000 名及投诚的回部伯克(意即总管)鄂对(回部汗的部属),前往南路招抚两和卓木。由于侍卫托伦泰的文书报告内容失实,兆惠误认为"回城地方并无事故,毋庸多带兵前往,"而阿敏道也因此丧失警惕,随行的伯克鄂对曾提醒他注意小和卓木的阴谋,但他不听,仅以满兵百人驰入库车城内,结果被拘留。二十二年五月,小和卓杀害阿敏道,正式叛清。

阿敏道被杀,清朝招抚政策失败。乾隆愤怒地说,决不能"忍心于死事之臣,而不为之复仇也"③,遂即命雅尔哈善为靖逆将军,统兵征讨。

二、平叛从挫折到胜利

叶尔羌和喀什噶尔是大小和卓木的叛乱基地。这二大回城,都有他们祖父阿布都实特的党羽与亲戚故旧。小和卓木说服哥哥叛清,二回城云集响应。他们还派员传示各城整备鞍马器械,听命两和卓木。除叶尔羌、喀什噶尔、和阗等所属数十万回户外,库车、

---

② 《平定准噶尔方略》正编卷 38。

③ 《回疆通志》卷 12。

阿克苏、乌什、拜城、赛里木等所属部分回人亦受其惑①。一时间，天山南路黑云压城，大有分裂割据之势。

乾隆低估了叛军力量，以为"厄鲁特等既皆剪除，则回部自可招服"②。正是轻敌，导致他平叛初期犯了用人不当、主观冒进的错误。二十三年（1758年）四月，他竟降旨调平准主帅兆惠返京休整，令雅尔哈善代兆惠总理回部事务。

雅尔哈善，全名觉罗雅尔哈善，文人出身，在征准战役中，因剿杀降人沙克都尔曼济立功，授参赞大臣、兵部尚书等职，旋又以靖逆将军挂帅征回。《啸亭杂录》作者昭梿说："雅固书生，未娴将略，惟听偏裨等出策，令不画一"③。对雅尔哈善的弱点，乾隆并非一无所闻，只因他忽视回部现有力量，以为一雅尔哈善足矣！一念之差，带来严重后果。

二十三年五月，雅尔哈善率满汉官兵万余在旧库车阿奇木伯克引导下，由吐鲁番进攻库车。和卓木兄弟闻讯，带鸟枪兵万余由阿克苏戈壁捷径来援。六月，领队大臣爱隆阿半途截击，先后于和托鼐、鄂根河畔斩杀数千。和卓木兄弟收余众退保库车城中。雅尔哈善自以为敌人自投罗网，用兵紧围，待其力竭而降，自己则终日棋弈，不巡垒，亦不出击。阿奇木进谏说："贼必不株困围城，势必遁。遁有二道：一由城西渭干河涉浅渡；一由北山口向阿克苏戈壁。请于两要隘各伏千兵以待"④。雅尔哈善不予理会。二十四日凌晨，索伦兵听到城中驼鸣负重之声，潜告雅尔哈善，雅尔哈善仍不相信。两和卓木及伯克阿布都遂出西门，由北山口逃走。把

---

① 《乾隆实录》卷533。
② 《乾隆实录》卷533。
③ 昭梿：《啸亭杂录》卷6《平定回部始末》。
④ 魏源：《圣武记》卷4《乾隆戡定回疆记》。

守西门副都统顺德纳得报告,以昏夜不发兵,及天亮始遣百余人追之,为时已晚。事后,雅尔哈善将责任推给顺德纳,上书参劾。乾隆降旨将顺德纳革职,并斥责雅尔哈善身为将军难辞其咎,要他一面加紧围攻库车,一面追击小和卓木。库车城墙以沙土、柳条筑成,十分坚厚,且依山傍水,易守难攻。提督马得胜令绿营兵穴地为隧道,可惜操之过急,让守城回兵知道,反堙其外,实藁焚之,600余名清军化为灰烬。雅尔哈善又把失败的责任推给马得胜。

库车之役从五月持续到八月,一无所获,乾隆心急如焚。当他再次接到雅尔哈善弹劾他人的报告时,尖锐地指出:

"前后奏报,情词矛盾,惟图左枝右梧,始参顺德纳以卸过,继参马德胜以诿咎,并无一语引罪,殊不思身任元戎,指麾诸将者,谁之责欤? 此而不置之于法,国宪安在! 已降旨命兆惠就近前往库车一带办理回部,雅尔哈善、哈宁阿、顺德纳俱著革职,兆惠至军营日,即著拿解来京,将此先行通谕知之。"①

二十四年正月,雅尔哈善以失职罪在京伏法。

库车之败,给乾隆发热的头脑泼下冷水。他不得不收回成命,让兆惠重新出山。事实上,兆惠在接获回京谕旨之前已经动身进入回部地区,返京之事并未付诸行程,可惜领兵不多,难有作为。他沿途息马,等待机会。及乾隆命令兆惠移师回部,小和卓木早已放弃库车,退至阿克苏。

二十三年八月二十日,兆惠军至阿克苏城下,回众头目颇拉特、和阗伯克霍集斯先后请降。兆惠办理回务不久,各地回城伯克受抚的消息不时进京,乾隆激动之余,又错以为征回大功告成在

---

① 《乾隆实录》卷568。

即,无须多烦兵力,故下令停止续派清军,同时又命车布登扎布将喀尔喀士兵自阿济必济带回游牧地休息,厄鲁特汗罗布藏多尔济所领厄鲁特兵丁亦奉命返回驻地,副将军富德则奉命等候兆惠消息,无需前往协助。就在兆惠带兵4000名,兼程向叶尔羌突击时,清军停止后续增援,使兆惠陷入困境。

时小和卓木已坚壁清野,割田禾敛民众入城,使清军无所得。又于叶尔羌城东北五里掘壕筑土台,让大和卓木据喀什噶尔相犄角。十月六日,兆惠兵临城东,派两翼夺据土台,击败回军从东、西、北三门出动的数百名骑兵。由于叶尔羌城周10余里,四面12个门,兆惠兵少不能攻城,只得在城东隔河有水草处结营自固,待援师到来。

葱岭北河流经喀城外,葱岭南河流经叶尔羌城外,当地回人称北河为赤水河,南河为黑水河。兆惠屯营处即南河岸边,他一方面派副都统爱隆阿分兵800守住喀什噶尔来援之路,另方面积极谋求物资以充军实。十三日,侦知奇盘山下有回人牧群,遂率兵千余由城南夺桥过河。清兵甫过400余,桥忽断。敌方先出4、5千骑堵截,万余步兵随后,对清军前后夹击,两翼冲杀,使清军散落成数处,各自为战,阵亡者数百,受伤无算。总兵高天喜、副都统三保、护军统领鄂实、监察御史何泰、侍卫特通额俱战殁。

兆惠经此打击,不敢轻易复出。十七日夜,派5名精明强干者分路赴阿克苏告急。舒赫德将紧急军情飞章入奏乾隆。

回军虽数倍于清军,且团团围住"黑水营",但他们素闻兆惠带兵凶悍勇猛,故不敢强取,只是沿清军营垒别筑土台,以为长久围困之计。回人素有掘地藏粮之俗,据说过去是为了逃避准噶尔人的搜括①。兆惠令清军在营中林地挖掘,意外得粟数百石。回

---

① 七十一(椿园)著:《西域闻见录》卷7。

218

军又引水灌营,反供清军水源。回军鸟枪所射铅子夹于树叶间,清军伐树得数万以回击。清军就这样奇迹般坚持了 3 个月之久。

时值布鲁特人掠喀什噶尔城,清军乘机纵火攻焚回军大营,大和卓木疑布鲁特人是应清军之邀前来夹击。所以使人见兆惠议和,兆惠提出必须以缚献小和卓木为条件,和议不成。

副将军富德在北路闻黑水营之警,即率新到的索伦、察哈尔兵 2000 名及北路厄鲁特兵 1000 余名冒雪驰救。二十四年(1759年)正月六日,战回部骑兵 5000 名于呼尔璊。九日,渡叶尔羌河,距黑水营尚有 300 里,但因沿途均有叛军阻击,行动缓慢,却正好碰上巴里坤大臣阿里衮带兵 600 名,合爱隆阿之兵 1000 余连夜赶到,三路奋进,直驱黑水营。大小和卓兵败遁走,兆惠与援军合师,振旅退回阿克苏休整①。

黑水被围,清军得救,功归兆惠。他在一定程度上把乾隆部署不当所带来的损失减少到最低程度。但他不以此为功,反主动上奏以轻敌引咎请罪。这与雅尔哈善推责诿过形成鲜明对比。乾隆以兆惠忠诚勇敢,晋升武毅谋一等公,加赏红宝石帽顶,四团龙补服。

黑水营解围之后,兆惠准备厚集兵力,由阿克苏、和阗两路出击。他与阿里衮及参赞大臣巴禄等领兵驻候马驼粮饷外,分兵一半,令参赞大臣爱隆阿前往乌什驻扎,以就口粮,兼防喀什噶尔一路。又由于回酋鄂斯璊等进犯和阗,侍卫齐凌扎布等请兵应援。兆惠因眼前马力疲乏,先拣官兵数百名,令瑚尔起、巴图济尔噶勒前往,沿途捉生询问军情。若和阗守御如旧,即会同守军内外夹击;如已被占据,则俟粮饷马匹到后,派富德、巴禄即领兵接济。而

---

① 昭梿:《啸亭杂录》卷 6《平定回部本末》。

兆惠自己俟办足 5000 兵粮马,再策应富德,并从和阗往取叶尔羌。二十四年二月,乾隆获悉兆惠等人计划,很不满意。责问道:一、兆惠身为将军,为何自己不救援和阗,而反以瑚尔起、巴图济尔噶勒前往? 二、巴禄得到和阗被围消息,因进援兆惠,未经前往,今黑水围既解,何以不速驰和阗? 三、兆惠、富德所议两路进兵,均以叶尔羌为目标,回部两和卓木另一个根据地——喀什噶尔如何未曾筹及? 因此,乾隆要兆惠从阿克苏取叶尔羌,富德由特穆尔图诺尔或乌什取喀什噶尔。四月,富德抵额里齐,和阗所属六城阿浑、伯克及回民数千携酒跪迎,和阗之警解除。由于这时各路清军位置已有变更,乾隆改命兆惠往取喀什噶尔,富德就近攻叶尔羌,巴禄由巴尔楚克向叶尔羌方向移动,以期与富德相呼应。是年闰六月二日,小和卓木自知孤城难守,放弃叶尔羌,逃往英吉沙尔。城内以喀玛勒和卓为首的大小伯克情愿请降,富德即遣鄂博什等人率兵500 名持檄往谕。十四日,鄂博什抵叶尔羌城内。十八日,富德整饬旗纛,自南门进城,城中百姓观者塞道,争献果饵,对清军态度极为友好。叶尔羌和平收复,未遭战火之劫,大部分居民安然无恙。与此同时,另一路兆惠于是月十四日带兵抵喀什噶尔城,回民“献牛羊果饵,歌舞庆幸”。攻下大小和卓木二个叛乱基地,乾隆表示满意:“逆贼兄弟虽畏罪先逃,而两大城实回部著名之地,既欢迎恐后,则二贼亦可计日就擒”①。

小和卓木放弃叶尔羌,遣阿布都克勒木传信大和卓木,将喀什噶尔属下各城回民移往巴达克山,并相约六月二十四在提斯哀会师。清军从俘获回人口中得知他们去向,参赞大臣明瑞率前锋1000 余骑追至霍斯库岭,斩敌 500 名。七月十日,清军在阿尔楚

---

① 《乾隆实录》卷 592。

山与回军决战,富德以火器健锐营居中,明瑞、阿桂为左翼,阿里衮、巴禄为右翼,别列奇兵、援兵二队,如墙而进。奇兵夺下左右两山,左翼、右翼、中间三线同时出击,戮贼 1000 余,获兵械器具无算①。

三天以后,两和卓木败抵巴达克山界之伊西洱库河。大和卓木护送家属先走,小和卓木以万众据北山及迤东诸峰负隅顽抗。富德令阿里衮由南岸趋西岭追大和卓木,自己全力攻东峰之小和卓木军。是役降回众 12000 余人,牲畜万计,两和卓木携妻孥及三、四百人逃入巴达克山②。富德一方面派遣伯克霍集斯、侍卫额勒登额等带兵 100 名向巴达克山汗索勒坦沙索取两和卓木,一方面将上述情况驰奏。乾隆闻知,对富德仅派遣侍卫额勒登额和伯克霍集斯一行赴巴达克很不满,降谕斥责。富德遭斥,于八月二十五日,以强硬口气限巴达克汗索勒坦沙在 30 天之内将两和卓木交出,生者缚送,死者验尸,逾期不至,即行加兵。为杜绝后患,索勒坦沙将两和卓木诛杀,并通知清军。九月初九日,经熟悉小和卓木兄弟的右卫满洲纳达齐前往巴达克山验看属实,十月初二日,富德自巴达克山凯旋。征回战役宣告结束。

戡定回部叛乱之后,西北局势基本稳定。乾隆戡定准部与平定回疆,时间是互相衔接,目的都是为阻止西北分裂,维护国家统一。他总结平准、征回两役,得意之情喜形于色,十月二十四日,颁《御制开惑论》宣示中外③。十一月五日,又作《御制平定回部告成太学碑》、《御制平定回部勒铭叶尔羌碑》、《御制平定回部勒铭叶什勒库勒诺尔碑》等,将用兵准部、回部本意及成功始末刻石以志之。

① 魏源:《圣武记》卷 4《乾隆戡定回疆记》。
② 魏源:《圣武记》卷 4《乾隆戡定回疆记》。
③ 《乾隆实录》卷 599。

三、治理回部的构想与措施

平定大小和卓木叛乱后,如何治理回部地区问题提到议事日程。廷臣积极上疏,陈述已见。问题围绕着怎样对待伯克(总管)、建立什么体制而展开。

二十三年(1758 年)九月初,负责征回后勤供应的陕甘总督黄廷桂在有关踏勘运粮道路及调拨马匹驼只的奏折中,建议将来回部平定,仍应驻兵。乾隆认为这种看法"于回地情形,尚未深悉"。他说,回部与伊犁不同,伊犁控制辽阔,不得不驻兵弹压,回部则应"拣选头目,统辖城堡,总归伊犁军营节制"。他传谕兆惠,"将来办理回部,惟于归顺人内择其有功而可信者,授以职位,管理贡赋等事"①。九月中旬,兆惠奏请任用库车阿奇木伯克鄂对为各回城总管,乾隆不以为然,他说:

> "现在招徕新附,令鄂对暂行管理尚可,若平定叶尔羌、喀什噶尔办理安插回众时,朕意不必用回人为总管,仍循其旧制,各城分设头目,统于驻扎伊犁之将军,再于库车派大臣一员管理"②。

所谓"循其旧制",是指沿用其官制旧名,但不能以回人为总管。乾隆在具体运用中,突出二点:一是各城分设回人头目,保持原有官职,以统辖城堡;二是除少数重镇外,尽量在各回城少驻或不驻军队,但强调各回城应受制于驻扎伊犁的将军。这就是说,要在清中央政府的管辖下,让各回部自治,以回治回。乾隆在征讨大小和卓木的过程中,曾联络一批回部上层人物,如吐鲁番回人望族额敏

---

① 《乾隆实录》卷 570。
② 《平定准噶尔方略》正编卷 61。

和卓、哈密头目玉素布、库车阿奇木伯克、乌什阿奇木伯克霍集斯、拜城回人噶岱墨特父子、拜城旧伯克色提卜阿勒第兄弟等人,利用他们在回人中的影响,分化叛乱队伍,取得了很好的效果。平叛后,他们成了乾隆推行"以回治回"政策的社会政治基础。

根据乾隆"以回治回"的构想,兆惠等人拟定了具体措施。二十四年七月,兆惠抚定喀什噶尔后,就该地设官、定职、征粮、铸钱及驻兵分防诸事提出了具体的建设性主张。他建议各城村设立阿奇木伯克为首的政权机构,以阿奇木伯克总理一城,伊沙噶伯克协办阿奇木伯克事,噶杂纳齐伯克管理地亩钱粮,商伯克管理租赋,哈子伯克管理刑名,密喇卜管理水利,讷克布管理匠役,帕察沙布查拿盗贼,茂特色布承办经教,等等。乾隆同意兆惠的意见,但对于阿奇木伯克等职,不许世袭,"应如各省大臣之例,遇缺补授,或缘事革退,则开缺另补"①。唯哈密、吐鲁番两地回人对清朝统一新疆南北路出力尤多,特准"世袭罔替"。关于阿奇木伯克的地位问题,舒赫德指出:阿克苏是回部大城,村庄甚多,过去由伯克、密喇卜等管理,今虽不必准以内地官制,而品级职掌宜为厘定,庶足以辨等威而昭信守。乾隆认为此奏甚是,"著照所请,以阿奇木伯克为三品,伊沙噶伯克为四品,噶杂纳齐伯克为五品,……其小伯克密喇卜等为六、七品。……其余各城,俱一体办理。"②二十六年(1761年),乾隆还推行回城等级制度,把所有大小回城分为三个等级,其中喀什噶尔、叶尔羌、阿克苏、和阗四重镇为第一等级;乌什、库车、辟展、英吉沙尔等城次之;拜城、赛里木、沙雅尔等23城为下③。各城伯克地位的高低、特权的大小,既取决其本身条件,

---

① 《平定准噶尔方略》正编卷79。
② 《平定准噶尔方略》正编卷75。
③ 《乾隆实录》卷642,《平定准噶尔方略》续编卷13。

也根据清政府对他们的重视程度。叶尔羌、喀什噶尔曾是回地中心,地理位置较重要,乾隆分别任命额敏和卓、玉素布为伯克。乾隆认为"有此等旧人在彼,始堪倚任"①。同年,又根据左都御史永贵的建议,阿奇木伯克等原私刻图记一律停用,由清中央政府"一体给与印信"②。

对于大小和卓木的霍集占家族,乾隆放心不下,将他们迁移京都。二十四年九月,他说:

> "至于霍集占族戚等所以留住京师,并令伯克霍集斯等俟撤兵时同来者,因恐伊等仍居旧地必妄生希冀,致启衅端,此正所以保全之地。兆惠等此时宜曲加抚慰,不可稍有泄漏,俟霍集斯到京后,即晓示各城回人,以中外一家惟知共主,阿奇木伯克不过办事人员,毋许自称'诺颜',私收贡赋。即阿奇木等缺出,亦拣选贤员或以伊沙噶什补,不准世袭。章程既定,则伊等希冀之念自消"③。

"霍集占族戚"就是额尔克和卓额色尹及他的侄子鄂托兰珠和卓玛木特。他们虽属和卓木家族,但与小和卓木有仇,于二十四年投靠清朝,移居北京。同去的还有额色尹的弟弟帕尔萨,以及他哥哥阿里和卓的儿子图尔都等④。二十七年,办事大臣永庆等又奏称,大小和卓木族人阿塔木和卓、居乌什所属之喀萨哈,无知回人因他系和卓木近族而俱来礼拜,"伊又将所收粮食散给贫人,以沽名誉,若听其留住,于地方无益,请将阿塔木和卓及其家属十三名,送

---

① 《回疆通志》卷4《额敏和卓列传》。
② 《平定准噶尔方略》续编卷13。
③ 《平定准噶尔方略》正编卷79。
④ 《乾隆实录》卷597。

往哈密安插"。乾隆同意迁移安插,但不是安插在哈密,而是京师①。

为了加强中央对回城的控制,清朝在回城派遣办事大臣、领队大臣。乾隆在喀什噶尔设参赞大臣节制南路各回城,"各城大者设办事大臣,小者领队大臣",其中大城主要有:西四城包括喀什噶尔、叶尔羌、英吉沙、和阗,东四城包括乌什、阿克苏、库车、辟展,连东路哈密、吐鲁番、哈喇沙共11城为中心城镇,而各城周围下辖5—6个、10余个或20余个不等的卫星小镇,层层隶属,同时又受北路伊犁将军的管辖②。

清军驻防南路的情形,主要视各城地位而定。阿克苏是回部适中之地,喀什噶尔、叶尔羌为回城之冠。英吉沙尔境属边围,与外藩相接。以上几城皆满营、绿营分兵防守。其他如哈喇沙尔、库车、赛里木、乌什、和阗等仅留绿营以资捍卫。

军台、卡伦之设,是清朝固边守疆的一项辅助办法。北路在戡定准部叛乱后已设,南路则稍晚。据《西域图志》记载:"荡平西域,全隶版图,地周二万余里,为之遍置军台,而于其严疆要隘,毗接外藩处所,酌设卡伦以资捍卫"。在回疆哈喇沙尔、乌什、阿克苏、叶尔羌、喀什噶尔之间,有河沟阻绝戎马之处,"造舟以济,回民为水手,免其纳赋"。军台以营员及笔帖式领之,卡伦则以前锋校、骁骑校领之,统于侍卫。各处驻兵多少则"视其地之大小简要为差"③。

为解决驻防清军的生计问题,乾隆实施了若干相关的赋税、货

---

① 《乾隆实录》卷699。
② 魏源:《圣武记》卷4《乾隆戡定回疆记》。
③ 《西域图志》卷31。

币及贸易政策。据兆惠厘定贡赋数目,回人每人纳粮、棉、红花等税约 21000 余腾格。南路驻防官兵虽然为数不多,但由于回部初定,赋税收入不稳定,且数量有限,清政府必须每年拨银补给。二十六年十二月,军机大臣奏称:

> "现在伊犁回部马兵三千一百十名,步兵一万一千三百四十七名,台站、卡伦兵二千六百二十三名,共兵一万七千余名,所需粮食料豆八万二千八百余斤,俱于屯田支给,大臣养廉、官兵菜银岁需三十三万三千四百余两,计叶尔羌等城所交腾格作价五万八千余两,每年内地添用银二十七万五千余两"①。

乾隆本着"量入为出"的指导思想,不赞同从内地拨过多的白银。二十五年六月,他让参赞大臣舒赫德认真核查新疆的租赋收入,酌定屯驻官兵经费,强调:"伊犁、叶尔羌、喀什噶尔、阿克苏、库车等处驻兵,应即计其地之所入,以定章程,不可致烦内地民力"②。十月,舒赫德经过核实,报告回地各城官兵口粮不缺,但所征腾格钱文,不敷支给。乾隆指示:"所奏钱文不敷支给,自应计各城钱粮,量入为出。阅所奏支给之项,不敷者十分之三,即可撤去三分兵额"③。

为填补"量入为出"不足所带来的缺口,乾隆允许在南路试行新的货币与贸易政策。二十四年,定边将军兆惠奏请于叶尔羌开局设炉,改铸制钱。参赞大臣舒赫德请于阿克苏开鼓铸局,为阿克苏、乌什、库车、沙雅尔、喀(哈)喇沙尔、赛里木、拜城等七城鼓

---

① 《平定准噶尔方略》续编卷 15。
② 《平定准噶尔方略》续编卷 2。
③ 《平定准噶尔方略》续编卷 6。

铸①。新铸之钱初如旧式,后改如内地模样,面铸乾隆通宝汉字,而以设局地名附于背面,如铸局在叶尔羌,即书叶尔羌回文字样,每"普尔"重二钱②。由于计划不周,新钱一经上市,立即引来通货膨胀,铜钱与白银比例猛跌。二十四年,铜钱50文合银1两,二十五年,70文折银1两,二十六年,100文才折银1两,三年内翻上一倍③。于是二十七年,他批准叶尔羌办事都统阿桂的建议,劝课回人织布,每年约可得5万疋,再由官府发库贮余钱购买④。继而,喀什噶尔办事尚书永贵亦建议,将该地所征粮赋折成现钱,购买布匹、棉花运往伊犁⑤。次年八月,新柱又请将此法推行于叶尔羌、和阗两地。采取这些措施,终于使"钱法流通,而兵丁回人衣食亦有裨益"⑥。

与灵活的货币政策相比较,乾隆关于回部贸易措施就显得保守。为解决驻回官兵的生活必需,他曾鼓励内地商人往南路交易。二十七年(1762)三月,谕陕甘总督杨应琚,酌通新疆商贩:

"自回部荡平,内地商民经由驿路及回人村落,彼此相安。台站回人又疏引河渠,开垦田地,沿途水草丰饶,行旅并无阻滞,若晓示商民,不时前来贸易,即可与哈密、吐鲁番一体,于官兵亦有裨益"⑦。

然而,清政府的贸易政策很快便由鼓励改为限制。乾隆谕:

"内地贸易商民将来渐多,所居或与官兵相近,尚可弹

---

① 《回疆通志》卷7。
② 《西域图志》卷35。
③ 《回疆通志》卷7。
④ 《平定准噶尔方略》续编卷18。
⑤ 《平定准噶尔方略》续编卷19。
⑥ 《平定准噶尔方略》续编卷22。
⑦ 《平定准噶尔方略》续编卷16。

压,不令生事。若听其随意栖止,与回人相杂,不免易滋事端。"①

三十年(1765年)乌什事变后,限制更加严厉。乾隆还禁止哈萨克商人直接入回疆,说"回疆新定,不可令哈萨克纷纷往回地行走,故只准在伊犁贸易"②。这些贸易禁令,显然不利于回部地区与外界的交往,影响其社会经济发展。

四、乌什之变及对回政策的变化

三十年(1765年)二年,乌什回人掀起了一场规模不大却颇具影响的抗暴斗争,使乾隆"以回治回"政策受到挑战。

乾隆"以回治回"政策,维护了南疆地区少数上层统治集团的权益。尤其是额敏和卓、玉素布二大望族,为乾隆特别倚重。南疆各城统治核心,几乎全是二大家族成员构成。他们居功恃宠,援引故乡回人在各大臣衙门作通事,掊克虐杀,作恶多端,其中又以乌什情况最为严重,乌什,因乌赤山而得名,在今新疆维吾尔族自治区西部。乌什伯克阿布都拉性情暴戾,对乌什人需索无度,稍不如意,即鞭责凌辱。与之随来的属下,四出诈骗,"乌什回人不堪其虐"③。对于回部伯克们的种种劣迹,乾隆虽有所闻,却不过问。

乾隆派到各回城任职的官员,多用侍卫及口外驻防武官,这些人素质差,缺乏行政能力,又身兼"监督"回人职责,格外专横跋扈。他们多事贪赃枉法,成了回地一大祸害。他们与伯克狼狈为奸,敛派回户。据记载:

① 《平定准噶尔方略》续编卷16。
② 那彦成:《阿文成公年谱》卷3。
③ 《回疆通志》卷12。

"喀什噶尔岁敛普尔钱八、九千缗,叶尔羌岁敛普尔钱万缗,和阗岁敛普尔钱四五千缗。又土产毡裘金玉缎布,赋外之赋需索称是,皆章京、伯克分肥,而以十之二奉办事大臣。各城大臣不相统属,又距伊犁将军窎远,恃无稽察,威福自出。而口外驻防笔帖式更习情形,工搜括。甚至广渔回女,更番入直,奴使兽畜,而回民始怨矣"①。

清朝驻乌什办事大臣苏成父子在回地久有恶名。他们经常派乌什回人去伊犁购马匹,采办官粮,又从不给价,甚至将瘦羊以每只白银四两的高价强行卖给回人。苏成性淫暴,回人妇女稍有姿色,皆唤入署内,"父子宣淫,且令家人兵丁裸逐以为乐,经旬累月,始放出衙。乌什回子,久欲寝其皮而食其肉矣"②。乌什小伯克赖和木图拉之妻就曾经被留宿衙内。

三十年二月,苏成强征回人240名运送沙枣树前往济克德种植,派自己儿子押运,沿途行李俱令回人背负,运夫对此极为不满。早已对苏城父子怀恨在心的小伯克赖和木图拉利用这个机会,于二月十四日夜,与240名运沙枣树回人,挑起了事变,聚噪城中。回部各城闻变,反应强烈。叶尔羌人情汹汹,动摇可危;阿克苏回众"微有不安意";库车城中"不逞之徒亦思因之作乱"③。

此次回部之乱,实际上是一次"官逼民反"的抗暴斗争。事发前夕,有回人侦知情况,奔赴阿奇木伯克阿布都拉家报告。阿布都拉正"饮酒半酣,以为阻兴,不信其言,斥逐而去"。是夜三更,暴动回众三、四百人先杀民愤极大的阿布都拉,然后攻入苏成署内,

---

① 魏源:《圣武记》卷4《乾隆荡平准部记》。
② 七十一著:《西域记》卷6《乌什叛乱纪略》。
③ 《回疆通志》卷12。

杀其父子家人和属众①。

阿克苏距乌什最近,办事大臣边特哈(又有称边他哈或卞塔海),得知乌什有变,匆忙带领数百名驻防官兵前来镇压。其时乌什城门虽打开,边特哈却以为内中有诈,不敢进城,而令炮手向城内放炮。此举激怒乌什回人,他们群起反抗,共推赖和木图拉为阿奇木伯克,并联合打败边特哈②。

乌什事态继续扩大,总理南路回疆之参赞大臣那世通不得不从喀什噶尔赶来。伊犁将军明瑞、参赞大臣永贵亦率满汉官兵1万余人由穆苏尔达巴罕赶到,各路清军合力围困乌什。明瑞抵乌什后发现那世通与边特哈不和,遇事推诿,遂具折参奏。三十年四月,乾隆下令将两人处死,并派阿桂去乌什襄助明瑞。

阿桂到达乌什后,加强清军攻击力量。六月,赖和木图拉在一次战斗中中箭身亡,回人军心动摇,遂于八月十五日被镇压下去。

乌什暴动失败后,清朝对回人进行血腥屠杀。早在五月间,乾隆就下狠心,降谕"克复乌什城后,勿留子遗,尽数杀戮"③。乌什城破,明瑞、阿桂报告已擒首恶,分别正法及送往伊犁。乾隆却认为处罚失之过轻,应当"大示惩创"。根据乾隆旨意,除屠杀事件参与者360余人外,又将幸存乌什人送往内地,赏给大臣官员为奴。十月,明瑞等奉旨起解,因害怕人多出乱子,途中将2350名男子全部处死,仅留下妇女儿童④。乌什城原有回人约2万余人,经

---

① 《回疆通志》卷12。另根据《东华录·乾隆》卷61的记载,事变爆发过程略有差别:"至运沙枣树科之时,赖和木图拉兄弟谋逆。伊父额色木图拉阻止,不从,因在素诚署前放火拆屋,素诚与阿卜都拉杀贼数人后,见贼势愈众,先杀其子,复行自尽。阿卜都拉被擒,以女与赖和木图拉之子为妻,始未杀害。"

② 《回疆通志》卷12。

③ 《乾隆实录》卷735。

④ 《平定准噶尔方略》续编卷32。

此浩劫,所剩无几,地方一片空虚。

乌什风波平息后,明瑞认为回部各伯克久专一城,根基牢固,敲诈勒索无所不为,应予调换。乾隆不同意。他担心"若尽行移调,则回人、布鲁特等不知情事,妄起猜疑,谓国家乘新取乌什之威,将伊等移调"①。由此可见,乾隆害怕移调会引起回部上层人物的不满。但是,对于伯克权力又不能不予以限制。因此,三十年底,他谕令伊犁将军明瑞等,重新厘正回部事宜条例。最后作出如下规定:

第一,"阿奇木之权宜分"。今后一切事务,阿奇木伯克应先交承办大员,俟其呈禀,仍与伊沙噶伯克会商。若有仍前揽权独办,许伯克于该驻扎大臣前控告,查讯得实,即治阿奇木之罪,虚者反坐。

第二,"格讷坦之私派宜革",准噶尔统治时期,有临时酌派"格讷坦"名色,没有定额。每年各城或派四五千腾格不等,易滋扰累。今后部落使人已官给口粮羊只,大臣等俱有养廉,自应将前项陋规禁止。

第三,"回人之差役宜均"。每隔一年,派委妥员查核一次,若有轻重不均,一经首告访闻,即将该阿奇木议处。

第四,"都官伯克之补用宜公"。嗣后该伯克缺出,必与伊沙噶、杂伯齐(噶杂纳齐)、商伯克共同保举,阿奇木等族姻俱令回避。

第五,"伯克等之亲随宜节"。伯克所有亲随谓之"颜齐",向有定额,惟取中等人户。应将各该伯克之"颜齐"令阿奇木共同查核,如有额外挑派,概行革除。

第六,"赋役之定额宜明"。回人每人应办赋役定额,令该大

---

① 《平定准噶尔方略》续编卷 30。

臣以印文榜示,俾众共知,如有不遵定额,准其控告,虚者反坐。

第七,"民人之居处宜别"。内地贸易商民与回人相杂,易滋事端。请交各大臣彻底清查,俱令赴驻兵处所贸易,若仍与回人杂处,即行治罪。

第八,"伯克等与大臣官员相见之礼宜定"。今后阿奇木伯克、伊沙噶伯克见大臣官员,照总官、副总官之例,其余伯克俱照官兵之例,仍令大臣官员不得稍形简傲①。

从上述规定来看,这次对回政策的更定,弥补了由乌什事变所暴露出来的种种漏洞。乾隆吸取了乌什之变教训,重在解决回部大小伯克与驻扎大臣勾结擅权、贪赃勒索等问题,但他对回政策的基本思想和方针没有变。

第四节 闭关政策与对沙俄蚕食的遏制

一、关闭三海关

康熙二十三年(1684 年),清朝下令取消海禁,"令出洋贸易,以彰富庶之治"②。二十五年又宣布建立粤海关、闽海关、浙海关和江(苏)海关,以广州、厦门、宁波和松江为四个对外通商口岸。雍正五年(1727 年),又废除对南洋海禁。清朝海外贸易从此进入一个新的发展时期。据统计,从康熙二十三年(1684 年)至乾隆二十二年(1757 年)的 67 年间,中国开往日本的商船总数达 30017 艘,吨位小的百吨,大的千吨,一般是 150 吨。欧美各国来华商船,

---

① 《平定准噶尔方略》续编卷 32。
② 《清朝文献通考》卷 33 "市籴"。

从康熙二十四年至乾隆二十二年共有 312 艘,吨位小者 140 吨,大者 480 吨,一般是 300 吨①。人们描述这时期对外贸易的盛况是"江海云清,梯航云集"②。广东更是"东起潮州,西尽廉隅,南尽琼崖,凡分三路,在在均有出海门户"③。

清朝对来华贸易的外商,是和平友好的。对于在中国洋面遇风遭难的商船,清朝有关部门与沿海百姓,总是尽力救护,并给予必要的物质支援。如雍正十三年(1735 年),有英吉利船 1 只,在外洋失风,遇难外国人 13 名飘到广东。广东地方官"加意抚恤,给与衣帽口粮,于税羡项内,赏给回籍盘费,令其附搭洋船回国"④。还有一艘驶往日本贸易的荷兰商船,在洋面遭风桅折断,海水浸湿货物,被广东地方当局救起,赐银 1328 两,另给银 500 两修理船只。第二年,荷兰驻咬𠺕吧城署公班衙蛮律仁直力等来文称谢,说"非惟公班衙事铭刻不忘,即和兰祖家亦沐于无既矣"⑤。

但是,西方殖民者对中国旅外侨民,不仅野蛮奴役剥削,甚至残酷杀害。乾隆五年(1740 年),荷兰东印度公司当局悍然对居住在巴达维亚城的无辜华侨,进行血腥大屠杀,近万名侨胞遇难,华侨房屋被毁达 6700 家,侥幸脱逃的仅 150 余人。这就是震惊世界的"红溪惨案"。

乾隆六年,"红溪惨案"的消息,经逃回国的华侨讲述,被清政府知道了。署福建总督策楞等因此建议禁止南洋贸易:

"噶喇吧(巴达维亚)恃其荒远,罔知顾忌,肆行戕害多

---

① 黄启臣:《清代前期海外贸易的发展》,《历史研究》1986 年第 4 期。
② 乾隆《浙江通志》卷 86"榷税"。
③ 《粤关志》卷 5"口岸"。
④ 《粤关志》卷 5"口岸"。
⑤ 《史料旬刊》第 16 期,鄂弥达杨永斌折。

人,番性贪残叵测,倘嗣后扰及贸易商人,势必大费周章。请照例禁止南洋商贩,摈绝不通,使知畏惧矣"①。

御史李清芳反对这种意见,以为这是因噎废食政策:

> "南洋通商非特噶国一处也。今噶国生事逗留民人,而欲将南洋商贩尽行禁遏,不几因噎而废食乎?……凡江浙闽广四省海关税银多出于此,一加禁遏,四省海关税额必至于缺,每年统计不下数十万。……内地贩往外洋之物,多系茶叶、桔、柚、磁器、水银等货,易其朱提而还。禁之则内地所出土产杂物,多置无用,而每岁少白金数百万两,一二年后东南必至空匮。……每年出洋商船不下数百艘,每船中为商人为头舵为水手者几及百人,统计数十万众,皆不食本地米粮,若一概禁止,则此数十万人不惟糊口之计,家室之资,一时不能舍旧图新。因转而待哺,内地米价必加增长"②。

支持李清芳意见的,还有太子少保署两广总督庆复。他说,如果禁止南洋贸易,"但损岁额之常,兼致商民之困。就粤省而论,于商民衣食生计,实大有碍"③。

乾隆对这一场争论,态度谨慎,没有匆忙下结论,也没有采取禁贸的断然措施。所以,荷兰东印度公司商船仍准来华做生意。如六年(1741年)八月,荷兰商船到达广州,地方官"准其照旧在黄埔停泊,照常贸易"④。但是,严禁沿海人民赴南洋贸易定居。如十五年三月,福建尤溪县民陈怡老,往噶喇叭贸易20余年后,"携带番妇并所生子女,银两、货物回归原籍",旋即被地方官逮捕,乾

---

① 《史料旬刊》第8期,德沛折。
② 《朱批奏折·外交类》案卷号355,中国第一历史档案馆。
③ 《史料旬刊》第22期,庆复折。
④ 《史料旬刊》第22期,庆复折。

隆还降旨"彻底清查,按律办理"①。

清政府虽然开放四个对外贸易港口,但粤海关是主要外贸口岸,占全国对外贸易总额的六成以上。请看下列:

《雍正七年(1729年)至乾隆二十年(1755年)四海关外贸总额及关税统计表》

项目 关名		粤海关	闽海关	浙海关	江海关	合　计
贸易额	贸易总值	227,468,970 (银,两)	92,577,270.5 (银,两)	36,838,576 (银,两)	6,369,871 (银,两)	363,281,687.5 (银,两)
	百分比	62.6%	25.5%	10.1%	1.8%	100%
关税收入	关税收入	4,548,825.4 (银,两)	1,851,545.4 (银,两)	830,836.4 (银,两)	127,393.5 (银,两)	7,358,600.7 (银,两)
	百分比	61.8%	25.2%	11.3%	1.7%	100%

(据黄鼎臣《清代前期海外贸易的发展》,《历史研究》1986年第4期)

在中国外贸商品中,以丝与茶叶为大宗。其中丝主要产自浙江。诚如曾任两广总督李侍尧所说:

"惟外洋各国夷船,到粤贩运出口货物,均以丝货为重,每年贩买湖丝并绸缎自二十余万斤至三十二万斤不等。统计所买丝货,一岁之中价值七八十万两或百余万两,至少之年亦买价至三十余万两之多。其货均系江浙等省商民贩运来粤,卖与各行商,转售外夷,载运回国,……"②

产自江浙的丝,经内地商人贩运至广州出口,广州的市价当然要高

---

① 《乾隆实录》卷361。
② 《史料旬刊》第5期,李侍尧折。

于产地。同时,浙江又有进口洋货的广阔市场。因此,外商急于要拓展江浙市场,增加在宁波港的进出口贸易额。正如闽浙总督喀尔吉善所说:

> "……如向来由浙赴粤之货,今就浙置买,税饷脚费俱轻,而外洋进口之货,分发苏杭亦易,获利加多"①。

正因为如此,外国商人不愿把贸易局限在广州一地,更想直接赴江浙作生意。乾隆二十年三月,英商喀利生(又译作霞里笋)、洪任辉在广州售尽带来的货物后,又率船北上,四月到达宁波,被当地地方官安排在李元祚洋行住歇。六月,另一艘由呷哰噶率领的商船也到达宁波。两船共带来番银22万两,欲在宁波购买生丝茶叶。这是洪任辉第一次到达宁波。乾隆知道此事后,仅询问船上8名广东香山县水手为何不留发辫?经地方官说明之后,事情也就过去了,并未引起他的关注。乾隆二十二年,洪任辉第二次率商航到宁波贸易,引起乾隆的注意。他担心宁波会成为第二个澳门:

> "近来奸牙勾串渔利,洋船至宁波者甚多。将来番船云集,留住日久,将又成粤省一澳门矣,于海疆重地,民风土俗,均有关系"②。

为了禁止外国商船驶入宁波贸易,乾隆指示采取三条措施。其一,提高浙海关关税,"洋船意在图利,使其无利可图,则自归粤省收泊,乃不禁之利也";其二,对来宁波贸易的洪任辉等外国商船,强制性地"令原船返棹至广,不准入浙江海口";其三,不许在宁波开设洋行及天主教堂。他认为,番商来宁波贸易,宁波必有奸牙串诱,地方官"并当留心查察,如市侩设有洋行,及图谋设立天主教

---

① 《乾隆实录》卷533。
② 《乾隆实录》卷533。

堂等,皆当严行禁逐,则番商无所依,即可断其来路耳"①。

乾隆采取这三条措施,从海防安全出发,实际上把浙海关关闭。同年十一月,更明确宣布,洋船"将来只许在广州收泊交易"②。这一命令,就把闽、浙和江海关都关闭了。不过,这些闭关禁令,只是针对欧洲,特别是英国和荷兰商船。至于亚洲商船,不在禁止之列。如乾隆二十二年,即闽海关闭关不久,福建地方官报告有吕宋番船一只来厦门贸易。乾隆下令确实查明是哪一国商船,如不是"红毛船",而是"向来到厦番船,自可照准其贸易"③。

二、处理英商洪任辉事件

乾隆限制欧洲商人在华贸易活动的政策,是不可能遏制西方商人要扩大对华贸易的欲望。特别是英国,18世纪中叶,它不仅取代荷兰取得了海上霸权,而且英国东印度公司已逐步在印度获得统治地位,并以此为根据地,扩大对华贸易。雍正九年(1731年),它在广东设立分公司,派驻代理商,努力开拓在华市场。因此,对于乾隆的三条规定,他们不会就范,一定要按照自身利益,选择可以赚大钱的地方作贸易港口,不可能听从中国皇帝的旨意,把买卖局限于广州。中国政府封建闭关政策,与西方殖民者开拓市场的矛盾,已经显露出来。乾隆二十四年(1759年),英国商人洪任辉第三次闯入宁波港,正是这一矛盾的产物。

由于清朝已宣布禁止外国商船进入宁波港,所以,洪任辉此次赴浙贸易,采取了更加巧诈的伎俩。第一,他自己一行12人乘小

---

① 《乾隆实录》卷533。

② 《乾隆实录》卷550。

③ 《乾隆实录》卷553。

船先赴宁波探明情况,另由大班率大货船随后;第二,如果浙江方面阻止进港,洪任辉就以在广州受清朝官员勒索且被行商拖欠货款为理由,要求入宁波港向清朝投递呈词。五月三十日,洪任辉船至四礁洋面,果然被清兵船拦截至双歧港抛碇,并责令其驶回广东。洪任辉按其预先策划好的方案行事,回答说:"回广东生意不好,意欲仍来浙交易"①。这一要求被拒绝后,洪任辉又说:"我有呈词一纸,要众位收去,我即开船,否则仍须赴宁波投递"②,随即递交了呈词,六月一日驶离宁波。

　　洪任辉没有回广州。六月二十九日,直隶总督方观承上奏,六月二十四日大沽营游击在海口炮台外,发现有三桅小洋船一艘,内有一稍知官话者洪任(辉)供称:

　　　　"我系英吉利国四品官,向在广东澳门做买卖,因行商黎光华欠我本银五万余两不还,曾在关差衙门告过状不准,又在总督衙门告状也不准,又曾到浙江宁波海口呈词也不准,今奉本国公班衙派我来天津,要上京伸冤等语"③。

洪任辉还说:"我祇会眼前这几句话,其余都写在呈子上了。"乾隆接到方观承奏折后,传谕两广及浙江,要两广总督李侍尧传集在粤夷商,明示宁波禁止贸易,应严行约束;要浙江巡抚庄有恭留心察访,浙江省是否有"奸牙潜为勾引。"六月二十九日,又降旨将洪任辉呈词中所指控的粤海关监督李永标解任审讯,并调福州将军新柱、给事中胡铨驰往广东,会同两广总督李侍尧审理此案。

　　正当本案在审理之时,闽浙总督杨廷璋报告,七月二十八日在双岐港又发现英国商船,船上有水手100名,在大班味啁率领下,

---

① 《史料旬刊》第4期,浙江定海镇总兵罗英笏折。
② 《史料旬刊》第4期,杨廷璋折。
③ 《史料旬刊》第4期,方观承折。

装载着番银货物来宁波贸易。清水师告以宁波奉禁不准贸易,应速回棹。味啁回复,因不知禁,是以前来,今既不准贸易,当即回去,但篷帆破坏,食物用完,必须整船篷,买购食物,宽停几日,就回广东①。降至八月二十九日,因味啁仍赖在浙江洋面不走,浙江地方官又传唤味啁,味啁不得不道出真情:

> "我们从本国开行,公司有书一封,叫我面交洪任(辉)。七月初一日行到广东马口洋面,有我国在广东贸易的大班禄兀善思子先来送信,说公司昨已信知洪任,叫他先到舟山禀请交易,如若不许,他还要到天津去,你们可在舟山等他。所以我们在此等候"②。

至此,洪任辉闯宁波上天津是东印度公司指使的内情已完全暴露在乾隆面前。乾隆态度坚决:洪任辉呈词中所指控的事件可以审理,开放宁波港断难容许。八月二日,新柱和李侍尧在乾隆的指示下,于广州召见包括已返粤的洪任辉在内的英国、法兰西、荷兰等5国商人代表共21人,宣布说:

> "皇上对夷人的恩典最宽,即如洪任辉所递呈子,皇上惟恐稍有屈抑,差遣我们来审问,可见无一不体恤尔等的了。尔等须要安静守法,不可听人引诱滋事"。

新柱还答应外商,"一切陋规,替你们革除,再无需索,可以安心在此贸易了"③。这次召见,对安定广州的外商起了一定作用。

与此同时,新柱等人就洪任辉呈词,对当事人李永标等进行审讯。而有关呈词的执笔人问题,乾隆甚为注意,新柱也着力查究。

九月四日,新柱等人将审讯结果奏报乾隆,内容包括:

---

① 《史料旬刊》第3期,杨廷璋折。
② 《史料旬刊》第6期,庄有恭折。
③ 《史料旬刊》第5期,新柱等折。

一、关于"关口勒索陋规"问题。据海关则例记载,外船进口,每艘收"归公规礼银"和"梁期正银"3100两;粤海关实收3400两,多收200至300两。外船进口"原有陋规花钱","缘番人性情燥急,放关即要开行,不过要总巡口查验爽快之意,其来已久,并无勒索"。李永标本人没有索贿,只是"到任以来,毫不实力查察,以致家人书役恣意滥索,咎实难辞",本应照"不枉法赃杖一百,流三千里",因系旗人,照例枷60日,鞭100,解部发落。

二、关于行商欠款问题。洪任辉状告资元行已故商人黎光华拖欠公班衙门资本银5万余两,伊子黎兆魁借父身故,不肯偿还。审理结论是,黎兆魁因病回原籍福建晋江县,已飞咨福建督抚,转饬地方官,查明黎兆魁家产,然后照欠各夷商银数,按股匀还。

三、关于保商挪移外商货银问题。洪任辉状告,外商"入口货银,统归保商输纳,保商任意挪移,将伊货银转填关饷,又关宪取用物件短价,千发无百,百发无十"。对此,新柱等判决是:

"查外洋夷船到粤贸易,言语不通。凡天朝禁令体制,及行市课税,均未谙晓,向设行商代为管理,由来已久。后因行商内有资本微薄,纳课不前者,乾隆十年经原任督臣策楞管关任内,于各行商内选择殷实之人,作为保商,以专责成,亦属慎钱粮之意。未便因该商一面之词,遽易成规。惟是行商共有二十一家,保商现只五家,一切货物,各行商俱得分领售卖,及至完纳课税,各行商观望耽延,势不得不令保商代为先垫,暂挪番商货银,情或有之。臣李侍尧现在详筹办理,以除积弊。至所称监督取用物件短价,千发无百,百发无十,……查夷商洋货卖与行商,转售于官,于夷商本无干涉,所控实属凭空无据之词"①。

---

① 《史料旬刊》第4期,新柱折。

显然洪任辉状告这一款,其目的无非是要给保商横加罪名,而后逼清政府取消保商制度,力图摆脱清朝通过保商、行商对外商所实行的控制。但新柱等人认为不能以"夷商一面之词遽易成规",坚持了保商制度。

对于新柱等人的判决,乾隆表示赞同,硃批"公论"二字。

同一天,新柱等还把修改过的洋船进出口规礼则例,呈乾隆御览。旧的洋船进口规礼共30条,修改后仅17条;旧洋船出口规礼共37条,修改后仅16条。以往进出规定条例规定的规礼银合计3300至3400两左右,如今仅1734两,减少了一半①。应该说,清朝在改善外商进出口管理方面,表现出了一定的诚意。

关于呈词是谁执笔问题,洪任辉一口咬定,是福建人林怀在船上写的。此人住噶喇吧年久,现已蓄发,于今年三月坐喊嘀咶船入关,五月已回噶喇吧。又说,他在宁波做买卖,认识福建人郭四观、李受观、辛文观。这几个人或在国外,或已故,无从公证。闽浙总督杨廷璋也上奏,说浙江"委无奸牙勾引,代之捉笔之弊"②。浙江既无奸牙内奸,奸牙内奸就必定出在广东。新柱等人将在广州与洪任辉做买卖的陈祖观、罗彩章、刘亚匾、叶惠等加以审讯。特别是徽商汪圣仪、汪秀兰父子,曾经借洪任辉资本作买卖,洪任辉在宁波时,父子二人俱为包揽生意。宁波闭港后,汪氏父子到广东,与洪任辉"彼此极其亲密"。汪圣仪又是婺源县生员,自然成了怀疑的重点对象。但审讯结果,认定是四川籍商人刘亚匾,"始则教授夷人(洪任辉)读书,图骗财物,继则主谋唆讼,代作控词"③。乾隆决定,要将此事宣示中外,使外商"俾识天朝节制"。他指示新

---

① 《史料旬刊》第5期,新柱折。
② 《史料旬刊》第4期,杨廷璋折。
③ 《史料旬刊》第9期,李侍尧折。

柱等人，"一面提出刘亚匾，并传集在广（州）洋商及该处保商人等；一面密传洪任辉，毋令先期闻信潜逸"。然后当众宣布谕旨：

一、将刘亚匾"明正典刑"；

二、洪任辉以"勾串内地奸民，代为列款，希冀违例别通海口"罪，判处"在澳门圈禁三年，满日逐回本国"；

三、向外商宣布清朝对外贸易的基本方针："论（中国）内地物产富饶，岂需远洋些微不急之货。特以尔等自愿懋迁，柔远之仁，原所不禁。今尔不能安分奉法，向后即准他商贸易，尔亦不许前来"[①]。

在处理洪任辉事件中，乾隆不仅整顿了广州海关对外贸易的管理条例，更重要的是，他维护了国家的主权。作为一个主权的国家，在对外贸易中，有权决定开放哪些港口或关闭哪些港口。这种法令，经贸的对方必须尊重和遵守。因此，乾隆对无视清政府法令，闯入宁波港而又不听劝阻耍弄阴谋诡计的洪任辉，以"违例别通海口"罪，判以圈禁澳门三年，是维护国家主权的正义判决，无可非议。但是，发展对外贸易，不仅对外国有利，对发展中国的经济也有利。乾隆看不到这一点。他以为中国物产富饶，不需外国"些微不急之货"，把批准外商来货贸易，视作皇帝的"柔远之仁"，是对外商的恩赐，则愚昧至极。这是植根于自给自足自然经济土壤中天朝帝王传统的虚骄心理的暴露。不过，这又是洪任辉事件所反映出问题的另一方面。我们不应当以乾隆愚昧与虚骄的时代局限性，去否定他为维护国家主权而对"违例别通海口"的不法外商的正义判决。因为，前一个问题，是国际间经贸关系所必须遵行的准则；而后一个问题则是中国人自己内部的事情。

---

① 《乾隆实录》卷 598。

洪任辉事件,使乾隆帝对来华贸易的西方商人警觉起来。二十四年(1759年)十二月,他批准了两广总督李侍尧上奏的防范外夷条规。一、禁止外商居留广州越冬,即使有行欠未清,亦令在澳门居住,行商如有意措留压滞货款,按律处治;二、外商到粤,宜寓歇行商馆内,由行商管束稽查;非官充行商,不许设寓招诱;三、禁止借领外商资本和外商雇请汉佣人。嗣后倘有违禁借贷,照交结外国、借贷诓骗财物例问拟,借银查追入官;四、严禁外商雇人传递信息;五、外船停泊码头,应增拨营员兵丁驻防巡查[①]。这五项规定,严格了广州海关的外贸管理,对于外商的贸易以至生活等,的确造成某些不方便。但乾隆鉴于洪任辉事件的教训,从社会稳定与大清帝国的安全考虑,不得不如此。况且,条例中对行商有意拖欠货款的归还问题作了严厉的规定,对保证外商正当权益也起了积极作用。

二十四年闰六月,乾隆批准臣下奏请,决定禁止生丝出口。这是继关闭闽江浙三海关之后,又一重大失策。其时,江西道御史李兆鹏上折《严丝出外洋之禁》,说:

"臣见近年以来,南北丝货腾贵,价值较往岁增至数倍。虽由生齿日繁,生者少而用者多,然推求故,亦不尽由此。查丝之出产,各省俱有,而以江浙为最多。顾因地近海洋,彼地织作精巧之物,非内地丝斤不能经纬纯密。民间商贩,希图重利出卖,洋艘转运,多至盈千累万,以致丝价日昂。若不禁止,是内地日用之物,不能充内地之用,而外洋如哔叽、羽毛等物,索价高贵,又非常用所急需,且竞尚华靡,于崇俭抑奢,酌盈济虚之道,两无裨益。……臣愚仰恳皇上,勅下江浙督抚及各省

---

① 《乾隆实录》卷602;《史料旬刊》第9期,李侍尧折。

浜海地方,查有将内地丝斤贩卖出洋者,照贩米出洋之例,严
行饬禁。其失察偷漏,亦一体议处"①。

乾隆将李兆鹏奏折批给大学士会同部议,尽速回奏。议论结果,同
意禁止生丝出口。但是,两广总督李侍尧提出,本年外商已买生
丝,有的已搬运下船,应允许其出口,禁令请从庚辰年,即乾隆二十
五年开始生效。皇帝同意,降旨如议执行。

　　在当时对外贸易中,生丝和茶叶都是主要出口货物。正如前
面所说,每年仅湖丝出口价值就70—80万两甚至百万两银。这巨
额生丝出口贸易,有利于刺激农村商品经济的发展。而且,禁止生
丝出口,并没有使市场上生丝价格下降。因此,二十九年(1764
年)二月,乾隆又降谕弛生丝出口之禁。他说:

　　"前因内地丝觔绸等物,价值渐昂,经御史李兆鹏等先后条
奏,请定出洋丝觔之禁,以裕民用。乃行之日久,而内地丝价仍未
见减,而且更贵者有之。可见生齿繁衍,取多用宏,盖物情自然之
势。……徒立出洋之禁,则江浙所产粗丝转不得利,是无益于外
洋,而更有损于民计,又何如照旧弛禁,以天下之物,供天下之用,
尤为通商便民乎"②。

　　这样,乾隆将以前制定的错误政策,很明智地改正了过来。

三、遏制沙俄蚕食野心

　　雍正五年(1727年)七月,中俄《布连斯奇条约》签订后,双方
划定了喀尔喀地区的边界。第2年五月,又签订《恰克图条约》,
共计11款,主要内容包括:中俄中段边界以恰克图为分界点,东自

---

　　① 《史料旬刊》第18期,李兆鹏折。
　　② 《乾隆实录》卷704。

额尔古讷河,西至沙毕纳依岭,界线以南为中国境,以北为俄国境;双方不得收容逃犯;俄商 3 年 1 次至北京贸易,每次人数不超过 200 人;允许在京设立俄国教堂等等。《恰克图条约》签订后,我国贝加尔湖一带和唐努乌梁海以北的叶尼塞河上游广大地区,都归划了俄国的版图。俄方在中俄贸易中更是得到巨大经济实惠。签约后,俄国在恰克图建立了边贸市场,来此贸易的,除沙俄官方商队外,还有私商,贸易额逐年上升。18 世纪 40 年代,沙俄在恰克图贸易中周转额年约 50 万至 60 万卢布,50 年代初达 80 万至 90 万卢布,乾隆二十一年(1756 年)仅贸易额就达 69.2 万卢布,二十四年更增至 141.7 万卢布,沙俄政府仅税收就征得 15.7 万卢布①。

清政府签订《布连斯奇条约》和《恰克图条约》,是以重大的让步来谋求边境的安宁。但是,沙俄政府并不因此而满足,《恰克图条约》签订之后,继续执行蚕食我国东北、西北和蒙古地区的政策。

沙俄历来垂涎我国东北黑龙江地区。尤其是 17 世纪末以来,随着商品生产的发展,全俄市场的形成,沙俄更急于谋求我国黑龙江流域,以便作为它东北方向的出海口。乾隆二十一年,沙皇伊丽莎白·彼得洛夫娜派使者来华,随带俄国枢密院致清朝理藩院信件,提出俄国船只假道黑龙江的要求:

> "俄罗斯驿递在理藩院呈递萨纳特衙门文书,内称伊国东北边界居人被灾,现造船挽运口粮,必由东路尼布楚地方阴葛达河额尔衮及黑龙江行走,求勿拦阻"。

二十二年八月,乾隆接到这份文书,当即断然拒绝俄方的侵略性要

---

① 转引自《沙俄侵华史》第 79 页,复旦大学历史系编,上海人民出版社 1957 年版。

求。他说:"初与俄罗斯议定《恰克图条约》十一条内,并无逾界遣人运送什物一项"。为了防止沙俄船只强行闯入黑龙江,乾隆在指示理藩院行文批驳的同时,命令黑龙江边防台站官兵,"加意防范卡座,勿令私过"①。面对着沙俄对黑龙江航行权的赤裸裸的野心,乾隆不得不采取有效措施,加强防范。同年十一月,他批准蒙古土谢图汗桑寨多尔济的奏请,在蒙古车臣汗嘛呢巴达嘛部落与俄国接壤的各卡座,补足缺额兵丁②。二十三年正月,又批准黑龙江将军绰勒多奏请,在靠近俄罗斯边界添设卡座,其中车臣汗部落37卡,托索克内17卡,托索克外16卡,共计70卡,"委员巡查,日一会哨"③。自康熙二十九年(1690年),即《尼布楚条约》签订第二年之后,清朝未曾对东北边境的诸河流的河源作过勘察。为了进一步摸清东北边境的河防,乾隆三十年(1765年),清朝组织力量,查勘了格尔毕河、精奇里江、西里木第河和钮曼河的河源。查勘之后,当年八月黑龙江将军富僧阿上奏:"查呼伦贝尔与俄罗斯接壤之额尔古讷河,西岸系俄罗斯地界,东岸俱我国地界,处处设有卡座,直至珠尔特地方"。他建议,自珠尔特至莫哩勒克河,再添设二卡,并于索博尔罕,添立鄂博,逐日巡查。富僧阿还提出,每年六月派章京、骁骑校及兵丁巡查托克、英肯两河口以及鄂勒希、西里木第河,每三年派副总管、佐领、骁骑校于解冻后由水路至河源兴堪(安)山巡查一次,黑龙江官兵每年应巡查至格尔毕齐河河口,每三年亦应至河源兴堪(安)山巡查一次。乾隆批准了这一建议④。乾隆的这些措施,有效地遏制了沙俄对黑龙江流域的蚕食。

---

① 《乾隆实录》卷544。

② 《乾隆实录》卷548。

③ 《乾隆实录》卷555。

④ 《乾隆实录》卷743。

沙俄对我国的西北和蒙古地区同样是虎视眈眈。

乾隆二十一年(1756年)七月,正当清朝出兵平定阿睦尔撒纳叛乱时,喀尔喀蒙古和托辉特部郡王青滚杂卜乘机叛乱,擅自撤回驻守伊犁各卡座喀尔喀兵丁,并派人抢劫第27至第29台站,"将商人驼只物件掳去"①。青滚杂卜叛变后,企图逃往俄罗斯。俄国西伯利亚总督米亚特列夫得到这一消息,立刻向沙俄外交委员会建议,要收容这一小撮叛乱分子,以促使更多的喀尔喀部民叛逃。俄国枢密院不仅批准了米亚特列夫的报告,而且还于乾隆二十一年八月十二日,在关于青滚杂卜叛乱声明所作的复文中,公然要求清政府用割让领土的方式,作为将来引渡叛匪的条件②。但是,乾隆对抓获青滚杂卜作了周密布置。他任命赛音诺颜部亲王成衮扎布为定边左副将军,督师擒获叛匪,晓谕众喀尔喀协力,并要蒙古阿拉善部贝勒罗布藏多尔济派兵1至2千名以备调遣。乾隆说:"现今准噶尔尽入版图,其北则俄罗斯境地,伊即欲逃窜,断不能脱身远飏"③。果然,当年十一月二十八日,青滚杂卜在逃到沙俄边境杭哈奖噶斯地方被擒。沙俄拿不到叛匪青滚杂卜这张牌,如意算盘也就打不响了。为了加强西北边防,乾隆二十六年,参赞大臣阿桂奉命驻兵塔尔巴哈台(简称塔城)。七月,他向皇帝建议,在伊犁与乌鲁木齐之间的玛纳斯、库尔喀喇乌苏和晶河三处,"安设村庄,驻兵屯田",又于乌鲁木齐至伊犁之间,设21个台站,每台站配备马兵5名,人给马2匹,绿旗兵15名,人给马1匹,每台站再配骆驼4只。晶河以西台站归伊犁管辖,托多克以东台站归

① 《乾隆实录》卷519。
② 《故宫俄文史料》第307至312页。
③ 《乾隆实录》卷519。

乌鲁木齐管辖①。第二年,阿桂经查勘后,又就伊犁至塔尔巴哈台之间的设卡地点,向皇帝建议:"拟自辉迈拉呼至爱呼斯、招摩多,自阿勒坦额默勒至伊犁河岸十七处,立木为记。对伊犁河四处,垒石为记。今春派护军统领伊勒图等前往安设讫"②。对于阿桂的这二次建议,乾隆全部批准。

前已说过,在平定阿睦尔撒纳叛乱前后,清朝加强了对唐努乌梁海、阿尔泰乌梁海和阿尔泰淖尔乌梁海的管辖,设旗分佐领,驻兵屯牧,确定贡赋。但是,沙俄染指乌梁海的野心不死,尤其是阿睦尔撒纳败亡后,更是加紧对乌梁海和额尔齐斯河上游中国辖地的蚕食。乾隆二十七年(1762年)新沙皇叶卡特林娜二世执政。她曾叫嚷"不把中国的傲慢加以制服","我是死不瞑目的"③。在她的支持下,沙俄军队不断侵入乌梁海地区。二十八年八月,据乌里雅苏台将军成衮扎布报告,俄罗斯在卫满河(即鄂依满河、哈屯河上游)、布克图尔玛库克乌苏(哈屯河上游)等处"造屋树栅"。同时,乌梁海地区一居民玛木特,也向清朝交出一份有关蚕食该地区阴谋的俄国文书。玛木特还供称,"实有其事,并色毕亦曾造屋树栅"④。沙俄这些活动,使乾隆意识到其侵略的野心。他说:

> "布克图尔玛库克乌苏,系果勒卓辉旧游牧,色毕系呼图克旧游牧,俱系准噶尔地方。……准噶尔地方,此时均已内附,与俄罗斯无干,伊等岂可擅自造屋树栅!观此,足见俄罗斯渐有侵占准部地方之意"⑤。

① 《乾隆实录》卷641。
② 《乾隆实录》卷663。
③ 弗罗伦斯基:《俄国——历史与解释》第1卷第604页注3,1955年纽约版。
④ 《乾隆实录》卷629。
⑤ 《乾隆实录》卷692。

乾隆当即降谕成衮扎布等,率兵前往"库克乌苏、色毕地方,将俄罗斯木栅屋宇,尽行拆毁"①。九月四月,乾隆决定暂停恰克图地区的中俄贸易②,以示对沙俄侵略行径的抗议。

停止恰克图贸易,是沿海闭关政策在中俄边贸中的延续。随着中俄两国,尤其是中国蒙古地区商品经济的发展,中俄边贸已成难以阻挡之势。禁令颁布后,"据恰克图往来之人及恰克图居住人皆言,俄罗斯尚通贸易"③。三十年四月,乾隆重申禁贸令,说:"恰克图停止贸易,特为俄罗斯等背原定价值,增加货税,一切诸事推托支吾,不肯简速办理。今既将民人贸易停止,而蒙古岂可私行",责令蒙古土谢图汗桑寨多尔济彻底查察④。查察结果,桑寨多尔济也派人参与边贸,因而被革去王爵,解京闲住。恰克图贸易既然禁不了,只好重新开放。三十三年七月,俄罗斯哈屯汗派使者向清朝提出恢复中俄贸易 11 款,内容包括"凡贸易悉循法令,不敢狡赖";"照旧派学生四人,随贸易人等来京学习文字";"嗣后边界逃窃事件,详定章程,严查速办"等等⑤。八月,乾隆降谕:"俄罗斯既知遵照章程,著准其通商"⑥。恰克图禁贸令正式取消。

乾隆虽已看出"俄罗斯渐有侵占准部地方之意",也采取一些防御性措施,遏制沙俄蚕食;但是中俄边界线太长,又远离清朝政治经济中心,防御力量不足,因此中国仍然失去准部地区不少土地。这就助长了沙俄野心,隐藏着更严重的边疆危机。

---

① 《乾隆实录》卷 692。
② 《乾隆实录》卷 694。
③ 《乾隆实录》卷 738。
④ 《乾隆实录》卷 734。
⑤ 《乾隆实录》卷 814。
⑥ 《乾隆实录》卷 814。

第五节　处理蒙古土尔扈特部回归

一、回归故土的壮烈行动

平定准部叛乱之后,西北边疆局势稳定,良好的政治环境,吸引远离祖国的土尔扈特蒙古回归故土。

土尔扈特本是西北厄鲁特蒙古四卫拉特之一,游牧于塔尔巴哈台所属额什尔努拉一带,16世纪末至17世纪初,其西部牧地到达额尔齐斯河上游、伊斯姆河一带。相传,他们是元朝大臣翁罕后代,至明崇祯年间(1628至1644年),其十传首领是和鄂尔勒克。正是这一时期,土尔扈特部举族西迁,离开故土。其迁徙原因,是逼于内外压力。

内部压力,指的是土尔扈特部受准噶尔部威胁。时准噶尔部首领巴图尔浑台吉,"恃其强,侮诸卫拉特"[1]。土尔扈特不甘受其欺凌。外部压力是来自沙俄威胁。16世纪末17世纪初,沙皇俄国势力已渗透我国西北边疆,不断派出所谓"外交使团",到厄鲁特蒙古各部,包括土尔扈特部,要求他们"转入俄国国籍",定期纳税,"效忠沙皇",否则不允土尔扈特部在额尔齐斯河流域游牧[2]。

为使土尔扈特摆脱被吞并的命运,大约在明崇祯元年(1628年),和鄂尔勒克汗率本部及和硕特、杜尔伯特的部分牧民共5万余帐向西南方移去。他们沿托波河上游挺进,途经诺盖草原,击溃企图阻止他们西进的诺盖人,越过哈萨克地区,渡乌拉尔河,抵达

---

① 张穆:《蒙古游牧记》卷14《额鲁特蒙古新旧土尔扈特部总叙》。
② 兹拉特金:《准噶尔汗国史》,第124页。

还未完全被俄国开发的伏尔加河下游。他们虽身处异域,却保持厄鲁特蒙古本色,生活上"习蒙古俗,务畜牧,逐水草徙"①,管理上"置鄂拓克,设宰桑"②,信仰上"重佛教,敬达赖喇嘛"③,完全是独立于沙俄的一个游牧部落。

土尔扈特西迁后,一直不忘故土,与厄鲁特蒙古各部保持着联系。和鄂尔勒克汗曾将女儿嫁给准部巴图尔浑台吉,巴图尔浑又把女儿嫁给土尔扈特的朋楚克,朋楚克将女儿嫁给和硕特的鄂齐尔图车臣汗;尔后土尔扈特汗阿玉奇的女儿则嫁给策妄阿拉布坦,和硕特车臣汗之女又嫁给阿玉奇长子沙克都尔扎布,噶尔丹策零之女嫁给土尔扈特的巴图尔乌巴什④。这些婚姻关系,表明土尔扈特部一直视自己为厄鲁特蒙古家族的一员。

身居异域的土尔扈特,与清朝同样往来不绝。顺治十二年(1655年),和鄂尔勒克汗长子书库尔岱青遣使向清朝"奉表贡"。因"蒙古俗最重喇嘛"⑤,书库尔岱青还亲自入藏"熬茶、供佛、谒达赖喇嘛"⑥。康熙年间,土尔扈特汗阿玉奇之嫂携子阿喇布珠尔入藏礼佛,归途"以准噶尔道梗,留嘉峪关外,遣使至京师,请内属"⑦。当康熙出兵西北时,土尔扈特部在军事上和道义上支持清军平定准噶尔贵族叛乱。三十五年(1696年),平定噶尔丹的战役中,阿玉奇汗闻讯派宰桑率1000余人赴阿尔泰的土鲁图地方协助清军。战争结束后,他又派人向清朝"入贡祝捷"。康熙五十五

---

① 何秋涛:《朔方备乘》卷38《土尔扈特归附始末叙》。
② 祁韵士:《西陲要略》卷4《土尔扈特源流》。
③ 何秋涛:《朔方备乘》卷38《土尔扈特归附始末叙》。
④ 祁韵士:《皇朝藩部要略》卷9《厄鲁特要略一》。
⑤ 赵翼:《簷曝杂记》卷1《蒙古尊奉喇嘛》。
⑥ 何秋涛:《朔方备乘》卷38《土尔扈特归附始末叙》。
⑦ 祁韵士:《皇朝藩部要略》卷10《厄鲁特要略二》。

年,策妄阿拉布坦叛乱,清命和硕特部派兵扼守准部通青海、西藏的要隘噶斯。阿玉奇汗的侄子阿喇布珠尔时在青海,主动请命效力,率300人屯守噶斯。

清朝对土尔扈特的忠诚也给予积极回报。康熙五十一年(1712年)曾派使团到伏尔加河流域探望他们。五十三年由太子侍读殷扎纳、理藩院郎中纳颜、内阁侍读图理琛、厄鲁特人舒哥、米斯等组成的使团抵马怒托海附近时,阿玉奇汗得知消息,命土尔扈特全部台吉、喇嘛沿途"陈设筵宴,排列牲畜,远来迎接"。阿玉奇对使臣说:"满洲、蒙古大率相类,想起初必系同源",而蒙古"衣服帽式,略与中国同,其俄罗斯乃衣服、语言不同之国,难以相比"①。话中表示土尔扈特人对于作为中华民族大家庭中一员的认同。继这次访问之后,雍正帝又曾两次派人探访他们。雍正九年(1731年),土尔扈特台吉乌巴什多尔济赴藏,皇帝派人护送,并赏给他们大量财物②。

与清朝态度相反,沙俄对来自中国西北这一支民族,进行残酷的掠夺与迫害。土尔扈特人在伏尔加河下游生活悲惨。17世纪末和18世纪初,沙俄通过威胁利诱,逐步控制了土尔扈特部。降至18世纪中叶,沙皇叶卡特林娜二世发动对土耳其战争,土尔扈特人被大批征调,"十六岁以上者尽数赴敌",仅伤亡就达七八万人。沙皇以大批土尔扈特人当炮灰,还包含着借征战"欲歼灭土尔扈特"的罪恶阴谋③。为了胁迫土尔扈特人去打仗,沙俄甚至把土尔扈特汗渥巴锡的儿子拘留在彼得堡当人质④,从而搞得"土尔

---

① 图理琛:《异域录》卷下。
② 祁韵士:《皇朝藩部要略》卷14《厄鲁特要略六》。
③ 七十一(椿园)著:《西域总志》卷6。
④ 海西希、田中克彦:《蒙古历史与文化》(旧译本)第81页。

扈特人人忧惧"①。被派往土尔扈特部的沙皇特使更是傲慢无礼,竟指着渥巴锡汗说:"你只是用链子拴住的一只熊,赶到哪儿就到哪儿,而不是想到哪儿就去哪儿"②。

备受沙俄欺压的土尔扈特人,格外怀念自己的故土,回归的愿望日趋强烈。正如此后渥巴锡汗在写给哈萨克汗努尔阿里的信中所说:"自古以来,土尔扈特人没有如今这样负担苛捐杂税。由于繁重的负担,全体人民陷入波动与不安。这就是不愿接受俄国统治的原因,而希望到自己的众所爱戴的法定人和自己的故土,所以离开俄国去游牧"③。

东返故土,是土尔扈特几代人的梦想。从 17 世纪中叶书库尔岱青汗和 18 世纪初阿玉奇汗等,都作过回归的尝试,均未成功。乾隆二十一年(1756 年)土尔扈特汗敦罗布喇什遣使吹扎布,绕道俄罗斯,千里迢迢到承德避暑山庄晋见乾隆,明确表示他们身在俄罗斯,"附之,非降之也。非大皇帝有命,安肯为人臣仆!"④及至平定准噶尔,西北局势平稳的消息传到土尔扈特部,更是上下一心,坚决要求东返。

三十五年,渥巴锡汗与策伯克多尔济等商量东返事宜。随后,从伊犁来的厄鲁特台吉舍楞及大喇嘛洛桑丹等也力主离开伏尔加河流域。渥巴锡汗还召集土尔扈特部首领们会议,讨论详细回归计划。是年冬天,渥巴锡汗带领土尔扈特部 3.3 万户,16.9 万人动身返国。他把队伍编成三路。妇孺老弱居中,舍楞率骑兵开路,自己则殿后保护掉队者。一位西方史学家描述当时动人场面:

---

① 何秋涛:《朔方备乘》卷 38《土尔扈特归附始末叙》。
② (英)霍渥斯:《蒙古史》第 1 卷第 576 页。
③ 帕里莫夫:《留居俄国境内时期的卡尔梅克民族史纲》第 72 页。
④ 祁韵士:《皇朝藩部要略》卷 13《厄鲁特要略》。

"整个部落异口同声发出惊呼：'我们的子孙永远不当奴隶，让我们到太阳升起的地方去'"①。

沙皇政府得知土尔扈特部离开伏尔加河流域的密报后，出动大批正规军追击，并通知哥萨克人在途中拦截，又唆使哈萨克人。巴什基尔人乘机抢劫。在经过白雪皑皑的哈萨克草原时，土尔扈特部与哥萨克人发生了激烈的战斗。三十六年五月，大队人马抵达伊尔吉兹河流域，面临战斗减员、疾病威胁、饥荒侵袭，有些人意志消沉。渥巴锡及时召开"扎尔固"会议，策伯克多尔济说："俄国是奴隶国土，中国是理想之邦，让我们奋勇前进，向东，再向东"②。六月，渥巴锡及主力陆续进入清朝辖区伊犁河畔。至此土尔扈特部仅存1万5千户，7万余人，只及起程时的一半。土尔扈特人付出沉重代价，终于实现祖祖辈辈的梦想。

二、对土尔扈特部的接济与安排

土尔扈特部回归的消息，很快传到北京。三十六年六月九日，乾隆命参赞大臣巴图济尔噶勒驰驿赶赴伊犁办理接待土尔扈特部事宜。十日，又派固伦额驸色布腾巴尔珠尔驰驿到伊犁，将土尔扈特部大台吉等迎至承德避暑山庄，乾隆要亲自接见他们。同时，乾隆还指令在乌什办理回部事务的参赞大臣舒赫德，就近前往伊犁，主持接待工作。

土尔扈特部西迁约一个半世纪，而这次回归中，又有一个重要人物叫舍楞。此人原是阿睦尔撒纳手下宰桑，曾诱杀清朝副都统唐喀禄。阿睦尔撒纳败亡，舍楞远逃，投奔土尔扈特部。因此，清

---

① 斯文·赫定：《热河·皇帝城》第31页。
② 斯文·赫定：《热河·皇帝城》第52页。

朝中一些人对土尔扈特部回归的诚意,抱有疑虑。疑虑之一是,舍楞与俄国串通,与渥巴锡"同商伪顺"①,别有阴谋;疑虑之二是,舍楞系俄罗斯"叛臣",如果接纳,"虞启边衅"②。六月十六日,乾隆接到巴图济尔噶勒奏折,说土尔扈特投诚"不可深信"。怀疑派看法虽然对乾隆发生过影响,但乾隆并不尽信,认为"不必过为疑虑"③。舒赫德等则认为,土尔扈特"力穷远来,投诚属实"。额驸色布腾巴尔珠尔也说,土尔扈特部与俄罗斯"经教不同,互相不睦。今准部全平,想伊犁等处闲旷,渥巴锡率领八九万户投诚,欲往伊犁,行伊黄教,皆属应有之事,诚如谕旨,不必过虑"④。看了舒赫德等人的奏折,乾隆作了更深入的思考。他从土尔扈特部本身习俗、宗教信仰及其与清朝、与俄国的关系,从此次投诚的主动性等各个方面加以分析。他回顾了康熙年间图理琛伏尔加河之行,以及俄罗斯对土尔扈特"征调师旅不息",为了征兵甚至以渥巴锡之子为人质的历史事实,了解到土尔扈特与俄罗斯宗教信仰各异,认为此次返伊犁是"合族台吉密谋,挈全部投中国兴黄教之地以息肩"⑤,即要从沙皇俄国强加给他们的民族灾难中解脱出来。所以,他们是"弗加征而自臣属",是主动回归,并非武力强迫,是真诚的"投诚向化"。至于舍楞与俄国的阴谋问题,乾隆认为不应过高估计舍楞号召力,舍楞"一人岂能耸动渥巴锡等全部?"乾隆指出,舍楞并非俄罗斯叛臣,而是"我之叛臣"。他逃往俄罗斯,清朝"何尝不一再索取,而俄罗斯讫未与我也。今既来

---

① 《乾隆实录》卷887。
② 《乾隆实录》卷892。
③ 《乾隆实录》卷887。
④ 《乾隆实录》卷887。
⑤ 《乾隆实录》卷892。

归,即以此语折俄罗斯,彼亦将无辞以对"。基于对土尔扈特部的了解与信任,乾隆宣布"夫明知人以向化而来,而我以畏事而止,且反致寇,甚无谓也"①。他降谕对舍楞"往咎概不介意,前罪一律宽宥,还特加恩赐"②。乾隆对土尔扈特部回归动机的正确分析与判断,表现出他超人的胆识。这些言论排除了干扰,使接待与安置工作得以顺利进行。

乾隆对土尔扈特部的接待包括三个方面:对上层人物政治安抚,对全体牧民眼前生活救济和长期游牧地区的确定。

乾隆宣布,土尔扈特部若遣头目入觐,朕必加恩,"即舍楞虽系获罪之人,今既知悔前非,朕必恩施格外"③。六月二十五日,渥巴锡等从伊犁起程,赴热河朝觐。沿途某些地方因接待简慢,被乾隆革职处分。九月八日,渥巴锡等在额驸色布腾巴尔珠尔陪同下到达木兰围场,乾隆在伊绵峪接见他们,并用蒙古语交谈,了解土尔扈特重返祖国后的情况。主人盛情款待远方来人,又邀请他们与蒙古王公、厄鲁特诸部首领一起参加秋狝活动。乾隆兴奋地赋诗抒怀:"类已全归众蒙古,峪征嘉兆信伊绵,无心望蜀犹初志,天与钦承益巩虔"④。数日后,乾隆在避暑山庄澹泊敬诚殿(又称楠木殿)再次召见渥巴锡等人,并"赐宴万树园及溥仁寺,命设灯宴,观火戏"⑤。十五日大封土尔扈特部众首领。渥巴锡封卓哩克图汗,策伯克多尔济封布延图亲王,舍楞封弼哩克郡王,其他人或封贝勒、贝子、台吉等。九月底,普陀宗乘庙落成,渥巴锡及蒙古王

① 《乾隆实录》卷892。
② 中国第一历史档案馆:《满文土尔扈特档》,乾隆三十六年三月。转引自马大正:《厄鲁特蒙古论集》第214页。青海人民出版社,1984年版。
③ 《乾隆实录》887。
④ 彭元瑞《高宗诗文十全集》卷9,商务印书馆,丛书集成初编。
⑤ 祁韵士《土尔扈特部总传》,见《外藩蒙古回部王公表传》卷102。

公、西北各部少数民族首领参加盛大法会,乾隆亲自撰写《御制土尔扈特全部归顺记》和《御制优恤土尔扈特部众记》两文,用满、汉、蒙、藏4种文字刻碑立于庙内。

三十六年六月,当乾隆获悉土尔扈特部归来时,就考虑"远人携眷来归,量地安插,赏项在所必需"①。他指令陕甘总督吴达善从陕西藩库中拨银20万两作备赏安插银解赴安西道库及巴里坤和乌鲁木齐等处。七月,乾隆接到舒赫德报告目睹土尔扈特部穷困情状:"或衣服破烂,或靴鞋俱无,其幼孩有无一丝寸缕者"②,立刻意识到若不加意抚恤,这些"冻馁交迫"之人可能"或至饿毙",指令紧急接济,不可稍有迟缓。西安巡抚文绶立即从哈密厅协库内翻出棉袄、毡衣、号褂、棉褂、鞋、棉袜等6000余件,挑拣可用的发放,并将巴里坤存放的2万余条夹布口袋改制成帐房衣物,运往土尔扈特部。乾隆还传谕文绶,要他在巴里坤、哈密、吐鲁番等地购办牛羊供给土尔扈特。据统计,从六月至九月,共拨牧畜26.55万只,官茶2万多封,米麦4.1万石,羊裘5.1万多件,布6.1万多匹,棉5.9万多斤。毡房400多具,白银20万两③。西北地区的其他部族也慷慨支援,厄鲁特部出马牛羊2万余只,商都达布逊诺尔、达里刚爱送马羊10万只④。土尔扈特部每户"赏给孳生羊三十、二十、三、五、八只不等,赏给白银五十、三十、二十两不等"⑤。

土尔扈特部回归之初,暂住伊犁地区。乾隆不赞成他们长期久留此地。经过反复考虑,决定让土尔扈特部居住塔尔巴哈台东

---

① 《乾隆实录》887。
② 《乾隆实录》889。
③ 《乾隆实录》卷892。
④ 《乾隆实录》卷890。
⑤ 中国历史第一档案馆:《满文土尔扈特档》,乾隆三十六年九月。

科布多西之额尔齐斯、博罗塔拉、额密勒斋等处为妥①。三十六年十月,舍楞请求在科布多、阿尔泰附近地方居住,乾隆允其所奏,并加恩授舍楞为盟长。渥巴锡所部人数较多,先在塔尔巴哈台附近游牧,后请求移到珠勒都斯,于三十八年四月获准。

土尔扈特部在清中央政府统一管辖下,设置了地方政权。舍楞所部被称为新土尔扈特,渥巴锡所部为旧土尔扈特。在新土尔扈特,建立青色特启勒图盟,设有两扎萨克,游牧于阿尔泰山一带,受科布多参赞大臣管辖,定边左副将军节制。在渥巴锡旧土尔扈特聚居区建立乌讷恩苏克图盟,有 10 个扎萨克,置南北东西 4 路。其中渥巴锡率 4 扎萨克,游牧于珠勒都斯河,受喀喇沙尔办事大臣管辖,伊犁将军节制;亲王策伯克多尔济率 3 扎萨克,游牧于塔尔巴哈台,受塔尔巴哈台参赞大臣管辖,伊犁将军节制;郡王巴木巴尔领 2 扎萨克,游牧于库尔喀喇乌苏,受库尔喀喇乌苏办事大臣(后改为领队大臣)管辖,伊犁将军节制;贝勒默们图领 1 扎萨克,游牧于精河一带,直接归伊犁将军管辖。另有随土尔扈特归来的和硕特部贝勒恭格领 4 扎萨克,为巴图色特奇勒图盟,游牧地与渥巴锡同。至此,土尔扈特部重新加入中华民族大家庭,乾隆曾欣喜写道:"自斯凡属蒙古之族,无不为我大清国之臣"②。

土尔扈特部回归,使沙皇政府恼怒不已。三十七年八月,俄罗斯萨纳特衙门向清朝理藩院递交咨文,声称"渥巴锡人等俱系悖教匪人,不当收留",又说"此等逃人内有悖教惑众匪人,叛服不常,日后必再投回"。在诬蔑土尔扈特部同时,还威胁清政府"有不守和好,恐兵戈不息,人无宁居"。乾隆指示理藩院针锋相对地

---

① 《乾隆实录》卷 887。
② 《乾隆实录》卷 892。

给予回答:"土尔扈特渥巴锡人等与尔别一部落,原非属人,自准部入居尔境,尔国征调烦苦,不堪其苦,率众来投,我皇上为天下共主,抚驭众生,岂有将原为臣仆之人,拒而不纳之理"。对沙皇的威胁亦毫不含糊地表明:"或以兵戈,或守和好,我天朝惟视尔之自取而已"[①]。乾隆以坚定的态度挫败了沙皇企图重新奴役土尔扈特部的阴谋。

第六节　与缅甸交兵

一、战前清缅关系

缅甸与中国交通甚早,见诸史籍者,汉称掸国,唐称骠国,宋始有缅国之称。元忽必烈 3 次征伐,责其贡赋。明洪武二十七年(1394 年)置缅中宣慰使司,永乐年间又设缅甸宣慰使司。万历十年(1582 年),缅甸掠边境诸土司,明出兵讨伐[②]。明末清初,缅甸乘中国改朝换代之机,出兵吞并洞吾、古剌、木疏、木邦、孟艮、耿马、孟密、孟养、新街、孟拱等部,明廷边外所设三宣六慰诸土司大多丧失。

清政府与缅甸的交往始自顺治十六年(1659 年)九月。其时南明桂王政权被清军击溃,永历帝越国界逃往缅甸。明朝降臣洪承畴以兵部尚书、武英殿大学士等身份致书缅王,以强硬口气要求交出南明永历皇帝,声称"留匪一人,累及合属疆土"[③]。第二年,吴三桂镇云南,奏请进兵缅甸,追擒永历。顺治因南方初定,无意

---

①　《乾隆实录》卷 914。

②　《明史》卷 315《云南土司》。

③　《文献丛编》第 14 辑,故宫博物馆藏有该稿照片。

轻启边衅。顺治十八年五月。缅王弟莽猛白弑兄自立,又杀永历从臣 40 余人。吴三桂看时机成熟,于九月与定西将军爱星阿带 5 万大军出南甸、陇川、猛卯,随后兵分两路直捣缅都阿瓦城。缅相锡真持贝叶缅文纳款议和。十二月,缅人献出永历帝及太后、后妃、从臣百余人,清军返回云南[1]。

康熙年间,清与缅甸中断交往。雍正九年(1731 年),缅甸与景迈国交兵,景迈遣使谒见云贵总督鄂尔泰,主动提出入贡,请求得到保护。由于鄂尔泰正集中力量整饬群苗,且获知景迈为缅甸世仇,便婉言拒绝。直至乾隆年间,清缅双方才重新建立关系。边境上茂隆银厂主人吴尚贤对此作出了贡献。

云南永昌、顺宁徼外有卡瓦,北接耿马土司,南连生卡瓦,西邻木邦,东依孟艮,其地方 2000 余里,号葫芦国,酋长蚌筑,有世传铁印,缅文曰:"法龙湫诸木隆",即大小箐之长。其民皆山居穴处,以布缠头,敞衣短袴,刀耕火种,是个较落后的山区。但其地多矿,最著名的有茂隆山银厂,"自前明开采时甚旺"[2]。乾隆十一年(1746 年),云南石屏州佃民吴尚贤出边赴该厂开采,矿砂大旺,获利甚丰。吴尚贤还得到葫芦国王信任,茂隆厂聚众 10 万,皆以兄弟相称。时值云南某武弁因事被革职投奔矿厂,极力规劝尚贤说服葫芦国王蚌筑内附为清朝番属[3]。蚌筑遂造缅文奉表,以课银 3700 两,请耿马土司罕世屏会同吴尚贤、翻译杨公亮将白银解到云南省城。云贵总督张允随将情况上奏朝廷,称:"葫芦乃系化外野夷,输诚内附,请将此项厂课,饬令减半抽收,一半赏给该酋长,

---

① 徐鼒:《小腆纪传》卷 6《永历》下。
② 昭梿:《啸亭杂录》卷 5《缅甸归诚始末》。
③ 师范:《缅事述略》,《皇朝经世文编》卷 87《兵政》。

以慰远人之心"①。乾隆得报,允其所请。

葫芦国内附后,吴尚贤被张允随委以茂隆厂课长。他想进一步推动缅甸与清朝两国建立关系。十三年,缅甸国王遣土目15人抵镇康,通过镇康土司刀闷鼎向清政府表达通贡意向。但乾隆初政国事繁忙,尚无意边远,回绝所请。吴尚贤见缅使无功而返,决定亲自出面斡旋。十五年七月,吴尚贤致书云贵总督硕色,禀称:

> "缅甸国王莽达拉情愿称臣纳贡,永作外藩。命工匠制造金银二钏,篆刻表文,又造贴金宝塔,装载黄亭,氍缎缅布土物各色,驯象八只入贡,又贡皇太后驯象二只,氍缎缅布等物。差彼国大臣一员、头目四人,象奴夷众数十人出境过江,于四月已抵边界,请代奏"②。

硕色及巡抚图尔炳阿令司道等会议讨论,一致认为吴尚贤不可信,通贡不可行。云南巡抚图尔炳阿只好把吴尚贤的禀文及缅王表文一起呈报。表文歌颂乾隆"德隆三极,道总百王,洋溢声名,万邦率服"。说缅甸"愿充外藩,备物致贡,祈准起程,由滇赴京,仰觐天颜,钦聆谕旨"③。乾隆受表文迎逢夸张之辞感动,不但准其所请,还指示边省地方官员一应接待事宜,俱照各国王贡使之例,以示绥怀。

十六年,缅使一行由滇起程赴京,吴尚贤贪慕虚荣,以内地委员难于照料约束为理由,愿自备资斧,伴同来回。是年六月,乾隆御太和殿受缅甸使臣朝贡,礼部筵宴2次,又赏蟒缎、青蓝彩缎、蓝素缎、锦、䌷、罗、丝等物。七月,缅使返国,十月抵云南境。总督硕

①　昭梿:《啸亭杂录》卷5《缅甸归诚始末》。
②　昭梿:《啸亭杂录》卷5《缅甸归诚始末》。
③　昭梿:《啸亭杂录》卷5《缅甸归诚始末》。

色筵宴后遣顺宁府知事孟士锦、把总赵宋儒沿途护送出边,但把吴尚贤留下。

茂隆厂拥有矿徒10万,占地6百余里,其势之大足以构通缅王,威慑边界诸土目。但是,清政府地方大吏及朝中要员对吴尚贤绥边作用缺乏认识,更无视他在重建清缅关系中的贡献,反而心存猜忌。甚至连乾隆都觉得吴尚贤与缅使亲密日久,将来若再令赴厂,诚难保不与夷人私相往来,造言夸张声势①。因此,在吴尚贤随缅使进京之际,军机处就指令云南方面,"将来缅使回滇之时,另行委员护送出境,其吴尚贤即令居住省城,如果安分守法则已,设或暗布流言,煽惑番夷各情形,即将吴尚贤拘禁"②。硕色就是按军机处指示扣留吴尚贤,又听从负责监视吴尚贤的官员报告,说吴"望泽未遂,时怀怅怏,见于辞色"③。硕色留吴尚贤在云南,又广泛搜罗他昔日种种不法行为,最后将吴尚贤监毙狱中④。

缅甸贡使出云南边界仅到耿马土司,就听说南边得楞人在葡萄牙人和西班牙人的帮助下已攻陷本朝都城阿瓦及掳走缅王⑤。他们只好与前来迎接的二王子到猛冱城,"搭建亭阁贮敕旨御赐,欲俟其国平定始旋"⑥。乾隆十八年木疏酋长瓮籍牙率邻近46村之众抗击得楞军队,收复阿瓦城,建立阿隆丕耶王朝,威及滇缅交界诸土司。据《清史稿·缅甸传》所记:

---

① 《军机处月折包》。乾隆16年闰5月,转引庄吉发《乾隆十全武功研究》一书第272页。
② 《乾隆朝宫中档奏折》第1辑,乾隆十六年十一月。
③ 《乾隆朝宫中档奏折》第1辑,乾隆十六年十一月。
④ 吴尚贤之死,诸说不一。师范《缅事述略》及屠述濂《缅考》均谓饿死,昭梿《啸亭杂录》仅称"瘐死于狱",魏源《乾隆征缅甸记》则明确说"被滇吏借事毙诸狱"。
⑤ 哈威著、姚栅译《缅甸史》,商务印书馆。
⑥ 昭梿:《啸亭杂录》卷5《缅甸归诚始末》。

> "永昌之盏达、陇川、猛卯、芒市、遮放,顺宁之有孟定、孟
> 连、耿马,普洱之车里数土司外,又有波龙、养子、野人、棍根
> 都、犲瓦、濮夷杂错而居,非缅类,然多役于缅,土司亦稍致馈
> 遗,谓之花马礼,由来久矣。暨缅人内讧,礼遂废。瓮籍牙父
> 子欲复其旧,诸土司弗应,乃遣兵扰其地"①。

瓮籍牙王朝的势力往北扩张,凡缅甸旧属土司皆遣人降服,敢不从
者,"辄治兵攻无虚日"②。此时茂隆厂势已衰,无所凭籍,唯波龙
厂银矿贵家头目宫里雁尚有矿徒 10 万,成为瓮籍牙王朝称雄缅北
的绊脚石。关于贵家或言桂家,其籍已不可考。据《缅事述略》作
者师范称:

> "贵家者,故永明人缅所遗种也。缅劫永明时,诸人分散
> 驻沙洲,蛮不之逐,谓水至尽漂矣。已而水至,洲不没,蛮共神
> 之,百余年生聚日盛,称贵家,兵力强,群蛮畏之,厂力弱不能
> 支蛮者,乞请即往"③。

二十七年正月,宫里雁亦被缅军击败,率众由猛榜奔耿马,后
又辗转孟定之邦模、南板、莽旦,五月走孟连之猛尹,将所属散处各
村寨。猛尹头目不容,孟连土司刀派春赴猛尹尽缴宫里雁部属兵
器,并敲诈银两。云贵总督吴达善闻宫里雁有祖传宝物"七宝
鞍",向他索要,宫里雁不给,只好带着姜婢 6 人投奔石牛厂,吴达
善对此耿耿于怀,适宫里雁之妻曩占不满刀派春之贪婪,纠众焚劫
孟连城,刀派春家属 30 人被杀,吴达善借为口实,命永顺镇府督饬
土司火速缉拿。七月,永昌守杨重英檄耿马土司罕国楷带人诱擒
宫里雁及余众,囚解赴省。布政使姚永泰力保宫里雁,他指出:

---

① 《清史稿》卷 528《缅甸传》。
② 赵翼:《平定缅甸述略》,《皇朝经世文编》卷 87《兵政》。
③ 师范:《缅事述略》,《皇朝经世文编》卷 87《兵政》。

263

"孟连之变,雁不与知,况其夫妻不睦,雁是以避居两地。今若留雁,可以为缅酋之忌惮,不可代敌戮仇"①。姚永泰所言颇具远识,可惜吴达善不听,十月,斩杀宫里雁,还将此事檄知缅人,令拿送宫里雁之妻曩占一行,岂知曩占逃入缅甸嫁给缅王莽纪觉之弟懵驳,缅人以为清有意羞指其淫行,益加忿恨。木邦土司莽罕底与宫里雁相善,及宫里雁被杀,莽罕底堂弟黑罕勾结缅甸滋扰内地之耿马土司,石牛厂主周德会率丁练在滚弄江击杀缅将普拉布。事后,吴达善反以周德会杀良冒功,置之于法,缅人益轻清朝。二十八年十月,缅军逼胁景线、整卖、孟艮、整欠诸土司附从。

继云贵总督硕色杀吴尚贤后,吴达善又杀宫里雁,论者均以为大谬,如清人赵翼说,杀宫里雁使"缅甸益无所忌,侵寻而及我耿马土司矣"②。魏源认为,"腾越边外为桂家银场,为缅夷所惮,永昌边外有茂隆银场,为猓夷所惮"。及吴尚贤、宫里雁为官所捕治,"于是两场之练勇皆溃散,缅夷遂猖不可制"③。滇省千里边境失去有力屏障,缅甸益轻清朝,助长其扩张野心,双方交战在所难免。

二、对缅甸四次战争

清缅战争,起因于缅甸统治者对中国边境的侵扰。

三十年(1765年),缅甸国王莽纪觉死,其弟懵驳嗣位,宫里雁前妻曩占斯时已为王妃,她助懵驳略定西之结些,南之白古、大姑拉、小姑拉,并嗾使孟艮土司侵犯中国普洱之车里。

普洱在云南省城西南,幅员辽阔,与缅甸之孟艮、猛勇、整欠接

---

① 昭梿:《啸亭杂录》卷5《缅甸归诚始末》。
② 赵翼:《平定缅甸述略》,《皇朝经世文编》卷87《兵政》。
③ 魏源:《圣武记》卷14《武事余记》。

壤,南通南掌,统辖九龙江土司,车里宣慰司、倚邦土守备、六困土守备、猛遮土千总、普腾土千总、猛阿、猛笼、猛腊、猛旺、整董、猛乌、乌得等土把总,共计13司,俗称13猛,或13版纳。当年四月,普洱镇总兵刘德成据车里宣慰司刀绍文、猛腊土弁召文禀报后,即令刀绍文及六困土弁调集土练抗击。新任总督刘藻"老儒也,不识事体"。他以为"王者须正疆里",力主驱逐之,亲赴思茅驻扎,又命镇沅府知府龚士模速往普洱协助刘德成[①]。缅人以小股兵力游击清军,刘藻虽组织土练东堵西截,偶有小胜,然疲于奔命,始终未能退敌。入秋以后,缅人饱掠各处土司而退,刘藻居然以缅军闻风遁去、清军大捷奏闻。

三十年冬,缅军再一次分路侵扰。西路由孟艮打入打乐,至猛遮、九龙江一带;东路由整欠到橄榄坝及猛阿的整控渡。刘藻闻警,匆忙驰往普洱督率官兵,又与提督达启商定4路进兵:一路由奇木岭进攻,其余3路从普腾分剿橄榄坝、易比、撒袋等,然后会师于猛腊。乾隆唯恐刘藻心存侥幸,颁谕穷力追擒:

> "刘藻等既经调兵进剿,必当穷力追擒,捣其巢穴,务使根株尽绝,边徼肃清。恐刘藻拘于书生之见,意存姑息,仅以驱逐出境,畏威逃窜,遂尔苟且了事,不知匪徒冥顽不灵,乘衅生事,视以为常。……此次若复稍存宽纵,难保其不再干犯,养痈贻患之说,尤不可不深以为戒"[②]。

乾隆意图明确,他要求刘藻除恶务尽,使滇缅边陲一劳永逸,但谕旨同时还反映乾隆对刘藻缺乏信心。

不出乾隆所料,刘藻虽调集各镇营兵、土练多路出击,结果还

① 昭梿:《啸亭杂录》卷5《缅甸归诚始末》。
② 《乾隆实录》卷751。

是吃败仗。参将何琼诏、游击明浩、守备杨坤一路，渡过整控江后，沿途束器械以行，毫无戒备，在猛旺遭到缅军伏击，所部600余人除死伤外，皆被冲散，何琼诏、明浩、杨坤等下落不明。刘藻委罪他人，具折参奏何琼诏等人冒进，并声称他们俱已阵亡。时隔不久，何琼诏、明浩先后返回军营，刘藻又以潜行逃归参奏。三十一年二月乾隆下令处罚一批失事者，何、明、杨以贪功轻进正法，刘藻本属书生，军行机宜非所娴习，故不责其以所不能，然亦难胜总督之任，降补湖北巡抚，提督达启身为满洲大员，坐失职之罪，交部严加议处。总兵刘德成交继任总督杨应琚查明再降谕旨①。杨应琚因刘德成熟悉边情，请旨留滇酌量补用，得到乾隆批准。

在杨应琚未到任之前，刘藻想挽回败局，又指挥各路官兵奋力进攻猛笼、葫芦口等处，结果一无所获，不久，吏部议准将他革职，留滇效力。年过7旬的刘藻受不了这一打击，于三月三日中夜"自刭不殊，宛转于牀榻间，七日乃死"②。乾隆知道刘藻死讯，谕地方官通知其家人"将来旅榇回籍，止可照常人归葬"，不得立墓碑书刻原任总督及历官事实③。未免处罚太苛。

杨应琚，字佩之，汉军正白旗人，广东巡抚杨文乾之子。乾隆初，以员外郎为河东道、西宁道，历任两广总督、闽浙总督、陕甘总督，加太子太保、太子太师衔，二十九年，拜东阁大学士④。三十一年三月，杨应琚抵云南，会普洱战事未完，急忙奔赴阵前，指挥清军乘缅人退去之机，收复整欠、孟艮等地，以土目叭先捧、召丙守

---

① 《乾隆实录》卷754。
② 昭梿:《啸亭杂录》卷5《缅甸归诚始末》。
③ 《乾隆实录》卷766。
④ 《清史稿》卷327《杨应琚传》。

之①。为了稳妥起见,杨应琚奏请于内地土司挑选能干者,给以土千总、土把总衔,分管各猛地方,遇事与叭先捧商议,留官兵200协助驻守②。

普洱战事结束,清朝理应息兵保卫边境,努力与缅甸修好。但是,一部分云南地方文武竟头脑发热,鼓动杨应琚对缅作战。腾越副将赵宏榜、知州陈廷献、开化同知陈元震等认为木邦、蛮暮各土司情愿归附清朝,缅甸势孤易取,力主开战。而永顺镇总兵乌尔登额"书凡七上",反对出兵。迤西道陈作梅、永昌知府陈大吕都认为:"贼势甚大,边衅不可开"。老成持重的杨应琚以刘藻下场为鉴,本无意冒险邀功,说:"吾官至一品,年逾七十,复何求而以贪功开边衅乎?"③但主战派立功心切,尤其是赵宏榜少为波龙厂丁,颇悉缅事,自称"愿假某兵数百,可生缚缅酋于麾下矣"。而陈廷献甚至吹嘘:"并不烦官兵,某已集土练四千以待"。杨应琚经不住部属一再鼓动,态度转变,将永昌知府陈大吕革职。主战派得杨应琚支持,开化同知陈元震未经清廷批准,即驰檄缅甸,"号称合各国精兵五十万,大炮千尊,有大树将军统领以震慑之。又密布牒,分遣通事至各土司说降"④。此时杨应琚以缅甸阻碍木邦内附为理由,上疏乾隆,要求"发兵办理"。乾隆信任杨应琚,七月降谕云杨"久任封疆,夙称历练,筹办一切事宜,必不至轻率喜事,其言自属可信。况缅夷虽僻处南荒,其在明季尚入隶版图,亦非不可臣服之境"。但提醒杨应琚说:

"其地究属辽远,事须斟酌而行,如将来办理,或可相机

① 昭梿:《啸亭杂录》卷5《缅甸归诚始末》。
② 《乾隆实录》卷763。
③ 《清史稿》卷327《杨应琚传》。
④ 昭梿:《啸亭杂录》卷5《缅甸归诚始末》。

调发尅期奏功,不至大需兵力,自不妨乘时集事。倘必须劳师
筹饷,或致举动张皇,转非慎重边徼之道。该督务经详审熟
筹,期于妥善,以定进止。"①

尽管乾隆以"不至大需兵力"为前提同意进兵缅甸,但他对缅甸抱
有扩张野心,认为此"亦非不可臣服之境"。所以,对缅的防御战
争结束后转化为侵缅战争,乾隆有不可推卸的责任。

早在乾隆降谕之前,杨应琚部下已急不可待地把战争打响了。
六月,赵宏榜率兵 500 名出铁壁关,七月,乘蛮暮土司瑞团抵阿瓦
未归,轻取所属重镇新街。陈元震也派人收取蛮暮五六十寨。所
以,这场侵缅战争未经乾隆批准就由云南部分地方官员发动起
来了。

九月,杨应琚派往缅甸境内侦察的人员陆续回报,缅甸幅员辽
阔,南通外洋,所辖土司 20 余处,都城阿瓦,又名三江城。由永昌
前往,有水陆 3 路可通,间有险要之处。木邦、蛮暮 2 处为缅甸门
户,又是其属最大土司。目前各土司早已解体,闻清兵收复新街,
缅人甚为畏惧。另据永昌官员禀称,木邦因前定九月内归顺内地,
现已杀缅甸差来监事之人,恳请天朝大人迅速发官兵到境保护②。
杨应琚遂调拨预备镇营 3000 余名进驻木邦所属之遮放,自己于九
月十二日起身往永昌察看情形。乾隆对此举颇为赏识,下旨鼓励
说,"果有可乘之机,不致重烦兵力深入,而成戡定之功,以永靖南
服,尤为一劳永逸"③。向来持重的杨应琚发动这场非正义的征缅
战争是极不明智的。他仅凭密探和少数主战派不可靠的报告作出
判断,轻率行事,种下祸根。

---

① 《乾隆实录》卷 765。
② 《乾隆实录》卷 769。
③ 《乾隆实录》卷 769。

新街位于南大金江水口,扼缅甸水陆之要冲,水路顺流而下,四五日可至缅都阿瓦,陆路出猛密、波龙,七八日抵缅境,又是缅甸与中国市易之会,乃兵家必争之地。赵宏榜攻下此镇,仅有所部几百人驻守。缅军却出动数万人从蛮暮、猛密、猛育、木邦、滚弄江对清军形成四路包围,并在木邦之猛樟、大视罕、锡箔、宋寨等处布防重兵。八月中旬,缅方派人到新街诈降,实则刺探清军情形,赵宏榜不知是计,犒而纵归。及缅军摸清其虚实,直扑新街。杨应琚闻报,饬令永顺镇都司刘天佑、腾越都司马拱垣带官兵 400 余人出关救援。由于双方力量悬殊太大,刘天佑战殁,赵宏榜与马拱垣等放弃新街,间道退回铁壁关,缅军亦尾随入关内。时杨应琚行次永平县太平铺,听说新街失守,痰疾旧病复发,不能视事。乾隆获前方失利,杨应琚病倒的奏折,做出以下安排:第一,两广总督杨廷璋,可借巡边之名先往广西边界候信。杨应琚若已痊愈,就返回广东,否则即刻取道赴永昌接办。第二,特赐内府所制十香返魂丹 10 粒、活络丹 20 粒,由驿传飞寄给杨应琚,另赐荷包 6 个,以示眷念。第三,杨应琚老年病体,侍奉有人,似更易于痊愈,传谕常钧令杨之长子杨重谷即速赴永昌照看,其宝庆府知府事务,另委员暂行署理①。

杨应琚新街失守,深感责任重大,加之旧病复发,遂以"心神恍惚,恐有贻误"为由,恳请皇帝简大员来滇接替。乾隆顺水推舟,命杨廷璋火速赶往永昌,同时,为使杨应琚精神愉快,特降旨擢升他的次子杨重英为江苏按察使②。十二月,杨应琚报称身体转好,乾隆即命杨廷璋停止动身,并"著照前再行赏寄"。可见乾隆

① 《乾隆实录》卷 772。
② 《乾隆实录》卷 774。

对杨应琚之倚宠。然而,这未能扭转征缅战争的败局。三十一年十一月,总兵朱仑督兵赴楞木地方,与缅军遭遇,双方苦战四昼三夜,互有死伤。缅军退走。事后,杨应琚竟以大捷奏闻,称"杀死贼匪约共四千有余,并夺获枪炮等器械甚多"①。时隔不久,缅军由万仞关抄小路直入永顺,焚掠盏达、户腊撒,镇守铜壁关的清军被冲散。杨应琚急令刘德成救盏达,提督李时升亦遣游击马成龙援户腊撒。但马成龙在途中被伏击遇难,朱仑等一看楞木孤立难守,遂撤出守军,新街一带缅军乘机进发,与户腊撒方面会师,焚劫陇川。次年正月,缅军一路犯猛卯,由底麻渡江,占领木邦,提督李时升、总兵朱仑奉命追击,但二人相互观望,迁延不进,故意回避与缅军正面作战,为了塞责,又虚报战果,而杨应琚信以为真,仍以大捷入报。乾隆把两次所报伤亡数字累计,发现竟达万余,疑心顿起。他认为 2 万余缅兵若被杀至万人,实非寻常之捷,远近传闻,风声鹤唳,缅兵势必掠窜不已,何以还敢拥众相抗?况从前平定准噶尔、回部,大小不下百战,统计所戮尚不及万人,杨应琚谓两次交锋,俄顷之间,方隅之地,竟能杀敌万余,实难令人相信②。乾隆还"按图详阅",发现杨应琚折中提到的交战地点,只称在铜壁关、铁壁关之外,语甚含糊,至于清军的进退位置,也与图上所标大相径庭③。

是月,杨应琚等又奏称缅王懵驳之弟卜坑及领兵头目莽聂眇遮屡赴军前乞降,自言缅军攻打各土司"原非抗拒大兵,今屡被惩创,情愿息兵归顺",并恳请将蛮暮、新街等处赏给贸易。乾隆不信,认为:

① 《乾隆实录》卷 773。
② 《乾隆实录》卷 773。
③ 《乾隆实录》卷 777。

"是缅匪名为乞降,实不过暂退其众,且欲得其故地。此等狡诈伎俩,其将谁欺! 而该督遂甘受其愚,据以入告,可见所奏全非实在情形,不过粉饰虚词,籍此以撤兵了局耳"①。

对于杨应琚的种种错谬行为,乾隆觉得"颇不类其平日所为"。一方面对杨"明白谆谕,使其知所猛省,不堕迷途",另一方面又遣皇宫御医李彭年随侍卫福灵安到云南诊视杨的病势②。二月,据福灵安奏,经御医诊断,杨病体确未痊愈。乾隆马上降旨为杨应琚开脱,说杨办理缅匪种种错误之处,皆因病中神志恍惚,复为提督李时升等所愚。于是调杨应琚次子杨重英驰驿赴永昌,"省督伊父,并襄助一切军务"。乾隆给杨重英很大权力,既可从旁代父筹划,又可随提督杨宁前往军营,"仿古来监军之意",协同办事③。同时,乾隆处罚一批失职官员,将提督李时升、总兵朱崟等革职拿解入京,调汤聘为贵州巡抚,其云南巡抚之职由鄂宁担任。

二月,杨应琚为先前所报杀敌数目具折辩解,声称"差人察核","实系确情"。乾隆阅此"不胜愤懑",认为杨应琚捏饰乖谬,虽几经降旨严切饬责,尚不知悔悟猛省。今所奏内容仍一派虚词,此等荒唐不可信之事,朕岂能为所朦蔽,负恩欺罔,大出情理之外④。三月,乾隆回顾吴达善、刘藻及杨应琚自任云贵总督以来,滇缅边界纠纷越闹越大,深感用人不当,感慨"正当全盛之时"的天朝,竟征服不了区区缅甸,遂下决心以能征善战的八旗骁将明瑞代替杨应琚:

"朕初无欲办之心,因杨应琚以为机有可乘,故听其办

---

① 《乾隆实录》卷 777。
② 《乾隆实录》卷 777。
③ 《乾隆实录》卷 777。
④ 《乾隆实录》卷 779。

理。及至缅匪侵扰内地,则必当歼渠打穴,以申国威,岂可遽尔中止。且我国家正当全盛之时,准夷、回部悉皆底定,何有此区区缅甸而不加剿灭乎!而杨应琚竟思就事完事,实为大谬,至此时尚不知幡然改悔,奋勇自效,深负委任之恩。若非念其疾病糊涂,必将重治其罪。但如此漫无措置,军务断非伊能办理,若仍令其复膺重任,必致偾事失机,其为贻误更大。杨应琚著回京入阁办事,俾得安心调摄,其功过于事定后再降谕旨,云贵总督员缺,著明瑞补授,前往经理军务,相度办理,并将此通谕中外知之。"①

这时候乾隆心情是复杂的。他虽一再提醒过杨应琚不能勉强从事,但毕竟并未反对出兵缅甸。因此,对杨应琚的处分很是犹豫。先是调他回京入阁办事,后来才革职交刑部候审。六月,杨应琚被押往避暑山庄,经廷臣鞠讯,乾隆命其自尽。

此时,对缅战争"已成骑虎之势,断难中止"②。乾隆只好重新命将第 3 次与缅甸交兵。

新总督明瑞,字筠亭,姓富察氏,满洲镶黄旗人,孝贤皇后侄儿,自官生袭爵。二十一年(1756 年)从征阿睦尔撒纳,以副都统立功授参赞大臣,二十四年征回凯旋,擢正白旗汉军都统,二十七年出为伊犁将军③。此时,乾隆将他从新疆调来接替杨应琚云贵总督之职。又增调满洲兵 3000 名,川、贵及滇省绿营兵 20000 余名,以副都统额尔景额为参赞,调河南开归道诺穆亲为滇盐道,陕西汉中道钱受谷为滇迤东道,军机处司员户部满郎中傅显、汉郎中

---

① 《乾隆实录》卷 780。
② 《乾隆实录》卷 780。
③ 《清史稿》卷 327《明瑞传》。

冯光熊等同往襄助军事①。

新任云南巡抚鄂宁于三十二年四月抵普洱主持边务。他对杨应琚之子杨重英为监军颇不服气,遂以妨碍军务参奏。乾隆解释说:前令杨重英驰往云南军营,襄助伊父办理一切,并非加监军之名。现将他交给明瑞,以道府衔听候差委②。

四月底,鄂宁以缅甸瘴气大作,奏经乾隆批准,从普洱回到省城,等明瑞到达后再筹进剿。他对沿途台站现状极为不满,奏请加以整顿,乾隆同意。为确保从云南到京师的递路畅通无阻,乾隆委员往云南、贵州、湖南、湖北、河南、直隶等各省督办。

五月,明瑞抵达云南省城。这时乾隆就清军进退问题,指示说:

"贼众既在木邦屯聚,或该处瘴气稍轻,如此际机有可乘,自不妨添选官兵,先将木邦收复,剿杀贼匪,震以先声,且为将来进兵之地。或佯为撤兵,诱彼出砦,得以出其不意,邀截掩杀,亦设奇制胜之一法。或在彼驻兵无益,即撤回以蓄我兵锐气,秋间更调新兵,亦无不可,俱著明瑞确按该处实在情形,熟筹妥办"③。

为了保证明瑞能顺利出师,乾隆还多次谕令地方官给予积极配合,重点解决军队的调遣、后勤的供应及清查勾结缅方的"汉奸"等问题。他原估计当年七月逢闰,入秋节气早凉,瘴疠可消,要明瑞九月间出击。后得知边外只有十月至次年三月方可用兵,又吩咐明瑞"随时审度,倘余气未净,即静俟初冬亦不为迟"④。明瑞随即向

① 昭梿:《啸亭杂录》卷5《缅甸归诚始末》。
② 《乾隆实录》卷782。
③ 《乾隆实录》卷784。
④ 《乾隆实录》卷785。

乾隆详陈作战方案：

第一，改变过去逢关必守的做法，择要隘驻兵。永昌、腾越、顺宁、威远、普洱沿边土境2000余里，迤西七关八隘，若均以兵扼守，二三万众亦不足分派。除九龙江、陇川、黑山门等扼要处自应留营外，其余崎岖小路，只令各总兵驱将弁游巡备御。

第二，伐木造舟以迷惑缅军。清军在新街水路上游地带伐木造船，故意让船料木片沿江流下，给敌方造成清军将从水路出击的错觉，然后清军暗自出永昌，腾越两口，以宛顶、木邦一路作为正兵，其余分二路或三路由猛密等处齐进，形成联络声援之势。

第三，关于运送军粮及安设台站事宜。过去雇觅夫马设站滚运所需兵粮，拨兵护送。这次改为土兵自裹带，所费亦省。官兵出口后，自黑山门、遮放以内，仍照例安设台站，遇有奏报，即于作战官兵内挑选能干可信者10员，长川送至黑山门交递。所经外夷部落，在诚心归化者处，酌留官兵数十或二三百名，作一大台站以资递送①。

明瑞此行出征，有满洲八旗官兵3000名，各省绿营官兵22000名。其中四川兵8000名，贵州兵10000名（除派往普洱1000名，尚余9000名）、云南兵5000名。他还向乾隆上奏："一主二辅"的进攻计划。即亲率满洲兵1000名、绿营兵7000名负责主攻任务，自宛顶出木邦。满洲领队大臣扎拉丰阿、伯玉鲁斯，总兵国柱、李全等随行。参赞大臣额尔景额、提督谭五格统领满洲兵900名，绿营兵7000为中路辅攻，自铁壁关出猛密、攻缅甸之北，与明瑞相约会师阿瓦城下。另一路辅攻由领队大臣观音保领满洲兵900名、绿营兵3000名，自扎防以南经过猛古、猛浦，与猛密中

---

① 昭梿：《啸亭杂录》卷5《缅甸归诚始末》。

路遥相呼应,并寻机直捣缅巢①。此外,又将乾隆派往云南的乾清门侍卫及100名巴图鲁侍卫官员兵丁分为3队,在紧要地方备用。剩余绿营官兵4000余人,由总兵达兴阿带往木邦驻防。

乾隆批准了明瑞作战方案并指示明瑞、鄂宁、额尔景额等:

"若我兵直抵阿瓦,攻克其城,即当戮其逆酋,剿其凶党,大示惩创,并就其地界,酌量分置土司,以永靖蛮服。或王师将抵贼巢,匪党等果有仇彼渠魁,谕缚来献者,即俘囚奏捷,并多执其助恶逆党,解送京师,彼时或可贷以不死,另为处置,而进兵之始,则不可稍存宽宥之心也"②。

乾隆意图是明确的。他发动第三次征缅战争,不仅要打到缅都阿瓦,"戮其逆酋,剿其凶党",还要将缅甸领土分置依附于清朝的"土司"。如此赤裸裸的扩张行为,理所当然地受到缅甸上下的坚决抗击。

出师之前,明瑞修订了作战计划。观音保一路编入明瑞麾下,使三路进攻变为南北二路。九月二十四日,明瑞率部自永昌起程。当日大雨滂沱,三昼夜不绝,人马俱于泥潭中跋涉,下鞍无驻足之地,士兵在马背上过夜③。十月初,渡过潞江,师次宛顶。十一月二日,明瑞率清军南路主力出宛顶进入缅境。十日,占领木邦,驻扎该处缅兵早已闻风逃去。时参赞珠鲁讷从腾越来,明瑞命其统兵5000留守,以备卢援。杨重英、郭鹏冲、陈元震、胡邦佑留司印务粮饷。北路军由参赞大臣额尔景额率领,十月抵腾越,十一月出虎踞关向猛密挺进,数日后在老官屯与缅军遭遇。缅军立木栅相

---

① 《乾隆实录》卷794。
② 《乾隆实录》卷795。
③ 周裕:《从征缅甸日记》第1页。

持,清军伤亡甚多。十二月,额尔景额得疾身亡,乾隆令额尔景额之弟额尔登额接任北路统帅,命伊桂为领队大臣协助。额尔登额是一懦夫,他惧敌不前,行动迟缓,在乾隆一再催促下,直至次年二月四日才到达宛顶,比南路军迟到3个月之久。明瑞等不到北路军消息,遂率12000余人自木邦抵锡箔江,结浮桥抢渡,在蒲卡击溃缅军前哨,并侦知缅军主力正屯驻蛮结,于十一月二十九日率部直逼蛮结。十二月二日,明瑞与诸大臣及侍卫官员商议,分队进攻,力破缅军4栅,其余12栅缅军乘夜逃去。清军缴获大批粮械,杀敌2000余人,此即蛮结之役。乾隆得捷报,封明瑞为一等诚嘉毅勇公,赏给黄带子、红宝石顶、四团龙补服等,其所有原袭承恩公爵,由他弟弟奎林承袭。其他立功将士亦赏赉有差[1]。

蛮结会战的胜利,使明瑞产生轻敌情绪。他继续率兵深入,迅速逼近天生桥渡口。此地有"一夫当关,万夫莫开"之险,从前桂家宫里雁曾以数百兵丁挡住了缅甸数万大军的去路。明瑞派人侦察,发现正面过渡没有可能,但随行向导兼翻译马必兴告知往北有小路可以绕行,遂令达兴阿带2000人正面佯攻,吸引住守渡缅军。明瑞自带官兵到河流发源处涉水而过。天生桥渡口的缅军往宋赛方向退去。这时,领队大臣观音保认为:"我兵出师时已失军装,今军器日见其少,粮饷不足,恐难深入以受其给"[2]。明瑞不听,执意要乘胜攻阿瓦城。

缅军正是采取诱敌深入和"烧积贮、空村落"的策略。十二月十三日清军抵宋赛,十七日到邦亥,十八日至象孔,沿途如入无人之境,距缅都阿瓦仅70里。可是清军粮尽马疲人泛,已无力攻城。

---

① 《乾隆实录》卷302。
② 昭梿:《啸亭杂录》卷5《缅甸归诚始末》。

明瑞召集诸将商议,没人敢言退字。后探子报称猛笼土司有粮,且邻近猛密,遂驱兵前往,得粮 20000 余石。十二月底,明瑞看年关已近,驻军猛笼休整度春节。这时,他们已经与北路军失去联系,完全陷入孤立无援困境。春节过后,明瑞命将士携足粮食,取道大山土司,向木邦撤退。

木邦是清军这次远征大本营和联络中枢,参赞大臣珠鲁讷奉命留守。明瑞顺利进军,珠鲁讷便派参将王栋到锡箔、索柱往宋赛、守备郭景霄抵天生桥渡口开辟台站,保持与明瑞的联系。但明瑞进入象孔、猛笼后,联络中断。当缅军得知清军粮绝,又不攻阿瓦,遂尾追清军,无日不战,咬住不放。同时进攻木邦,切断清军退路。三十三年正月八日,缅军包围木邦,珠鲁讷一面领兵迎敌,一面差把总李进采等间道往永昌告急。坐镇永昌的巡抚鄂宁前后 7 次檄调额尔登额分兵增援木邦,结果石沉大海。正月十八日,缅军攻破木邦大营,珠鲁讷自刎,陈元震临阵脱逃,杨重英被俘。

木邦失陷后,各路缅军集中对付明瑞,明瑞只得改向宛顶方向前进。二月七日,清军到达小猛育,除受伤及染病者,战斗人员还有 5000 余,而缅军数万则将四面山口堵住,层层设圈。明瑞试图派出哨探,回称"路旁已有贼栅矣"①。二月十日,明瑞决定乘夜突围,令达兴阿等率部分官兵在前冲杀,他自己和领队大臣观音保、扎拉丰阿、总兵哈国兴、常青、德福及巴图鲁侍卫数十人、亲兵数百人殿后。战斗中,扎拉丰阿等阵殁,观音保自尽,明瑞多处负伤,自缢而死。明瑞的死,清人说"虽古名将不能过也"②。然而,对于指挥一场非正义战争的统帅,其死实不足惜。

① 赵翼:《平定缅甸述略》,《清朝经世文编》卷 87《兵政》。
② 赵翼:《平定缅甸述略》,《清朝经世文编》卷 87《兵政》。

二月初，当木邦失陷、明瑞死讯还未传到北京之前，乾隆曾动了撤军念头，说明瑞深入"如大功指日可成，甚善，若一时不能剿办，与其徒伤精锐，不如暂时撤兵"①。及至二月败讯传来，乾隆殊为震惊。一方面杀额尔登额等人，亲奠明瑞，另方面深自引咎说："是朕之蔑视缅酋，未为深思远计，不得不引为己过者"②。

但是，乾隆"引为己过"的是对缅甸的轻敌，对侵缅的非正义战争，并没有幡然醒悟，反而变本加厉，要报丧师辱国之仇，说"现在续派官兵赴滇，筹办进剿缅匪，一切机宜关系紧要，必须重臣前往调度"③。他把自己的王牌、大学士忠勇公傅恒抛出来，授以经略，要发动第四次征缅战争。同时，还任阿里衮、阿桂为副将军，舒赫德为参赞大臣，原云南巡抚鄂宁升任云贵总督，江苏巡抚明德调补云南巡抚缺。乾隆不仅重新任命了征缅主帅，调整了云南前线文武官员，为了弥补绿营军战斗力不足，还特地增拨京城满洲兵6000名、索伦兵1000名、厄鲁特兵340名、荆州八旗满洲兵1500名、成都满洲兵1500名、火器营兵4500名、健锐营兵2500名、贵州绿营兵9000名，共增22340名。

按乾隆安排，傅恒等出兵前夕，云南军务由阿里衮暂行处理，阿桂自伊犁返京后即往云南。三十三年三月，副将军阿里衮携幕府郎中明善、员外郎萨灵阿及参赞大臣舒赫德等先后抵滇。办事向来谨慎的舒赫德随即往永昌实地调查，并与新任总督鄂宁反复商讨，联合向乾隆反映征缅有五难：

第一，办马之难。此次从征满洲兵万名须马38000匹，绿旗兵3万名须马57000匹，而官员乘骑、驮载运粮及安台续运军装粮食

---

① 《乾隆实录》卷804。
② 《乾隆实录》卷804。
③ 《乾隆实录》卷805。

又须马数万匹,共需马 10 万匹,各省拨解既费周章,购备草料亦难。

第二,办粮之难。永昌地处极边,官民积粮甚少,连年用兵,米粮早已耗尽。今计兵备粮,4 万人日需米 400 石,以 10 个月计算,需米 12 万石。再永昌无马料,以米代之,10 万马匹日需千石,现全省可拨之仓粮仅 35 万石左右,米粮缺口大。

第三,行军之难。永昌出口道路有两条:一由腾越之虎踞关,一由永昌之宛顶。两处均山峻道窄,双人不能并行,数万人行军则绵长几十里,前营已到,后营尚未起程,前后难以兼顾,听说边外道路更险,势难遄行。

第四,转运之难。以每 3 夫运米 1 石,则需运夫百余万人次,且永昌之潞江以外,腾越之南甸以外,连年用兵,当地夷民早已逃避,一切军装粮运无人可雇,内地民人虽高价亦不愿赴口外,如强迫使行,往往半途逃匿,若仗马骡驮载,马夫亦无从雇觅。

第五,适应之难。边外烟瘴横行,每年冬月渐减,正月复生,一年内无瘴时间很短。即使冬季无瘴,但因水寒土湿,易患疟痢,去年锡箔一路官兵患病影响战斗力,猛密一路官兵虽未深入,但得病者仍很多。

根据上述理由,舒赫德等人认为清军征缅"实无胜算可操",从长远计,莫过"设法招致缅夷投诚"①。舒赫德等人上奏征缅之难,本欲劝说皇上知难而退,化干戈与缅方议和。但是,乾隆竟斥舒赫德等人"竟是不知改之庸愚",革去舒赫德尚书和参赞大臣职,命以都统赴乌什任办事大臣。鄂宁则降补福建巡抚。乾隆还狂妄地对军机大臣们说:"我堂堂大清,势当全盛。简卒储粮,殄

---

① 《乾隆实录》卷 809。

此丑类,于力有何不给!"①他决计将战争继续下去。

三十四年正月,乾隆看阿里衮、阿桂筹缅进展不大,便催促傅恒动身赴滇总理军务,阿桂兼任的云贵总督一职,由巡抚明德担任,云南巡抚缺出,著喀宁阿补授。又命台湾镇总兵叶相德带领福建水师2000名赴滇备用,另加派索伦、吉林兵各1000名随往。

傅恒动身前,奏请按康熙五十七年(1718年)大将军出征例,由内阁大臣在太和殿颁给敕印,乾隆同意。这时,阿里衮、阿桂等由云南传来加急递报,议定分兵三路出击,且擅自调用瓦寺杂谷兵2000名补贵州绿营之缺。乾隆不悦,饬令他们只需加意饲养马匹,备办粮饷,进兵之事待傅恒抵滇后再为筹划②。

二月,傅恒起程,乾隆御太和殿授之敕印。随行幕府有侍读学士毓奇、侍读孙士毅、给事中刘秉恬、郎中博卿额、主事惠龄,以及清代著名学者赵翼。三月,乾隆对云南人事再作更动,降云贵总督明德为江苏巡抚,彰宝代之,傅恒出面上奏挽留明德暂办总督事。不久,乾隆又令阿思哈代彰宝为云贵总督,驻守新街,以彰宝任云南巡抚。

四月,傅恒由省城往永昌,会同副将军阿里衮、阿桂及诸幕僚商讨进军时间和路线。阿里衮、阿桂均建议霜降后出师。傅恒却认为几万大军须坐守四五个月,既耗费粮饷,也影响士气,以前诸役就因过于拘泥避瘴,忽视出敌不意的战术,因而主张出师时间在七八月间。对于进攻路线,傅恒认为以前明瑞从东路锡箔进军是错误的,因阿瓦在大金江之西,由锡箔进,阿瓦仍隔江外,因而决定主力改由大金江上游之戛鸠江经孟拱、孟养两土司,直达木疏,再由木疏用步骑攻阿瓦。另遣偏师由提督五福统5000人从普洱出

---

① 《乾隆实录》卷809。
② 《乾隆实录》卷827。

发。幕僚赵翼指出："图中戛鸠、普洱相距不过三寸许,其实有四千余里。两军既进,东西远隔,声息相闻,进退皆难遥断。前岁明瑞之不返,由不得猛密路消息也。"所以他认为:"大兵既渡戛鸠之西,则偏师宜由江东之蛮暮、老官屯进取猛密,则夹江而下,造船以通往来,庶两军可互应"①。

傅恒经过初议,将作战计划报送朝廷。乾隆高兴地说,"我兵于八月乘其不备,分路进剿,可以直抵阿瓦"②。对于造船一事,倍加赞赏。说:

"水陆并进,实为征缅最要机宜。乃朕屡次询问,而阿里衮、鄂宁、阿桂等并以该处崖险涧窄、断难行船为辞,即朕今年特派傅显、乌三泰等前往专办此事,亦从沿江一带,实无造船处所奏复。及傅恒既至永昌,即遣人往勘,则于铜壁关外野牛坝地方,即得可以成造船只之处,……何以前此竟无一人见及而傅恒得之,竟尔便于取携,可见事无难易,人果专心致力,未有不成者"③。

三十四年七月二十日,傅恒祭纛誓师,副将军阿里衮带病随征,阿桂留蛮暮督造战船。八月四日,傅恒率清军渡过戛鸠江,直逼猛拱、猛养两土司,缅甸此时正值秋成割获,未料清军的突袭,加之猛拱、猛养非其腹地,所以,清军如入无人之境,历 2000 里皆不血刃。但是,清军虽未遇劲敌,却难避恶劣气候的困扰,"途间忽雨忽晴,山高泥滑,一马倒,则所负粮帐尽失,军士或枵腹露宿于上淋下湿之中,以致多疾病"④。九月,蛮暮野牛坝所造战船已成,阿

---

① 赵翼:《簷曝杂记》卷 3《缅甸之役》。
② 《乾隆实录》卷 835。
③ 《乾隆实录》卷 837。
④ 昭梿:《啸亭杂录》卷 5《缅甸归诚始末》。

桂会同新到福建水师由蛮暮江出大金江,击溃缅甸宾雅得诺所部水军,打通江路。又遣伊勒图领兵 2000 接应傅恒。十月,傅恒原路返回蛮暮。缅军见傅恒撤退,马上分三路尾随。清将哈国兴率水师,阿桂、阿里衮将陆军予以还击,克获新街。这时,一些将领欲就此罢兵,与缅甸议和。副将军阿里衮却力主进攻老官屯,说:"老官屯有贼栅,前岁额尔登额进攻处也,距此仅一舍,不往破之,何以报命?"①傅恒从其议。

十月十八日,傅恒率部进攻老官屯。老官屯地处大金江东岸,北至猛拱,南通阿瓦,东往猛密,是缅甸北部水陆交通要道,为兵家必争之地。缅军在此筑栅结营,易守难攻。据赵翼说:"贼栅据大坡,周二里许,自坡迤里下插于江,栅木皆径尺,埋土甚深,遇树则横贯之以为柱,栅之外掘深濠三层,濠外又横卧木之多枝者,锐其末而外向,名曰木签"②。去年额尔登额即疲师于此。今傅恒集清军主力以炮击、火攻及掘地道埋炸药爆破等战术,皆不奏效。进攻 20 余日,伤亡很大。加之水土不服,得疾病逝者不计其数,水陆军 31000 名,仅存 13000 名,傅恒之子傅显、总兵吴士胜、副将军阿里衮、水师提督叶相德等将领也相继病殁。形势对清军不利,军内发出了与缅方议和息兵的呼声。

三、与缅甸议和活动

乾隆原不赞成围攻老官屯,怕的是重蹈额尔登额覆辙。获新街报捷,他才改变主意,认为:"新街距老官屯不远,且近日剿杀贼众,大振军威,乘胜前往,甚合机宜"③。及至十一月传来副帅阿里

---

① 赵翼:《平定缅甸述略》,《皇朝经世文编》卷 87《兵政》。
② 赵翼:《平定缅甸述略》。
③ 《乾隆实录》卷 846。

衮卒于阵前的消息,他意识到自己的疏忽,遂降谕傅恒酌情撤兵:

> "倘贼众全力固守,直至此旨到时,仍在老官屯抗拒,则
> 已相持月余,势难必克,又何能深入阿瓦。况前途瘴疠更甚,
> 我兵恐不能支,自应寻一屯驻处所,或遣人往谕缅匪投诚,或
> 以已获大捷,奉旨撤兵之言,宣示于众,即可筹划旋师。著傅
> 恒等酌量办理,不可拘执"①。

乾隆此谕一改以往拒绝和谈的态度,说明他对这场战争有了较为
客观认识。几天后,他又给傅恒发去更明确谕旨:

> "我兵与其旷日持久,多伤勇士,不如相机徐图。即令已
> 得老官屯,亦当计出万全。阿瓦为缅匪巢穴,固守必甚,……
> 况此次大兵,已将戛鸠、猛拱、猛养等处收服,军威大振,撤兵
> 不为无名。傅恒等于拿获贼人内,择其明白者,谕以缅匪罪
> 重,理宜全行歼戮,但大皇帝好生,不忍尽杀,尔等告知懵驳,
> 悔罪投诚,将军等即遵旨撤兵"②。

事实上,前方清军在接到乾隆上述命令之前,已经与缅军阵前将领
展开了"和议"活动。

十一月十日,缅帅诺尔塔遣人乞和,愿结栅于两军适中之地,
请傅恒莅临,诺尔塔亲来面受和约。诸将亦以兵多染瘴,争劝傅恒
受降撤兵。傅恒不许。不久因傅恒亦染重病,由阿桂主持军务。
阿桂集诸将计议,决定与缅方和谈。傅恒只得勉从。提督哈国兴
同都统明亮、侍卫海兰察、明仁、哈清阿、提督常青、总兵马彪、于文
焕、伊昌阿、李时扩、副将雅尔姜阿、彭庭栋等 12 人代表清方,与缅
军代表 14 人相商。哈国兴提出缅甸必须进表纳贡及归还所占诸

① 《乾隆实录》卷 846。
② 《乾隆实录》卷 846。

土司。缅方不从，和谈失败。"哈国兴单骑入其栅责之，眇旺模（即诺尔塔）不敢见，别遣人出请如约"。这时缅王懵驳遣使持贝叶书来前线乞降，和议成功①。傅恒具折说，"用兵之始，众以为难。臣执意请行，负委任，请从重治罪"②，同时报称缅酉懵驳奉有蒲叶书，遣老官屯大头目诺尔塔诣军门请求投诚归附，并根据哈国兴的禀报上呈所议条款：一，缅方须照古礼奉表进贡；二，永不许犯我天朝边境；三，将所有留在缅甸的俘人如数送还。乾隆接到奏折后对傅恒说，"半月前即递传谕，决计撤兵"。"朕筹办军国重务，一切惟顺天而行，今审时度势，自当知难而退，不宜复执直抵阿瓦之说"，要傅恒与缅方和谈，"以完此局"③。乾隆在征缅战争无法进行下去的情况下，才同意息兵议和。三十四年二月，傅恒回师，三月带病赴天津行在朝见皇帝，七月十三日即与世长辞。

然而，清缅两军将领阵前所议条款含义不明确，各自上报朝廷内容互有差异。缅王不肯承诺，还惩治了缅方诸将④，因此，缅甸的贡表未能如期送来。清方自傅恒退师之后，乾隆一直期待缅王屈服求贡的表文。三十五年正月，老官屯头目诺尔塔差人送来棕叶缅文，提出"欲通贸易"。乾隆很不高兴。他坚持先奉表求贡尔后允许通商，说："缅匪急于相通，观其屡次所递之书，情词毕露，幸朕预为料及，节次谕令俟其奉表后，再行奏闻，许通交易"，宣布"降表一日不至，一日不可许其与内地通商"⑤。降至三月，仍不见缅甸奉表入贡，乾隆按奈不住，令军机大臣以阿桂、彰宝名义拟写

---

① 赵翼：《平定缅甸述略》，《皇朝经世文编》卷 87《兵政》。
② 《清史稿》卷 301《傅恒传》。
③ 《乾隆实录》卷 847。
④ G.E.哈威：《缅甸史》姚枬译注、陈炎校订，商务印书馆 1957 年版，第 298 页。
⑤ 《乾隆实录》卷 850。

橄缅文稿,急递云南,再由阿桂等译成缅文送给老官屯缅方。同月十四日,老官屯头目遣人持蒲叶缅文到虎踞关,文书中不仅没有求贡意向,反而要求清方按约交出木邦、蛮暮、猛拱诸土司,而且言词"不驯",说"满洲领兵大人,向我大头目说,只要把话说明白,木邦等三土司,自然给你们"。乾隆阅后,勃然大怒,认为仅限制对缅贸易"实不足以制其死命"①,决定派兵侵扰。他责备阿桂当初退兵过于匆忙,致使缅人探得我军虚实,产生轻视之心,命阿桂等冬季瘴气稍退时,挑选精锐二、三千人,统以勇将,"乘其不备,袭击而进,掩杀贼众,以申我威稜,虽于事无甚大益,亦庶几稍纾愤懑耳"②。六月,阿桂请求简派八旗侍卫到云南帮助训练绿营,以备掩袭之用,乾隆同意,相继派出侍卫乌什哈达、拉布栋阿等 30 员往云南。清缅战争面临着再度爆发的危险。

留守云南前方的副将军阿桂头脑清醒,竭力反对清缅继续交恶。九月,老官屯缅军首领诺尔塔派人致书,请求清军停止今岁进兵,阿桂作书回复,并上报乾隆。十月二十二日,乾隆接到阿桂奏折,连降数道谕旨,斥责"所给回文稿,通体措词软弱,无一语切实,显露迁就了事之意,徒见轻于贼匪"③。十月二十七日,阿桂上奏诺尔塔再次遣人致书的折子又到了北京。阿桂在奏折中说:缅方"书中并无不驯之词,似知畏惧。况以绿营兵千名,即使攻掠,亦无大获,反使贼有词,不若示以大度,暂停攻击,以俟后信"。乾隆在折子中冷冷地批道"此是阿桂本意。汝既不愿前往,自可暂行停止"④。不管乾隆态度如何,阿桂坚持与缅甸罢兵媾和的主

<hr>

① 《乾隆实录》卷 856。
② 《乾隆实录》卷 859。
③ 《乾隆实录》卷 871。
④ 《乾隆实录》卷 871。

张。十二月他再次上疏说:"此次(缅方)复遣人来呈递书信,看来贼匪料及事无底止,颇有悔心,且自禁止贸易以来,伊处必用之黄丝等物,价增十倍,现在上下莫不需此,而去岁亦颇有苦于兵革之状①。乾隆仍听不进去,斥责阿桂"甚属错谬",要他"妥协办理明年大举"。三十六年五月,阿桂仍然以"偏师不可深入"②向乾隆陈言。乾隆怒斥阿桂"逞其小智,昧良妄奏",降旨革职,留军营在兵丁上行止,著温福驰驿往云南署理副将军之职。但是,降至九月,为征剿小金川,乾隆命令温福带着阿桂赴四川,袭击缅甸的计划被搁置起来。此后,缅甸入贡问题,乾隆一直念念不忘。直至五十三年缅甸称臣奉表纳贡,该事才算了结。这时年已七旬有余的老皇帝对当年的未成之功也有了新认识,他说:"予以古稀望八之岁,五十三年之间,举武功者凡八,七胥善成,其一惟征缅之事,以其地早湿瘴疠,我军染病者多,因其谢罪求罢兵,遂以振旅,是此事究未成也。近据云南总督富纲奏报,缅甸谢罪称臣奉贡之事,命送其使至热河,将以赐宴施惠,是则此事又以善成于斯矣"③。

第七节　再征金川

一、从"以番攻番"到再度出兵

　　十二年(1747年)至十四年,乾隆首征金川,莎罗奔表面上臣服,但清中央政府并未获胜,土司制度依然保留。土司制度是川西藏族聚居地战乱的祸根之一。各土司间为了争夺人口、土地和财

---

① 《乾隆实录》卷871。
② 《乾隆实录》卷875。
③ 《乾隆实录》卷1307。

286

富,常相互攻伐,血腥残杀。鉴于以往瞻对,特别是金川之役的教训,乾隆对川西藏族各土司的争斗,持谨慎态度。十七年杂谷土司苍旺聚众攻掠梭磨、卓克基土司。杂谷相当于今四川理县,延袤2000余里,地方险要。八月底,四川总督策楞、提督岳钟琪发兵4000名进剿,攻下杂谷脑,苍旺等"尽数投诚,情愿改土归流"。策楞等委员逐寨"查造户口,以定将来输赋"。乾隆闻奏降谕说:"不料奏功如此迅速,甚属可嘉"。但对于改土归流一事不以为然,多次指出:"盖归流非夷情所愿,万一稍有风声,必致众情惊骇,将人自为守,又成不了之局";"盖环蜀皆土司地,一闻杂谷改流,将谓天朝有兼并蛮地之意,人人自疑"。对于已经改土归流的杂谷,事既至此,只可不加深究,但乾隆强调,"应明示以苍旺孽由自作"①。

二十三年,大金川与革布什咱两土司因结亲构衅。大金川头人郎卡将女儿嫁给革布什咱土司色楞多敦布,并指使女儿控制革布什咱。革布什咱所属丹多部民勾结大金川进攻革布什咱,夺取丹多。小金川土司泽旺儿子僧格桑率兵救援革布什咱,大金川遂出兵攻打小金川孙克宗地方。四川总督开泰檄谕金川撤兵,并令沃日、杂谷各土司派土兵赴孙克宗协助小金川防守,又令绰斯甲布相机乘虚攻击大金川。乾隆获悉后指出:"番蛮自相攻劫,乃事所常有",不可绳以内地官法,但开泰调集各土司对付大金川,给乾隆以启迪,说"以番攻番,亦属可行"②。

所谓"以番攻番",即清中央政府不出兵,利用川西藏族各土司力量,"共为合从",联合攻击金川。乾隆答应,消灭金川后,将金川土地分与各土司,以调动各土司合从攻击的积极性。他说:

<hr>

① 《乾隆实录》卷422,423,424。
② 《乾隆实录》卷560。

"金川原属不安分土司,若众土司等能力除之而分其地,于番境转可久远相安,正不必以滋衅不已为虑"①。但是,开泰并未将"以番攻番"政策贯彻始终。二十五年大金川土司莎罗奔病故,郎卡为承袭土司职务,不得不讨好清朝,向开泰禀称:"我本天朝土司,惟与众土司不和,众土司因将不法之事,向内地官府前控告。如今止求作主剖断,情愿恪遵,丝毫不敢多事"②。二十六年,开泰因各土司围堵大金川两载有余,"既不能克日奏功,转恐日久生懈"③,将各处土兵土练次第撤退。二十七年,开泰企图以袭封土司一事压郎卡屈服。原来惯例,袭职土司,除了须经清中央政府批准外,还要取得土舍头人及邻近土司甘结。开泰认为,取具甘结,无疑给郎卡一次重新结好各土司的机会,主张取消。乾隆赞同,并要开泰晓谕郎卡:"邻近土司与尔素有嫌隙,今因承袭之事,照例取结,伊等定不乐从。今据尔恳求,竟免其辗转取结"④。但是,大金川土司印信,贮于四川司库,清政府迟迟不交给郎卡。

郎卡袭得土司之职,又立刻出兵攻掠党坝。各土司被迫集兵抗拒。乾隆因势利导,指示开泰听从各土司协力剿除金川,但"断不可有先事部署官兵协力佽助之计"⑤。第二年,正当绰斯甲布等九土司合攻大金川之时,开泰多次在成都接见郎卡的代表,且常加抚慰。这势必引起九土司的疑虑。乾隆切责开泰"既谲以笼络郎卡,复隐为援助土司,殊失控制大体",夺开泰总督职,以阿尔泰代之,并要阿尔泰向绰斯甲布等土司宣布:"郎卡既得罪于众土司,

---

① 《乾隆实录》卷562。
② 《乾隆实录》卷634。
③ 《乾隆实录》卷634。
④ 《乾隆实录》卷634。
⑤ 《乾隆实录》卷675。

尔等悉锐往攻,倘能剿灭番碉,亦免尔等后患"。但官府仍不可出兵应援①。这是乾隆首次要求四川地方官,在执行"以番攻番"政策时,公开表白官府站在九土司一边的明确立场。二十九年六月,阿尔泰赴京请训。工部尚书阿桂奉旨巡边,暂署川督。他了解到金川情况后,上疏建议:"将金酋罪在不赦传谕各土司"。这一举措旨在公开谴责大金川负罪于清中央政府,以释九土司疑虑。乾隆不同意,说"若如阿桂所云,'金酋罪在不赦'则似郎卡实获罪天朝,于理即当声罪致讨,又岂应假手九土司!"②。此时的乾隆,仍竭力避免把金川摆在与中央政府直接对立的位置上。但是,官府若不表白对金川的憎恶,九土司又"未免存观望迟疑之见",因此,乾隆要求阿桂、阿尔泰以钦差大臣与总督名义,明谕九土司说:

> "郎卡反覆狡诈,为众土司之害,天朝岂肯以众人之蠹,曲为庇护!是以该土司印信,仍存成都,不准给发。尔等集众往攻,原为自除己害,钦差与总督不惟不为禁遏,且有应行奖励之处。金川殄灭后,所有土地,各番寨就近分析,划界管理"③。

平定金川,铲除土司割据势力,固然是维护国家与民族统一大业所必须,但其中也包含着大清皇帝要臣服四方的狂热统治欲。乾隆始终不愿意把"以番攻番",要借助各土司力量消灭金川,满足这一统治欲的真实意图透露给各土司,说"以蛮攻蛮,止当用力,不可使之知"④,反复强调九土司联合攻打金川,"原为自除己害",不仅充分表现了封建最高决策者的狡诈,而且加剧了各土司间的矛

① 《乾隆实录》卷691。
② 《乾隆实录》卷713。
③ 《乾隆实录》卷716。
④ 《乾隆实录》卷756。

盾和冲突。

行之多年的"以番攻番"策略,并未收到实效。究其原因是,乾隆制定这一政策时,对各土司的真实情况缺乏了解。九个土司中,巴旺、革布什咱地小兵单,仅可牵制一面。沃日、梭磨、松冈、卓克基等土司,不与金川接壤,兵少力薄,进攻颇难。党坝地小力微,自立尚难。唯有绰斯甲布堪与大金川匹敌,但与金川是姻亲,首鼠两端,进攻不力。总之,九土司中弱者居多,非金川对手,个别强者又不愿与金川结仇,合纵攻击金川之策,自然难以奏效。三十年正月,四川总督阿尔泰建议,以该省犍为、富顺 2 县余盐售卖得价银年约万余两,犒赏九土司①,但仍于事无补。当年十二月,大金川反扑,攻破党坝土司的额碉,占领巴旺土司的卡卡角地方,其他土司"闻风辄怖,裹足不前"②。三十一年六月,乾隆感慨地说:"看来土司等性多狡猾,以蛮攻蛮之计,似难责效"③。九月,总督阿尔泰与四川提督岳钟琪抵康八达巡视,郎卡率众跪迎,表示要退还所占各土司地盘,交换条件是发给土司印信,释放被官府拘禁的喇嘛。阿尔泰应允。乾隆知道后,斥责阿尔泰有"将就了事之意"④。第二年正月,乾隆又听说阿尔泰批准郎卡将女儿嫁给小金川土司泽旺之子僧格桑,敏感地意识到,"此又一伏衅端矣!"⑤

金川地区形势的发展,不出乾隆所料。三十五年春,僧格桑借口沃克土司色达克拉咒诅伊父子,以致泽旺病倒,发兵攻占沃克什的 3 个寨子。明正、革布什咱两土司劝阻无效,沃克什土司向四川

---

① 《乾隆实录》卷 727。
② 《乾隆实录》卷 754。
③ 《乾隆实录》卷 763。
④ 《乾隆实录》卷 768。
⑤ 《乾隆实录》卷 777。

总督求援。阿尔泰委员调解,僧格桑要求沃克什"赔偿"损失,将被占3寨准小金川耕作,继而又托词再攻沃克什。阿尔泰与提督董天弼亲往弹压,僧格桑被迫撤沃克什之围,但拒不退回所占土地。乾隆闻报,指令阿尔泰传集小金川土司,谕以利害:"尔土司本弹丸之地,又非险要。尔若稍有不驯,大兵无难朝发夕至。尔自度力量能与天朝抗乎?"①僧格桑慑于皇帝圣旨,叩头谢罪,表示愿退还所占土地,并释放所俘沃克什土司母舅僧格以及24名部民。

小金川扩张骚扰行为刚刚被制止,大金川又出兵攻掠革布什咱。三十五年郎卡病故,其子索诺木袭大金川土司。第二年四月,革布什咱土舍郎卡瓦尔佳勾结索诺木,攻打革布什咱,杀土司色楞多敦布。阿尔泰委游击宋元俊驰往处理,并调土兵土练弹压。乾隆指示,不能急于追捕革布什咱土舍,以防止他固结金川,猝难解散,只可往谕大金川,责其袭占邻地非理,应迅速撤兵。但索诺木不予理会,反而要求"将革布什咱地方百姓赏给当差"。乾隆指出,"此显系觊觎土境,妄思占据","断不可稍涉迁就"②。

大金川攻掠革布什咱,小金川受到鼓舞。僧格桑先是出兵再攻沃克什,继而又袭击明正土司。明正土司甲勒参得与僧格桑是郎舅之亲,当僧格桑出兵攻打沃克什时,明正屡加劝阻,双方由此成仇。三十六年六月,僧格桑趁明正士兵派赴与革布什咱交界处防守时,发兵攻占明正土司的纳顶官寨。阿尔泰认定,"僧格桑非口舌可以化导",主张派兵4000名防御明正土司要隘。乾隆斥阿尔泰此举"似无扼要之见",应当先发兵讨伐小金川。七月十四日传谕:

---

① 《乾隆实录》卷864。
② 《乾隆实录》卷887。

"小金川因金川与革布什咱相仇,敢于效尤滋事,其情甚为可恶!就两处情形而论,亦判然不同。朕意宜先办小金川,擒其凶渠,治以重罪,则金川自当闻风畏惧,敛迹归巢,斯为一举两得"①。

他当日宣布,派四川满洲兵 1000 名、绿营及土练兵 5000 名前往镇压。鉴于阿尔泰部员出身,未娴军旅,且年迈体肥,驰驱行阵,殊非所宜,办事又迁延不决,畏首畏尾,独任运筹,于事未必有济,免其四川总督,仅以大学士衔留川协理事务,调云贵总督德福任川督,令速驰打箭炉视事。又调副都统铁保率成都驻防满洲兵 200 名前往备用,还命令在云南参加征缅战争的理藩院尚书温福,从永昌统领现有满洲劲旅并精干黔兵数千名星驰入川。

　　八月二十八日,德福上疏说:"缅(甸)贼狡诈,与苗种相仿。然无妄念,……且关外崎岖林箐,兼有瘴气,我兵不能久驻,请暂停袭击之举"②。乾隆阅后,断定德福是"借滇省事宜,欲以讽罢小金川之事",降旨夺其川督之职,以三等侍卫赴伊犁听差,仍由阿尔泰暂署总督③。但是,阿尔泰坐守打箭炉数月,借口明正与金川隔河交界,要等造便木船,方可进攻。乾隆对阿尔泰终于完全失去希望,降旨责备说,身任总督,于需兵若干,作何调拨,何路进攻,何路堵截,并未通盘谋划④。十一月,革去阿尔泰大学士及兼管四川总督之职,由温福补授大学士,任军机处行走户部侍郎桂林为四川总督。

　　① 《乾隆实录》卷 888。
　　② 《乾隆实录》卷 891。
　　③ 《乾隆实录》卷 893。
　　④ 《乾隆实录》卷 893。

二、用温福兵败木果木

温福,字履绥,姓费莫氏,满洲镶红旗人,是康熙时吏部尚书、文华殿大学士温达之孙,自繙译举人,授兵部笔帖式。乾隆初累迁户部郎中,擢湖南、贵州布政使,坐事夺职,戍乌里雅苏台。二十年起内阁侍读学士,从定边将军兆惠讨大小和卓木,枪伤颧,擢内阁学士,累迁吏部侍郎、军机处行走,进理藩院尚书。三十六年十月十八日,以定边右副将军衔驰至成都,主持征伐金川军务。而桂林则于十月十三日抵成都。在温福到成都前 2 天,桂林已奔赴打箭炉。

为剿灭金川,乾隆不惜遣重兵,拨巨饷。至三十七年五月,他先后多次从陕甘调兵 17000 名,从贵州调兵 8000 名,合四川原有兵力,共计 62500 余名①。至三十八年六月,共拨饷银 2900 万两,而且乾隆还表示,"但能扫荡擒奸为一劳之逸之计,即使再多费一千万两,朕亦不靳"②。当时清朝部库所积 8000 余万两③。为剿灭小金川,乾隆不惜支付国家积聚的 36% 以上。

温福、桂林抵任后,制定了两路进攻的军事征剿计划。温福拟从汶川出西路,桂林自打箭炉出南路。十一月十日,温福从汶川抵卧龙关,部署进兵:提督董天弼攻打达木巴宗,桂林、阿尔泰进剿约咱,温福则进击巴朗拉。十一月二十二日,温福破巴朗拉,十二月中旬清军攻下达木巴宗官寨,二十九日进逼到资哩。资哩是小金川门户,山险碉多,僧格桑併力抗拒,直至第二年二月才被攻破。继而,温福又攻下阿喀木雅。桂林所部于三十六年十月二十一日

---

① 《乾隆实录》卷 909,910。

② 《乾隆实录》卷 936。

③ 《乾隆实录》卷 900。

破约咱,进克其东山梁大小战碉5座、石卡20余座。第二年三月,又攻克木巴拉、博祖、萨玛、多觉、藏布觉等,四月破墨龙沟、达乌一带险要,进逼小金川的咽喉僧格宗。僧格桑见所居美诺官寨危在旦夕,送妻妾到泽旺所居布朗郭宗官寨。

前方捷报频传,乾隆兴奋不已,于三十七年四月降谕指出:"此时自当并力攻剿小金川,速擒逆竖,乘胜进剿,出其不意,方合事机"①。二十六日,又传谕温福,应派阿桂与参赞大臣丰升额"速往布朗郭宗,擒获泽旺,并俘僧格桑妻妾,毋任逋逃"②。

可是,正当乾隆沉浸于胜利喜悦中时,前方清军受挫。五月,桂林部将薛琮率兵3000在墨龙沟被小金川切断后路,围困七日。薛琮求援,桂林坐视不救,以致全军覆没,仅200人泅水逃归。乾隆怒夺桂林职,从西路调取阿桂,授为参赞大臣统率南路军,并改陕甘总督文绶为四川总督,筹办粮运。

三十七年十月底之后,清军进展顺利。十一月十三日,南路军占领西山邦甲山梁后,守卫在僧格宗一带的小金川兵接踵投降。僧格宗与美诺隔河相对,仅半日路程,这里"田地稍饶,户口最多,碉寨亦密"③。十二月二日,乾隆得报攻下僧格宗,即传谕军机大臣说:"小金川之事,自当克日告蒇"④。十月下旬,西路也攻破路顶宗,十二月五日得美诺官寨的另一门户明郭宗。六日,清军分路攻破美诺寨,俘获男女妇34名。乾隆闻讯,授温福定边将军,阿桂和尚书丰升额为右副将军。

美诺寨破,僧格桑逃往布朗郭宗,继而再逃底木达寨,求见泽

---

① 《乾隆实录》卷907。
② 《乾隆实录》卷907。
③ 《乾隆实录》卷921。
④ 《乾隆实录》卷922。

旺。泽旺闭门不纳,僧格桑只好逃往大金川勒乌围寨,投靠索诺木。十二月十一日,温福攻下底木达寨,俘获泽旺。乾隆指示把泽旺解京严讯。攻破小金川后,温福等随即制定三路进攻大金川的作战方案。一路由温福率领,从功噶尔拉进逼喀尔萨尔,攻取勒乌围心腹之地噶拉依。一路由阿桂率领,从僧格宗、纳围、纳扎木至当噶尔拉,攻取噶拉依。一路由丰升额率领,从章谷、吉地赴绰斯甲布,会同副都统舒常,进兵俄坡,攻取勒乌围。十二月二十七日,乾隆批准以上作战方案,并任命舒常为丰升额参赞大臣、都统海兰察和西安提督哈国兴为温福参赞大臣、副都统明亮为阿桂参赞大臣。

三路大军进展都不顺利。十二月二十六日,温福兵抵功噶尔拉山下牛厂地方。这里,大金川据险排立 5 座大卡,官兵仰攻不易,加上严冬雪深数尺,步履维艰。温福久攻不下,只得改变进攻路线,于翌年二月十日移师木果木,决计攻剿昔岭,进逼噶拉依。阿桂一路也被阻挡在当噶尔拉山前。金川在绵亘 20 余里的当噶尔拉山梁建战碉 14 座,碉外又有横墙,墙外护以木栅,木栅之外掘有深壕,壕中松签密布,再泼水成冰,层层布防,清军难以推进。加上山高雪大,云雾迷漫,睁眼看不见战碉。阿桂用炮轰击,挥兵扑碉,至三十八年三月二十日以很大的伤亡代价,才攻克第五、第四战碉。丰升额一路进攻金川紧要门户达尔图,同样因碉墙坚厚、雪深冰滑,无从下手。大金川除了利用战碉阻挡清军之外,还组织兵力,每四五百人一股,潜出林箐,邀击清军,使清军疲于应付。五月,僧格桑派人联络降清的小金川兵,从清军内部反水,密谋出兵曾头沟、底木达以切断清军后路。

温福大军深入,后方空虚,早就引起乾隆的忧虑。三十八年正月,乾隆获悉僧格桑从小金川逃往金川时,在曾头沟隘用树木拦

断,感到"此甚可疑"。他说:

> "虽贼酋惧官兵进剿,堵塞路径,使我无从蹑迹。但此等
> 要隘之处,我进较难,贼出甚易。安知非贼酋诡计,借拦阻追
> 兵为名,俟官兵一过,仍由美卧沟而出,复占布朗郭宗、底木达
> 等处? 所关不小,温福等匆匆进兵,于此紧要关键未能筹万
> 全。朕偶念及,心中甚为不怿"①。

应当说,乾隆的判断是正确的,担心也是有根据的。僧格桑逃跑
时,以树木拦断曾头沟要隘,是要阻止清军进入曾头沟,保住这条
从大金川通往温福后方的通道,以便日后潜兵奇袭,切断温福后
路。乾隆既虑及此,立即着手布防。他颁谕新任四川总督刘秉恬
驻扎美诺,与提督董天弼共同防守曾头沟,又担心刘秉恬兵力不
足,降旨调官兵增援。当温福移驻木果木时,乾隆再次提醒说:
"朕按图察看,我兵业已深入,后路各处,均关紧要。贼匪本属狡
诈,不敢明为接仗,或乘间由大兵之后,前来偷袭,亦未可知","且
窃劫营寨,是其长技,尤不可不防"②。

乾隆担心的事情终于发生了。他虽降谕设防曾头沟,但所用
非人。董天弼昏庸,另立营盘,不守碉卡,所部官兵皆怯懦,战斗力
差。刘秉恬更是措置乖张,不在金川兵出没处督兵擒获,反而分派
士卒于已降各寨逐一搜查,致使藏民惊疑生怨,失去民心。曾头沟
防卫形同虚设。六月一日夜,大小金川兵潜出大板昭正南山口至
底木达,突袭清军营盘,击杀董天弼。随后又抢占清军设在喇嘛寺
粮台,夺占布朗郭宗等处清军营卡。七日夜,温福决定撤出昔岭以
防后路,但后路已被切断。九日,大小金川兵突破木果木大营东北

---

① 《乾隆实录》卷 924。
② 《乾隆实录》卷 927。

木栅。时运粮客兵民夫及炮台匠役二三千人闻金川兵至,逃奔军营。温福闭门不纳,以致四处奔窜,惊恐所及,绿营兵随之溃散,金川兵抢占了清军炮台。十日,清军大营后面木栅也被金川兵攻垮,温福率满洲兵百人抵抗,左胸中枪毙命。海兰察见大势已去,率部越过山沟,夜半抵功噶尔拉兵营。

木果木之败,清军损失惨重。温福所部 2 万名,陷没约 4000 人。阵亡将领除温福本人外,还有副都统巴朗等 2 员,提督董天弼等 3 员,以及总兵、御前侍卫、副将、参领、知府、知州、知县、主事、同知、典史、都司、守备、参将等文武官员百余人,损失米粮 1.7 万余石,银 5 万余两,火药 7 万余斤,大炮 5 位。

乾隆获悉底木达、布朗郭宗失守,是六月十八日。第二天,他强作镇静说:"但此等不过零星贼匪,见董天弼毫无准备,遂尔乘势滋扰,本不成事体"①。降谕温福、阿桂"即速驰赴底木达一带上紧克复,若不将一带剿办全完,亦断不宜前进"。他还指示海兰察,"于美诺沟断贼归路,尤为第一要务",必须选派勇干将领,挑拣精兵五六百名堵御②,但为时已晚。二十三日,他接海兰察奏折,知道木果木大营被攻破,温福毙命,"实为骇异"。此时,乾隆最担心的是阿桂部队安危,说:"阿桂闻贼势猖獗,自必须统领大兵撤回杀贼。只须阿桂与海兰察等会合,大局即定"③。他命令海兰察,"现在开通将军等后路,办理接站等事,最为紧要,难以稍离"④。关于木果木兵败原因,乾隆归结为二点。一是绿营兵私遁。他说:"温福等失皆为绿营兵弃营所误。去年春,朕已派定健

① 《乾隆实录》卷 937。
② 《乾隆实录》卷 937。
③ 《乾隆实录》卷 937。
④ 《乾隆实录》卷 937。

锐营精兵数千备调,因温福、阿桂奏,以京兵较绿营兵费几数倍,朕为其说所游移,遂尔中止。今事已如此,悔亦无及"①。乾隆当即决定,选派健锐、火器营兵各 1000 名,黑龙江、吉林兵各 1000 名,其中黑龙江所派,索伦兵应有 500 名,著色布腾巴勒珠尔以固伦额驸为参赞大臣,统率前往。二是董天弼、德尔森 2 人所误。温福移师木果木时,董天弼受命防守曾头沟,侍卫德尔森奉遣守护木果木北面山梁。乾隆还特别传谕德尔森,"时刻留心瞭望,毋稍忽略,敢干咎戾"②。可是,2 人竟罔顾圣命,导致金川兵偷袭成功。乾隆认为,驻防美诺的刘秉恬虽难辞其咎,固念其平日办事尚属认真,姑从宽典,革去总督职,拔去所赏孔雀翎,以按察使衔在营效力。对于温福,乾隆初惜其临阵捐躯,特加恩赏给一等伯爵,世袭罔替,入祀昭忠祠,并赏银 2000 两治丧。后了解到温福"性褊而愎,参赞以下之言,概置不听。又不察地势之险易,不知士卒之甘苦,常令攻碉,多伤兵众,其实未能得贼人紧要碉卡。安营之后,复距水甚远。平时既不得人心,临事又全无措置,以致于溃"。乾隆气愤地说,"使其身尚在,即当立正典刑,以申军纪"③,遂命削去赐爵。

三、倚阿桂平定两金川

温福丧师后,乾隆将平定两金川希望寄托在阿桂身上,说阿桂"统办进剿之事,实堪倚任。此外大臣等,亦罕能出其右者"④。

阿桂,字广远,姓章佳氏,大学士阿克敦的儿子,乾隆三年(1738 年)举人,以父荫授大理寺丞,累迁吏部员外郎,充军机章

---

① 《乾隆实录》卷 937。
② 《乾隆实录》卷 927。
③ 《乾隆实录》卷 940。
④ 《乾隆实录》卷 939。

京。十三年参与首征金川。二十年擢内阁学士，又参与平定噶尔、大小和卓木以及征缅战争，历任都统、工部尚书、礼部尚书、加太子太保。阿桂智勇兼备，"临敌，夜对酒，深念得策，辄持酒以起，旦必有所号令"。且又知人善任，诸将有功，"奖以数语或赉酒食。其人感激效死终其身"①。三十八年六月二十五日阿桂被乾隆任为定边将军，后改为定西将军。

阿桂受命于危难之时。他最紧迫的第一件事，是如何率领全军安全撤出当噶尔拉。金川兵袭击木果木后，索诺木由噶拉依奔袭巴旺、布拉克底，企图切断阿桂后路。阿桂镇静自若。木果木之败，小金川降卒起过不少的作用。阿桂汲取教训，清除了军中小金川投降者，还派兵将当噶尔拉至章谷一带退兵必经之路的周围碉寨尽行烧毁，占领达乌、翁古尔垄、色木则等要隘。为了切断河南河北大小两金川间的联系，他还派兵将僧格宗山后皮船尽数收起。为了配合阿桂撤军，乾隆指令丰升额从宜喜赶赴打箭炉接应，要海兰察把守美诺，明亮驻兵僧格宗，以为犄角之势，阻截金川兵窜入通道堵攻阿桂。但是，乾隆还不知道，美诺、底木格、布朗郭宗僧格宗早已落入金川手中。

正当阿桂处于危险境地之际，索诺木多次派人求见阿桂，希望阿桂退兵，说："我金川系大皇帝家旧土司，如今官兵、百姓等，我金川一点不敢侵犯"。阿桂深知当噶尔拉后路险仄绵长，如翁古尔垄、策尔丹、色木等处，悬崖鸟道，数十人据险，万夫莫过。如果能退兵扼守住这些地方，"现在则易防后路，将来则易于进攻，于事转有把握，莫若将计就计，权为撤出"②。从六月二十五日至七

① 《清史稿》卷318《阿桂传》。
② 《乾隆实录》卷939。

月一日,阿桂亲自断后,振旅徐徐撤抵翁古尔垄。七月十六日,乾隆闻阿桂全师安全转移,十分高兴,谕丰升额仍返回宜喜。

这时,大金川与邻近土司关系更趋紧张。当年九土司联合攻击大金川,索诺木耿耿于怀。木果木袭击得手,他又被胜利冲昏头脑,扩张野心更加膨胀。他一方面派人求阿桂撤兵,因为清军毕竟是他地区扩张行为的主要障碍,而且阿桂治军有方,布防有力,未可轻易动摇。另方面又在谋划新的扩张行动。他派人威胁绰斯甲布土司工噶诺尔布说:"尔等从前协助天朝攻剿,今尔一路官兵不久即欲退出,我即发兵报仇"。工噶诺尔布回答:"官兵退否,我等岂能预知,尔欲抗拒,亦自由汝"①。索诺木还遣人赴党坝游说,被党坝人拒于界外。袭击木果木之前,索诺木利用僧格桑的威望,令他潜回小金川,引诱当地部民反叛。及索诺木占领小金川后,令其兄冈达克固守,将所得银、缎、铅药、马匹、粮食、物件全数运回大金川,并把僧格桑软禁在大金川的科思科木,身旁换以大金川士兵,视如"孤肠腐鼠"②。各土司包括小金川中一部分百姓,皆对索诺木不满,希望清中央政府能赢得这场战争的胜利,主动支援清军。阿桂曾向乾隆报告说:"自当噶尔拉军营撤回时,见沿途各险隘皆有士兵把守接应。查系布拉克底、巴旺土司,及革布什咱土司亦俱添兵前来,较原派之数加多"③。一些土兵自愿为清军作向导,还有人把侦知大金川军事行动的情况密报清军。乾隆正确地把握了各土司与大金川的矛盾,以及他们对中央政府的亲善态度,作出部署。他指出"盖索诺木兄弟之意,久思吞并各土司,雄踞一方"④,

---

① 《乾隆实录》卷941。
② 《乾隆实录》卷939。
③ 《乾隆实录》卷939。
④ 《乾隆实录》卷942。

已失人心,清军应联络各土司,以为我用。他一方面接连嘉奖各土司如布拉克底、巴旺、明正、革布什咱、党坝等头人,以及梭磨土妇;另方面向各土司宣布:"朕已降旨,调各处劲兵数十万,厚储粮饷,以如许兵力、军资剿殄贼番,易于反掌。朕如此筹办者,皆为尔土司等恐致失所耳。尔等自应努力并心,同期灭贼,以冀永受朕恩"①。乾隆还指示阿桂,遣人四处扬言"已调动十余万精兵前来合剿,则贼酋闻之丧胆震动,而各土司亦可定其游移之志"②。乾隆联络各土司孤立大金川的决策,对尔后军事上胜利进攻两金川,发挥了积极作用。

阿桂回师翁古尔垄后,根据乾隆先打小金川后攻大金川的指示,积极酝酿进攻路线。十月,新调集的满汉各路兵陆续到达军营。二十七日,阿桂挥师三路进攻小金川。西路由海兰察率领,自达木巴宗山之北出兵,分别攻打底木达、布朗郭宗、沃克什、明郭宗,插向美诺。南路由副将军明亮和参赞大臣富德统率,从绰斯甲布进兵。阿桂亲率中路军攻打资哩。二十九日,阿桂部破资哩南北山梁、阿喀木雅、美卡卡、木兰坝,收复沃克什官寨。西路军于十一月一、二日连克路顶宗、明郭宗等处,三日克美诺官寨和底木达官寨。六日,南路明亮军克复僧格宗。至此,小金川已被清军全部平定。

阿桂从出兵到平定小金川,前后仅 10 天时间。速度之快,为乾隆始料不及。十一月十四日,乾隆接到前方战上克复美诺寨,兴奋地说:"收复小金川之易,朕原早已料及。第官兵能于一、二日内连次克复美诺等处,剿杀多人,并抢获炮位、米粮,实属迅速",

---

① 《乾隆实录》卷 937。
② 《乾隆实录》卷 937。

同时指示阿桂,当一面酌量小金川善后事宜,一面带兵分路攻剿大金川,"乘将士新胜锐气,鼓勇直前"①。

为平定大金川,阿桂要求增兵添饷。乾隆又一次表示:"只要大功必成,多费实所不惜"②。截至三十九年十二月,他共拨出饷银900万两③,还先后调荆州驻防兵1000名、湖广绿营兵1000名、成都驻川绿营兵2000名、黔兵2000名、云南兵3000名,共计9000名赶赴川西④。

乾隆与阿桂等人反复商讨进攻大金川路线。阿桂所部拟从谷噶、凯立叶进攻。马奈、马尔邦是首征金川时老路,明亮所部拟由此两地进攻。巴旺、布拉克底土司告诉明亮,大金川料定清军将循阿桂原来路线从当噶尔拉进攻,因而于此处竭力设防。明亮决定避开正面山梁,于东西两边山路探明抄截途径,以便出敌不意。丰升额所部原拟从俄坡前进,直逼勒乌围。后侦知这里树木丛深,道路险窄,不利于进攻,遂改定计划,拟于党坝附近进攻穆尔津冈要隘,然后从上面下压取勒乌围。乾隆批准了以上三路进攻计划。

三十九年正月二日,阿桂至布朗郭宗查点满汉官兵后,分拨海兰察等为第一队,率兵5000名于六日进发;色布腾巴尔(勒)珠尔等为第二队,率兵5000余名于七日进发;阿桂为第三队,率大军于八日进发。明亮一路,于正月五日进抵格藏桥,即伏兵桥北,嗣后由参赞大臣富德率6000人从河北骆驼沟进攻,都统奎林率4000人从河南博堵进攻。丰升额于正月八日带兵至萨尔赤鄂罗山,派兵驻守通往大金川要隘孟邦拉山梁等处。

---

① 《乾隆实录》卷946。
② 《乾隆实录》卷949。
③ 《乾隆实录》卷973。
④ 《乾隆实录》卷952、955。

征剿大金川的战斗打响后,尽管遇到敌方顽强抗击,三路清军仍步步向前推进。至二月下旬,明亮所部先后攻下马奈和卡卡角山梁;阿桂分兵绕攻罗博瓦,连克大碉8座,歼敌200余名;丰升额也占领了莫尔敏山。为了配合军事进攻,乾隆于三月七日指示阿桂,应展开政治攻势,要他以大将军名义,于各路遍为宣谕:

"因尔逆酋索诺木、莎罗奔弟兄及其大头人等负恩反噬,抗拒天朝,实为覆载所不容,是以声罪致讨,必须扫穴擒渠,立时诛磔,以申国宪,原于尔番众无涉。况逆酋平日恃其凶恶,蚕食邻疆,方其攻夺之时,众番等为之舍死出力,轻蹈危亡,及既占得地方,则逆酋独专其利,丝毫不以分人。尔番众始终不知悔悟,已属至愚,乃竟敢与王师相抗,尤为愍不畏死。今选用八旗劲旅,分路进攻,所向歼戮无遗,此皆尔等所目击者。……本将军仰体大皇帝如天好德之心,不忍尽行洗荡,特为明白宣谕,尔等各宜猛省。如能晓然于祸福利害之机,即速设法将索诺木并其兄莎罗奔其姑阿青及用事头人丹巴沃咱尔等一并擒献军门,不但可免尔等之罪,并当奏闻大皇帝予以恩赏,或并加之录用。若仅诣军营投降,亦当待以不死,仍令安居乐业,共为良民,岂不甚善!设若迷而不悟,则大兵所至,有杀无赦"[①]。

此谕在指出索诺木一伙罪责,表明清中央政府誓平大金川决心的同时,把金川土司头人与普通部民区别开来,把继续顽抗与归顺投降的区别开来,号召广大部民"各宜猛省",放下武器,这无疑起到分化敌方营垒的作用。

经过数月激战,阿桂队伍于七月中旬推进到大金川重要据点

---

① 《乾隆实录》卷954。

逊克尔宗。此时,索诺木又玩弄投降诡计。他先用药毒死僧格桑,埋在逊克尔宗坝前。八月十五日,索诺木挖出僧格桑尸体,遣人送尸诣阿桂军前求降。乾隆知道后,明确指示:"官军费如许力量,始得平定其地,不当以受降完结"①。于是,阿桂拘禁献尸者,并割下僧格桑首级暂存成都,以备日后一并献俘。索诺木求降不成,转而并力抗拒。清军久攻逊克尔宗不下,阿桂遂于十月十六日遣海兰察等分兵攻破墨格尔山梁各碉寨。明亮所部则于八月十六日攻破俄坡一带战碉,十月十九日又攻克日旁山后碉寨,与阿桂军营隔大金川河相望。两军距勒乌围都只有 20 里路程。为了攻破 20 里之外的勒乌围,清军奋战达 9 个月之久。直至四十年七月十四,阿桂、明亮二路大军才合围勒乌围。八月十五日,勒乌围终于被攻破。第二天,阿桂驰奏红旗报捷。二十四日,乾隆于木兰行宫得捷音,兴奋至"几欲垂泪"②。八月十七日,阿桂、明亮两路军 5.7 万人攻打大金川最后碉寨噶拉依。十二月十八日,噶拉依寨被清军层层围困。二十日,索诺木母亲阿仓、姑母阿青等至阿桂军营投降。二十八日,冈达克亦出降。四十一年一月三日,阿桂以阿仓、阿青、冈达克图记,遣人劝索诺木投降。二月四日,索诺木看大势已去,出寨乞降。清军荡平大金川全境。四月二十七日乾隆龙袍衮服御午门,受献俘礼,又在瀛台亲鞫索诺木等,传旨将索诺木、冈达克等"寸磔"处死。

乾隆以 5 年时间,调兵近 10 万,动帑共 7000 万余,才最终平定大小两金川。为确保这一地区的长期稳定,他于战后采取了若干措施,其中主要的有如下几点:

第一,建立各土司轮流入觐制度,"俾扩充知识,以革其犷悍

---

① 《乾隆实录》卷 964。

② 《乾隆实录》卷 989。

之风"①。

第二,设将军驻扎成都,"其管理番地之文武各员,并听将军统辖。凡番地大小事务,俱一禀将军,一禀(四川)总督,酌商妥协"。另设提督1员,驻扎雅州,于勒乌围设总兵、游击各1员,都司、守备各2员,驻兵千名。他如噶拉依亦派兵驻守②。

第三,金川藏民笃信佛教,但缺少喇嘛。令于噶拉依、美诺两处建庙宇,从京师派喇嘛前往住持。

第四,绰斯甲布、布拉克底、巴旺、党坝各土司被金川所占据土地,查明确系无碍田土,绘图具奏后,酌量赏给各土司。

第五,金川部民应遵制雉发,但服饰可以照旧。至于沿边各土司百姓,可免雉发。

第六,两金川改土归流,于小金川设立美诺厅,于大金川设阿尔古厅。四十四年阿尔古厅并入美诺厅,尔后美诺厅又改名懋功厅。

第七,安兵屯垦。四十三年兴屯之初,共150户,计男妇大小365口,分插在卡卡角、沈角沟、卡尔金、大板昭、丹扎寨等地。10年后,屯垦规模扩大,累计垦种土地达136635亩。新任四川总督保宁向乾隆报告金川屯务时说,"稽事日兴,荒土尽开辟"③。

第八节　主持《四库全书》的编纂

一、亲自主持《四库全书》的编纂

旷古大丛书《四库全书》的编纂,是乾隆盛世于文化方面的

---

① 《乾隆实录》卷994。
② 《乾隆实录》卷1004。
③ 《乾隆实录》卷1297。

显示。

三十七年正月四日,乾隆降谕蒐集古今群书:

"朕稽古右文,聿资治理。几余典学,日有孜孜。……是以御极之初,即诏中外搜访遗书,并令儒臣校勘'十三经'、'二十一史',编布黉宫,嘉惠后学。复开馆纂修《(通鉴)纲目三编》,《通鉴辑览》及'三通'诸书,凡艺林承学之士,所当户诵家弦者。……惟蒐罗益广,则研讨愈精。如康熙年间所修《古今图书集成》,全部兼收并录,极方策之大观,引用诸编,率属因类取裁,势不能悉载全文,使阅者沿流溯源,一一征其来处。今内府藏书,插架不为不富,然古今来著作之手无虑数千百家,或逸在名山,未登柱史,正宜及时采集,汇送京师,以彰千古同文之盛。其令直省督抚会同学政等,通饬所属,加意购访,除坊肆所售举业时文,及民间无用之族谱、尺牍、屏障、寿言等类,又其人本无实学,不过嫁名驰骛,编刻酬倡诗文,琐屑无当者,均无庸采取外,其历代流传旧书,内有阐明性学治法,关系世道人心者,自当首先购觅。至若发挥传注,孜核典章,旁暨九流百家,有裨实用者,亦应备为甄择。又如历代名人泊本朝士林宿望,向有诗文专集,及近时沈潜经史,原本风雅,如顾栋高、陈祖范、任启运、沈德潜辈,亦各著成编,并非剿说危言可比,均应概行查明,在坊肆者或是为给价,家藏者或官为装印,其有未经镌刊,祇系钞本存留者,不妨缮录副本,仍将原书给还。并饬所属,一切善为经理,毋使吏胥藉端滋扰。但各省蒐辑之书,卷帙必多,若不加之鉴别,悉令呈送,烦复皆所不免。著该督抚等先将各书叙列目录,注系某朝某人所著,书中要旨何在,简明开载,具折奏闻,候汇齐后,令廷臣检核,有堪备阅者,再开单行知取进。庶几副在石渠,用储乙览,从此四库七略,益昭美备"①。

乾隆在这篇谕旨中,追述自登极以来,倡导整理编纂文献取得成就,同时对康熙时期编纂的《古今图书集成》表示不满,说是"因类取裁,不能悉载全文"。他要穷搜博采古今更多图书,做到"四库七略,益昭美备"。这一时期,也正是清王朝财政收入最好时期。同年同月,乾隆说:"此时部库所积,多至八千余万,朕每以存积太多为嫌。天地生财,止有此数,今较乾隆初年,已多至一半有余,朕实不欲其多聚"②。丰厚的物质基础,使乾隆萌发编纂旷古大丛书的雄心。不过,这道谕令主要是讲搜集图书的范围,首先是有关系世道人心的"性学治法",其次是"孜核典章"的政书与"九流百家"著作,以及历代与本朝名人诗文集。第二年二月,乾隆才决定这部丛书将来编成之后,著名《四库全书》。

江南是文人荟萃之地。乾隆把搜书重点放在江浙淮扬,特别是几处大的藏书家。三十八年三月二十九日,他颁谕:

"……遗籍珍藏,固随地俱有,而江浙人文渊薮,其流传较别省更多。果能切实搜寻,自无不渐臻美备。闻东南从前藏书最富之家,如昆山徐氏之'传是楼'、常熟钱氏之'述古堂'、嘉兴项氏之'天籁阁'、朱氏之'曝书亭'、杭州赵氏之'小山堂'、宁波范氏之'天一阁',皆其著名者,余亦指不胜屈。并有原藏书目,至今尚为人传录者,即其子孙不能保守,而辗转流播,仍为他姓所有。第须寻原究委,自不至湮没人间,纵或散落他方,为之随处纵求,亦不难于荟。又闻苏州有一种贾客书船,平时在各处州县兑卖书籍,与藏书家往来最

① 《四库全书总目》卷首"圣谕",中华书局1965年版。
② 《乾隆实录》卷900。

熟,其于某氏旧有某书,曾购某本,问之无不深知,如能向此等人善为咨询,详加物色,因而四处借钞,仍将原书迅速发还,谅无不踊跃从事。至书中即有忌讳字面,并无妨碍,现降谕甚明,即使将来进到时,其中或有诞妄字句,不应留以疑惑后学,亦不过将书毁弃,转谕其家不必收藏,与藏书之人并无干涉,必不肯因此加罪"①。

二天之后,乾隆又颁发了内容相似的谕旨,寻书的重点却放在商人之家。他强调"淮扬系东南都会,商人中颇有购觅古书善本弆藏者。而马姓家蓄书更富,凡唐宋时秘册遗书,多能裒辑存贮,其中宜有可观,若能设法借钞副本呈送,于四库所储,实有裨益"②。

在乾隆推动下,征书很快取得进展。当年五月,据报告浙江、江南督抚以及两淮盐政购求之书已不下四五千种。至三十九年夏,各地共进书12次,计4523种,56955卷,无卷数者2092册尚不计及。各地著名藏书家进献书目尤多,如浙江鲍士恭、范懋柱、汪启淑以及两淮之马裕四家为数至五六百种。乾隆降旨赏以上四家《古今图书集成》各一部。江苏周厚堉、蒋曾莹,浙江吴玉墀、孙仰曾、汪汝瑮等进书百种以上,朝臣黄登贤、纪昀、励守谦、汪如藻等也进书多种。对于以上各家,乾隆赏给内府初印《佩文韵府》一部。乾隆还降谕,收集到各书"于篇首用翰林院印,并加钤记,载明年月姓名于书面页,俟将来办竣后仍给还各本家"③。三十九年六月,乾隆令馆臣,对进书最多者,择其中善本10余种,题以御制诗句④。七月,又著令凡1人进书百种以上,"可称藏书之家,即应

---

① 《乾隆实录》卷929。
② 《乾隆实录》卷930。
③ 《四库全书总目》卷首《圣谕》。
④ 《乾隆实录》卷961。

将其姓名附载于各书提要末"①。这些表彰性政策,使藏家感到荣耀,对于鼓励献书,无疑起了很大推动作用。

除向民间征书外,乾隆还谕令要充分利用官方藏书,包括从清初至乾隆三十八年以前官方编纂的《周易折中》、《春秋传说汇纂》、《性理精义》、《大清会典》、《唐宋诗醇》等,以及皇史宬、懋勤殿、摛藻堂、昭仁殿、武英殿、景阳宫、上书房书、内阁大库、含经堂等内廷藏书。乾隆特别重视从《永乐大典》中择辑罕见书籍。三十八年二月,他批准安徽学政朱筠条奏,降谕将22900余卷、11095册的《永乐大典》中"不恒经见"的古书,"可以凑合成书者",详细检阅,并与《古今图书集成》互为校核,先行摘开目录奏闻,"候朕裁定②。但是,经查核,《永乐大典》缺千余本。乾隆估计在康熙年间开馆修纂《古今图书集成》时,总裁等官徐乾学、王鸿绪、高士奇等在局日久,家里或存有剩本,遂降旨令各家后裔,若有存书,"无论本数多寡,即为缴出送京"③。当年八月,纪昀、陆锡熊因从《永乐大典》中检出各书,"考订分排,具有条理,而撰述提要,粲然可观",乾隆特授他们翰林院侍读,以示奖励。

据统计,经多方搜集所得书,计12900余种,16.8万余册。其中,各省督抚进书约11000余册,私人献书近1000册④。经过纪昀等人努力,从《永乐大典》辑出失传书籍,计经部66种、史部41种、子部103种、集部175种,共4926卷。这些近13000种书籍的征得,为《四库全书》的编纂,奠定了丰富的基础。

为了编纂《四库全书》,乾隆建立一个庞大的四库全书馆组织

---

① 《乾隆实录》卷963。
② 《乾隆实录》卷926。
③ 《乾隆实录》卷927。
④ 据涵秋阁钞本《各省进呈书目》,见涵芬楼秘笈本。

机构,由正总裁总揽编纂工作,以副总裁襄助之。总裁之下,有总阅官,总理阅定群书;有总纂官,总理编纂之事;有总校官,总理校订。还有翰林院提调官、武英殿提调官,职掌两处藏书提调;有总目协勘官,管理协定全书总目。有缮写处,专掌钞书。总纂官之下,又有纂修官,分任编书之目,其职又分4种:校勘《永乐大典》纂修官、校办各省送到遗书纂修官、黄签考证纂修官、天文算学纂修官。总校官之下,有篆隶分校官,绘图分校官。缮书处亦设总校官、分校官、篆隶分校官。此外还有督催官、翰林院收掌官、武英殿收掌官、缮书处收掌官、监造官等等,共360员,其中不乏优秀学者。三十八年闰三月,乾隆批准大学士刘统勋荐举,任纪昀、陆锡熊为总办,以姚鼐、程晋芳、任大椿、汪如藻、翁方纲为纂修,以余集、邵晋涵、周永年、戴震、杨昌霖等人"在分校上行走"①。这一批学者,都是当时饱学之士。纪昀学贯儒籍,旁通百家,他在编纂工作中,"钩深摘隐,各得其要旨",为该书编纂作了重大贡献。陆锡熊、邵晋涵以史学著称。周永年以校勘学著称。姚鼐擅长经学、理学。任大椿精经学、小学。戴震更是"皖派"考据大师,精通经学、天文、地理、音韵、训诂等,却屡试进士不第,乾隆特以举人召置四库全书馆充纂修官。有这一批著名学者参与其事,对编纂《四库全书》的质量起了保证作用。乾隆还任命皇6子永瑢、皇8子永璇、11子永瑆以及大学士刘统勋、舒赫德、阿桂、于敏中等为总纂官。皇子与显臣参与其事,表明乾隆高度重视《四库全书》的编纂,对其工作的顺利进展,起到了政治上行政上的保证作用。

这部巨帙丛书的分类原则,是乾隆亲自裁定的。乾隆三十八年二月十一日,他在谕旨中对《永乐大典》按韵分字编排的分类

① 《乾隆实录》卷930。

法,表示不满:

> "编韵分字,意在贪多务得,不出类书窠臼,是以踳驳乖体,于体例未能允协。即如所用韵次,不依唐宋旧部,惟以洪武正韵为断,已觉凌杂不伦,况经训为群籍根源,乃因各韵镺镺,于《易》先列蒙卦,于《诗》列大东,于《周官》先列冬官,且采用各家,不论易书诗礼春秋之序,前后错互,甚至载入六书篆隶真草字样,摭拾米芾、赵孟頫字格,描头画角,支离无谓。至儒家之外,阑入释典道经。于古柱下史专掌藏书守先待后之义,尤为凿枘,不合朕意。从来四库书目,以经史子集为纲目,裒辑分储,实古今不易之法。是书既遗编渊海,若准此以采撷所登,用广石渠金匮之藏,较为有益"①。

乾隆强调按经史子集四部分类法,是要突出儒家经典居群书之首的地位。

乾隆主持《四库全书》的编纂,不仅亲自确定书籍征集的范围、原则、方法,亲自遴选纂修人员,亲自确定全书编纂原则,而且还亲自阅读了纂修人员陆续呈送的部分著作。可以说,乾隆抓《四库全书》的编纂,是抓得相当具体细致。他不时审检《四库全书》馆送来的缮写本,多次发现其中错字。有一次,他阅读康熙御制诗集,内"桃花"的"桃"字,误写作"梅"字,降谕说:"朕于所缮各种书籍,原未尝有意苛求,亦实无暇通身细阅,而信手披阅,错字自然呈露,则其他舛误,谅更不少"。他要求总裁们每日到馆,"但能每本抽阅数处,时为驳正,则校对及誊录等皆知有所儆畏经心"②。为了使校缮人员能悉心工作,以"免鲁鱼亥豕之讹"。三十

---

① 《四库钞总目》卷首《圣谕》。
② 《乾隆实录》卷953。

八年十月,在乾隆的要求下,总裁大臣们议定出考成章程,即《功过处分条例》,对誊录、校对人员的功过赏罚作了明文规定①。尽管处分条例规定甚严,但谬误仍难避免,为此而被记过或罚俸者甚多。如总纂纪昀、陆锡熊、孙士毅于乾隆四十五年冬被记过3次,纂修周永年于四十六年冬记过50次。总校官王燕绪、朱钤、何思钧、仓圣脉4人被记过最多,仓圣脉达1686次,朱钤达2734次,王燕绪达3705次,何思钧达3728次②。这说明乾隆对《四库全书》的质量督察甚严。

乾隆还获悉,浙江宁波府范懋柱家"天一阁"藏书处,"纯用砖甃,不畏火烛,自前明相传至今,(藏书)并无损失",三十九年六月,他谕浙江地方官到天一阁,"看其房间制造之法",然后"烫成准样,开明丈尺呈览"。地方官察看后报告说:

"天一阁在范氏住宅之东,坐北向南,左右砖甃为垣,前后簷上下俱设窗门,其梁柱俱用松杉等木,共六间。西偏一间,安设楼梯,东偏一间,以近墙壁,恐受湿气,并不贮书。惟居中三间,排列大橱十口,内六橱前后有门,两面贮书,取其透风。后列中橱二口、小橱二口。又西一间,排列中橱十二口,橱下各置英石一块,以收潮湿。阁前凿池,其东北隅又为曲池。传闻凿池之始,土中隐有字形,如'天一'二字。因悟'天一生水'之义,即以名阁。阁用六间,取六成之义"③。

同年秋,乾隆命在避暑山庄建"文津阁",在圆明园建"文源阁",四十年又在紫禁城建"文渊阁",四十一年于盛京建"文溯阁",准备存放《四库全书》。以上合称"北四阁"。乾隆曾作《题文津阁诗识

①　《乾隆实录》卷944。
②　见《办理四库全书档案》附录《四库馆职员记过统计表》。
③　《乾隆实录》卷961。

语》注云："是阁与紫禁城、御园、盛京之三阁,均仿范氏天一阁之
制,以贮《四库全书》者"①。四十四年,又在镇江建文宗阁,四十五
年,在扬州建成文汇阁,四十七年在杭州兴建文澜阁,合称"南三
阁"。它们同样是仿天一阁建成。

从乾隆三十七年正月算起,《四库全书》编纂花费 10 年时间,
至四十六年冬才完成第一部缮写工作。乾隆令贮文渊阁。翌年及
四十八年、四十九年又陆续完成第二、三、四部,分别贮文溯、文源、
文津三阁。四十七年七月,乾隆决定再缮写三部,分别贮南三阁。
他说:

> "因思江浙为人文渊薮,朕翠华临莅,士子涵濡教译,乐
> 育渐摩,已非一日,其间力学好古之士,愿读中秘书者,自不乏
> 人。兹《四库全书》允宜广布流传,以光文治。如扬州大观堂
> 之'文汇阁'、镇江口金山寺之'文宗阁'、杭州圣因寺之'文澜
> 阁',皆有藏书之所,著交四库馆再缮三份,安贮各该处,俾江
> 浙士子观摩誊录……"②。

五十二年三月,当南三阁三份《四库全书》即将告竣之际,发
生李清《诸史异同录》事件。乾隆在阅读内廷《四库全书》时,发现
李清《诸史异同录》内说,清康熙时与明崇祯时有"四事相同","妄
诞不经,阅之殊甚骇异"。乾隆严厉指出:

> "李清系明季职官,当明社沦亡,不能捐躯殉节,在本朝
> 食毛践土,已阅多年,乃敢妄逞臆说,任意比拟,设其人尚在,
> 必当立正诛刑,用彰宪典。今其身既倖逃显戮,其所著籍悖妄
> 之处,自应搜查销毁,以杜邪说而正人心。乃从前查办遗书

---

① 《高宗御制文余集》卷3《题文津阁诗识语》。
② 《乾隆实录》卷 1160。

时,该省及办理四库全书之皇子大臣等,未经撤毁,今续办三分全书,犹复援例缮,方经朕摘览而得,甚属非是。……所有办《四库全书》之皇子、大臣及总纂纪昀、孙士毅、陆锡熊,总校陆费墀、恭泰、吴裕德,从前覆校许烺,俱著交部分别严加议处。……所有四阁陈设之本及续办三分书内,俱著掣出销毁"①。

在乾隆斥责下,四库馆臣赶紧对北四阁四库全书进行重检,不仅销毁李清《诸史异同录》,还抽出李清撰《南北史合注》、《南唐书合订》、《列代不知姓名录》,以及吴其贞《书画记》、周亮工《读书录》、《闽小纪》、《印人传》和不著撰人、但内有钱谦益辨证的《国史考异》等等。

二、编纂《四库全书》的功过

《四库全书》的编纂,对于保存与整理我国古代文化遗产,起了巨大的作用。

《四库全书》共收录书籍 3488 种,存目达到 6783 种。其中有 380 余种佚书,经众多学者长期搜辑,失而复得。还有不少书籍,经过艰苦的考订,鉴版本,证真伪,补残篇,斟字句,使古籍恢复了原貌。郦道元《水经注》,由于长期辗转抄刻,经注混淆,讹误不可卒读。经戴震精心研究,确定了区别经与注的三原则,使长期混淆的经与注,得以区别开来。《四库全书》的编纂者,还编写了《四库全书总目》,介绍著录与存目书籍,写明作者姓名、所处年代与该书要旨,集图书作者、内容与版本三者于一体,对我国目录学的发展,起重大影响。

---

① 《乾隆实录》卷 1277。

但是,由于《四库全书》编纂者抱着狭隘的政治目的,在编纂过程中,对于不利于清朝的书籍,采取销毁、删削、挖改等文化专制手段,使中国古代文化又遭受一次浩劫。

三十七年正月四日,在搜集群书的谕旨中,乾隆开宗明义,说此举是为"聿资治理"。《四库全书》编纂过程,始终贯彻着"聿资治理"这一政治意图。

儒学是封建官学,居意识形态领域统治地位,是不容怀疑的。对于那些讥讽儒学鼻祖孔孟的著述,不论其学术价值如何,都受抨击或摒弃。如东汉王充《论衡》,在中国思想史上具有难以抹煞的地位,《四库全书》编纂者对此不得不承认,说此书"终不能废",收入四库全书,但对其中富有批判性的《刺孟》、《问孔》2篇,却斥之"以与圣贤相轧,可谓悖矣"①。明代进步思想家李贽在其《藏书》中提出,汉唐以来,人们"咸以孔子之是非为是非,故未尝有是非耳"。对于李贽言论,乾隆等人视之为洪水猛兽,不仅把他的著作列为毁焚书目,而且直斥李贽"为小人无忌惮之尤","非圣无法,敢为异端","别立褒贬,凡千古相传之善恶,无不颠倒易位,尤为罪不容诛,其书可毁,其名亦不足以污简牍"②。

对史部书籍,乾隆强调要以"正统"史观来编纂甚至删改。这一点,我们留待后面叙述。

编纂《四库全书》时,乾隆尤其注意明末清初人的著作,四十一年颁谕:

"前因汇辑四库全书,谕各省督抚编为采访。嗣据陆续送到各种遗书,……第其中有明季诸人书集,词意抵触本朝

---

① 《四库全书总目》卷120子部杂字四。
② 《四库全书》卷50史部,别史类存目,卷178;集部,别集类存目5。

者,自当在销毁之列。……如钱谦益,在明已居大位,又复身事本朝;而金堡、屈大均则又遁迹缁流,均不能以死节,靦颜苟活,乃托名胜国,妄肆狂吠,其人实不足齿,其书岂可复存,自应逐细查明,概行毁弃,以励臣节而正人心。若刘宗周、黄道周立朝守正,风节凛然,其奏议慷慨极言,忠荩溢于简牍,卒之以身殉国,不愧一代完人。又如熊廷弼受任疆场,材优干济,所上封事,语多剀切,乃朝议所挠,致使身陷大辟。尝阅其疏内,有'洒一腔之血于朝,付七尺之躯于边塞'二语,亲为批识云:'观至此为之动心欲泪,而彼之君若不闻,明欲不亡得乎!'可见朕大公至正之心矣。又如王允成《南台奏稿》,弹劾权奸、指陈利弊,亦为无惭骨鲠。又如叶向高为当时正人,颇负重望,及再入内阁,值逆阉弄权,调停委曲,虽不能免责贤之备,然观其《纶扉奏草》,请补阁臣疏至七十七上,几于痛哭流涕,一概付之不答,则其朝纲丛脞,更可不问而知也。以上诸人所言,若当时能采而用之,则亡未必若彼之速,是其书为明季丧乱所系,足资考镜,惟当改易违碍字句,无庸销毁。又彼时直臣如杨涟、左光斗、李应昇、周宗建、缪昌期、赵南星、倪元璐等,所有书集,并当以此类推,即有一二语伤触本朝,本属各为其主,亦止须酌改一二语,实不忍并从焚弃,致令湮没不彰"①。

从这一谕旨可以看出,乾隆把明季文集分作 3 种类型。第一类是"抵触本朝者",一律销毁;第二类是明季降臣和遗臣,这些人或因降清,或因遁迹缁流,皆不能对明朝尽忠死节,人不足齿,书不可留;而且,禁毁的范围还涉及到那些收录有明季降臣遗臣诗文的地

<hr>

① 《乾隆实录》卷 1021。

方志。四十四年十一月,乾隆降谕:

> "钱谦益、屈大均、金堡等人所撰诗文,久经饬禁,以裨世
> 教而正人心。今各省郡邑志书往往于'名胜古迹'编入伊等
> 诗人,而'人物'、'艺文'门并载其生平事实,及所著目,自应
> 逐加艾削,以杜谬妄"①。

第三类是如刘宗周、黄道周、熊廷弼、叶向高、杨涟等明朝忠臣的著作。这些人"立朝守正,风节凛然",曾慷慨指陈时弊,明朝不能采纳,因而加速败亡。这些人著作"足资考镜",应予保留,"即有一二语伤触本朝",稍加"酌改"即可。无论是鞭笞还是表彰前人,乾隆目的都是为了今人,为了激励今人能死心塌地为现政权效劳。但是,问题并不如此简单。这一批明代忠义之臣的文集,凡涉有对清朝的祖宗不敬之语,同样被禁毁。从各省地方官上报销毁书目中可知,叶向高《纶扉奏草》、《苍霞余草》,熊廷弼《熊经略书牍》、《熊芝冈诗草》、《经略续草》,倪元璐《倪文正遗稿》、《奏牍》和托名黄道周的《郡言典》都列为禁毁书。

在编纂《四库全书》期间,乾隆出于政治目的,禁毁书籍总数,据地方官上报的数字共计 2629 种②。又据《四库全书纂修考》一书作者郭伯恭统计,全毁书计 2453 种,抽毁书目 402 种,销毁书版目 50 种,销毁石刻目 24 种,共计 2629 种。每种数部或数十部不等,所销毁总数至少当在 10 万部左右③。

---

① 《乾隆实录》卷 1095。
② 据雷梦辰《清代各省禁书汇考》,书目文献出版社,1989 年版。
③ 《四库全书纂修考》第 54 至 55 页,1937 年商务印书馆。

第四章　从盛入衰的转折年代

（乾隆三十九年至嘉庆四年）

第一节　镇压山东、西北人民起义

一、镇压王伦起义

三十九年（1774年）是乾隆朝从盛入衰的转折点。爆发于这一年的山东王伦起义，是为转折标志。这次起义规模虽不大，历时仅1个月，但它爆发于清王朝统治的腹心地带，引起了乾隆高度重视。这次起义不仅是当时社会阶级矛盾激化的产物，也揭开了清代中期以后各族人民大规模反抗斗争的序幕。

王伦，山东寿张党家庄人，十六年（1751年）从堂邑张既成习清水教。清水教是白莲教支派，称"饮水一瓯，可四十九日不食"[1]，因而得名。王伦精拳棒，通气功，善治皮肤病，往来于寿张、堂邑、阳谷一带行医传教，教徒发展至数千人。七月，王伦聚一批清水教骨干，密谋于八月二十八起事。他们造舆论，说"自八月至九月，有三十余日大劫，从我者得免"[2]，以此动员群众。至约定日，寿张、堂邑同时发难。王伦率头裹白布教徒五六千人破寿张，

---

① 俞蛟：《临清寇略》。
② 秦震钧：《守临清日记》。

杀知县沈齐义。王圣如率众七八百人攻下堂邑后,赴寿张与王伦会合。起义军踞寿张 3 日,王伦自称"真紫微星",封和尚梵伟(或作范伟)为军师,孟灿、王经隆为正副元帅,还设置将军、参谋、宣行、总兵、校尉等官。九月三日,义军侦知临清副将叶信率部奔寿张,遂弃寿张,攻阳谷,杀典史方光祀、县丞刘希煮、把总杨兆立。兖州总兵惟一、署寿张游击赶福从兖州增援阳谷,结果赶福被击毙于南门,惟一逃命张秋。当时民谣曰:起义军"振臂一呼破寿张,横刀跃马入阳谷。游击死,总兵生,惜哉谁救赶将军!"①义军所下 3 个县城,均搜抄库藏,释放监犯,并根据梵伟建议,"收人心,不杀掠,一切食物易之以价"。有一名义军战士,因食梨少与值,"立斩之,而倍以偿"②。义军因而得到群众拥护,队伍迅速扩大。五日,义军占领距临清 40 余里的柳林庄。七日,山东巡抚徐绩率兵 500,从梁家浅赶到柳林庄。时"适正遇大风,官兵望见贼影,即将枪炮放尽,及至'贼人'蜂至,无法抵御"③。徐绩被围,幸惟一带兵接应,才免于死。起义军乘胜于当夜进兵临清。临清有二城,一为旧城,一为临清城。旧城土城倾圮已久,无险可守,义军即时占领,并包围临清城西门和南门。临清守将束手无策,竟然"急呼妓女上城,解其亵衣,以阴对立","兼以鸡狗血粪汁缚帚洒之"④。山东地方官昏庸一至如此。后因德州、青州与直隶正定相继派兵增援,临清城才得以守住。

九月五日,乾隆接徐绩奏折,才知道王伦造反。他口头上说:

---

① 秦震钧:《守临清日记》。
② 俞蛟:《临清寇略》。
③ 硃批奏折,乾隆三十九年九月十五日舒赫德奏。
④ 俞蛟:《临清寇略》。

"么麽乌合,不过自速其死。计徐绩、惟一到彼会剿,自可迅即就擒"①,似乎很不在意,其实内心却十分焦急。他知道,仅依靠山东省力量,是无法扑灭起义烈火。八日,传谕军机大臣:

> "寿张、堂邑奸民滋扰不法,不可不迅速剿捕。但恐该省绿营兵庸懦无能,且与奸民等或瞻顾乡情,不肯出力。而徐绩于军旅素所未娴,恐不能深合机宜"②。

时大学士舒赫德奉命赴河南督视河工,乾隆估计已行抵天津,降谕舒赫德速改赴山东,主持会剿事务,并令天津镇选绿营一、二千名,沧州、青州各选满洲兵数百名备调。第二天,又下旨令额驸拉旺多尔济、左都御史阿思哈,带健锐、火器 2 营京兵 2000 名,往东省会剿。十一日,乾隆悉义军进攻临清,又急忙降谕直隶、河南 2 直省堵截,防止义军向邻境蔓延。

十二日,兖州镇总兵惟一、德州防御尉格图肯各带兵 250 名增援临清。义军突击清援兵,清军溃散,惟一逃往东昌,格图肯奔夏津。十三日,舒赫德到德州,知道惟一、格图肯临阵脱逃,上疏参劾。乾隆恼怒,令将惟一、格图肯军前正法。舒赫德还密奏徐绩在柳林庄被围慌张无措情状。乾隆降旨,徐绩问题留以后处理。

九月二十日,经过反复磋商,乾隆终于批准了舒赫德制定的三路围攻的计划。东路由舒赫德、拉旺多尔济率领,自德州经恩县、夏津进攻临清;南路由阿思哈、徐绩率领,自东昌向临清进发;北路由直隶总督周元理率领,自景州经由故城、油房逼向临清。三路约定在九月二十四共同进兵,以期一举扫平。乾隆还指示,应在临清西面丘县、馆陶设兵防守,勿使义军西窜。

---

① 《乾隆实录》卷 966。
② 《乾隆实录》卷 966。

从九月七日开始,历半个月之久,起义军屡攻临清不下。此时,他们侦知清大兵齐集,打算放弃临清北上。二十一日,突击运河西岸清兵军营,不逞。二十三日,舒赫德率部至临清。义军五六百人排列城外东南,迎击清军。双方激烈正酣,适阿思哈、徐绩领兵赶到,一齐向起义军掩杀。义军寡不敌众,只好退回旧城,与清军展开巷战。旧临清城民居稠密,垣墙高厚。小巷多至百数十处,纵横相错,有的只容单人行走。义军利用有利地形,化成小股,到处迎击清军,有的还上屋抛掷砖瓦,并手执红旗,指挥作战。清方虽从新临清城调来 300 名官兵协助,终因路径不熟而撤退。第二天,清兵再入城,全力搜捕王伦。王伦居康熙时曾任河南巡抚的汪灏大宅。王伦义女乌三娘,"年二十许,娟娟多姿而有膂力,工技击"①。为保卫王伦,她率领女兵与清兵巷战,被清军以炮击毙。二十九日,汪宅已被清兵团团围住。侍卫音济图摸上王伦住的楼上,欲缚获王伦,被护卫义军杀退。有人劝王伦下楼投降,王伦拒绝,最后举火自焚。据目击者说:"火势炎烈时,王伦衣服胡须已经焦灼,而王伦仍东北角上"②。

清兵攻下旧临清城后,血腥屠杀起义军。据舒赫德报告,被杀义军不下一、二千人,"旧城街巷'贼'尸填积塞路",秽气薰蒸。乾隆指示"择一离河平敞地面,无碍田庐者,刨两大坑,分别男女尸身,投掷其中"。至十月三日,已抓获义军 1788 名③,乾隆仍严旨各地缉捕逃脱的义军将士。直隶总督周元理、河东总督姚立德建言将胁从者释放,乾隆责备他们"所办俱未允协"。乾隆说,即使

---

① 俞蛟:《临清寇略》。
② 硃批奏折,乾隆三十九年九月三十日舒赫德奏。
③ 录副奏折,乾隆三十九年十月初三日舒赫德等折;《乾隆实录》卷 968。

是胁从,既敢于与官兵接仗,即与贼无异,岂有轻宥[①]。这些被捕的起义军或被凌迟,或被斩决。起义军的家属有的被杀,有的被没为奴。王伦的家族,除被诛之外,全部遣放乌鲁木齐。王伦的祖坟,于三十九年与五十七年两次被刨开。

当乾隆刚获悉王伦起事之时,还指令军机处,应查明事变原因,“或该县平昔贪虐不堪,民情怨望,致酿事端,又或办理不善,激生事变”[②],如果是地方官治绩不善激成民变,山东巡抚应据实陈奏,不得心存欺罔。可是,后来义军首领孟灿招供说,因今年岁歉收,地方官妄行额外加征,“以致激变”[③]。给事中李漱芳又奏说:“寿张奸民聚众滋扰,大半皆无告饥民激成”[④]。乾隆不同意这种意见。他说:“叛匪”“捏造此言,冀其解免”,所供不足信。李漱芳无知,摭拾入告,“转为乱民设说,尚可谓之人类乎!”。乾隆自我吹嘘说:

> “朕临御三十九年,遇有水旱偏灾,不惜帑金蠲赈,并酌予缓带,俾纾民力;若雨旸稍有不时,必多方询问,以通民隐,何致有穷黎之事!”[⑤]

在乾隆看来,把王伦起义的原因,归结为饥民无告滋事,是往他脸上抹黑,因而坚决否认。

王伦起义被镇压后,清朝统治者感到必须推行保甲制度。早在二十二年,乾隆就要求各省督抚,详议保甲条款,加以推行。但各省视为具文,没有认真贯彻。镇压王伦起义后,十二月,直隶总

---

① 《乾隆实录》卷967。
② 《乾隆实录》卷966。
③ 《乾隆实录》卷968。
④ 《乾隆实录》卷967。
⑤ 《乾隆实录》卷968。

督周元理奏请保甲制,说:

> "山东逆匪王伦,聚众谋为不轨,先由邪教而起,有白莲、白阳、清水等各种名色,始则念经聚会,敛钱哄骗,渐则散布邪言,习学拳棒,以致流为谋叛。欲除邪教之根,惟有力行保甲之法。现已通饬道府各府,逐细查造,设立循环二簿,以及门牌。其纸笔等费,在于州县办公项内支给。如有不法事端,即令首报。官民容隐,分别查参治罪"。

乾隆阅后,批道:"自应如此办理。"他说:"清理保甲,原系弭盗诘奸良法,地方果能实力奉行,何至有邪教传播,纠众滋扰之事"[1]。他要求各省仿效查办,不得仅以虚文覆奏了事。此后,保甲法各省迅速执行贯彻。

与推行保甲制度同时,舒赫德奏请在全国范围内,查缴民间所藏鸟枪。他说:

> "此次寿张逆匪王伦滋事一案,虽由满汉官鼓勇无前,得以早行剿灭,而亦因贼无鸟枪一项,搜捕较易为力。是知民间藏匿鸟枪所关甚巨,若不实力查禁,恐日久滋生事衅。臣愚以为所有商民防御盗贼猛兽应用鸟枪呈明制造之例,请永行停止,其竹铳铁铳之类,亦概不许私自制造之例。其民间现存藏在家者,请立定限期,交地方官查收。如有逾限不缴,及地方官不能查察者,并请皇上饬部严定科条,示以惩儆"[2]。

十一月二十八日,乾隆批准舒赫德奏请,要求各省督抚转饬地方官,遍行示谕,严定期间,收缴民间私藏鸟枪,并将收缴数目,分晰报部。如有逾限不缴者,杖100、徒3年,私行制造,杖100、流2000

---

① 《乾隆实录》卷966。

② 硃批奏折,乾隆三十九年十月二十四日舒赫德奏。

里;每 1 件加 1 等,罪止杖 100,流 3000 里①。

推行保甲制度和收缴鸟枪,表明清王朝在全国范围加强防范措施,以适应日益高涨的民间反抗情绪。

二、镇压苏四十三、田五起义

甘肃循化厅(今青海撒拉族自治县)是撒拉族聚居地,被划为12 个行政区,称 12 工。撒拉族信奉伊斯兰教,每个居民区都可建立 1 座清真寺,聘 1 人任教长,主持教仪,传授经书,形成一个独立的教坊。每位教民要把年收入的一定比数,交给教长,谓之"天课"。教民遇有吉凶事,请教长诵经,给以银钱,谓之"布施"。平日,教民还须馈赠教长,"金粟畜产,无物不纳"②。教长通过"天课"、"布施"和接受馈赠等方式,盘剥教民,畜积财富,购买土地,又把土地租给教民佃种,形成了教长与教民之间封建剥削关系。随着一些教长集中土地的增加,教长管辖的教坊的增多,原来各不统属的教坊制度被打破,形成了一个凌驾于各教坊之上的门宦掌教。门宦掌教是世袭的,它可以任命所属教坊的教长,对教民也有更大权力,"教下之民,概尊之曰老人家,对于老人家的命令,服从惟谨,虽令之死,亦所心甘"③。这种门宦制度,是封建等级制在宗教上的表现及其制度化④,使撒拉族人民蒙受更沉重的封建压迫与剥削。

乾隆二十六年(1761 年)安定县(今甘肃定西县)人马明心,

---

① 《乾隆实录》卷 971。

② 慕寿祺:《甘宁青史路》卷 18。

③ 慕寿祺:《甘宁青史路》卷 18。

④ 张捷夫:《从苏四十三的起义看教徒斗争的阶级实质》,载《中国农民战争史集刊》第 4 辑。

自中亚回国,为反对门宦势力对教民的压迫与剥削,另创新教,"别纂一经,名曰《卯路》"。《卯路经》内容比旧教《冥沙经》简明易懂,不仅在形式与旧教有所区别,"念经时则摇头,念毕耍拳舞手",而且经济上"入其教者,皆有周济"①。新教受广大贫苦的撒拉族人拥护,12 工之中有 9 工的绝大多数人改奉新教,贺麻路乎、苏四十三、韩二个等人,都拜马明心为师,先后入教。二十七年,马明心在循化传教,河州旧教门宦马国宝勾结循化营游击,将马明心驱回原籍。但新教并没有因而沉寂,贺麻路乎、苏四十三、韩二个等人继续传教。为打破旧教对礼拜堂的控制,贺麻路乎自筹资金,建礼拜堂 3 座。三十四年,12 工总掌教韩哈济通过循化厅同知,枷责贺麻路乎,关闭 3 个新教教堂。贺麻路乎无罪受罚,心中不服,上控陕甘总督,结果被判以"诬告反坐",发往乌鲁木齐。苏四十三接替贺麻路乎,成为新教首领。此后,新旧教不断磨擦。他们之间的矛盾,实质上是撒拉族穷苦农民与封建主斗争在宗教上的反映。四十六年三月十八日,兰州知府杨士玑、河州副将新柱赴循化,查办清水工旧教头人韩三十八被杀事件。在此之前,官府已将马明心及其子婿逮捕,投进兰州监狱。新柱到循化后,公开宣称支持旧教。苏四十三、韩二个等人被迫起义,于当天夜间与次日上午,率众攻入杨士玑、新柱下榻的白庄和起台堡,杀死杨、新 2 人。二十一日,苏四十三等又攻下河州,杀官吏,放囚狱,一场轰轰烈烈的撒拉族反封建起义便爆发了。

三月二十八日,乾隆接陕甘总督勒尔谨奏折,才知道起义的消息。第二天,又悉起义军直逼河州。他急忙连下几道谕旨,一方面令在河南查办河务的大学士阿桂驰赴甘肃,传谕西安提督马彪带

---

① 龚景瀚:《循化志》卷 8《回变》。

兵 2000、西宁镇副将贡楚达尔率兵 1000 赶赴甘肃,乾清侍卫福宁、泰斐英阿、明山、阿兰保等驰驿前往,受阿桂指挥,令西安、宁夏各选兵 1000 名备调。另方面宣布对新旧教不同政策,"应明切晓谕旧教之人,赦其互相争杀之罪,令其杀贼自效"①。三月三十日又说:"至新旧教既自相仇杀,必非合伙,或赦一剿一,以分其力"②,明确表示要利用旧教,镇压新教。

起义军攻下河州后,半夜渡洮河,从间道进逼兰州,并断黄河浮桥,以阻绝清军。义军环城鼓噪,要求释放马明心。守卫兰州的甘肃布政使王廷赞杀马明心,但因抗击义军失利,不得不释放马明心子婿,并登城向义军求和。

四月一日,起义军围逼兰州城的消息传到北京。乾隆心急如火,一面令阿桂迅速遄行,赶赴甘肃;另方面加紧调兵遣将,命额附拉旺多尔济、侍卫内大臣海兰察、护军统领额森保,带领健锐、火器营京兵各 2000 名前往;尚书和珅即时赶到甘肃,俟到阿桂到达后返京供职;同时,命山西派兵 5000 赶赴前线。乾隆还大骂勒尔谨对撒拉族新教传播事,"平时不能预为觉察,以致养痈贻患"③。及至四月六日,乾隆获悉贡楚达尔已收复河州,擒获苏四十三之侄苏二个、苏五个,才稍稍放心,根据勒尔谨的请求,除健锐营已发 1500 名外,其余停止前进。

起义军没有攻破兰州,而是引兵奔兰州西南的龙尾山、华林山。这里,地接兰州繁荣的西南关厢,可居高临下,俯逼兰州城,又负地险,"崖磡止容一人一骑,鱼贯上下"④。兰州时已聚集万名官

---

① 《乾隆实录》卷 1127。
② 《乾隆实录》卷 1127。
③ 《乾隆实录》卷 1128。
④ 《乾隆实录》卷 1130。

兵,只因阿桂未到,无人统率,"声势既不联络,纪律又不严肃","兵不顾将,将不顾兵,一遇贼匪,惶遽退回",起义军虽仅 1000 余人,但官兵没有对义军形成威慑力量。身为陕甘总督的勒尔谨,更是终日安坐衙署,一筹莫展①,不久被乾隆革职,降旨拿交刑部。乾隆还命阿拉善王罗布藏多尔济带蒙古兵 700 人,四川建昌镇总兵鄂辉率藏兵 1000 人到甘肃助剿。

四月二十日阿桂到达兰州。他立即根据乾隆指示,发布檄文,对义军展开政治攻势,宣布"罪魁"仅苏四十三等人,若能将"罪魁"擒献,胁从者均可奏请宽减,倘执迷不悟,将来大兵剿捕,无分首从,一体受戮②。阿桂还严密封锁龙尾山、华林山,断绝义军供给,使之不战自乱。起义军粮尽水绝,几次下山挖水源,觅食物,均被清兵杀退。六月十五日,海兰察、明亮等率官兵、川兵及阿拉善兵,冒雨出击。苏四十三率义军奋勇抵抗,终因寡不敌众而失败。苏四十三战死,余部 200 人退守华林寺,继续抗击清军。六月二十三日、二十六日又两次杀退清兵的进攻。乾隆闻讯,切齿大骂:"贼党垂毙之时,尚敢抵死抗拒,伤我官兵,实堪痛恨!"③七月五日,清兵进逼华林寺,放火焚烧。第二天,清兵缘墙而上,进入华林寺。起义军战斗到最后一滴血,全部壮烈牺牲。

苏四十三起义被镇压下去后,乾隆对新教进行了残酷迫害。五月五日,他指示阿桂,"新教逆如此肆扰,实为罪大恶极,不可不严断根株","应于事平之后,趁兵威严整之时,痛加惩治"④。消灭义军后乾隆宣布新教和白莲教一样是异端,应严行禁止,所有新

---

① 《乾隆实录》卷 1129。
② 《乾隆实录》卷 1131。
③ 《乾隆实录》卷 1136。
④ 《乾隆实录》卷 1130。

教的教堂,严令拆毁,教徒惨遭杀害,家属被发往云贵极边远瘴地。

但是,新教徒并没有屈服,在苏四十三起义失败的当年,他们就在田五的领导下,积极酝酿新的暴动,为马明心及其他教友报仇。

田五是甘肃伏羌县(今甘肃甘谷县)一位新教的阿訇。乾隆四十六年,他就组织力量,在通渭县石峰堡制造旗帜、号衣、帐房、器械,修筑城堡,准备起义。四十九年正月,田五到靖远县,与新教掌教哈得成、头人哈彦商定,于当年五月五日发难。后因消息泄漏,不得不提前暴动。四月十五日,田五于盐茶厅小山起义,占领了距盐茶厅仅30里的西安州营土堡后,奔袭靖远、会宁,皆不克。

四月二十四日,乾隆获悉田五起义,降旨陕甘总督李侍尧迅速带兵堵截擒剿。四月下旬,甘肃提督刚塔率兵击义军于伏羌城外,田五身受重伤,在马营水自刎身亡,起义军首领田介洪、吴二、韩二等相继牺牲。但是,张文庆、马四娃、李可彪等人,很快又招集千余名义军,在马家堡、黑庄2处聚结。五月五日,义军从辙家梁翻山,渡过黄河,攻陷通渭。通渭知县王楼吓得藏匿后园仓房中。西安副都统明善率兵1200名,由静宁进捣,遭义军伏击身亡。乾隆此时才感到问题严重性,"此时若不再派重臣前往督率,恐有贻误"①。五月十五日,命尚书福康安、侍卫内大臣海兰察率勇将驰驿前往,并檄调西安、宁夏、凉州满汉官兵数千名,旺沁班巴尔率蒙古厄鲁特兵1000名,前往会剿。五月二十一日,乾隆又获悉义军欲攻伏羌、秦州,急令清军把守入陕门户汧陇一带,降谕阿桂率健锐、火器营兵2000前往镇压。二十六日,革李侍尧陕甘总督职,由福康安接任。

---

① 《乾隆实录》卷1207。

五月底,义军分兵作战。一路义军由邹家河奔隆德潘陇山,合静宁底店山义军,直扑静宁州城。知府王立柱率兵顽守,起义军未能攻克,遂分兵三路,一在底店山固守,一回石峰堡,一奔雷大湾。乾隆指示福康安,先肃清后路义军,再厚集兵力,攻打底店山、石峰堡。六月七日,海兰察奉命攻击静宁义军。十一日,率4000名官兵从隆德进攻静宁底店山。义军伤亡1000余人,余部退至石峰堡。石峰堡据万山之中,四面削险,沟堑纵横。六月二十三日,阿桂率京兵赶到。七月五日,福康安、海兰察带兵攻上石峰堡,张文庆、马四娃及2000名义军并家属计3000人全部被俘,起义失败。

　　在围剿义军期间,乾隆曾发布指示,除义军领袖的家属杀无赦外,所有妇女及15岁以下男孩,全部罚为奴。镇压起义之后,将历次战斗中俘获的2600名义军家属,全部赏给江宁、杭州、福建、广东等处驻防满洲官员兵丁为奴。乾隆还颁谕禁止新教。七月二十三日,他降旨说,此后倘有阳奉阴违,信奉新教,或滋生事端,断不曲贷①。

第二节　镇压林爽文起义

　　自山东王伦起义之后,各族人民的反抗斗争此起彼伏。距田五暴动仅2年,即乾隆五十一年(1786年)十一月,台湾又发生林爽文起义。

　　康熙二十二年(1683年),清朝统一台湾,次年四月,设立台湾府及台湾、凤山、诸罗3县。雍正元年(1724年)八月,以诸罗北境辽阔,增设彰化县和淡水厅。乾隆时期,台湾仍是一府四县一厅的建制。

---

　　①　《乾隆实录》卷1211。

台湾受清政府管辖时间不长,却吏治废弛,官吏贪赃枉法,嘉庆时人金城说,台湾"从前地方文武,以械斗、捕盗、捕会匪为利薮,择肥而噬,正凶巨匪虽被获,得贿辄纵去"①。是以受委台府官员,皆不以冒险渡海为畏途,反以得美缺为喜。台湾满汉官员不和,互相攻讦,也是突出问题。雍正时,巡台满御史禅济布与汉御史景考祥不协,各树党羽,指摘对方。禅济布甚至公开指使"刁民",拆毁台湾县粮书马仁、黄成等房屋②。降至乾隆年间,台郡兵政更趋涣散。兵丁经常在外开赌嫖娼,贸易牟利,以致戍兵所存无几。一些老兵竟毫无顾忌地出外打工或做生意,每月交 300 文至 600 文雇请同营兵丁替班,称为"包差"。起初,包差的钱文全部交代班兵丁以及署内四项目兵收受。乾隆四十八年,柴大纪任台镇总兵之后,带头敲诈,各级又相率效尤,于所管"包差"兵丁,派缴钱文。由于大多兵丁长期在外,兵房营汛焚毁倒塌极为严重,据统计,原先有 2400 多间,到乾隆五十三年仅存 400 余间。许多营兵干脆在外租房,甚至寄宿娼家。林爽文起义前夕,据闽浙总督李侍尧咨查得实,原有兵丁额数 1 万多名,仅存 7500 余名,其余无着多达 2500 余名,台湾府有戍兵 3700 余名,实存仅有 500 名。在营兵丁,军纪败坏,打家劫舍,迹类兵匪。皇六子永瑢说:

　　　　"查台湾一府,地居海中,番民杂处,是以多设兵丁,以资弹压。乃兵丁反结伙肆横,凌辱民人,强买强卖,打毁房屋,甚至放枪行凶,以致该处居民,畏其强暴,相约结合,各持小刀,计图抵制。是十余年来,小刀会之举,皆系兵丁激成"③。

---

① 　金城:《浣霞摸心记》卷上。
② 　《宫中档雍正朝奏折》第 5 辑第 506 页。
③ 　军机处月折包,第 2776 箱,140 包,33320 号,转引自庄吉发《乾隆十全武功研究》第 199 页。

康乾之际,台湾号为难治。由于台湾土地肥沃,物产丰富,内地尤其闽粤民人争相移居。据清人郑光策说,漳、泉客民占移民十之六七,主要定居近海及诸罗、彰化等地,而粤籍客民占十分之三四,主要栖身近山地带及北部淡水、南部凤山等地①。为了保护自身的利益,移民们以乡谊为纽带,聚族而居,形成闽籍与粤籍、漳州籍与泉州籍不同的社会集团,并为其乡间利益,经常发生械斗。"闽、粤之人各分气类,睚眦之怨,纠乡众持白梃以斗,好事轻生,其习尚然也"②。清政府虽屡下禁令,但械斗之风却愈演愈烈,成为官府颇感棘手的社会问题。与此同时,台湾还有许多秘密会社。面对官吏侵渔,兵丁抢掠,台湾民众不满情绪逐渐高涨,反清秘密组织悄然兴起,天地会、小刀会、添弟会、父母会、一钱会等应运而生。林爽文就是天地会成员。

林爽文,原籍福建漳州府平和县人,乾隆三十八年随父林劝徙居台湾彰化大里杙,四十九年三月,加入天地会。为发展组织,五十一年八月,他邀约林泮、林领、林水返、张回、何有志、王芬、陈奉先、林里生等饮酒结拜天地会。林爽文为人喜交结,有义气,被推选为大哥。其时,诸罗县捐职州同杨文鳞二子杨光勋、杨妈世争夺家产,杨光勋组织了"添弟会",杨妈世也组织"雷公会",相互争斗。官府派员弹压,一部分会众逃往大里杙藏匿。五十一年十一月彰化县俞峻领兵到大里杙缉捕,放火焚毁林泮等房屋。林爽文、林泮等遂于十一月二十五日集结200余人,在茄苳山(今台湾省南投县草屯东北)起义,推漳州龙溪县人刘升为盟主。二十七日一举攻破大墩营地和彰化县,杀知府孙景燧、同知长庚、同知刘亨

---

① 郑光策:《上福节相论台事书》,见《皇朝经世文编》卷84,《兵政》。

② 卢德嘉:《凤山县采访册·兵事上》。

基等。一场台湾人民反抗封建统治的起义便爆发了。

起义军破彰化县后,刘升因无法服众,林爽文被公推为盟主,称盟主大元帅,竖旗号,初书"天运"年号,后改称"顺天"。义军当即分兵二路,一路由王作带领攻淡水,一路由林爽文带领攻诸罗。台湾总兵柴大纪、台湾道永福等虽调兵东堵,但无济于事。

林爽文起事后,林爽文的挚友庄大田也按约于十一月二十九日在凤山仔港庄竖起反清大旗,攻陷凤山县城,自称洪号辅国大元帅。相对林爽文的北路军,庄大田所部是南路军。庄大田祖籍也是彰州府平和县人,乾隆七年随父母定居台湾凤山仔港庄,务农为生。他的起兵,南北两支义军遥相呼应,使台湾清政府慌作一团。

十二月二十日,乾隆得知彰化县城陷落,认为是该县不能严密防范,失之疏懈。他把林爽文领导的民变运动,视为一群乌合之众,以为只要派福建水师提督黄仕简渡海督率台湾镇道尽力剿杀,即可扑灭,要紧的是不能让起义残余四处窜逸,或偷越内渡,所以,命闽浙总督常青、福建陆路提督任承恩加强沿海各口岸的巡防①。

根据乾隆的旨意,常青具体部署进兵镇压。他飞咨黄仕简率提标兵 1000 名、金门镇兵 500 名、南澳镇铜山等营兵 500 名,由鹿耳门登陆进攻,又派副将丁朝雄、参将那穆素里带领标兵 800 名、海坛镇兵 400 名、闽安烽火营兵 300 名,听海坛镇总兵郝壮猷调遣,由闽安口出发,至淡水登陆,实施南北夹击。同时参将潘韬、都司马元勋带陆路提标兵 1000 名赴鹿港堵御,常青本人驻扎泉州,会同陆路提督任承恩居中调度。因郡城吃紧,常青又与任承恩再三商量,决定增调提标兵 1200 名,由任承恩亲自统领,自鹿耳门上岸,与黄仕简声势相援。对于这种安排,乾隆并不十分赞同,但迫

① 《乾隆实录》卷 1271。

于任承恩已经启程的事实,他只好默认,且鼓励他"务须实力勇往,会同黄仕简分路夹攻,速擒逆匪,以期克日蒇功"①。

乾隆五十二年正月初,黄仕简、任承恩、郝壮猷等领兵陆续登岸。按预定计划,黄仕简进驻台湾府城,派郝壮猷等率兵2300余名往南路收复凤山,台湾总兵柴大纪会同参将潘韬等领兵2230名往北路收复诸罗、彰化。任承恩在鹿仔港登岸后,则派守备潘国材等带兵500名进攻中路南投,同时分出小股兵力分别遣往南、北两路配合作战。清军如此部署各路兵马未能联成一体,适被起义军分割围打,屡创败绩。黄、任2人同是提督大员,互不统属,前者株守郡城,后者安居鹿仔港呼应不灵,各顾所属,消极观望。渡台3个月,官军疲于奔命,未能如乾隆所愿,黄、任被革职,交刑部治罪。

在镇压义军过程中,台湾各地乡民义勇发挥重要作用。署鹿仔港守备陈邦光,仅有50名兵丁防守汛地。五十一年十二月,他邀约泉籍"义民"林凑、林华等率众抗拒,不但守住鹿仔港,而且一度攻占彰化县城。淡水同知程峻的幕友寿同春,年届七十,亲往各庄招募义民,会同俸满巡检李生椿及堑城书院掌教原任榆林县知县孙证等攻破竹堑,擒杀了包括起义军重要人物之一王作在内的30多人。所谓义民乡勇,绝大多数是平日与会党势不两立的械斗团体,清朝政府只要稍加利用,就会给反清起义带来巨大损失。林爽文等人对此亦有所认识,尽力争取过对立派的同情和支持,曾派遣涂达元、张载柏执旗前往东港上游招引港东、港西两里粤民,但一切努力付诸东流。五十二年正月,乾隆得知泉州、兴化、广东客民帮助清军守护取得胜利的消息,很受启示,认为这是一股值得利用和发挥的力量,除指示常青要分别查明嘉奖外,对阵亡者,也应

---

① 王先谦:《东华录》乾隆朝卷104。

照官兵之例议恤，同时确定了分化瓦解的方针，五十二年正月，谕常青：

> "此等匪徒纠众滋事，无论何处民人，其从贼者即系伙党，自应按名骈戮。若漳泉民人乡勇，果能应募拒贼，出力堵御防守，自应加以奖赏，不应预存歧视，稍露形迹，转致漳民心生惶惧，别滋事端"①。

乾隆这一政策，在镇压活动中很起作用。

在短短的几个月内，乾隆逐渐认识到台湾局势的严重性，唯恐闽浙总督常青无法"料理裕如"，改派久历封疆的李侍尧来闽接任，而常青熟悉闽台情形，正好亲自渡海赴台坐阵指挥②。另外，又陆续调遣一批深谙台情的官员赴台协助。原任山东按察使杨廷桦在福建多年，曾任台湾道，虽因监犯越狱而获罪，乾隆仍让其带罪补授台湾知府。江南提督蓝元枚，系福建世家，乾隆调他接替任承恩陆路提督之职，并随常青赴台。

五十二年二月，常青一行自厦门渡海，三月初由鹿耳门登岸进驻台湾府城。常青抵台后，随即调查了台湾官兵的布防情况，各路新旧兵丁共有13000余名，主要分驻府城、凤山、诸罗、淡水及鹿仔港5地，远少于起义军林爽文部和庄大田部，兼之义军南北互应，清军难以奏捷。常青向乾隆请求增兵7000。闽浙总督李侍尧欲调浙籍兵丁3000，乾隆认为浙兵"脆弱无能，恐不济事"，命恒瑞带领福建驻防满洲兵1000赴府城，命蓝元枚带闽兵2000赴鹿仔港③。

四月初，乾隆授年逾七旬的常青为将军，恒瑞、蓝元枚为参赞，

---

① 《乾隆实录》卷1272。
② 《乾隆实录》卷1273。
③ 《乾隆实录》卷1278。

蓝元枚同时补福建水师提督。二十七日,常青奏报击败前来攻打府城的起义军,击毙2000余人,生擒正法者50余人,并招抚起义军头目之一庄锡舍及其部属2000余人。乾隆大悦,指示让投顺之人立功赎罪,赏给庄锡舍守备衔,其属下授千把总、外委职衔等①。为表彰常青以古稀之年离家"报国",不辱使命,特地赐给他儿子刑部笔帖式喜明为三等侍卫,驰驿赴台湾省亲②。五月,乾隆偶然披阅福建人蓝鼎元所著《东征录》,该书描写康熙年间镇压台湾朱一贵起义的经过。乾隆认为书中许多策略值得采纳。晓谕常青、李侍尧等人"即往购取详阅,于办理善后时,将该处情形细加察核,如其书内所谕各条,有与现在事宜确中利弊窾要者,不妨参酌采择,俾经理海疆,事事悉归尽善,以为一劳永逸之计"③。

降至夏季,南北义军声势壮盛,10余万健儿把清军分割包围于各个据点。清军名为征剿,实则处于防御挨打的境地,13000士兵因水土不服,患病者千余人,其他皆斗志丧失。台湾府城郊外10里皆被义军盘踞,清兵补给线被切断,蓝元枚及各路均中途被阻,无法救援府城。五月,常青侦知林爽文与庄大田约定将合攻省城,"日夜惟涕泣而已"。五月二十四日,他勉强出城接仗,城中士民还设犒酒以待,企图借此为将兵壮胆。但是,"甫交绥,常青战慄,手不能举鞭,于军中大呼'贼砍老子头矣',即策马遁"④。于是,常青再请增兵11000名以解困境。六月,庄大田又集中兵力急攻常青大营,林爽文则自鹿仔港夹击。常青畏葸,密札和珅,乞求调离台湾。林爽文配合庄大田攻台湾府不克,移师包围诸罗县,占

① 《乾隆实录》卷1279。
② 王先谦《东华录》乾隆朝卷105。
③ 王先谦《东华录》乾隆朝卷105。
④ 昭梿:《啸亭杂录》卷6《台湾之役》。

领该县周围村庄。但是,总兵柴大纪率清军与义民拼命顽抗,义军屡攻不克,损失惨重。七月初,蓝元枚奏称鹿仔港四面受贼滋扰,漳化、淡水交界大溪等处也为义军所扼;适常青又奏报官军为贼所围,不能动弹。乾隆对此甚为不满。他认为:

> "用兵之道,合则势盛,分则势弱。今贼首林爽文、贼目庄大田等明知重兵俱在常青、蓝元枚两处,而林爽文牵缀北路,庄大田牵缀南路,使我兵分投堵御,奔走不暇,贼匪得以乘间蹈隙,将南北两路紧要各港社隘口任意抢占,贼势转得联络,狡计显然,乃常青等为其所愚,止知结营自守,分兵防备。遇贼匪击东应东,击西应西,譬之弈棋,使贼人着着占先,通联一气,而官兵止办接应,并无制胜之策,转致疲于抵御,何时方可竣事"①。

乾隆决心换马。他看中了年富力强的福康安。五十二年七月二十一日,乾隆命令福康安速赴行在,面授机宜,然后带侍卫章京拜唐阿等往台湾更换常青督办军务。二十七日,授海兰察为参赞大臣,护军统领舒亮、普尔普为领队大臣,各带侍卫章京拜唐阿等二十名,舒亮领头队、海兰察领第二队,普尔普领第三队,一同前往台湾协助福康安作战。二十九日,大学士阿桂分析了台湾的地理位置及军事形势,指出应调拨擅于跋涉山路的黔楚兵各1万,合广东兵万余,由福康安通盘筹画,首先在要紧地方如府城、诸罗、鹿仔港等处驻兵防守,其次占领水沙连、虎仔坑、斗六门等处,打通南北声势,阻断起义军的联系,变被动为主动,最后挑选可战之兵数万,捣其巢穴,"贼必指日授首"②。阿桂的建议得到了乾隆的赞许,其后

---

① 《钦定平定台湾纪略》卷25。
② 《乾隆实录》卷1285。

的调兵遣将基本循着这个思路。

八月三日,乾隆授福康安为将军,携带钦差关防赴台督办军务,随行大臣有海兰察、普尔普、舒亮等。又根据阿桂的建议,令舒亮于湖北、湖南各挑备兵 2000 名;又于贵州挑备兵 2000 名,配之以奋勇干练之将弁带领,一切军装火药,密为预备。前者由江西入闽,后者自广西入粤,听候调拨。另四川屯练降番,素称勇猛悍捷,命四川总督保宁亦于其中挑选 2000 名,由曾经行阵奋勇出力的将领张芝带领,顺江而下,出湖南、江南、浙江入闽候用。这时入台作战的清兵已不下 10 万①。

八月五日,负责办理军需的福建按察使李永祺由鹿耳门登岸抵达台湾府城。十八日,蓝元枚病故在军营,乾隆念其"忠勇",追赠太子太保,并赏银 1000 两,"所有应得恤典,着该部察例具奏,寻予祭葬谥襄毅"②。十月,福康安自厦门放洋,十一月初在鹿仔港登陆。此时诸罗已被起义军围困数月,为表彰城内"义民"帮同官兵奋力守御的"急公向义"行为,乾隆谕令将诸罗县名改为嘉义县③。福康安抵台后,首先谋解嘉义之围。十一月八日,清军万余及"义民"千余分 5 队搜索前进,击退林爽文军,从而打通道路,并接连攻破长庄、西势、潭仔、三块厝、海丰庄等处,直抵县城。嘉义解围,使在台官军士气大振④。恒瑞、舒亮、海兰察各部又接连取胜。林爽文、庄大田所领导的起义军转眼之间就处于被动。二十一日,清军克获南北要冲六斗门,次日又破水沙连山口,并分左右两翼搜山。林爽文见清军来势凶猛,估计根据地大里枳难保,于二

---

① 《乾隆实录》卷 1286。
② 《乾隆实录》卷 1292。
③ 王先谦:《东华录》乾隆朝卷 106。
④ 《乾隆实录》卷 1294。

十四日夜携家眷转移至内山。二十五日,清军破大里栈。十二月初,福康安追捕林爽文到集集埔为起义军所阻。双方经殊死的激战,义军大部分阵亡,少数潜入山中。这时,福康安侦知林爽文家眷去向,一面派"义民"杨振文、举人曾大源及社丁杜敷前往水裏社捉拿。同时令海兰察、鄂辉等人连夜分路追赶林爽文。五十三年正月五日,林爽文等人被捕获。北路义军失败,南路庄大田的处境变得十分危险。月底,清军集中力量扫荡南路据点,庄大田及其他领导人先后被捕,一场波及台湾南北的反清起义就这样被镇压下去。三月十一日,乾隆撰《剿灭台湾逆贼林爽文纪事语》一文,不无得意地说:"平伊犁、定回部、收金川,是三事皆关大政,各有专文勒太学。诛王伦、剿苏四十三、洗田五,是三事虽属武功,然以内地,怀惩弗芟其说。至于今之剿灭台湾逆贼,生擒林爽文,则有不得不详纪巅末,以示后人者"①。

镇压起义后,乾隆有针对性地采取措施,以严明台湾吏治,整顿治安,增强军事力量。

乾隆知道,台湾事变是官吏贪黩所致,整顿吏治实为稳定台湾局势的关键。起义过后,首先被查处的是台湾知府孙景燧,此人在林爽文起义前夕,便在彰化县城被打死,五十二年七月,常青奏称台湾府库贮兵饷银款无存,乾隆着人清查,确系孙景燧挪移亏空,于是指示军机处:"不可因已被贼害而宽其罪,使其家属仍坐享丰厚。著琅玕即将孙景燧家产查封,以抵官项"②。与孙景燧命运相同的还有台湾县知县程峻、署诸罗县知县唐镒、台防同知刘亨基、董起埏等。他们已先后被起义军杀死。五十三年三月,湖南巡抚

---

① 《乾隆实录》卷1300。
② 《乾隆实录》卷1285。

浦霖上奏："其被害咎由自取,一死不足以塞责,若目其身已被害,置之不问,而其家属仍得坐拥丰资,岂足以示惩儆!"乾隆遂令将"各犯家产逐一严密查抄入官,以备抵补军需之用,毋任稍有隐匿透漏寄顿情弊"①。

总兵柴大纪于乾隆四十八年十月调任台湾,3 年中他卖放戍兵私回内地贸易;听任漳、泉兵丁贩私滋事,勒索馈送;到南北两路巡查,需索夫价番钱 400 元至 600 元不等;受兵丁谢礼,报补外委;又将番银借贷放债,以 2 分起息。诸如此类丑行,乾隆起初一无所知,还多次嘉奖他作战有功,五十二年六月,降旨补福建陆路提督缺兼管台湾镇总兵事务。及福康安渡台,具折参奏柴大纪劣迹。五十三年正月,乾隆谕令革职拿问,在解送京师审讯时,柴大纪供认不讳,最后被斩首。

五十三年四月,为强化台湾地方吏治,福康安等奏请添设地方佐员,北路六斗门,原设巡检一员,官职卑微,应添设县丞一员,隶嘉义县;大武垅山内村庄很多,除安设汛防,拨兵驻守外,应加设巡检一员;南路凤山旧县城地处海滨,将下淡水巡检一员移至该地驻扎,下淡水另设县丞一员。同时,停止派御史巡台之例,日后福建督抚、福州将军及福建水陆两提督每年轮流派一人前往稽察。五月,福康安、徐嗣曾联合列出"清查台湾积弊酌筹善后事宜"16 款:各营操演宜设法稽查以核勤惰;水师兵丁宜按期出洋巡哨;严总兵巡查之例以肃营制;兵丁贸易离营等弊宜严行禁止;禁革四项目兵名色以杜包差之弊;换防戍兵宜分交水陆提督互相点验;海口城庙各炮位宜清查安设以资守御;严禁抢夺械斗以靖地方;清查台湾户口搜拿逸犯以别奸良;严禁私造器械旗帜以靖地方;赌博恶习宜从

---

① 《军机处录副奏折》,见《康雍乾时期城乡人民反抗斗争资料》下册第 796 页。

严惩治;台湾文武各官应责成巡察大员随时核奏;台湾道员准令具折奏事以专责成;请开八里坌海口以便商民;沿海大小港口私渡船只宜严加申禁稽查;台湾南北两路宜安设铺递修治道路船只以肃邮驿。

对于起义者,乾隆态度强硬,认为"不特首恶之父兄妻子应行缘坐",凡"受伪职并与官兵抗拒者,亦应一律缘坐"①。其中"被贼逼胁附从者",未与官军打仗,"量予远徙"②。清朝官员根据乾隆指示,在起义失败后,对参与者进行了大规模的清算。五十三年三月林爽文、杨振国、高文麟、林家齐、廖攀龙、连清水、金娘、林红、彭善、赖树、蒋挺、刘怀清等 20 多人被解京审讯,后被分别处以凌迟、斩决,他们的祖父父子孙兄弟及同居之人不分异姓,及伯叔父兄之子不限籍之同异,"年十六岁以上不论笃疾废疾皆斩,男十五岁以下及正犯之母女妻妾姐妹,若子之妻妾,给付功臣之家为奴"③。

与此形成鲜明比较的是,乾隆十分重视对所谓义民乡勇的褒奖。从战争开始,每有奏报中提及"义民"立功,必予鼓励。曾经与林爽文誓不两立的东港上游的广东客民,因自行组织壮丁 8000名抵抗起义军,乾隆特颁御书褒忠匾额,并赏给领头者曾中立同知职衔。南北两路平定后,受嘉奖的"义民"人数就更多。对于战死的"义民",乾隆除优恤其家人亲属外,又鼓励乡里为他们立庙建祠,供后人瞻仰学习。在北港镇,有乾隆赐给的"旌义"匾额,地方上建起了"旌义亭"。在新埔镇下寮里也有乾隆颁赐的"褒忠"匾,

① 《乾隆实录》卷 1272。
② 《乾隆实录》卷 1275。
③ 《军机处录副奏折》。

地方上建起"褒忠亭"①。乾隆企图借此整肃台湾民风,与整顿台湾吏风互为补充。

福康安、徐嗣曾等人在办理各项事宜时特别向朝廷突出了改建城垣、添设官兵2项。台湾旧有城垣是用莿竹编插而成,虽不如砖石工程坚固,但失之易,复之亦易。康熙年间台湾朱一贵起事,全郡被占,清军七日之内即经收复。雍正年间吴福生再起时,雍正帝干脆下谕无须建砖石城垣。及林爽文起义,同样出现上述情况。有鉴于此,乾隆认为"台湾远隔重洋,又系五方杂处,游民聚集之地,难保其百年无事,自应深思远虑,计出万全",遂决定台湾郡城及嘉义县城改建砖石城垣,"此外如彰化、凤山等县,及现在应行添设官弁驻扎处所,不妨仍用莿桐竹木等类栽插"②。乾隆还派去熟谙工程的成德赴台协助建城。成德抵台后,负责取形,福康安负责取势,做到"占据要地,不失形势"。由于采用砖石材料成本太高,成德奏请台湾府城修筑土墙,可省原估价的三分之二。嘉义县城较小,取势也合理,可照旧规加高培厚,添建城楼③。

台湾及澎湖原有水陆兵12176名,其中水师4163名,陆路兵丁8013名。由于绿营积习,兵政废弛日久,加之流民杂处,会党林立,添兵防务事关重大。五十三年正月,乾隆在考虑战后留台清军问题时提出:"应将素耐炎热之贵州、湖南二省兵丁内,择其强壮得力者,挑选数千,留彼弹压"④。四月,福康安请在台湾各要冲及汛口各增兵100至数十名不等,各海口水师酌为移拨,均于新征兵内挑补,归原营官管辖。台湾戍兵,过去是由内地各营分拨前往。

① 林衡道:《台湾古迹概览》第3章。
② 王先谦:《东华录》乾隆朝卷107。
③ 《乾隆实录》卷1304。
④ 《乾隆实录》卷1297。

乾隆觉得如此远涉重洋,纷繁更调极为不便,建议福康安根据具体情况,将内地派往兵丁酌留一半,其余在台湾当地募补。但福康安不以为然,说:"若先尽义民挑补,既恐未谙军纪,不能得力,又恐招募漳泉之人太多"①。最后他提出一个折中办法,就是尽量从内地提督一标及福宁、海坛、汀州、金门、建宁五标内抽调兵丁渡台,这样,戍兵中漳泉兵丁大为减少。为稳定驻台官兵的军心,乾隆想办法提高他们的待遇,把查抄起义军田产所得部分,作为台、澎戍兵的粮饷,每人每月可加赏银 4 钱②。另外,乾隆还整顿戍兵纪律,以期提高守卫能力,在福康安、徐嗣曾等人所提的 16 条整顿措施中,其中有 7 条是针对官兵的。这些措施虽无法彻底改变台湾戍兵面貌,但在短时内还是有些效果的。

第三节　制造文字狱

一、乾隆前期文字狱

中国封建社会中文字狱古已有之。清朝文字狱不仅数量较往增多,也格外残酷。乾隆时期,大案迭起,又是有清一代文字贾祸的最恐怖年代。据不完全统计,乾隆在位 60 年,制造的文字狱多达百余起。中国封建文化专制,发展到这一阶段,已成为封建思想文化的恐怖统治。

乾隆朝罗织文字狱罪名甚多,但归纳起来有三类:讥讽官方推崇的理学和圣贤,诽毁皇帝或朝政,诋毁清朝或收藏诋毁清朝的违

---

① 王先谦《东华录》乾隆朝卷 107。

② 道光《彰化县志·兵防志》。

碍书籍。纵观乾隆一朝 60 年百余起文字狱,可以三十九年(1773年)为界,分作前后二个时期。前期深文周纳的罪名主要是非儒毁圣,攻击皇帝与朝廷;后期大多以收藏违碍书籍获罪。

这里先追述乾隆前期文字狱。

诋毁理学与先贤的文字狱,最典型的案例是乾隆六年(1741年)谢济世案。

清朝把理学推崇为居统治地位的学说。康熙将朱熹升配"十哲之列",受到尊奉,凡有悖理学,不敬程朱者,都要获罪。雍正年间,广西全州人谢济世,字石霖,曾因所著《古本大学注》毁谤程朱被弹劾。其时,江南吴县知县陆生枬以"诽议时政"获罪,于军前正法。谢济世陪斩后投入大牢。乾隆登基,谢济世遇大赦出狱,复补江南道御史。他仍坚持己见,以所著《大学注》、《中庸疏》进呈,被乾隆降旨严饬,退还其书。乾隆六年(1741年),又有人告发谢济世所注《周易》,多袭取来知德之说。来知德,字矣鲜,四川梁山县人,明嘉靖三十一(1552年)年中举后,移居万县深山中精思易理,历时 29 年,著《周易集注》,至乾隆时百余年来信其说者颇多,攻其说者也不少。这本是学术歧见。但告发者说,谢济世袭取来知德学说,与程朱不合,特别是《论语》、《中庸》更"以朱注为错误支离,而以己意释之"①。乾隆获奏,立即降谕:

"朕闻谢济世将伊所注经节,刊刻传播,多自逞臆见,肆诋程朱,其属狂妄。……恐无知之人,为其所惑,殊非一道同风之义,且足为人心学术之害。朕从不以语言文字罪人,但此事甚有关系,亦不可置之不问也。尔等可寄信湖广总督孙嘉淦,伊到任后,将谢济世所注经书中,有显与程朱违悖诋牾,或

---

① 《清代文字狱档》第 1 辑《谢济世著书案》。

标谤他人之处,令其查明具奏,即行销毁,毋得存留"①。这一案件最终审理结果,只是把谢济世的著作烧毁,至于本人,清朝认为"为人朴直自爱,其居官操守甚好,奉职亦勤,诚为圣谕可保无他"②,身家性命得以保全。谢济世在乾隆时期,是位有一定影响的学者。乾隆二十二年(1756年),湖南茶陵生员陈兆安著《大学疑思辨断》、《中庸理事断》等书,违背朱注,崇拜谢济世。湖南巡抚富勒浑上奏朝廷,乾隆认为只不过乡村学究"识解肤浅",无庸办理③。

从上述二个案件可以看出,违背理学虽然获罪,毕竟是学术之争,处理较轻。但是,对于直接把攻击矛头指向皇帝的案件,处理就极为严厉。乾隆十六年(1751年)孙嘉淦伪奏疏案正是如此。

孙嘉淦,山西兴县人,性耿直。雍正时曾多次犯颜直谏,触怒皇帝至拟斩,然秉性不改,雍正说"朕亦不能不服其胆"④。乾隆元年(1736年),孙嘉淦上《三习一弊疏》,劝年青皇帝"时时事事常存不敢自是之心"⑤。十五年擢工部尚书,署翰林院掌院学士。由于孙嘉淦有很高社会声望,有人假托其名,作伪奏疏,指斥乾隆"五不解十大过"。乾隆对此十分恼火,说"此案之诬谤朕躬,全属虚捏"⑥。为保自己的尊严,他曾对要求追查此事的侍郎钱陈群说:"不得存稿,如欲留以取巧沽名,将来别经发觉,并尔子将不保首领"⑦。因此,时人对伪奏稿内容皆讳莫如深,以至今天也难以

---

① 《乾隆实录》卷151。

② 《清代文字狱档》第1辑《谢济世著书案》。

③ 《清代文字狱档》第2辑《陈兆安著书案》。

④ 《国朝耆献类征初编》卷18《孙嘉淦传》。

⑤ 昭梿:《啸亭杂录》卷7《孙文定公》。

⑥ 《乾隆实录》卷429。

⑦ 《乾隆实录》卷436。

弄清。但是,从后来追查结果可以断定,内容至少包括二点。其一是反对乾隆帝南巡。据十七年十二月江西巡抚鄂容安奏,伪稿系官贵震与其妻舅郑岐山同作。乾隆南巡,"江宁省城因修御路,将他(官贵震)沿街房屋拆毁,是以不甘"①,为泄胸中不平而作此伪奏疏。其二是为张广泗鸣不平,"伪稿内以张广泗为有功"②。伪奏稿于十六年六月由贵州安顺府提塘吴士周查获,乾隆旋即指令全国各地追查伪稿炮制者和传播者。至同年十一月,仅四川就逮捕了涉嫌犯 280 余人。山东巡抚准泰对此案重视不够,当地发现伪奏稿时,他以为"无庸深究",不行具奏,被乾隆革职拿问。十七年十二月,御史书成上疏委婉提出劝阻,说该案外省督抚不能实力查办,旷日持久,"株连终所难免,恳将现在人犯悉行免释"③。乾隆阅后勃然大怒,连降二道谕旨驳斥:"根寻首犯,非从传看之人逐层根究,何由得其实在来历","伊等身为大清国赤子,见此等逆词,不稍动心发指,而称为新闻,不问事之有无,乐为传录,此等皆幸灾乐祸,不安本分之流,既各有证有据,有给有收,并非流言无根,腹非道谤,系风捕影,驱良民而加之罪也"④。书成遭革职处分,追查仍在继续。降至十八年春,乾隆把江西千总卢鲁生、南昌守备刘时达定为"商同捏造"伪奏疏的主犯。卢鲁生凌迟处死,刘时达及卢鲁生之子俱斩监候,其他各省传抄人犯一概从宽释放,遂草草结案。

伪奏稿案风波甫息,乾隆二十年又发生胡仲藻"坚磨生诗钞案"。胡仲藻,江西新建人,曾任内阁学士,是鄂尔泰得意门生,自

---

① 中国历史档案馆:乾隆硃批奏摺,十七年十二月初五日鄂容安奏。
② 《乾隆实录》卷 407。
③ 《乾隆实录》卷 429。
④ 《乾隆实录》卷 429。

夸"西林第一门"，与鄂尔泰从子鄂昌过从甚密。乾隆十八年，已有人将他所著《坚磨生诗钞》秘密呈给乾隆。乾隆下令户部尚书、协办大学士蒋溥暗中办理。二十年二月，又令广西巡抚卫哲治，将胡仲藻在广西任学政所出的乡试试卷，及其与人唱和的诗文并一切"恶迹"，全部密封差人送到京师。同时，命协办陕甘总督刘统勋搜查甘肃巡抚鄂昌衙门，将鄂昌与胡仲藻往来应酬诗文以及与别人往来字迹，封固派员驰驿送到京师。三月十三日，乾隆召集大学士九卿翰林詹事科道等，宣布胡仲藻罪状。他首先就《坚磨生诗钞》的书名论罪。说"坚磨"出自《鲁论》，孔子所称'磨涅，乃指佛肸而言。胡仲藻以此自号，是诚居何心"。乾隆把"坚磨"解释作《论语》中"磨涅"，套进了一段历史典故。原来孔子虽然听从了叛乱者佛肸在中牟的召唤，但以为自己是坚而磨不破，白而黑不染，不肯与叛乱者同流合污。乾隆这一解释，把胡仲藻推到与自己对立的位置上。接着，又指出诗钞中"其种种悖逆之不可悉数"者。如"又曰'一把心肠论浊清'加'浊'字于国号之上，是何肺腑?""至若'老佛如今无病病，朝门闻说不开开'之句，尤为奇诞。朕每日听政，召见臣工，何乃有朝门不开之语"；"至其所出试题内，考经义有'乾三爻不象龙之说'，……乾隆乃朕年号，龙与隆同音，其诋毁之意可知"；"至于孝贤皇后之丧，乃'并花已觉单无蒂'之句，……丧心病狂一至如此"。乾隆还指出，鄂昌身为满洲世仆，历任巡抚，见此悖逆之作，不但不知愤恨，"且丧心与之唱和，引为同调，其罪实不容诛"[1]。经过进一步审讯，还发现鄂昌著有《塞上吟》，"称蒙古为胡儿"，并接受大学士史贻直贿赂，为其子史奕簪请托。结果，胡仲藻斩立决，鄂昌赐自尽，史贻直致仕回籍，已

---

[1] 《乾隆实录》卷484。

346

故大学士鄂尔泰也从贤良祠中撤出①。

伪奏疏案和胡仲藻《坚磨生诗钞案》都是以攻讦皇帝而成狱的。但是,究其实质,两案不一。伪奏疏案,指名攻击乾隆帝"五不解十大过",反映出社会上一部分人,主要是中下级官吏对乾隆若干政策的不满。而胡仲藻案,实际上是罗织罪状,锻炼成狱。昭槤说:"胡阁学仲藻为西林(鄂尔泰)得意士,性多狂悖,以张(廷玉)党为寇仇,语多讥刺。上正其罪;益深恶党援,非以语言文字责也"②。更准确地说,胡仲藻之狱,是统治阶级内部矛盾斗争的产物。

乾隆二十一年,还发生朱思藻《吊时语》案。时江苏灾,米价昂贵。常熟人朱思藻愤于污吏玩视民瘼,不予赈恤,将"四书"成语,凑集成文,题为《吊时语》,以泄胸中不满。乾隆知道后,认为是"侮圣非法,实乃莠民"。但朱思藻攻击矛头是污吏,没有对准皇帝,所以处理较轻,仅发配黑龙江③。

乾隆前期,收藏具有反清内容的所谓"违碍"书籍案,可以彭家屏之狱为代表。这一案件颇具戏剧性。彭家屏,字乐君,河南夏邑人,先后当过江西、云南、江苏布政使,"拥有厚赀,田连阡陌",是个官僚地主。乾隆十六年河南灾荒,夏邑彭家屏和李肖筠两家,一方面欠官府赋税7000余两,另方面彭家屏弟弟彭家植又追租逼死佃户。乾隆得悉后,下令所欠税7000余两加倍还官,并将彭家植从严拟罪。二十年十月,彭家屏因久任布政使不得升迁,"心怀怏怏",被总督伊继善参奏"老病不胜繁剧",请勒令休致。乾隆批

---

① 《清代文字狱档》第1辑《胡仲藻坚磨生钞案》。
② 昭槤:《啸亭杂录》卷1《不喜朋党》。
③ 《乾隆实录》卷505;《清代文字狱档》第8辑《朱思藻吊时语案》。

准彭家屏在家养病。二十二年二月,乾隆南巡,彭家屏到江苏接驾,面奏去年夏邑及邻近永城县灾独重。乾隆询问河南巡抚图尔炳阿,回答是否定的。乾隆随即要他们2人去实地考察,自己又直接询问河东河道总督张师载。张师载回答与彭家屏一样。四月初,乾隆到徐州,见徐州百姓"鹑衣鹄面,相望于道"[1],进而想到与徐州毗连的夏邑,遂遣步军统领观音保秘密前往调查灾情。四月七日,夏邑人张钦到徐州遮道告发河南地方官重灾轻报。九日,乾隆到邹县,又有夏邑人刘元德告发河南地方官匿灾不报。夏邑人连日遮道告状,引起乾隆怀疑,认定必有刁民主使,把刘元德交侍卫成林审讯,同时,通行晓谕百姓,务各安份,不得以子民而讦其父母官,"凌嚣冒妄,自干罪戾"[2]。不久,观音保密行灾区调查后,向乾隆报告,夏邑等4县连岁未登,穷黎景况,不堪入目。他在当地以四、五百文买童男两名,持买身卷回来作证。四月十八日,乾隆在德州降谕,图尔炳阿如此玩视民瘼,著革职发往乌里雅苏台效力。夏邑、永城2县知县革职拿问[3]。二十日,乾隆接到侍卫成林报告,刘元德供出,他遮道上奏,是受生员段昌绪、武生刘东震指使。成林到夏邑差官提讯段昌绪,知县孙默在段家搜出吴三桂檄文一纸,"诽谤本朝之言,极其悖逆",而段竟为之浓圈密点,"加评赞赏"。这一报告,使案情发生了根本的变化。乾隆认为,缉邪之功大,讳灾罪小,图勒炳阿及夏邑、永城2县知县俱免革职,仍留原任。乾隆怀疑"即彭家屏家恐亦不能保其必无",召彭到京询问。彭说家中无吴三桂檄文,但存有明末野史《潞河纪闻》、《豫变纪略》、《日本乞师》等。六月七日,乾隆说:

---

① 《乾隆实录》卷536。
② 《乾隆实录》卷537。
③ 《乾隆实录》卷537。

"野史所纪,好事之徒,荒诞不经之谈,无足深怪。乃迄今食毛践土,百有余年,海内搢绅之家,自其祖父,世受国恩,何忍传写收藏,此实天地鬼神所不容"①。

他即时降谕,著彭家屏斩监候,段昌绪斩立决。

　　爱新觉罗氏取代明朝,以少数民族君临天下,对汉族知识分子怀着敏感的猜疑心,见到"明"、"清"字样,就神经紧张,总要竭力揣测其中是否寄寓着反清情绪。由此所造成的文字狱中,真正的反清者固然有之,但更多的是深文周纳,使无辜者受害。如乾隆三十二年,江苏华亭人蔡显《闻渔闲闲录》就是深文周纳的典型。蔡氏书中,除了写有"戴名世以《南山集》弃市,钱名世以年(羹尧)案得罪"外,便是几首所谓"反清"诗,如"风雨从所为,南北杳难分";"莫教行化乌场国,风雨龙王欲怒嗔";还抄写有前人《紫牡丹》诗句"夺朱非正色,异种也称王"。这些咏风、雨、花的诗句,竟被乾隆视作"有心隐约其词,甘与恶逆之人为伍"。结果蔡显斩立决,乃子斩监候。蔡的门人及印刻者、贩买者均被判刑②。

　　浙江天台县生员齐周华,倒是一位确有反清思想的汉族知识分子。早在雍正九年(1731年)吕留良案件发生时,雍正谕各省生监表态,如认为吕留良应当正法者,即行出结;若"有独抒己见",可以呈明。齐周华居然赴刑部"独抒己见",结果被判处永远监禁。齐在狱中还作《祭吕留良》文,"极力推崇,比之夷齐孟子"。乾隆即位,齐周华遇赦回家,又游历各省,继续著述。乾隆二十六年,他决心变卖家产刻书,遭妻、子及族人反对,并被驱逐出齐氏家族,一人独居僻处。由于长期折磨,这位孤独的老人神经有些失

---

①　《乾隆实录》卷540。
②　《清代文字狱档》第2辑《蔡显〈闻渔闲闲录〉案》。

常,行为乖张。乾隆三十七年,他竟拿着《名山藏初集》等书,恳请正在天台县执行公务的浙江巡抚熊学鹏作序,这无异于自投罗网。结果,本人凌迟处死,还祸及家族,子、孙斩监候,妻、妾、媳付功臣家为奴。在他的著述中,发现有当时的名人沈德潜、谢济世、李绂、吕抚及其族兄礼部侍郎齐召南作的序或跋。这些人或其后裔均不同程度受株连①。

在封建思想文化恐怖统治的乾隆朝,由于毛举细故,陷人于罪,文字狱凶残到顶点,不仅那些切切于仕进或沽名钓誉的文人反遭杀身之祸,就是一些粗识文墨的疯子、骗子,乾隆也不肯放过。

1931年至1934年原北平故宫博物院编辑出版的《清代文字狱档》一书中,乾隆朝64案,内有8案是惩办那些一心求官又屡试的文人。乾隆三十三年八月,浙江乡试。头场刚开考,临安县生员徐鼎在考场上就用一根细绳勒自己的脖子至奄奄一息。当他被号军救醒后,在其号房内发现一张《平缅表》。原来,徐鼎想做官,又不会在科场内答卷,于是事先作了歌颂乾隆征缅甸之功的《平缅表》夹带入考场。但是,这次考试偏偏不作"表"。徐鼎不甘心自己《平缅表》白做了,于是想起自勒脖子这一绝招,希冀引起考官惊奇,把《平缅表》呈达皇帝,从而得以进用。结果,徐鼎的官非但没有做成,反而革掉生员,杖责100②。江苏沛县监生阎大镛,乃母年青守寡,当地修《沛县志》时,没有将其母列入节孝之内。阎遂作《沛县志记》一文,发泄心中不满。乾隆二十六年,阎被告发,乾隆说"此等藐法劣监,正当严行究治"③,阎大镛沽名反而惹祸。

浙江上虞县有个疯子丁文彬,自称曾在曲阜见过老衍圣公孔

---

① 《清代文字狱档》第2辑《齐召南跋齐周华〈天台山游记〉案》。
② 《清代文字狱档》第8辑《徐鼎试卷书有平缅表文案》。
③ 《清代文字狱档》第8辑《阎大镛〈俣俣集〉案》。

广桑。说"老衍圣公守先王之道,实应称帝","看小子(丁文彬)讲道论德,与舜无异,故传位于小子",并要效法"舜妻尧二女"故事,把自己两个女儿许配给丁。丁文彬还说,他虽然已当了8年的皇帝,却"实因没有帮助,连饭也没得吃"。乾隆十八年五月,他带着自己胡编的《文武记》、《宪书》等,来曲阜见现衍圣公孔昭焕。清朝明知丁是疯子,"妄想富贵女色,痴心日炽,结为幻影,牢不可破",乾隆还是降谕将丁文彬凌迟处死①。山西兴县监生刘得俊,因乃父在黄河放木筏营生时溺死,悲痛过度,致成疯癫,撰《大江滂书》,"或自比圣贤仙佛,或称颂伊之文祖,僭拟帝王,甚至讽刺朝廷",结果被杖毙②。浙江常山县林志功,因妻与子相继病亡,昼夜啼哭,感发疯疾,时吐狂语,"谓其如此忠孝行善,竟无人保荐做官",还捏造诸葛碑文,希望献给皇帝,结果被捕入狱③。

《清代文字狱档》所列乾隆朝文字狱,有5案惩办对象是江湖骗子。乾隆三十三年,湖北荆门生员王道定,穷途潦倒,卖卜为生。他声称有炼丹术,手执纸扇,上书"仆有无价之珍,需银五百两,非大福星大因缘者不能承受"。这两句招摇撞骗的牛皮话,引起了地方官怀疑,将王道定逮捕审讯。王供说:"无价之珍"原是指丹药。最后按妖言惑众不及律,杖100流3000里④。

对于乾隆文网密张,知识分子动辄以悖逆构罪,有人提出不同意见。乾隆二十三年十二月,御史汤先甲上《刑法宜为变通》折,说:"内外问刑衙门,遇有造作妖言,收藏野史之类,多丽逆案。宜坐以所犯罪名,不必视为大案,极意搜罗"。汤先甲所请求,并非

① 《清代文字狱档》第1辑《丁文彬逆词案》。
② 《清代文字狱档》第2辑《刘裕〈大江滂书〉案》。
③ 《清代文字狱档》第8辑《林志功捏造诸葛碑文案》。
④ 《清代文字狱档》第8辑《王道定〈汗漫游草〉案》。

取消文字狱，而是认为不必视作悖逆大案，"宜坐以所犯罪名"，意即根据具体案情拟罪。这实际是要求将文字狱降温。乾隆阅后十分恼火，把奏折掷还汤先甲，并说：

> "肆行诋毁本朝之语，此而不谓之逆，则必如何而可谓之逆者！凡在食毛践土之人，自当见而发指，而犹存迁就宽贷之意，必其人非本朝之臣子而后可"①！

汤先甲上疏非但没有达到目的，此后的文字狱却愈演愈烈。

二、乾隆后期文字狱

无独有偶，几乎是在乾隆镇压王伦起义的同时，也把思想文化领域制造的文字狱升级。

编纂《四库全书》，是乾隆对中国历史文化重大的贡献。但在编纂过程中，寓禁于征，不仅大规模销毁"违碍书籍"，而且对于著述或收藏者大肆屠戮，把文化建设扭向文化恐怖统治，成为乾隆后期文字狱的基本内容。

三十八年三月，为征集编纂《四库全书》所需书籍，乾隆曾颁谕保证献书者、尤其是献违碍书籍者的身家性命安全：

> "……至书中有忌讳字面，并无妨碍，现降谕甚明，即使将来进到，其中或有妄诅字句，不应存留以惑后学者，不过将书毁弃，传谕其家不必收存，与藏书之人并无关涉，必不肯因此加罪。……朕平日办事光明正大，可以共信于人"②。

尽管皇帝信誓旦旦保证只要交书，不伤害藏书人，但收效甚微。从乾隆三十七年正月降谕搜辑图书，至三十九年八月共两年多的时

---

① 《乾隆实录》卷476。
② 《乾隆实录》卷929。

间,采访所得遗书已达万种,其中"竟无一违碍书籍"①。究其原因,大致有三:其一,皇帝虽表示藏书人员只要缴书,不予定罪,但人们未必相信,怕缴书反而惹麻烦;其二,"违碍书籍"究竟指的是什么,心中无数,无从缴起;其三,著书或藏书者本人死后,子孙未必有文化,甚至是文盲半文盲,家中虽有藏书,内容却不甚明白或一窍不通,更不知是否有违碍书籍。如清初江苏扬州府兴化县人李骐,是明季内阁辅臣李春芳后代,著有《虬峰集》。李骐无后,死后该书刻板放在李氏宗祠中,竟被看祠堂的人认为"无用之物,日逐劈作柴薪烧毁,仅存一块"②。

为了推动违碍书籍的收缴,乾隆使出强硬手段,于三十九年九月制造了屈大均诗文案。

屈大均,明末广东番禺县人,与梁佩兰、陈恭尹并称"岭南三大家"。早在雍正八年(1730年)时,清朝因屈大均诗文中"多有悖逆词",雍正降谕对其子屈明洪抄家缴书,锁拿治罪。降至乾隆时屈大均嫡系子孙已死绝。但是,由于番禺书肆仍有屈大均《广东新语》出售,清朝下令搜查屈氏族人的家。又因传说南京雨花台有屈大均衣冠塚,乾隆派员搜寻无着,只好作罢③。三十九年十一月,乾隆就屈大均诗文案,发布《呈献违碍书籍谕》:

"前此谕令各督抚遍行晓谕,如有收藏违碍之书,即早交出,免其治罪。并以笔墨诋毁之事,大率江浙两省居多,其江西闽粤湖广亦或不免,因指名交各督抚留心查办。……若再隐匿不缴,后经发觉,即治以有心藏之罪,必不姑宽"④。

① 《乾隆实录》卷964。
② 《清代文字狱档》第4辑《李骐〈虬峰集〉案》。
③ 《清代文字狱档》第2辑《屈大均诗文及雨花台衣塚案》;《乾隆实录》卷970。
④ 《乾隆实录》卷970。

谕旨发布后,不仅收缴违碍书籍增多,而且收藏违碍书籍的文字狱也急剧增加。乾隆的思想文化恐怖统治,进入了更加严酷时期。

四十年闰十月,乾隆在检阅各省呈缴的应毁书籍时,发现有僧澹归著《偏行堂集》,由韶州知府高纲作序并募资刻行。澹归原名金堡,明末进士,曾任朱由榔桂王政权都给事中,时称"五虎"之一。桂王政权垮台后,托迹缁流,所著诗文"多悖谬字句"。高纲时已去世,5个儿子高秉等分居北京、天津、河南等地。乾隆降谕分别查抄高氏5子的家,共抄出书籍259种,约2000函,其中除《偏行堂集》外,还有明广东东莞人陈建所著《皇明实纪》,又称《皇明通纪》,以及江宁清笑生所著《喜逢春传奇》曲本。这是两部禁毁书籍。清笑生是化名,真实姓名及何许人,搜寻无着。陈建子孙,乾隆谕免处分。高秉等人,乾隆认为,"近年来查办遗书,屡次降旨宣谕,凡缴出者概不究其已往。今高秉仍然匿不呈缴,自有应得之罪,已交刑部审办"①。

《偏行堂集》案件之后,又接连发生明代江西人袁继咸《六柳堂集》案,湖南明末翰林陶汝鼐《荼水堂集》案及其孙陶煊《国朝诗的》案,湖北黄梅县吴碧峰刊刻明末瞿罕《孝经对问》、《体孝录》案等等。对于清人的著作,乾隆尤为警觉。四十三年,他发现江苏东台县人徐述夔著有《一柱楼集》,书中"逆词显然",如"其诗有'明朝期振翮,一举去清都'之句,借朝夕之朝,作朝代之朝,且不言到清都,而云去清都,显有欲兴明朝,去本朝之意";又其子徐怀祖《咏正德怀》诗云,"大明天子重相见,且把壶儿搁半边",都被认为是"系怀胜国,暗怀诋讥,谬妄悖逆,实为罪大恶极"②。结果,已故

---

① 《清代文字狱档》第3辑《澹归和尚〈偏行堂集〉案》。
② 《清代文字狱档》第7辑《徐玉振为父刊刻行述案》。

徐述夔、徐怀祖父子被开棺戮尸,孙子徐食田以及为该书作跋者、校订者以及对本案处理不力的江苏布政使陶易等,均判斩监候。曾为徐述夔作传的沈德潜虽已去世,也降旨夺官,罢祠削谥,连墓碑也被推倒。四十四年,湖北黄梅县监生石卓槐,被告发所著《芥圃诗钞》内有"大道日以没,谁与相维持","厮养功名何足异,衣冠都作金银气"等,是攻击朝廷的"犯悖"言论。石卓槐凌迟处死①。四十五年,山东寿光县民魏塾对晋江统的《徙戎论》作了许多批语,说那时"在朝诸臣俱是驽才猪眼,不用江统之论,遂酿成五胡之灾"。乾隆以为戎狄是影射清朝,魏塾斩立决②。同年,安徽和州戴世道被人告发,其曾祖戴移孝著《碧落后人诗集》,其祖父戴昆著《约亭遗诗》,语本犯悖。如"长明宁易得"、"短发支长恨"、"且去从人卜太平"等,被认为是怀念明朝,咒骂本朝。戴移孝、戴昆戮尸示众,戴世道处斩,子斩监候,妻没为奴③。四十六年,湖北孝感县生员程明湮代人作祝寿文:"绍芳声于湖北,创大业于河南",又在《后汉书·赵壹传》中的五言诗"文籍虽满腹,不如一囊钱"后批道"古今同慨",被人告发,判斩立决④。清初浙江仁和县卓长龄,也是一位具有反清意识的文人。他的著作《高樟阁集》中有诗曰:"可知草莽偷垂泪,尽是诗书未死心;楚衽乃知原尚佐,剃头轻卸一层毡。"四十七年案发,卓长龄及其子卓徵被剉尸枭首示众,孙卓天柱等斩立决⑤。与卓长龄有类似思想情绪的,如江苏兴化县李骥,著有《虬峰文集》,内有"白头孙子旧遗民,报国文章积

---

①　《清代文字狱档》第4辑《石卓槐〈芥圃诗集〉案》。

②　《清代文字狱档》第5辑《魏塾妄批江统〈徙戎论〉案》。

③　《清代文字狱档》第5辑《戴移孝〈碧落后人诗集〉案》。

④　《清代文字狱档》第5辑《程明湮代作寿文案》。

⑤　《清代文字狱档》第5辑《卓长龄〈忆鸣诗集〉案》。

等身"，"杞人忧转切，翘首待重新"等，均被认为"系怀胜国，望明复兴，显属悖逆"之句。李骥死而无后，本人被剉尸枭首示众①。

文字狱是封建思想文化专制产物。在文网密张的特殊环境中，势必产生一批文化鹰狗。他们为了向最高统治者邀功请赏，飞黄腾达，到处窥探捕捉对象。浙江巡抚觉罗永德就是一个典型。三十三年他向皇帝报告：

"为盘获行踪妄僻，诗句牢骚可疑之犯，……臣谆饬各属，无论穷乡僻壤，菴堂歇店，细加盘诘"②。

官府四处密访，无耻文人也为虎作伥，出入书铺、学馆，甚至到私人书房中用偷、骗、买等卑鄙伎俩获取密告材料。乾隆三十九年，一个叫简上的人，就是用3元钱，从屈大均族人家中诓得屈大均3本著作，从而制造了一起大案。正是这一批文化鹰狗推波助澜，文字狱愈演愈烈。有些案件，甚至连乾隆都以为冤枉。四十三年四月，山西武乡县生员李抡元，在乃父墓碑上用"皇考"二字。山西巡抚觉罗巴延三以"悖逆"罪逮捕李抡元。乾隆却另有见解，说："皇考"之字用于《礼》经，屈原《离骚》及欧阳修《泷冈阡表》俱曾用之。在臣子尊君敬上之义，固应避之，但迂腐无知，泥于用古，不得谓之叛逆，可无庸查办③。李抡元因此逃过灭门之祸。同年六月，湖南临湘县监生黎大本与乡人纠纷，被首告私刻《资孝集》，将乃母"比之姬姜太姒文母"，岳州府加以逮捕。乾隆说，此"系迂谬不通，妄行用古"，无庸深究，但应惩治黎大本武断乡曲罪④。四十七年三月，署湖南巡抚李世杰查抄到龙阳县监生高治清刊刻的《沧

---

① 《清代文字狱档》第4辑《李骥〈虬峰集〉案》。
② 《清代文字狱档》第8辑《王道定〈汗漫游草〉案》。
③ 《清代文字狱档》第3辑《王尔扬撰李范基志铭称皇考案》。
④ 《清代文字狱档》第4辑《黎大本私刻〈资孝集〉案》。

浪乡志》,说其中"语多悖妄"。乾隆阅后说,书内签出"如'幕天席地',乃刘伶《酒德颂》中成语;'玉盏长明',系指佛灯而言,相沿引用,已非一日,何得目为悖妄……至书中如'德洋恩溥,运际升平'等,乃系颂扬之词,该抚亦一例签出,是颂扬盛美,亦干例禁,有是理乎!如此等类,不一而足。各省查办禁书,若如此吹毛求疵,谬加指摘,将使人何所措手足耶!此事总因李世杰文理不通,以致办理拘泥失当"①。遂降旨将此案人犯全部释放。同年四月,安徽巡抚谭尚忠奏,明末方芬《涛浣亭集》语多狂悖,五世元孙方国泰隐藏不首,拟斩立决。乾隆帝审阅此案后批道:

> "办理殊属失当。方芬讲集内'征衣泪积燕云恨,林泉不甘鸟啼新';又'乱剩有身随俗隐,问谁壮志足澄清';又云'兼葭欲白露华清,梦里哀鸿听转鸣'等句,虽隐跃其词有厌清思明之意,固属狂悖,不过书生遭际兵火,迁徙逃避不平之鸣,并非公然毁谤本朝者可比。方芬老于贡生,贫无聊赖,抑郁不得志,诗意牢骚则有之,况其人已死,朕不为已甚。若如此则坐大逆之罪,则如杜甫集中穷愁之语最多,即孟浩然亦有'不才明主弃'之句,岂亦得谓之悖逆乎?若必一一吹求,绳之律法,则诗以言志,乃使人人自危,其将所措手足耶!"②

更有一些上报的案件令人啼笑皆非。四十七年五月,广西巡抚朱椿,竟然把身怀回、汉两种文字的回教经书的回民海富润逮捕。乾隆接到报告后批道:

> "海富润有抄录回字经卷及汉字《天方圣贤实》、《年谱》等书。其书内大意约略揄扬西域回教国王穆罕默德之意居

---

① 《清代文字狱档》第1辑《高治清〈沧浪乡志〉案》。
② 《清代文字狱档》第7辑《方国泰收藏〈涛浣亭诗集〉案》。

多,回回民持诵经典,自唐宋以来,早已流传中国,现在相沿旧本在,民俱家喻户晓,并无谤毁悖逆之语,……(朱椿)如此矜张办事,殊非大臣实心任事之道,实属可鄙可笑"①。这一类案件固然说明了清朝官吏的愚昧无知,但也反映了文字狱之恐怖。

此外,在地主文人之中,有一部分人为狭隘的一家一姓的私利,不惜挟嫌首告,希冀把对手弄得家破人亡。如河南登封县生员李一,自号"半癫先生",与同里监生乔廷英平日以诗文唱和。乾隆四十八年,李一儿子李从先与人争夺秤行。李从先认定对手受乔廷英指使,遂向县官控告乔廷英。乔遂以李一所著《半癫糊涂词》呈官。李一也告发乔廷英诗稿中有"千秋臣子心,一朝日月天"等悖逆诗句。结果两人均被凌迟处死,还祸及妻儿②。四十四年,江西饶州府德兴县已革生员祝平章,因盗公田,拆毁宗祠等,被同族控告在官,心怀不满,首告其族兄祝浃家藏乃祖祝庭净《读三字经》。官府查抄,发现书内"于前代帝王兴废,犹且大加诋谤",如"发披左,衣冠更。难华夏,遍地僧"等,"明系隐寓诋谤"。结果,祝庭净被开棺戮尸,祝浃及其16岁以上子孙均斩立决③。

乾隆前期,一些人因利欲熏心而遭杀身之祸。这一类文字狱并没有使封建文人们引以为戒。乾隆后期,为求功名利禄或沽名钓誉而身罹重罪的案件,仍时有发生。山西按察使黄检,将其祖父、已故大学士黄廷桂奏疏,刊刻分送与人。书中辑入雍正及乾隆硃批。四十四年此事被乾隆发现,他恼羞成怒斥曰:"刊刻奏疏乃

---

① 《清代文字狱档》第7辑《回民海富润携带回字经及汉字经五种案》。
② 《清代文字狱档》第8辑《乔廷英李一互讦词句悖逆及乔廷英家藏明傅梅〈嵯园存稿〉案》。
③ 《清代文字狱档》第4辑《祝庭净〈续三字经〉案》。

明季陋习","硃批事件更非臣下所宜宣露","所谓君不密则失臣，臣不密则失身"，降旨将刻书全部销毁。时黄检任福建巡抚，被交部议处。乾隆还为此降谕，大臣家如有硃批刊刻，其子孙应一并缴出①。四十六年，致仕大理寺卿尹嘉铨，为其曾任河南巡抚的父亲尹会一请求谥号。乾隆批道："谥号乃国家定典，岂可妄求"。尹嘉铨碰了钉子仍不知趣，竟又上疏请求，将乃父从祀文庙。乾隆恼火，硃批"竟大肆狂吠，不可恕矣"。命锁拿抄家，进而又发现悖逆文字。如尹嘉铨所著《名臣言行录》，竟将本朝高士奇、鄂尔泰、张廷玉列入，并在书中鼓吹门户之争。乾隆还进一步毛举细故，说："朕御制《古稀说》颁示中外，而伊竟自号'古稀老人'，且欲娶年逾五十之处女为妾，所行种种乖谬，出于情理之外"②。尹嘉铨本想请恩光耀门庭，结果反而被判绞立决。

　　直隶盐山县王珣是个名利狂。他声称家有"乩仙"写的"神书"。"乩仙"说他与翰林纪昀"俱是圣门子弟。纪昀是子贡转世，王珣是颜回转世"，以此招摇撞骗。还叫他哥哥王琦到盐山县儒学投递书帖。结果王珣被处斩③。直隶高邑人智天豹，自称在骆驼崖采药时，"曾遇见老主显圣，授予《本朝万年书》一部。书中说本朝国运比周朝八百年更为长久"，并按八卦名目，编造了清朝800年年号，其中乾隆是57年。他授意一个目不识丁的徒弟张九雷，在乾隆谒陵路上跪献，说"若进了此书，皇上必然喜欢我们，我们都可以富贵了。"原来，乾隆一心想和乃祖康熙一样，能当60年皇帝，说乾隆一朝仅57年，无异于诅咒皇帝。结果，智天豹斩立

　　① 《清代文字狱档》第4辑《黄检私刻其祖父黄廷桂奏疏案》。
　　② 《清朝文字狱档》第6辑《尹嘉铨为父请谥并从祀文庙案》。
　　③ 《清代文字狱档》第7辑《王珣遣兄投递字帖案》。

决,张九雷斩监候①。

乾隆朝文字狱,还反映出在封建科举制度下知识分子的乖蹇命运。湖北长阳县生员艾家鉴于四十五年乡试时,不会作试题又不甘心交白卷,竟在答卷上写起条陈。内有一句"使是君为尧舜之君",这就触犯了皇帝。"君"字既没有顶格书写,又在其上"妄加'使是'两字","尤属丧心病狂",被发往乌鲁木齐充苦差②。山西临汾县生员冯起炎,30 岁未娶,却想得张、杜 2 家表妹作妻妾,但家贫不能娶,就异想天开,于乾隆四十八年抄摘《诗》、《易》2书,胡加注释,在乾隆谒陵路经长新店时跪献,冀飞黄腾达,结果被发配黑龙江给披甲人为奴③。湖南耒阳贺世盛,从乾隆十七年 33岁入学,至 69 时功名仍未遂,心中抑郁,以所著《笃国策》赴京进献,图赏官职。因书中"指斥官员,妄议朝政",落个被斩立决下场④。

以上数例引颈受戮的文人,是迂腐可悲的。腐朽的封建文化教育,把自己培养出来的仕途坎坷的腐儒送进了文字狱的屠宰场。但是,也应当看到,其时受文字狱迫害的知识分子,并不都是具有反清意识或者是利欲熏心者,也包括一些具有真知灼见的文人。他们针对社会某些弊端,上书言事,稍不合最高统治者的心思,也会酿成大祸。如四十五年七月,广西浔州府平南县生员吴英,向藩司拦舆投递《策书》,提出 5 点建议:一、蠲免钱粮,添设义仓;二、加强十家为甲之制;三、革除官管食盐买卖;四、禁止种烟;五、裁减寺僧。这 5 项建设,都没有超越封建政治经济制度所允许的范围,

① 《清代文字狱档》第 4 辑《智天豹编造〈本朝万年书〉案》。
② 《清代文字狱档》第 4 辑《艾家鉴试卷书写条陈案》。
③ 《清代文字狱档》第 8 辑《冯起炎注解易诗二经欲行投呈案》。
④ 《清朝文字狱档》第 3 辑《贺世盛〈笃国策〉案》。

仅仅是要求对现行的某些具体政策作细微更动,具有一定合理性。如添设义仓一款,因官府救荒的义仓皆设在城厢,乡村饥民赴城厢领赈 1 石,除去路费仅能得二三斗,因而希望设义仓于乡里。又如,建议在官府蠲免钱粮时,田主亦能对佃户免租。这更是乾隆曾颁谕的。至于禁止种烟一项,他说:

> "(种烟)似属小耗,实民间之大蠹也。小民迷于利而不自知,自相残害而不觉。今种烟之家十居其半。大家种植一二万株,小家亦不减二三千。每万株费工人十或七八,灰粪二三百担,麸料粪水在外。至于收成鬻于商贾,刨切发卖,大市烟铺三二十间,中市小市亦十余间五六间。大铺用工人三二十,中铺小铺亦不减十余或七八。以致制造烟斗以供烟用,天下又不知几千万店。销烟斗铜以铸钱,可以供三二省之用。总种植烟苗治末之工费,以图耕稼种植杂粮,实可以活天下大半之人,非诬说也。迩来谷粟腾贵,百姓困惫,未始不因以有用之工费,营无益之虚耗而不力农之所致"①。

吴英所披露的浔州地区,乡村城镇种烟制烟售烟的规模之大,令人惊叹。在粮食供应已形紧张,粮价扶摇上涨的乾隆时期,如能运用国家权力,稍抑烟叶的种植,增加粮食生产,于国计民生不无裨益。吴英献策毫无恶意,广西巡抚却认定"语涉狂悖",又因《策书》内有两处用了"弘"字,犯了"叠用御名"之罪,拟凌迟处死。

清朝以文字陷人于罪,势必引起社会的强烈不满,文人们尤为愤懑。尽管绝大多数人是敢怒而不敢言,但不怕死犯颜直谏者仍有人在。乾隆四十三年,湖南安化县 86 岁老翁刘翱,自赴兵部侍郎颜希深衙门投状,被逮下狱。在审讯中,问他,你说"自古国运

---

① 《清代文字狱档》第 5 辑《吴英拦舆献策案》。

接续之际,妄生议论,何代无之?"又云"是非之心人皆有之,有不得已之鸣。不揣狂妄,原发部律,重罪甘心",是什么意思?刘回答说:

> "因闻皇上查缴违碍藏书,自必生疑士民,妄生议论。故备述我朝圣圣相承,恩深百姓,纵有昧心狂笔,何忍存留,少释圣主之疑,冀免查缴。甘冒重罪,律拟甘心,这便是不得已之鸣"①。

这些话的意思是,历来在改朝换代之际,总是有人发表不同议论。皇上为此而下令查缴违碍书籍,反而使百姓生疑,妄生议论,大可不必。他还说,讲这些话的目的,是为了"少释圣主之疑"。可是,乾隆怎能听进!刘翱被认为"悖逆"、"狂吠",发配乌鲁木齐。

乾隆制造文字狱,对社会产生了深远影响。在封建思想文化恐怖政策之下,著书会惹祸,刻书会惹祸,藏书会惹祸,售书会惹祸,读书也会惹祸。文人笔墨不敢触及现实,不敢议论时政,甚至不敢治史,宁可治经,埋头于故纸堆,作烦琐考证。清代人说:

> "今人之文,一涉笔惟恐触碍于天下国家,……人情望风觇景,畏避太甚。见鳝而以为蛇,遇鼠而以为虎。消刚正之气,长柔媚之风。此于世道之心,实有关系"②。

进步的思想受扼杀,科学精神被遏制,随之而来的是"万马齐喑"的岁月。乾隆推行封建思想文化恐怖统治,必然导致国运衰落。

第四节　宠信和珅

宠信和珅以及和珅弄权,是乾隆后期败政的集中体现。自和

---

①　《清代文字狱档》第 4 辑《刘翱供状案》。
②　李祖陶:《迈堂文略》卷 1《与杨蓉诸明府》。

珅弄权,清朝社会已陷入黑暗年代。

　　和珅字致斋,姓钮祜禄氏,满洲正红旗人。他生于乾隆十五年(1750年),父亲名常保。和珅曾祖父尼雅哈纳曾因军功赐巴图鲁,授三等轻车都尉世职。和珅10岁左右与乃弟和琳一起被选送入咸安宫官学读书。咸安宫官学在西华门内,创办于雍正六年(1728年)。这所学校原为培养内务府人员的优秀子弟而设立的。乾隆年间扩大招收八旗官员子弟入学。所学课程,主要是满汉蒙古语文以及经史等典籍,还学习骑射与火器等军事技艺。和珅因天资聪颖,记忆力强,成为咸安宫官学中出类拔萃学生。乾隆三十二年,和珅与内务府大臣、户部侍郎英廉的孙女结婚。英廉,字计六,号梦堂,姓冯,内务府包衣籍汉军镶黄旗人。和珅作了英廉的孙女婿,不啻找到一个相当强大的靠山。和珅婚后,英廉又连续升迁,乾隆三十四年任刑部尚书,四十二年为协办大学士,四十五年授东阁大学士。

　　和珅结婚那一年,还承袭了三等轻车都尉,这个职衔虽不显要,但薪俸颇丰。第二年,他参加顺天府试落第,23岁时又被授予三等侍卫,挑补黏竿处。黏竿处又称“上虞备用处”。《啸亭续录》卷1载:

　　　　“定制,选八旗大员子弟中猿捷者为执事人,司上巡狩时扶舆、擎盖、捕鱼、罝雀之事,名曰上虞备用处。盖少年血气偾张,故令习诸劳勚,以备他日干城卫之选。实有类汉代羽林之制,而精锐过之”。

也就是说,黏竿处是皇帝的御前近侍,皇帝出巡时在舆旁服侍,平时要陪同捕鱼罝雀等游乐,又带有护卫性质,只有八旗大员子弟才有资格入选。清朝前期,不少达官显贵或本人由此出身,或设法送子入黏竿处当侍卫,以求日后腾达。

不久,和珅又调任仪銮卫侍卫。

　　乾隆四十年,和珅开始平步青云,骎骎向上。这一年,他被擢为乾清宫御前侍卫兼副都统。第二年正月,授户部侍郎。三月命为军机大臣。四月兼内务府大臣。八月调任镶黄旗副都统。十一月充国史馆副总裁,戴一品朝冠。十二月兼步军统领。四十二年,兼崇文门税务总督,总理行营事务,补镶蓝旗满洲都统,六月授正白旗都统,领侍卫内大臣。四十四年八月,命在御前大臣上学习行走。四十五年三月,授户部尚书,御前大臣兼都统、议政王大臣。十月,充《四库全书》馆正总裁,兼任理藩院尚书。四十六年,兼任兵部尚书管理户部三库及方略馆总裁。四十七年以原衔充经筵讲官,封太子太保。四十八年赏戴双眼花翎,任国史馆总裁。四十九年任吏部尚书,协办大学士仍兼管户部,授一等男,兼正白旗都统。五十一年授文华殿大学士,仍管户部。五十三年封忠襄伯,赐紫缰。五十七年兼任翰林院学士。嘉庆元年(1796年),调正黄旗都统。二年调管刑部,仍兼管户部。三年充任参赞机政并兼部务,晋封一等忠襄公。此外,和珅还兼管太医院、御药房以及崇文门税务监督。因此,《清史稿》本传说他“宠任冠朝列矣”。

　　在封建专制政治制度下,大臣们的进退,唯皇帝个人意志是从。和珅政治上扶摇直上,从一个小小的三等轻车都尉,转眼间入军机处,任尚书、议政王大臣、大学士并封伯进公爵,原因只有一条,他深得乾隆欢心。

　　乾隆为什么宠爱和珅,有关传说不少。或说,乾隆当皇子时,因嬉弄一个妃子,致使这妃子被赐死,深感内疚。和珅长相酷似那个妃子,遂得乾隆宠爱。或说和珅熟读《论语》,能流利地向乾隆作答,因而得器重。陈康祺《郎潜纪闻》卷1:

　　　　“一日警跸出宫,上偶于舆中阅边报。有奏要犯脱逃者,

上微怒,诵《论语》'虎兕出于柙'三语。扈从校尉及期门羽林
之属咸愕眙,互询天子云何? 和珅独白,'爷谓典守者不能辞
其责耳'。上为霁颜,问,'汝读《论语》乎?'对曰'然'。又问
家世年岁,奏对皆称旨,自是恩礼日隆"。

这些传说的真实性,难以考订。不过,应该说,为人机警,善于揣测
主子心思,又小有才干,办事干练,是和珅取宠于乾隆的主要原因。
他得势之后,更是投乾隆所好,百般曲意逢迎。作为军机大臣,
"言不称臣,必曰奴才,随旨使令,殆同皂隶"①,"皇帝若有咳唾,和
珅以溺器进之"②。乾隆晚年挥霍无度,内务府入不敷出。和珅经
管崇文门税务,以崇文门所得税款,供内务府开销,使内务府不仅
"岁为盈积,充外府之用"③。乾隆7旬、8旬庆寿以及千叟宴,都
是由和珅主持的,规模盛大,乾隆十分满意。而和珅家族与皇室联
姻,又使和珅与皇家之间从君臣关系发展为裙带关系,感情更加密
切。四十五年,乾隆赐和珅长子名丰绅殷德,并把自己最宠爱的小
女儿和孝公主嫁给丰绅殷德。"丰绅"满语是福泽意思。和孝公
主出嫁时,乾隆赏给她大量土地、庄丁和珍宝作妆奁。和珅的女
儿,也嫁给康熙的玄孙贝勒永鋆作福晋。和珅的侄女、即和琳的女
儿又嫁给乾隆的孙子即皇六子永瑢的儿子绵庆。这几桩婚姻,把
和珅和皇室紧紧地结合在一起。

　　和珅得势后,竭力培植亲信,结党营私。在和珅政治集团中,
除了和琳之外,还有福长安、苏凌阿、伊江阿、国泰、景安、徵瑞,以
及和珅老师吴省兰、吴省钦兄弟等。和琳比和珅小3岁,在和珅翼
蔽之下,从一个小小笔帖式累迁至工部尚书、镶白旗汉军都统,乾

①　《朝鲜李朝实录中的中国史料》下编卷10。
②　《朝鲜李朝实录中的中国史料》下编卷11。
③　昭梿:《啸亭杂录》卷8《内务府定制》。

隆五十九年授四川总督。乾隆六十年,贵州苗民石柳邓起义,和琳赴军中督战,封一等宣勇伯。第二年,云贵总督福康安卒,和琳受命督办军务。八月,染瘴气卒于军,追晋一等公。福长安是大学士傅恒的小儿子、孝贤皇后侄儿。他从蓝翎侍卫累迁正红旗满洲都统,武备院卿,兼领内务府。四十五年受命在军机处学习行走,累迁户部尚书。和珅是军机大臣又长期兼管户部。福长安入军机处、任户部尚书,与和珅关系更密切,勾结也更紧。苏凌阿,姓他塔拉氏,满洲正白旗人。乾隆六年缭绎举人。年轻时充中书舍人,人们笑其庸劣。晚年时因儿女与和氏家族联姻,得到和珅提携,官运亨通。乾隆五十年自吏部员外郎超擢,历兵、工、户三部侍郎,迁户部尚书,出任两江总督。他任江督时,公然对属员说:"皇上厚恩,命余觅棺材本来也"。入阁时,"龙钟目眊,至不能辨戚友"①。徵瑞,曾任两淮盐政。为了保住这一肥缺,常以贪污赃款给和珅送礼,其中一次就送白银 20 万两。嘉庆元年(1796 年)二月,和珅妻去世,徵瑞又送 20 万两银,和珅嫌少,增至 40 万两②。景安,姓钮祜禄氏,满洲镶红旗人,是和珅族孙,由官学生授内阁中书,累迁河南、山西、甘肃布政使,乾隆六十年授河南巡抚。嘉庆元年(1796年),川楚陕白莲教起义,北攻河南,景安驻军南阳筹措军饷,加太子少保。第二年,他为了攘功,竟蹴兵戮难民,以此报捷,受赏双眼花翎,封三等伯。此人"附和珅,懵于军事,然居官廉"③。国泰,姓富察氏,是四川总督文绶的儿子,纨绔子弟,因早贵盛气凌人,对属吏动辄训斥。乾隆四十二年迁山东巡抚。山东布政使于易简是大学士于敏中弟弟,国泰竟要求他长跪白事。乾隆四十七年,御史钱

---

① 昭梿:《啸亭杂录》卷 8《苏相国》。
② 《上谕档》,中国第一历史档案馆藏。
③ 《清史稿》卷 345《景安传》。

沣弹劾国泰贪纵营私,勒索属员,升调以行贿多寡为标准,以致历城等州县各亏空八九万或六七万两之多①。乾隆命和珅和左都御史刘墉率钱沣前往山东盘查仓库。国泰得到和珅潜通消息,在刘墉等到达之前,挪借市银官库帑银。但市银与帑银规格不同。帑银每50两铸成1锭,市银轻重不一。钱沣了解到此中内幕,在历城县宣布,凡商民借给官府市银,应尽快领回,迟则封库入官。结果商人纷纷领回银两,库藏一空。盘查结果,亏空4万两。接着又盘查了章丘、东平、益都3州县库,同样亏欠。全省共查出亏空达200万两。和珅无法包庇,国泰、于易简被处以死刑。

和珅上恃乾隆为靠山,下以一批官僚为羽翼,贪污索贿,乱政祸国。官员要升迁,先得贿赂和珅。兵部侍郎玉保,诗才敏捷又究心兵家诸书。乾隆原想任玉保为山西巡抚。但是有人已先以厚赀贿赂和珅谋此缺。结果晋抚一职还是贿赂者所得。朝鲜在华使者郑东观说:

"阁老和珅用事将二十年,威福由己,贪黩日甚。内而公卿,外而藩阃,皆出其门。纳赂谄附者,多得清要,中立不倚者,如非抵罪,亦必潦倒。上自王公,下至舆儓,莫不侧目唾骂"②。

和珅弄权,清朝政治腐败,连外国人也看得很清楚了。如此卖官鬻爵,政以贿成,直接影响清政府国家机器的运转。以河工为例,《啸亭杂录》载:

"乾隆中,自和相秉政后,河防日见疏懈。其任河帅者,皆出其私门,先以巨万纳其帑库,然后许之任视事。故皆利水

①《乾隆实录》卷1154。
②《朝鲜李朝实录中的中国史料》下编卷11。

患充斥,借以侵蚀国币"①。

掌管水利的官员,竟然希望发生水灾,以便乘机捞钱,河工败坏,自不待言。

对于和珅擅权乱政,朝中也有心怀不满者。他们慑于和珅权势,只能伺机向和珅开火。五十一年五月,发生了两广总督富勒浑的家奴殷士俊案件。经江苏织造四德等揭发,在殷士俊住居的常熟家中,查出现存及出借的银钱共2万余两,田360余亩,房屋3所,并起出殷士俊之子殷孝基捐监部照一张。乾隆当即断定,殷士俊作为一个家奴如此富足,肯定有勒索行为,而根子在主人富勒浑,因而将富勒浑革职。家奴勒索致富,罪及主子。殷士俊富勒浑案给和珅反对派很大启发。六月中旬,御史曹锡宝弹劾和珅家人刘秃子:

> "(刘)本系车夫,涍管家务,服用奢侈,器具完美,苟非侵
> 冒主财,克扣欺隐,或借主人名目招摇撞骗,焉能如此"②。

其时乾隆正在热河。他接到奏折后,立即面询随驾的和珅。和珅回答:

> "刘秃子刘全儿,并无秃子之名,本系世仆,有旗档可查。
> 因家人众多,宅内不敷栖止,是以令其在宅西附近兴化寺街居
> 住,一向派在崇文门税务上照管一切。素著尚为安分朴实,平
> 时管束家人甚严,向来未闻其敢在外间招摇滋事。或因扈从
> 出外日多,无人管教,渐有生事之处,亦未可定,请旨饬派严查
> 重处"③。

乾隆听了和珅辩解后,马上表态:一、刘全儿"久在崇文门代伊主

---

① 昭梿:《啸亭杂录》卷7《徐端》。
② 《乾隆实录》卷1254。
③ 《乾隆实录》卷1256。

办理税务有年,其例有应得之项,稍有积蓄,亦属事理之常";二、著留京办事王大臣会同皇孙绵恩,以及都察院堂官传见曹锡宝,令其就所奏逐条指定,如有以上情节,即据实参奏,从严审办,"如若徒空言,岂有以无根之谈遽入人罪之理"①。第二天,乾隆又说,据朕揣度,曹锡宝参奏,"或其竟本欲参劾和珅,而又不敢明言,故以家人为隐约其词,旁敲侧击,以为将来波及地步乎?"乾隆这两次表态显然是偏袒和珅。他认为,第一,刘全儿久在崇文门办理税务,稍有积蓄,属事理之常,这就为刘全儿排除了"克扣隐私"劣迹;第二,曹锡宝参奏刘全儿目的在于"将来波及"和珅,这就更明确表示要保护和珅。和珅自然心领神会,立即上疏辩解说,他曾询刘全儿,回答说"不但从不敢招摇滋事,交接官员,即所谓房屋宽敞,器具完美,容或有之,亦非可以挟以出外之物。我与曹御史名姓,素未闻知,彼又何从进宅目睹?"②乾隆与和珅一唱一和,曹锡宝陷入犯有诬陷大臣罪的被动局面。

问题还不止如此。曹锡宝在参劾刘全儿之前,曾把他的奏疏送同乡朋友江苏南汇人侍郎吴省钦看过。吴省钦卖友求荣,立即驰往热河,把这一消息告诉和珅。和珅令刘全儿立刻毁其居室、衣服、车马,凡有逾制一切器具,全部藏匿,不留痕迹。

六月十八日,留京办事王大臣回奏传询曹锡宝的结果。据曹锡宝说:

"我与和珅家人全儿向来从不认识。即伊在崇文门管理税务,我亦不知道。伊与额税之外有无擅自加增,及别项情弊,亦未有人说过。我因闻全儿住屋服用甚是华美,与路过兴

化寺街留心察看,见有房屋甚是高大,我想伊系家奴,焉有多赀造此华屋,恐有借主人名目招摇撞骗之事,是以具奏"①。乾隆阅后,更进一步断言,"看来该御史意欲参劾和珅,而又不敢明言,故为此奏,隐约其词,以为旁敲侧击之计"。遂命令绵恩、都察院堂官并步军统领衙门司官一员,带着曹锡宝,先至刘全儿家中"看视住屋,究有若干",而后再到阿桂等各家管事家人住房察看,"有比全儿多且大者,则当诘询曹锡宝,何以转不参劾之故。一经比较,情伪立见"②。和珅和刘全儿事先作了准备。查看结果,当然于曹锡宝不利。七月十八日,乾隆宣布此案处理决定。他说:"我朝纲纪肃清,大臣中亦无揽权藉势、窃弄威逼之人。此所可以自信者";曹锡宝以虚词参奏,"必启门户党援之端",其目的在于"盖今年为乡试之年,伊不过欲因进折,或记其名而出差耳,所见甚鄙!"给予革职留任处分③。

曹锡宝参劾和珅家奴,惹火烧身,受了处分,和珅地位更加稳固。此后,终乾隆之世,再也无人敢去触犯这位权贵。正如《清史稿》作者所说,高宗中年之后,"大臣恃宠乱政,民迫于饥寒,卒成祸乱"④。和珅弄权,对乾隆后期政局败坏所起的作用,未可低估。

第五节　贪污案迭起

和珅擅权,贿赂公行,绝非孤立现象。处于封建社会后期的清王朝,尽管在其前期有过励精图治的蓬勃发展阶段,但降至乾隆中

---

① 《乾隆实录》卷 1257。
② 《乾隆实录》卷 1257。
③ 《乾隆实录》卷 1259。
④ 《清史稿》卷 322 传论。

期,随着政治相对稳定和经济某种程度的繁荣,以乾隆为首的统治集团逐渐倦勤政务,骄侈淫逸之风日炽,吏治日趋腐败。和珅这一历史人物的出现,正是封建政权腐朽本质的反映。乾隆前期,皇帝虽然对贪官墨吏严加惩处,但是贪污之风却刹不住,到了乾隆后期反而愈演愈烈,大案接连出现。

乾隆后期,最大的集团贪污案,是以甘肃布政使王亶望为首的侵吞"监粮"案。甘肃旧例,百姓可以输豆麦捐国子监生。乾隆三十一年(1766年)这一旧例被革除。三十九年陕甘总督勒尔谨因甘肃地瘠民贫,户无粮储又时有灾荒,向朝廷请求恢复捐监旧例,筹粮备赈。乾隆批准勒尔谨奏请,特调浙江布政使王亶望改任甘肃布政使,主持收粮捐监工作。

王亶望是原江苏巡抚王师的儿子。王师颇有政绩,官声素著。王亶望以举人捐纳知县,历官至浙江布政使。乾隆三十八年,皇帝幸天津,王亶望贡方物以及饰珠金如意,被乾隆拒绝。但乾隆还是很看重他。王亶望赴任甘肃仅半年,于乾隆三十九年十月就向皇帝报告,收捐19017名,得豆麦827500余石。这巨额粮食,引起乾隆怀疑,发"四不可解"谕诘问勒尔谨:一,甘肃民多艰窘,安得有近2万人捐监? 二,民食尚且不敷,又安得这么多粮食捐监? 三,捐监粮多达82万,年复一年,经久必陈腐,又将安用? 四,即使每年借给民间,何不留于闾阎,听其自为流转? 勒尔谨回奏,甘省报捐监者,多系外省商民。安西、肃州系新疆新辟门户,商民必经之地。近年甘肃收成颇好,富户积粮日多,乐于粜粮得价。商人因粮价平减,遂卖货购粮捐监。乾隆因查不出破绽,只好谕"尔等既身任其事,勉力妥为之可也"①。乾隆还专门派刑部尚书袁守侗赴甘

① 《乾隆实录》卷971。

肃盘查,也查不出什么问题。降至四十二年,甘肃累计收到监粮600多万石。王亶望也因功擢浙江巡抚。

四十六年三月,甘肃河州爆发苏四十三领导的回民起义。乾隆派和珅、阿桂到甘肃督办军务。他们到甘肃后报告说,该省雨水太多,妨碍征战。这又引起乾隆注意:"该省年年报旱,何以今岁得雨独多?其中必有捏饰情弊"①。遂命阿桂与署陕甘总督李侍尧细察上奏。这样一来,王亶望贪污案败露了。原来,王亶望与全省官吏通同作弊,捐监收的不是本色粮,而是折色银。然后又以年年旱灾赈济为借口,将上报监粮开销,而把捐监银没入私囊。王亶望家赀300余万两,大部分是由此项贪污而来。其他行省府州县官员侵吞2万两以上20人,1万两以上11人,1000两至9000两的29人。乾隆降旨将勒尔谨、王亶望处死。同案犯陆续正法达56名,免死发遣者46名。甘肃省道府以上官员几乎为之一空。

在查办王亶望案中,又发生了闽浙总督陈辉祖侵吞王亶望查抄赃物案。四十七年七月,乾隆在热河行宫看到浙江上报的查抄王亶望家赀底单。以往,逢节庆之时,王亶望经常向皇帝贡献珍玩。乾隆收了几件,其余退还。如今他发现,底单中"发还之物,无一存在,即此可见不实"②。他召见现任安徽按察使原任浙江盐法道陈淮,面询此事。陈淮回复,彼时已起程来京,不能知悉查抄情形。乾隆立即传谕新任浙江布政使盛柱,要他将何人承办查抄王亶望家产,有无侵蚀情形,逐一确查密奏。九月初,盛柱报告,其时具体负责首抄王亶望家产的是原浙江粮道现河南按察使王站柱。盛柱还查出现呈报的底册,与王站柱查抄时上报的原册不符。

① 《乾隆实录》卷1148。
② 《乾隆实录》卷1162。

当时上报原册中,有金叶、金锭等4748两,还有玉山子、玉瓶等。在解缴内务府底册,这些东西都没有了,而银子则多73564两。乾隆阅了奏折后,立即命户部侍郎福长安、刑部侍郎喀宁前往查办,并命大学士阿桂到河南审讯王站柱。不久,阿桂覆奏,据王站柱供认,他查抄时会同府县佐杂点验,金约4千数百余两,银约二、三万两,玉器甚多。当即造册3份,1份呈总督陈辉祖,2份分存藩司、粮道衙门,"我若果有不肖之心,岂肯将底册留于浙省作为后人把柄,"并说,"至我查办时,总督陈辉祖曾另取备用物件"①。显然,问题不出在执行查抄命令的王站柱,而是出在浙江省更高的行政长官。此时,乾隆对陈辉祖已有所怀疑了,命阿桂、福长安押带王站柱从河南赴浙江审办。经过审理,案情大白。原来,陈辉祖伙同浙江布政使国栋,以及经办的衢州知府王士翰、嘉兴知府王仁誉、杭州知府杨先仪、钱塘知县张翥等,用抽换查抄底册的伎俩,私吞了大批字画、玉器,还用平常朝珠,换下抄出的上好朝珠,又用以银易金的手法,侵吞价值约白银四、五万两的黄金。乾隆说:"所云与其有聚敛之臣,宁有盗臣。陈辉祖祇一盗臣耳",与王亶望有所区别,处以斩监候,秋后处决。其他人或发往新疆当苦差,或发往河南河工效力赎罪。四十八年二月,因发现陈辉祖在闽浙总督任上,惟务营私牟利,致闽浙两省武备废弛,仓谷亏空,还引起桐乡百姓闹漕滋事,令其自尽②。

陈辉祖案件后,浙江又发生了富有戏剧性的清查仓储亏空案。

四十七年十一月,处理陈辉祖贪污案之后,乾隆估计浙江仓库钱粮可能亏空,降谕新任闽浙总督富勒浑、浙江巡抚福崧等"彻底

---

① 《乾隆实录》卷1164、1165。
② 《乾隆实录》卷1174。

盘查,如有亏短情弊,即据实禀明"①。第二年正月,又降谕各直省
督抚,将各属地方是否亏空,据实具奏②。浙江省地方官报告,清
查结果各府州县仓库共亏空钱粮130余万两。乾隆勒限补足。降
至五十一年,浙江省尚亏33万两。这一年二月,浙江巡抚福崧上
奏,要求展限,说他于新年正月传齐各司、道、府"公同设誓,务期
同心协力,共砥廉隅"。乾隆阅后十分恼火地说:"乃历三四年之
久,竟未弥补,尚敢靦颜奏请展限,且称率同司道各府公同设誓,尚
复成何政体耶"。同时派户部尚书曹文埴,刑部左侍郎姜晟、工部
右侍郎伊龄阿驰驿前往浙江,彻底盘查各州县仓库,亏空若干,弥
补若干,或补银或米,以及因何迟迟不能补足,"务使水落石出,据
实具奏"③。为了给清查亏欠工作创造条件,乾隆还免去福崧浙江
巡抚之职,令其来京候旨,由伊龄阿补授浙江巡抚。

四月,乾隆接到2份奏折。一是曹文埴奏折,说浙江省亏空仓
额,除已补之外,尚亏33万两。这个数字与福崧所报的相吻合。
二是浙江学政窦光鼐奏疏,说浙江省亏空未补者数多,仅嘉兴、海
盐2县,与温州府所属平阳,亏空各逾10万,全省尚不止此数。这
一奏疏,较符合乾隆对浙江省亏空问题的估计。因此,他立即降谕
指出:"看来曹文埴等亦欲就案完事,殊非令彻底清厘之意",并要
曹文埴等3人照窦光鼐所奏各款,逐一秉公详细盘查,若回护瞻
徇,不尽不实,唯3人是问④。五月,因属临乡试,传谕窦光鼐仍按
期主考尚未考完的府县。

窦光鼐除了揭发浙江省仓库亏欠之外,又上疏揭发永嘉知县

① 《乾隆实录》卷1169。
② 《乾隆实录》卷1173。
③ 《乾隆实录》卷1249。
④ 《乾隆实录》卷1252。

席世维借诸生谷输仓;平阳知县黄梅以弥补亏欠为名对百姓苛索,且于母死日演戏;仙居知县徐延翰毙临海诸生马寔于狱;布政使兼杭州织造盛柱上年到京师,带货送礼,其中包括十五阿哥永琰;总督富勒浑经嘉兴,受属员门包,且"供应浩烦,馈阍役数至千百"①。这样,浙江省问题,从原来仓储亏欠,发展为官场勒索受贿及草菅人命等,涉及者不仅有布政使、总督,而且还有内定储君十五阿哥。这对乾隆形成了很重的心理压力。他感到案情重大,派大学士阿桂驰赴浙江查办,并将盛柱解职候质。

阿桂到达浙江后,面询窦光鼐,"你所奏永嘉、平阳借谷勒派之事是何人告知?"窦回答:"不能记起姓名"。又问窦光鼐,"你所奏总督收受属员门包,属员是谁?"窦"亦不能指实"。阿桂又就盛柱带私人赀进京一节,传询盛柱。盛柱回答,上年进京所带银两,是应解葭价39000余两,到京后即赴广储司兑交,有案可查,并无送给十五阿哥物件。乾隆完全相信阿桂的审讯结果。五月二十一日,他斥窦光鼐"毫无根据的指责,是竟系信口诬人"!②六月十三日谕说,浙江亏空一案,大局已定。仓储欠亏253700余两,与福崧初报之数有少无多。福崧尚无贪黩败检情事,其咎在于不能实力督催,失之柔儒,调任山西署巡抚③。

七月三日,阿桂另一奏折抵京,说窦光鼐所奏永嘉、平阳县挪移勒派各款,经严查并无其事。至于平阳知县黄梅母死演戏一事,查系本年正月黄梅为伊母90岁生日演戏,适伊母于演戏之夜一时痰壅瘁故。乾隆阅后勃然大怒,批道:"该学政不顾污人名节,以

　　① 《清史稿》卷322《窦光鼐传》。
　　② 《乾隆实录》卷1255。
　　③ 《乾隆实录》卷1256。

无根之谈冒昧陈奏,实属荒唐。窦光鼐著饬行仍据实陈奏"①。闰七月一日,窦光鼐的回奏呈到乾隆面前,坚持己见,说黄梅以亏空太多,挟制上司,久据美缺,纵令伊子借名派索,通省共知,"现在亲赴平阳,查核确实,再行回奏"。乾隆阅后很不高兴地批道:

> "今窦光鼐固执己见,哓哓不休者,以为尽职乎,以为效忠乎?且窦光鼐身任学政,校士是其专责,现当宾兴大典,多士守候录科。平阳去省往返二千余里,该学政必欲亲任访查,而置分内之事于不办,殊属轻重失当。且其固执辩论,意在必伸其说,势必蹈明季科道盈廷争执,各挟私见,而不顾国事之陋习,不可不防其渐。窦光鼐著交部议处"②。

同一天,乾隆还谕令伊龄阿,对于窦光鼐赴平阳查访,应"密行留心访察,设于地方有多事咆哮之处,即行据实参奏"③。

闰七月十八日,都察院同吏部上奏,要给予窦光鼐革职处分。伊龄阿又回奏,窦光鼐到达平阳后,于明伦堂招集生监,用刑逼喝,勒写亲供等状。乾隆当即批准对窦光鼐处分④。二十五日,乾隆又听信伊龄阿奏报,说窦光鼐从平阳回城后,仍"哓哓执辩,并有不欲做官,不要性命之言",这无异火上浇油。乾隆斥责"窦光鼐竟系病疯,是以举动癫狂若此",著拿刑部治罪⑤。

但是,三日后即闰七月二十八日,乾隆接到窦光鼐以500里飞驰送来的奏折,说他到平阳查出,"黄梅以弥补亏空为名,计亩派捐,每一亩捐大钱五十文,又每户给官印田单一纸,与征收钱粮无

---

① 《乾隆实录》卷 1258。
② 《乾隆实录》卷 1258。
③ 《乾隆实录》卷 1260。
④ 《乾隆实录》卷 1261。
⑤ 《乾隆实录》卷 1261。

异,又采买仓谷,并不给价。勒捐钱文,莅任八年所侵不下二十余万"。窦光鼐还将各监生缴出的田单、印票、收帖共2000余张,各检一纸呈乾隆阅核。乾隆看了窦光鼐奏折,立刻转变态度,认为窦光鼐调查取证,确凿可靠,岂可以人废言。他分析该案说:

> "今黄梅借弥补而勒捐,既勒捐仍不弥补。以小民之脂膏,肥其欲壑,娄索不下二十余万,似此贪官污吏而不严加惩治,俾得漏网吞舟,不肖之徒,转相效尤,于吏治大有关系。若窦光鼐有贿买招告,及刑逼取供各情,一经质讯得实,其获戾更重。今观其呈出各纸,此事不为无因。又有原告吴荣烈随伊到杭,愿与黄梅对质。若朕惟阿桂、曹文埴、伊龄阿之言是听,而置此疑案而不明白办理,不但不足以服窦光鼐之心,且浙省既值乡试,生监云集,众口籍籍,将何以服天下舆论。此事关系重大,不可不彻底根究,以服众惩贪"①。

在这道谕旨中,乾隆还指示已起程还京的阿桂,在途中接到此旨后,立即返回浙江,重新秉公审理。另外,乾隆也估计到窦光鼐业已由浙江起解,因此命令阿桂,于途中遇见窦光鼐,即将窦带回浙江,以便质对。

由于阿桂是此案原审,乾隆怕他难以转弯,遂采取二项措施。一是增派江苏巡抚闵鹗元会同审办。二是开导阿桂,说原审不实,并非阿桂有心为黄梅开脱,而是被"地方官瞒过","阿桂等亦不值为此等劣员任咎也","当不设成见,平心确究,彻底查清黄梅种种劣迹"②。

阿桂在山东境内接内谕旨,立即转回浙江。八月十日,闵鹗元

---

① 《乾隆实录》卷1261。
② 《乾隆实录》卷1261。

亦星驰赴杭,在常州遇见押解赴京的窦光鼐。闵要窦在常州等待阿桂一同回杭州。八月二十七日,阿桂重审结果的奏疏到达北京,说黄梅已对以弥补亏空之名勒派百姓侵吞肥己的罪行,供认不讳。九月中旬,乾隆颁布对此案处理的谕旨:福崧、盛柱对此等贪官劣员不据实参奏,姑容阘冗,俱行革职。伊龄阿二次将窦光鼐冒昧参奏是其错谬,阿桂亦难辞瞻徇巡护之责,二人与曹文埴俱交部议处。闵鹗元在此案审出实情后,没有对阿桂等原审不实之处附折参奏,亦应交部议处。窦光鼐虽揭发黄梅罪行,但扬言"不要性命,不要做官之语,亦殊失大臣之体",而且所揭发黄梅母死演戏等情节,已审明并无此事,因此"祇令署光禄寺卿,若无此等情节,朕必将伊仍以侍郎补用"①。

除了上述 3 案之外,还有就是前一节叙述过的山东巡抚国泰贪污案、原闽浙总督现任两广总督富勒浑纵容家人勒索案等。这几个案件,仅是乾隆后期无数起贪污案中的典型,它远不能反映出乾隆后期贪墨成风的官场黑暗全貌。

乾隆后期贪污案,有如下特点:

第一,贪污的花样多。如侵贪公私款项、侵吞钱粮造成仓储亏空,官吏勒索属员和百姓,接受贿赂,以及挪移公款,监守自盗等等。

第二,贪污犯中高级官员多。在总督大员中,就有云贵总督恒文、李侍尧,陕甘总督勒尔谨,闽浙总督陈辉祖、伍拉纳,两广总督富勒浑等。巡抚、布政使犯赃者就更多了。所以,乾隆五十五年内阁学士尹壮图说:"各督抚声名狼藉"②。

① 《乾隆实录》卷 1265。
② 《乾隆实录》卷 1167。

第三,集团性贪污案件多。如乾隆四十六年甘肃吞"监粮"案,四十七年山东以巡抚国泰为首的仓储亏空案,六十年福建以总督伍拉纳、巡抚浦霖为首的侵吞库帑案等,都是上下勾结,通同作案。

第四,贪污数额巨大。如四十六年查出哈密通判经方1人竟侵吞帑项达15万两①。四十七年山东国泰贪污造成仓库亏空130万两②。五十八年查出浙江巡抚福崧1人侵用该省盐运款达11.5万两③。六十年查出福建前后亏空达250万两④。不仅大官贪污数额多,而且连他们的仆人也招摇婪索致富。如四十五年查出云贵总督李侍尧的家人八十五等人,平时藉势积赀达数千金⑤。四十六年查出勒尔谨家人曹禄通过勒索,蓄积现银达2万两⑥。

第五,官官相护,揭发案件难,惩办更难。甘肃王亶望侵吞"监粮"案,"竟无洁己奉公",又"竟无一人举发陈奏"⑦。窦光鼐揭发一个知县贪污,竟遭到上自大学士阿桂、巡抚伊龄阿的巨大压力。五十四年冬,高邮州巡检陈倚道发现,该州胥吏私雕印信,发串票(征收钱粮凭证)重征。他将查获的伪串票禀明该州,"该州意存袒护,沉搁不办"。后来陈倚道又禀告府、藩司以至江苏巡抚闵鹗元,各衙门不但"俱未批发",还将陈倚道差遣他处采办,以图消弭⑧。曹锡宝参奏和珅家人刘全儿掌崇文门税务贪污勒索,和

① 《乾隆实录》卷1145。
② 《乾隆实录》卷1159。
③ 《乾隆实录》卷1420。
④ 《乾隆实录》卷1479。
⑤ 《乾隆实录》卷1102。
⑥ 《乾隆实录》卷1130。
⑦ 《乾隆实录》卷1140;卷1146。
⑧ 《乾隆实录》卷1352。

珅主仆还获得乾隆庇护。

贪污案以上诸特点表明,降至乾隆后期,清朝政治已进入腐朽阶段。而官场贪污成风,与乾隆改变惩治贪污犯的政策,也有密切关系。

乾隆前期及中期,皇帝对惩办贪污很重视,很严厉。他在位期间,曾改定或增订了若干有关惩治贪污的法律条例。如乾隆六年,对贪污罪官限内完赃条例作了修改。乾隆说:

> "定制,文武官员犯侵贪等罪者,于限内完赃,俱减等发落。近来侵吞之案渐多,照例减等,便可结案。此辈既属贪官,除参款外,必有未尽败露之赃私,完赃之后,仍得饱其囊橐,殊不足以惩儆。著尚书讷亲、来保,将乾隆元年以来侵贪各案人员,实系贪婪入己,情罪较重者,秉公查明,分别奏闻。陆续发往军台效力,以为黩货营私者之戒。嗣后官员有犯侵贪等案者,亦照此办理"①。

这就是说,贪污官自不仅应于限期完缴赃款,还要发往军台作苦力。降至二十三年三月,乾隆降谕,"著将斩、绞、缓决各犯纳赎之例,永行停止。……如此,则犯死罪者贫富一律,不得幸逃法纪"②。这一条新规定,对于那些犯有死罪的赃官,再也不可能以家产来赎回生命了。同年九月,又废除了贪污官吏在限内完赃可以减刑的旧例。乾隆指出:

> "因限内完赃,减等发往军台效力,此虽向例,但思侵亏仓库钱粮入己,限内完赃,准予减等之例,实属未协。与其因公挪移,尚可典谅。若监守自盗,肆行无忌,则寡廉鲜耻,败乱

---

① 《乾隆实录》卷135。
② 《乾隆实录》卷559。

官方已甚,岂可以其赃完限内,遂从末减耶! 且律令之设,原
以防奸,匪以计帑。或谓不予减等,则孰肯完赃? 是视帑项为
重而弼教为轻也! ……限内完赃减等之例,著永行停止"①。
从这一谕旨可以看出,其时乾隆是重"弼教"而轻"帑项",也就是
说,把维护官场清廉风气放在首位,果断地修改限内完赃可以减刑
的旧例,从而使惩治贪污的法律更加严厉了。四十二年,又重申了
"亏空钱粮入已,限内完赃,不准减等"规定②。乾隆三十年,还规
定侵盗仓库钱粮入己的量刑标准。凡侵盗钱粮 100 两至 330 两
者,杖一百流 2000 里;331 两以上至 660 两者,杖 1 百流 2500 里;
661 两以上者,杖 1 百流 3000 里;1000 两斩监候③。这些严厉的条
例,对贪污行为多少具有某些威慑力。

但是,降至乾隆后期,为了满足皇帝个人奢侈生活,乾隆批准
实行"议罪银"制度,对贪污犯的处理减轻了,贪污案也就随之
剧增。

据学者研究估计,"议罪银"制度创于乾隆四十五年和珅任户
部尚书之时④。所谓议罪银,就是议罪罚银。它主要是针对督抚
等地方大员而设的,但议罪的对象,还包括布政使、盐政织造、税关
监督等,以至富裕的商人。办法是"令其自出己赀,稍赎罪戾"⑤。
议罪银收入,大部分解归内务府供皇室消费,少部分留在地方作水
利工程等用途。承办和追取议罪银的,是军机处及其专门设立的
机构"密记处"。密记处由和珅直接负责,秘密进行,与吏部所主

① 《乾隆实录》卷 570。
② 《清朝文献通考》卷 202《刑考》8。
③ 《清朝文献通考》卷 202《刑考》6。
④ 牟润孙:《论乾隆时期的贪污》,《大公报在港复刊卅周年纪念文集》下卷。
⑤ 《密记档》,见《文献丛编》第 25 辑。

管的公开罚俸制度不同。罪官出赀多少赎罪，其标准视官缺肥瘠及收入多寡而定，少者15500两，多者达38.4万两。犯罪者为了表示对皇上效忠，多自愿从重认罚。只要多罚银，就可以博取乾隆欢心，不但可以继续任职，甚至可以超擢更大的官或更肥的缺。实行议罪银制度，怂恿了贪污行为。贪污愈多，私囊愈饱，一旦败露，可以凭腰间巨赀从重认罚，又可以保住官位甚至超擢。可以说，议罪银制度加速了乾隆后期吏治败坏。这势必引起一些正直官员的反对。乾隆五十五年一月，内阁大学士尹壮图上奏：

> "近有严罚示惩，而反邻宽纵者。如督抚自蹈愆尤，不即罢斥，罚银数万，以充公用。因有督抚等自请认罪罚银若干万两者。在桀骜之督抚，借口以快饕餮之私，即清廉自矢者，不得不望属员俯助，日后遇有亏空营私，不容不曲为庇护。是罚银虽严，不惟无以动其愧惧之心，且潜生其玩易之念。请永停罚银之例，将罚项改为记大过若干次，如才具平常，或即罢斥，或量予京职，毋许再膺外任"。

尹壮图对贪污犯官罚银例的批评，是中肯的。但乾隆听不进去，他辩解说：

> "督抚等坐拥厚廉，以其尸位素餐，故议罚充公之项，令其自出己赀，稍赎罪戾，亦不过偶尔行之，非定例也"①。

这就是说，对于"尸位素餐"的督抚，只要自己出钱就可以"稍赎罪戾"。二十三年九月，乾隆曾说，限内完赃减等条例将"益肆无忌之行"。将前后不同时期的不同政策与不同的言论作一比较，就可以发现乾隆指导思想已完全变了。五十五年的乾隆，正是二十三年的乾隆所斥责的那种"视帑项为重而弼教为轻"的决策者。

---

① 《乾隆实录》卷1367。

不仅如此,他还要尹壮图就奏疏中所说督抚中有人"以措办官项为辞,需索属员,派令伙助",究竟指的是什么人,应指实参奏。尹壮图回奏说:

> "各省督抚声名狼藉,吏治废弛,经过各省地方,体察官吏贤否,商民半皆蹙额兴叹。各省风气,大抵皆然。若问勒派逢迎之人,彼上司属员授受时,外人岂能得见?"①

尹壮图没有想到,他的复奏,竟被乾隆视为对自己临御 50 余年治绩的否定。乾隆怒冲冲地斥责说:

> "折内所称,伊经过之直隶、山东、河南、湖广、江、浙、广西、贵州、云南等省,商民半皆蹙额兴叹之语,竟似居今之世,民不堪命矣! 朕临御五十五年,子惠元元,恩施优渥,普免天下钱粮四次,普免各省漕粮二次,为数何啻百万。偶遇水旱偏灾,不惜千百万帑金补助抚恤,赈济兼施,蒠屋穷簷,共霑实施,凡身被恩膏者,无不家喻户晓,小民等具有天良,方将感戴之不暇,何至蹙额兴叹,相聚怨咨?"②

晚年的乾隆已经背着沉重的治绩包袱。在他看来,执政 55 年以来,"子惠元元,恩施优渥",百姓应当"感戴之不暇",怎么可能"蹙额兴叹"! 尹壮图所讲的吏治问题,成了对当今皇上的攻击。从五十五年十一月至五十六年二月,乾隆连降 10 余道谕旨驳斥尹壮图,吹嘘自己。他甚至说:

> "朕历观史册,自胜国以朔汉初,仅有汉文帝赐农民田租之半,史臣已侈为美谈,从未有如我朝普免正供再三再四者。朕爱养黎元,如伤在抱,惟恐一夫不获,施惠犹以为未足。是

---

① 《乾隆实录》卷 1367。
② 《乾隆实录》卷 1367。

以宵旰忧劳,勤求民瘼,迨今年逾八帙,犹日孜孜,无事无时,
不以爱民为念。虽底小康,犹怀大惕"①。

汉文帝只减民田租之半,他"普免正供再三再四"。乾隆自诩是有
史以来最关心百姓的好皇帝。有如此关心民瘼的皇帝,怎么会出
现百姓"蹙额兴叹"的局面呢! 他又说:

> "若如尹壮图所奏,则大小臣工等皆系虚词贡谀,面为欺
> 罔,而朕五十余年以来,竟系被蒙蔽,于外间一切情形,全无照
> 察,终于不知矣"②。

乾隆这几句话是十分严厉的。他认为尹壮图对吏治的指责,就是
视自己为糊涂皇帝。尹壮图自然就要叫苦不迭了。乾隆对尹壮图
的处理也是别出心裁的。十一月二十二日,他命令户部侍郎庆成,
带着尹壮图先到山西,尔后到其他各地"盘验仓库"。庆成可以驰
驿往山西及其他地方,按品级支取廪给。尹壮图是"自请盘查之
员",只供驿马,不支廪给。尹壮图沿途处境可想而知。他与其说
是到各地"盘查仓库",不如说是由庆成押着到处认罪。十二月
初,在大同盘查的结论是"丝毫并无短少",这就是说山西的吏治
是"清明"的。此时,尹壮图上疏要求回京,话说得十分可怜:"昼
夜兼程,诚恐偶冒霜露之疾,不能平安回京,以受朝廷处治"③。乾
隆不答应,仍然让庆成押着尹壮图,像赶鸭子一样,在短短的40天
之中,从山西赶到山东、直隶、再赶到江南。尹壮图只得沿途陆续
上奏,说"各省均无亏空,沿途所经,各州县地方,百姓俱极安帖,
随处体察,毫无兴叹事情"④。五十六年二月四日,当乾隆把尹壮

---

① 《乾隆实录》卷 1370。
② 《乾隆实录》卷 1367。
③ 《乾隆实录》卷 1368。
④ 《乾隆实录》卷 1369。

图惩治得差不多时,才宣布对尹壮图处分决定:免其治罪,以内阁侍读用,仍带革职留用,8年无过,方准开发①。这种处分,当然还是皇帝对他的"宽大"了。

尹壮图事件的影响是恶劣的。议罪银制度不仅没有因而被取消,而且也没有人再敢于对时政发表谏议了。剩下来的只是一片颂谀之声,而清朝的政治也就在这颂谀之声中,继续黑暗下去。

第六节　武装干预安南内政

一、出兵助黎氏复国

安南位于广西、云南界外,历史上与中国关系特殊。上古时代,安南名南交、越裳,秦朝在此设象郡,西汉改交趾郡,东汉置交州刺史,三国东吴分交州辖地为广州、交州,交州下有交趾等6郡。隋设比景、林邑、海阴3郡。唐置安南都护府,安南之名缘此。五代以后,中国割据,安南自雄,奉表入贡始为藩邦。明永乐四年(1406年)设安南布政使司,宣德二年(1427年)废,改封黎氏为安南国王。嘉靖年间,黎朝权臣莫登庸窃国,黎氏后人在阮姓旧臣的扶持下出奔清华州(今越南清化),重建黎朝,与莫氏相抗。万历年间,黎氏复国,返回东京(今越南河内),莫氏走高平,黎氏旧臣阮氏因不满权臣郑氏的跋扈,在安南顺化(今顺安)自称广南王,他们分据南北之地,争向明朝入贡求封。

清军入关以后,黎氏仍然主动向南明永历皇帝入贡,得封大越国王。顺治十六年(1659年),清军攻下云南,安南国王黎维禔遣

---

① 《乾隆实录》卷1372。

使请封未就，康熙五年（1666年），嗣君黎维禧献出南明政权所颁敕印，康熙诏封他为安南国王。这时广南王阮氏未受承认，但盘踞在高平的莫元清却得封都统使职衔①。康熙六年，黎维禧派兵袭高平，莫元清不敌，携家眷及属下3000人投云南。清政府出面调解，劝黎氏退出高平、泗州等地。康熙十三年，黎氏乘清朝平定"三藩"的机会，重新占领高平，事后清政府虽曾过问，但莫氏已亡，也就不再追究。清政府热心于扶黎保莫，意在牵制，清人师范曾直言其中奥妙："莫盛而黎微，宜扶黎以分莫之势，厥后黎强而莫弱，又存莫不许其并吞，两存而俱利，即两敌而相防，蛮人之党既离，不得不各为我守边，以献媚效功，……故制蛮之道使两家互牵制，不使势归于一家"②。

莫氏灭亡后，清政府不再实行"一国两封"的政策，安南的"合法"政权只有黎氏王朝，定例3年一贡，康熙七年改为6年一贡。雍正二年（1724年），黎氏遣使祝贺新皇帝登极，雍正帝特赐"日南世祚"4字。六年，清政府将云南开化府马泊汛外40里之地赏给安南国王③。乾隆年间，西山布衣阮文岳、文惠兄弟占山为王称新阮，以别广南王旧阮。乾隆三十八年（1773年），新阮出兵讨伐旧阮，次年，黎氏王朝趁机消灭了为患已久的旧阮政权，形成西山新阮与黎氏南北对峙的局面。

乾隆连年征战，无暇顾及安南形势的变化。降至四十年，他从地方官员的奏折中才得知上述变故。四十九年二月，安南王黎维禑依例遣使入贡，时乾隆南巡驻跸江宁府，安南使臣黄仲政、黎有容、阮鎧一行奉命由广西、湖北取道江西、安徽，前往江宁迎驾瞻

①　魏源：《圣武记》卷6《乾隆征抚安南记》。
②　师范：《征安南纪略》，《皇朝经世文编》卷87《兵政》。
③　《清史稿》卷532《属国传》2越南。

觐。乾隆仿雍正之例,赐予安南国王"南交屏翰"匾额①。然而,乾隆不知道,此际黎氏朝纲不振,政权已岌岌可危。

五十一年五月,阮文惠以讨伐黎朝权臣郑栋为名,挥军北进。国王黎维禟年届 70,昏老多病,一切权柄均由郑氏操纵,民心离散,兵无斗志。结果阮文惠仅用月余便轻取黎城(即东京),郑栋自杀。阮氏据城第二天,假惺惺地请出老皇帝黎维禟。七月,以黎朝名义颁诏封阮文惠为元帅扶正翊运威国公,并妻以玉诉公主②。不久,老黎王崩于万寿殿,在阮氏主持下,皇太孙黎维祁继位,以明年(1787 年)为昭统元年。

阮文岳得知弟弟文惠占领黎城,急率亲兵兼程北上。阮文惠以退为进,抢先洗劫都城,撤回富春。五十二年四月,阮文岳在归仁称帝,封文惠为北平王,文吕为东定王。文惠对此安排极为不满,是年八月,以"勤王"为名,带兵杀向黎城。十二月,黎维祁命王弟黎维袖护送母后、王妃、王子、宫嫔等眷属出城避难,他自己则随阮有整出走京北,辗转匿于民间。据说阮文惠占据黎城后,曾召黎氏文武大臣劝进。大臣们不从,不得已四处寻找黎维祁回京复位。但黎维祁怕有不测,拒绝出山③。王室眷口 200 余人逃到谅山,后转武崖县博山社。时黎朝辖地多数归顺阮文惠,他们只能间道往北进入清朝境内。五十三年五月,高平旧臣阮辉宿迎接王眷到广西边境博渗地方,因该处没有入境关口,不得不移至龙州斗奥隘。斗奥隘外即水口关大河,是中国与安南的界河,王眷至此,追兵已到。阮辉宿等见形势危急,一方面隔河呼救,另一方面带头背

①　《乾隆实录》卷 1202。
②　《大南实录》正编第 1 纪卷 2。
③　师范:《征安南纪略》,《皇朝经世文编》卷 87《兵政》。

负老幼涉水过河。清朝龙州通判陈松、护都司陈洪顺闻报，连忙带兵赶往河边察看盘问，追兵望见清军，不敢追赶，尽杀未及过河者离去①。清方官员清点幸存者，老幼仅有62名，其中母后阮玉素、王妃阮玉端、王子黎维诠等均安全脱出。由于龙州地方偏僻狭小，靠近边关，且夏季炎热多瘴，广西提督三德恐内投王眷水土不服，遂与左江镇总兵尚维昇商量，将他们暂时迁到南宁府城内安插。六月，广西巡抚孙永清根据太平知府陆有仁的禀报，将安南事变经过及王眷内投详情具折上奏。乾隆担心孙永清从未经历军务，"于此事不能得有主见"，特命两广总督孙士毅从广东潮州速往广西龙州办理有关事宜②。孙士毅受命后，立即饬令三德备兵2000—3000名随营待命，他自己一抵龙州，便马不停蹄前往勘探镇南关、平而关和水口关等要隘，并调左江镇标兵300名分头把守，严密查询来往人员，注视关外动静。但如何了结安南黎阮之争，孙士毅则不敢自作主张，只能等待乾隆指示。

安南黎朝是经过清朝册封的政权，如今落入他姓之手，堂堂宗主国不甘坐视。然而贸然出兵域外，既有征缅甸之戒，又对安南情形知之甚少。因此，乾隆从一开始就表现得非常冷静和谨慎。五十三年六月，他对前往广西办理此事的两广总督孙士毅作出交代：其一，向内投王眷了解该国臣下内是否"尚有能为之灭贼恢复，仍迎伊母子回国者"；其二，阮姓若仅取黎城，而他处仍归黎姓所有，则尚有可图之日，清军亦"不值兴师代为大办"；其三，若安南地方尽被占据，黎氏子孙俱被戕害，清朝则应以"兴灭继绝"春秋大义为重，"自当厚集兵力，声罪致讨"③。显然，乾隆认为，利用安南国

---

① 魏源：《圣武记》卷6《乾隆征抚安南记》。
② 《乾隆实录》卷1307。
③ 《乾隆实录》卷1307。

内尚存的拥黎势力为上策,而清朝出兵实为不得已的下策。

孙士毅很能揣摩乾隆心思。他献策说,安南黎阮之争属于内讧"只要黎氏仍有立足之地,国祚未绝,作为宗主国大可不必为之兴师动众。但阮氏若不容黎氏得寸土,我朝出兵伐暴讨罪就义不容辞。为今之计应多拨附近各省兵弁,早为训练操防,大造约定师期、分道进剿的舆论,以稳定安南国内效忠黎朝的势力,并使从逆者反戈相向。乾隆对此没有异议,传谕遣黎朝旧臣回国寻找黎维祁,"趁此招集义兵,力图恢复";同时让他们四处声言,天朝已调大兵于广西,各镇目如甘心从贼,坐视不救黎氏,"天朝即当派员统率大兵,四路会剿,将阮岳(当指阮文惠)及党羽人等,全数擒诛,明正其罪"①。

大学士阿桂阅孙士毅奏折,知他已有动武的意向,于是向乾隆具折,极婉转地表达自己的忧虑。乾隆似有所悟,连忙下谕军机处:"现在安南虽被阮姓攻占黎城,而嗣孙下落,尚无确信,若遽声言进讨,不免太早"②。他重新作出 2 点安排:一、饬令广西左江、高廉、云南开化、临元等地以守关为名,整兵备马,朝夕操练,以壮声威;二、孙士毅以本人名义檄谕高平、谅山等处镇目,希望他们归正,拥戴旧主。七月,护送黎朝王眷内投的阮辉宿等执意返回安南联络嗣孙黎维祁,获准后分别从云南、广东间道潜回。乾隆指示境内所过地方官府供给粮食、马匹,另每人赏银 100 两,供境外接济。不久,孙士毅奏请朝廷简派威重大臣带领巴图鲁入广东助阵。乾隆以"目下又不至用兵"为由加以拒绝③。

时至八月,乾隆得知阮文惠已撤回富春,仅留兵 7000—8000

---

② 《乾隆实录》卷 1308。

③ 《乾隆实录》卷 1311。

名守黎城,而黎维祁匿于山中不敢出来,实"难望其振作恢复",清军如一味虚张声势,转被阮文惠识破,于日后局势更为不利。所以他同意孙士毅"先期调兵预备"的请求,但若要用兵进讨,孙士毅以两广总督任重,不宜轻易离去,该省提督许世亨、总兵张朝龙、李化龙均经历行阵之人,足可胜任带兵。同时,他还谕令应纠约厂民、土目帮助黎氏复国①。九月,牧马土司擒献归附阮文惠的伪官阮远猷、朱延理等。乾隆一方面嘉奖该土司,鼓励他们联合各处土官"灭阮扶黎",另一方面密令孙士毅加速进兵收复黎城,只须找到黎维祁下落,即可告功②。安南各方土民倒戈抗阮者虽不少,但大多采取观望态度。文渊等7州地方官及谅山镇目潘启德表示愿遵清朝约束,但迫于阮文惠压力,均请求清朝发兵救援。九月十五日,奉命前去寻找嗣孙下落的安南三臣黎侗等人带着黎维祁求救文书返回内地。据黎侗声称,安南已全境为阮文惠所占,黎维祁无所依托,辗转藏匿于村民家中,等待王师入境;安南各处人心思旧,蠢蠢欲动,准备配合清军的行动。面对黎朝上下的一片请兵呼声,乾隆遂于九月底令潘启德统领文渊等7州人马,林际清领厂民为前驱,许世亨带官兵3000名随后,择期动身③。

其实,清军征安南部署,早已在孙士毅主持下悄悄进行。他檄调广东兵5000名从水路赴广西边境集结,这些兵丁大多参加过镇压台湾林爽文起义,加上原驻广西镇南关各隘的兵丁5000名,总计约1万余人。云贵总督富纲也檄命开化、临安、广南3镇陆续调拨了5000兵丁,由开化总兵孙起蛟带往马白屯住。加上从督抚提三标所密调的兵丁,滇省备兵亦不下万名。五十三年十月初,因天

---

①　《乾隆实录》卷1312。
②　《乾隆实录》卷1311。
③　《乾隆实录》卷1312。

气转晴,清军决定趁时出发。孙士毅呈请檄约暹罗出兵攻打广南一带。乾隆初觉可行,细想后却称之为下策,他认为,若令暹罗出兵"将来安南事定后,自必将广南一路给与暹罗",不如清朝单方面出兵,事后"即以占城旧地,还之占城,更为名正言顺。该国当式微之际,得复国土,感戴天朝,则兴灭继绝之义更为一举两得"①。可见,乾隆兴兵安南,是出自宗主国兴灭继绝的封建道义,而非领土要求。但是,为了防止阮文惠等由海上遁逃,仍谕知暹罗国王备兵堵截。

按原计划,广东巡抚孙永清与两广总督孙士毅均不出关。但孙士毅屡次请战,乾隆只得留孙永清驻扎边关督率料理一切。粤西一路由孙士毅亲自统帅,而云南一路则由提督乌大经带领,两线形成掎角之势,最终会合。清军出师旨在完成"兴灭继绝字小存亡之道",因此,提前通知内阁撰拟敕文,礼部重新铸印,待孙士毅收复黎城,即行"册封复国"②。云贵总督富纲见孙士毅身系汉人,请缨出师被批准,也奏请以兵5000名与乌大经出云南一路。乾隆认为,富纲虽为满洲总督,无奈平日办事才具不如孙士毅,是以剿捕安南事宜,专交孙士毅督办,"况行军之道,事权贵有专属",若富纲前往,则同属总督,未便受孙士毅之节制,而事权不能归一③。因此,乾隆只让富纲在云南边境负责弹压,把5000名兵丁交乌大经作为偏师,随孙士毅出征。

孙士毅在广西等待广东兵到来。十月下旬,他带广西现有官兵会同提督许世亨先期开拔,清军5000余人自镇南关向谅山挺进。谅山镇目潘启德早已做好迎接准备,一路顺利。从谅山至黎

① 《乾隆实录》卷1314。
② 《乾隆实录》卷1314。
③ 《乾隆实录》卷1316。

城是阮文惠的防区,沿途峻岭崇山,错杂难行,孙士毅与许世亨商量分兵两路:一路由谅山右侧江汉地方出发,潘启德派土兵引导;另一路由谅山左侧枚坡地方出发,林际清带厂民义勇为前锋,清军千余人随后。十一月六日,广东督标兵 1000 名续到,加入孙士毅一路。十二日,张朝龙等又带广东兵赶上前程清军。孙士毅拨 2000 名沿边防守,其余 8000 名直捣黎城。为确保沿途进军获取安南百姓的支持,孙士毅重申纪律:"不许兵丁擅入该国民居,妄取一草一木"①。同时严禁在战斗中割敌人首级或耳报功,以致延误战机。乾隆对此举尤为赏识,称:"不料汝读书人具此识见,以手加额庆得一好大臣,较之定安南,尤为快也"②。

阮文惠见清军来势甚猛,只得将各股力量汇集,重点防守据险地方,其中寿昌江、市球江、富良江 3 道防线就成了清军进抵黎城的障碍。十一月十三日,左江镇尚维昇、副将庆成、守备张云等带兵 1200 名编竹筏抢渡寿昌江成功,总兵张朝龙另以 1500 名僻小道包抄,十四日,游击张璠带安南厂民在寿昌江下游出现,负责踞守寿昌江防线的阮文惠军不战自溃,清军轻易获捷,士气大振。阮文惠的亲信大司马吴文楚见寿昌江兵败,即命潘文璘统兵 6000 名固守市球江。十五日,清军逼进北岸,与阮文惠军对峙。十六日黄昏,清军一面隔江开炮,一面令义民在右侧搭盖浮桥,故意制造强行渡江的假象,吸引了对方的注意力。与此同时,总兵张朝龙悄悄带领 20 名兵丁从左侧外 20 里处乘筏抢渡,绕到敌营背后。阮氏守军被突如其来的打击搞得不知所措,大队清军乘机渡江,大获全胜。是役杀敌 1000 余人,生俘 420 余人。乾隆表扬孙士毅调度有

---

① 《乾隆实录》卷 1315。
② 《乾隆实录》卷 1318。

方,赏给玉如意、御用汉玉扳指及大小荷包等。其余带兵提督将弁亦按功行赏①。

十一月十九日黎明,清军快速集结富良江北岸谋渡。富良江形势险要,是阮文惠保住黎城的最后一道屏障,吴文楚布防重兵,以期阻止清军前进。双方用小船在江心连战五、六回合,难分高下。提督许世亨乘昏黑率兵丁2000余名直冲彼岸,阮氏守军开炮抵御,但未能奏效,清军分路剿杀,斩获无数。二十日清晨,黎城不攻自破,黎氏宗室及百姓出城跪迎,孙士毅、许世亨等入城安抚。乾隆闻讯大喜,加恩晋封孙士毅为一等谋勇公,著赏红宝石帽顶,许世亨封为一等子爵,"用昭懋赏"。其他镇将文武员弁,由孙士毅查明后,"分别咨部从优议叙",各路兵丁亦分别赏给一月钱粮②。

黎维祁不仅昏庸,且胆小如鼠,一直躲藏到清军克复黎城的前夜,方诣孙士毅大营。孙士毅按乾隆旨意,令其袭封国王,并遣人护送内投王眷返回安南团聚。

二、从扶黎改为亲阮

孙士毅领军入安南,进展顺畅,仅月余长驱千里,遂滋长轻敌情绪,竟企图乘胜进兵广南,彻底摧垮阮文惠势力。而乾隆却表现得格外稳健。早在孙士毅出关前夕,乾隆就指出,追擒阮氏,"搜捕需时",黎城收复,救封黎氏后,即应撤回内地,不必在安南久驻③。十二月初,捷报抵京,乾隆一方面为这次"超越千古"的胜利而高兴,另一方面提醒孙士毅不要"功届垂成之际,转滋疏纵,致

---

① 《乾隆实录》卷1318。
② 《乾隆实录》卷1318。
③ 《乾隆实录》卷1317。

殆后患",应该帮助黎维祁"振作自强",派遣有能为可恃之人率士兵实力防守,清军即可告退①。不久,广西巡抚孙永清奏称军营粮台需夫10余万,广西已难添备。云贵总督富纲亦说,由云南至黎地有40站,若安站到广南,须添53台,人夫不下10万,不独滇省官员不敷差委,劳费更属不支。军粮筹运困难,乾隆更感到撤兵的必要。他说,即使消灭阮文惠势力,但如果黎维祁"不能振作自强,安知三五年后不又有如阮文惠其人者复出,岂有屡烦天朝兵力为之戡定之理?""现在非不能办,揆之天时地利人事,实有不值"②。但是孙士毅不理会,竟说"不为进取之势,恐贼匪窥探官兵不复进讨,未免观望迁延",拒绝撤军③。

事实上,此时黎维祁与孙士毅的处境正趋恶化。黎维祁恢复王位后,残酷报复,波及宗室。母后返回黎城,见状慨叹:"亡无日矣!"辅佐大臣亦不思反省,"惟日事屠杀,报复平日睚眦之私",致人心涣散④。孙士毅驻军黎城待机南进,因内地粮运不继,只得再四催促黎朝筹措,引起安南百姓的反感。据称:"清兵在京者肆行抄掠,民益厌之","至有涕泣输纳者"⑤。因缺乏粮饷影响军纪,孙士毅亦放松对兵丁管束,"随便让各营士兵擅自离队,来回闲逛,全无纪律。有出城数十里以伐薪者,有至民间市集以贾贩者,每日早出晚归视若常事。将佐亦天天游荡饮宴,从不以军事为意,凡提及贼情者,众皆答曰:彼已如釜底游鱼,笼中之鸟,气息奄奄,毋庸置论"⑥。

① 《乾隆实录》卷1318。
② 《乾隆实录》卷1319。
③ 《乾隆实录》卷1319。
④ 《钦定安定纪略》卷25。
⑤ 《钦定越南史通鉴纲目》卷47。
⑥ 《大南正编列传初集》卷30,转摘(越)潘辉黎:《越南民族历史上的几次战略决战》第209页。

孙士毅的失误给阮文惠可乘之机。吴文楚退回广南清花后，极力描述清军声势壮大。阮文惠却不张皇，他称帝于彬山，征兵买马，准备反扑，又假意遣人驰书孙士毅乞降，借以麻痹清方。五十四年正月二日，当清军欢庆春节之际，黎维祁抱幼子跑到清军大营，声言阮文惠要来报复，请求孙士毅送他们出境投奔清朝。孙士毅知情况紧急，召集许世亨诸将商议对策，决定由总兵张朝龙率精兵3000名屯驻河泂、玉泂一带防御，许世亨领1500名为第二梯队，孙士毅则留兵1200名驻大本营策应。清军从进攻态势转入防御，原来主动权已丧失。

正月三日，张朝龙部开始与阮文惠军接仗，因众寡悬殊，清军溃围而出。许世亨部继续迎击，整个战斗极为激烈，双方伤亡枕藉。驻扎在富良江南岸的清军3000名在总兵尚维昇、参将王宣等的带领下，从他路赴援许世亨。孙士毅在大营闻四方吃紧，无心恋战，带几百人拔垒渡河弃城而走[1]。为阻止阮文惠追兵过河，他还命令随从士兵斩断浮桥，置南岸激战的清军士兵于不顾。许多突围清兵冲到江边，见浮桥已断，只得重新杀回黎城，致使伤亡惨重。事后，孙士毅为减轻罪责，谎称众将因自己系总督大臣，设有疏虑，有关国体，再三劝阻而退，以掩饰临阵脱逃的可耻行为。这一仗，清方阵亡或失踪士兵多达5000余人，提督许世亨、总兵张朝龙、李化龙、参将杨兴龙、王宣等俱殁。

从云南出兵的乌大经一路，行动缓慢。五十三年十一月底，他们自马白出口，随后抵都童城，进入宣光三岐，往黎城方向移动，次年正月五日，到达富良江北岸，见渡桥竹筏沉断，无法参战，只得原路返回。黎维祁于战斗打响后，携母逃过富良江。正月七日进入

---

① 《钦定越南史通鉴纲目》卷47。

关内,被送南宁安顿。

乾隆对孙士毅辩解深信不疑,说"从来行军之际,原不能一往顺利"①,但考虑若不给予处分,恐廷臣和诸将不服,遂撤回前封公爵及所赏红宝石帽顶,调离两广总督之位,缺由福康安接替。

阮文惠驱逐清军,戕害清提镇大员,自知贾祸。且新邦初造,人心不能服贴。广南阮映福有东山再起之势,北部黎氏旧党潜谋复辟,其兄阮文岳亦不能相容。因此,阮文惠在双方兵戈未息之际,就急于谋求改善与清朝关系,数月之内,几次遣使臣奉表入关,恳求谅解,乞请册封。

乾隆如何处理清与阮、黎关系,很是尴尬。经过再三的慎重考虑,决定从扶黎改为扶阮。他说:

> "若集兵会剿,原不难为捣穴擒渠之计,但该处向多瘴疠,即使收入版图,照新疆之例,又须分派多员驻扎,而该处贡赋所入必不敷经费,况安南民情反复,胜国以前,郡县其地者,不久仍生变故,历有前车之鉴,朕再四思维,实不值大办,莫若量宽一线,俾其畏罪输诚,不劳兵力而可以事之为愈"②。

由于事出突然,乾隆还要作些姿态。他一再嘱托办理此事的福康安及仍留边关的孙士毅,若阮文惠"悔罪乞降",宜"示以严厉",俟其再四恳求,情词恭顺,"朕自当相机而行"③。

五十四年正月二十二日,阮文惠遣使赍降表至谅山,恐清廷不准,先令通事进镇南关试探。孙士毅认为,阮文惠"不将内地官兵先行送出,遽请奉表称藩,明系借此尝试",命守关将领左江道汤雄业将表文掷还。乾隆觉得,仅将表文掷还,"尚不足使之震惧畏

---

① 《乾隆实录》卷1321。
② 《乾隆实录》卷1321。
③ 《乾隆实录》卷1321。

慑,以坚其悔罪投诚之念",阮文惠必欲乞降,须将所俘官兵先行送出,并将杀害提镇大员的人缚献,尔后福康安才能代为转奏①。阮文惠见清方所列条件并不苛刻,立即查出杀害提镇大员的人予以正法,又分批送出所俘官兵,第一次送还500余人,第二次39人,第三次28名,第四次18名。二月九日,阮文惠派陪臣阮有啁、武辉璞2人再次叩关,声称已按清方提出的条件办理,祈请转奏"上达天听"。二月底,阮有啁等三度至关前呈表,表文称阮氏无意与官兵抗拒,"乃官兵杀戮太多,势难束手就缚,迹似抗衡,臣不胜惶惧,现在已将对垒之人查出正法。伏惟大皇帝体天行化,栽培倾覆,一顺自然,恕蛮貊无知之过,谅款关吁奏之诚,树牧立屏,用祈笼命,俾臣得以保障一方,恪共候服,则事有统慑,民获乂安,皆出大皇帝陛下帱覆之仁"②。在这篇言词十分恭顺的文内,阮文惠自署阮光平。是年五月之后,两国来往文书都用这个名字。乾隆因其表文"情词恭顺",传谕福康安"开以一线之路",为其陈奏。福康安于三月十六日驰抵镇南关受降。十九日,阮文惠的侄儿阮光显代表安南出席受降仪式。双方就阮文惠输诚纳款之事初成定议,但册封一节,乾隆坚持阮文惠要亲诣关前恳求,"仅遣亲属入关进贡,虽系出于悃忱,亦难邀收纳"③。此时,乾隆见安南无事,遂降旨撤回广东、云南的军队,适孙士毅受湿患疾,乾隆令其回京,以兵部尚书补用,福康安移师南宁或桂林休息。五月初,阮文惠再派阮光显入关,恳请进京觐见,并声称俟安南国事稍定,阮文惠定亲自到京瞻觐。乾隆对阮文惠不亲自乞降,就想"仰邀封号"有些

① 《乾隆实录》卷1322。
② 《军机处月折包》,乾隆五十四年二月阮光平禀文,转摘庄吉发《乾隆十全武功研究》,第387页。
③ 《乾隆实录》卷1327。

不满,认为有背天朝体制,所有贡物,未便收纳,并要求阮文惠应于明年八月乾隆8旬万寿庆典之际来京,阮光显可于今年七月二十日左右到热河朝觐,届时可与蒙古诸王公台吉同邀筵宴之荣。六月,福康安又呈进阮文惠表文二道,乾隆见其内容"极为恭谨",决定封阮文惠为安南国王,以"正名定分,明示宠荣","所有封爵敕印,俟阮光显入觐返国时,即令赍回"①。嗣后凡有呈进表词及本国行文之处,均允其书写国王名号。为册封安南国王,福康安请派遣满洲章京礼部员外郎成林前去黎城。阮文惠闻讯,遣黎春材带夫役 1000 名、卫士 500 名、马 100 匹,至镇南关前迎候。成林于九月十三日启程出关,沿途所过村庄,安南百姓夹道欢迎。十月十五日,成林抵黎城,宣旨册封。阮文惠在乞降之初,为阵亡清军官员建祠供祀,以讨好乾隆。成林在黎城参观了庙宇及许世亨等人的牌位,因一些官员姓名未详,暂时无法立牌,吴文楚代表阮文惠禀报成林,请求开示衔名,以便补祀。成林答应转奏,于十七日返程。

十一月,阮光显觐见乾隆后返回安南,途经广西。总督福康安受命自粤东起身,前往梧州照料出关事宜,正好碰上自安南宣封回来的成林。福康安了解具体情形后,具折转达阮文惠的两点请求:一是求天朝颁示正朔;二是恳请重开水口关,准令商贩出入。乾隆令用快递将五十五年时宪书发往镇南关,由该国镇目转交国王,嗣后每年按此例办理。至于开关贸易一节,前因双边关系紧张而闭关,内地货物罕有至安南者,严重影响该国沿边百姓的生计,今安南国王已就藩封,自应准其所请。

五十五年三月,阮文惠自义安动身,赴热河觐见乾隆。随行有次子阮光垂及吴文楚、邓文真等 150 余人。四月,他们途次谅山。

---

① 《乾隆实录》1333。

福康安遣成林前往慰问。七月初,阮文惠到达直隶。七月十一日,乾隆在卷阿胜境接见阮文惠,两国重新恢复了友好关系。

乾隆与阮氏政权修好后,较难处理的是黎氏旧政权的人物。一部份不肯降阮的黎氏旧党,陆续入关,请求清朝庇护。乾隆批示:"将求进内地之人,就边地远近,酌量安插"。凡帮助过清军作战的有功人员,分别以千把总、守备等官录用,生员入内地儒学深造①。为使不曾脱出的黎氏宗族旧臣免受阮文惠的戕害,乾隆又令福康安晓谕安南新政权能网开一面,使之入"内地存活"。同时,担心黎氏人数较多,生计拮据,特饬令地方官拨给房屋养赡,赏给银200两②。乾隆的上述作为,只是出于人道考虑,别无其他目的。他曾向阮文惠解释:

> "现在黎维祁安插桂林省城,原念其止于无能,不便加之诛谬,酌给养赡,不过等于编氓,已为再造之恩,并无复令归国之意,尔即遣人至黎维祁处看视,亦无不可"③。

五十四年三月,乾隆令将黎氏旧人视同编氓。五月,又令黎维祁等人一体薙发,改用天朝服色④,还指示福康安,当阮光显赴热河觐见,途经桂林时,应顺便去看视黎维祁。黎维祁说:"我已为天朝百姓,与他无可言语",相见有些勉强。阮光显却"喜形于色,积疑顿释"⑤。但是,黎氏政权的部分旧人,复国之心不死,不甘俯首听命于乾隆安排。黎侗、李秉道、郑宪、黎值4人拒不薙发。黎侗称:

> "我系安南人,生死要在安南,非如他人,企图受用现成

---

① 《乾隆实录》卷 1326。
② 《乾隆实录》卷 1326。
③ 《乾隆实录》卷 1327。
④ 《乾隆实录》卷 1328。
⑤ 《钦定安南纪略》卷 21。

衣食。我心目中自有作用谋为,此来并不想留于内地。现在
安南黎氏旧臣义士,愿效死力,复仇讨阮。谅山之北、太原、山
西之海阳、清华等七八处,共有兵三万余人,旧主之弟黎维祗
亦有兵万余人,分布屯集,我此时只欲探听故主消息,即复出
关,别图举事"①。

福康安对此极为恼怒,建议将抗旨者发往新疆。乾隆念其忠心,又
恐其中另有情节,命将4人送京师以备垂问。尔后,乾隆又令黎维
祁及其属下,全部迁入京师,拨归汉军旗下。

　　安南因政权更迭而纷争,这本是安南国内的事情。乾隆以宗
主国之尊,出兵干预,实是对邻邦的侵犯。他始则支持黎氏,继而
改为亲阮,为堵塞"为德不终"的物议,撰《御制安南记事文》,说
"兴灭继绝"也要"奉天道","黎氏近代以来,鲜有能为自强之君,
或天厌其德乎!"②但是,仅用"奉天道"几个字,焉能遮掩住乾隆武
装干预邻国主权的不光彩事实。

第七节　抗击廓尔喀入侵

一、廓尔喀第一次入侵

　　五十三年六月,正当乾隆调兵遣将准备进攻安南之时,西藏边
境却被廓尔喀所侵占。

　　阳布,即今天尼泊尔加德满都一带,是肥沃谷地,气候温和,宜
农宜牧,物产丰富,最早的居民是尼瓦人,又称巴勒布人。贞观十

---

① 《钦定安南纪略》卷25。
② 《乾隆实录》卷1327。

五年(641年),唐太宗以宗室女文成公主嫁给吐蕃松赞干布时,尼泊尔国王阿姆苏瓦曼也以女妻松赞干布。由于西藏地区与尼泊尔毗邻,又都信仰佛教,关系密切。13世纪,尼泊尔处于分裂状态,环绕着加德满都山谷就有24个部落,廓尔喀是其中之一。雍正十年(1732年),24个部落中的雅木布、叶楞、库库穆3汗遣使赴清朝贡方物。雍正回赠以缎匹、磁器、玻璃等。降至乾隆三十四年(1769年),廓尔喀国王博赤纳喇举兵征服各部,建立新王朝,迁都加德满都。三十八年,英国东印度公司派兵击败尼泊尔邻国不丹,引起廓尔喀不安。廓尔喀国人遣使抵西藏,求助于六世班禅额尔德尼巴丹益喜。班禅致书东印度公司居间调和。

西藏地方与廓尔喀之间有着频繁的经贸关系。西藏以当地所产盐及内地茶叶贩给廓尔喀,廓尔喀则卖给西藏米谷、布、铜、铁、纸以及珊瑚、珠子、蜜腊等。西藏缺铜,交易不用铜钱而用银。西藏的银元宝由廓尔喀人带回国,掺以铜铅,铸成银币,再用来与藏民贸易。廓尔喀原铸银币每枚重1.5钱,9枚银币共重1.35两,换西藏银1两。后来,廓尔喀改铸纯银钱币,要求将新币兑换银的比值提高1倍。藏民不同意。西藏的盐,刨自山谷,质量差,商人有时还掺以沙土牟利,廓尔喀人很不满。后藏聂拉木是廓尔喀赴藏入口处,当地官员提高了商品入口税,廓尔喀商人叫苦不迭。双方不断出现的贸易磨擦,影响了相互关系。但是,构成廓尔喀入侵西藏的导火线,是沙玛尔巴的投敌招诱。

沙玛尔巴是六世班禅的亲弟弟。四十五年,当乾隆7旬大寿时,六世班禅率呼图克图①抵京为帝诵经祝寿,受乾隆屡次赏赐,

---

① 呼图克图,蒙古语,"呼图克"意为寿,"图"意为有,合称意为"有寿之人"。清朝常以此称号授蒙藏地区喇嘛教大活佛,其地位仅次于达赖、班禅。西藏大呼图克图可出任地方官。

王公大臣及蒙古显贵又多厚赠,"无虑数十万金,而宝冠、璎珞、念珠、晶玉之钵、镂金之袈裟、珍庆,不可胜计"①。十一月,班禅因出痘圆寂,这些财物被同父异母弟仲巴呼图克图侵吞,既不布施各寺院,又借口沙玛尔巴是红教,不与分惠。沙玛尔巴心怀不满,于四十九年投奔廓尔喀,"以后藏之封殖、仲巴之专汰,煽其入寇"②。此时廓尔喀国王喇特纳巴都尔是博赤纳喇之孙,清朝称之为王子,因年幼,实权操在皇叔巴都尔萨野手中。五十三年六月,巴都尔萨野以西藏增加商品入口税、所售食盐掺沙土等为名,遣将率兵3000人入侵西藏。其时,藏兵仅有500名,而且,名曰兵,平时居家,不操练,不防守,战时更无法征调,毫无战斗力③。边境重镇聂拉木、济咙、宗喀很快相继失守。廓尔喀继而围逼胁噶尔。胁噶尔仅有喇嘛三四百人,岌岌垂危。

七月底,廓尔喀入侵的消息传到北京。乾隆接连降旨,陆续作出如下部署:第一,驻藏大臣雅满泰立即赴后藏,相机处理问题。第二,为七世班禅安全考虑,把他从札什伦布寺④移驻前藏。第三,令四川总督李世杰、提督成德调该省满洲兵500名、绿营及明正、里塘、巴塘等藏族兵三、四千名迅速入藏。第四,命成都将军鄂辉从镇压林爽文起义的台湾前线,驰驿回川,以备入藏征剿;继而又授鄂辉为将军,成德为参赞大臣,办理剿务,并令李世杰移驻打箭炉,就近调度。第五,入藏的3000名兵丁口粮,若从内地调拨,路途遥远,缓不济急,应以稍高于市场的时价,动员藏民售卖,且与达赖、班禅以及噶隆商量,请他们将库藏粮食,作价卖给官军。后

① 《清史稿》卷525《西藏传》。
② 魏源:《圣武记》卷5《乾隆征廓尔喀记》。
③ 《乾隆实录》卷1313。
④ 札什伦布,西藏喇嘛教格鲁派著名寺院,位于今日喀则县境尼色日山下。

来,达赖表示愿无偿提供稞麦 4600 石、牛 1100 只、羊 1 万只。乾隆坚持应照数给价。第六,从山西、陕西以及湖北,各拨银 50 万两解交四川,以应军需。

乾隆很快还发现,两位驻藏大臣办事乖张。廓尔喀入侵,"因聂拉木等处第巴妄增税课所致",乾隆指出:"国家设立驻藏大臣,原为办理地方事务。彼处第巴等滥行增税,庆麟、雅满泰平日岂无见闻?……是其平日所司何事!"①及至廓尔喀入侵,两驻藏大臣又筹粮不力。当时,噶隆等借口聂拉木被占,实难办粮,只肯出稞麦 4000 石,庆麟、雅满泰束手无策。庆麟更是贪生怕死,护送班禅赴前藏后,不肯返回。乾隆恼怒,革去庆麟公爵。理藩院侍郎御前侍卫巴忠曾任过驻藏大臣,又懂得藏语。九月九日,乾隆命巴忠赴藏,经理藏务。

正当乾隆在调兵遣将,准备抗击廓尔喀入侵之时,西藏地方僧俗当权者却暗中与入侵者谈判,希冀以赔款求退兵。九月二十二日,成德抵藏,得悉这一消息。他向驻藏大臣庆麟询问具体情况后,一方面"与达赖喇嘛详加讲论",派人追回谈判代表堪布喇嘛②,另方面于二十五日将此事上奏乾隆。但是,庆麟、雅满泰抢先一步将此事报告皇帝。十月七日,乾隆阅 2 位驻藏大臣奏折,内云红教派喇嘛"萨嘉呼图克图等私自遣人说和,贼等即行退回",很是吃惊,当即批道:

> "至萨嘉呼图克图等遣人议和,其意虽未始不善,然亦应请示于达赖喇嘛、班禅额尔德尼,会同前往。……若在藏众喇嘛均可与外夷部落私相往来,尚复成何事体耶! 即和息一事,

---

① 《乾隆实录》卷 1312。这里所说第巴,是作为西藏内某一地方官员的小第巴。作为藏王的大第巴,已于乾隆十六年被取消。

② 《乾隆实录》卷 1315,西藏各寺首领称堪布喇嘛。

亦必须倚仗兵威,使贼震怖,方可永远宁谧。如以心存懦怯,
辄往议和,转为贼人所轻,安能保其不复滋事!"①

十月九日,成德奏折抵京,说仲巴呼图克图与萨嘉呼图克图"并不
先行禀知,即私自差人议和"②。十月,鄂辉奏折也到北京,"于讲
和一事竟未提及",乾隆很不满。他传谕军机大臣说,朕非乐于用
兵,"但贼既犯天朝边界,若不加之惩创,何以安众番而靖边圉?
此朕不得已之苦心,屡经降旨训谕,鄂辉等岂尚不能仰体耶!"他
当即作出2点指示:第一,对于和谈内容,巴忠抵藏后,应密行查
访,据实具奏。第二,鄂辉、成德应乘敌人未完全撤退,痛加歼戮。
对方如要求和谈,即回复"我等奉命领兵,惟知剿洗"③。

尽管乾隆坚决反对和谈,他却无法扭转局面。西藏僧俗权贵,
包括噶隆班第达等,慑于廓尔喀兵威,谈判仍在继续。廓尔喀入侵
西藏的目的,并非要扩张领土,意在金银财富。所以,他们在侵占
聂拉木、济咙、宗喀、胁噶尔,饱掠之后,就撤出胁噶尔,后退一站在
墨尔模驻扎,与西藏地方权贵就退兵条件进行讨价还价。十月上
旬,成德率部到胁噶尔,准备分兵两路进攻聂拉木、宗喀、济咙等
地。十一月六日,又推进到第哩朗古。从第哩朗古至聂拉木、宗
喀、济咙等处,多是层岩乱石的山道,又因大雪封山,难以前进,军
事进攻受阻,乾隆焦急不安。十二月二日,他传谕巴忠、鄂辉、
成德:

> "将第哩朗古等处之雪,每年何时融化,此事何时始能完
> 结,现在前后办出米粮、牲畜能否敷用之处,悉心查核具奏。
> 若除现在存粮外,不能再行采买,内地距藏窎远,又断难设法

---

① 《乾隆实录》卷1314。
② 《乾隆实录》卷1314。
③ 《乾隆实录》卷1314。

404

运送,或暂为撤兵,或另筹良策,总期于事有济"①。

军事进展不顺利,使求和情绪滋长。十二月十九日巴忠行抵胁噶尔,就谋求与廓尔喀妥协。鄂辉、成德等亦随同附和。为了欺骗皇帝,他们编造了廓尔喀恭顺求和的谎言,以掩盖赔款求和的真相。他们刻意渲染两点:第一,说这场战争起因于聂拉木地方第巴桑干擅自增税。廓尔喀商人受害,曾于去年呈表进贡,但噶隆索诺木旺扎勒平日勒索外商,又受桑干贿赂,遂拒绝廓尔喀入贡要求,向驻藏大臣庆麟谎称廓尔喀"呈词傲慢",庆麟不明真相,"堕其术中"。巴忠把战争起因,归罪于西藏地方官员,为侵略者辩解,目的是要取得乾隆对廓尔喀的同情与谅解。第二,称赞廓尔喀温顺。五十四年二月,巴忠奏鄂辉、成德收复宗喀,"巴勒布头目带领属下人等迎接,似欲有所禀报"②。巴忠等人这一套谎言,完全迎合了乾隆的孤傲心态。乾隆一扫"甚切焦思"的情绪,狂妄地说:"巴勒布边夷小丑,无故断不敢滋生事端。今据鄂辉等奏,查明起衅情节,果不出朕之所料"。并宣布只要廓尔喀"设誓定界,即行撤兵"③。乾隆做梦也没想到,他所批准的撤兵,不是廓尔喀求和,清朝撤兵;而是西藏赔款,廓尔喀撤兵。

清军收复宗喀后,西藏僧俗权贵就积极与廓尔喀谈判退兵条件。经班第达之子噶隆丹津班珠尔、班禅父亲巴勒敦珠布以及沙玛尔巴等人协商,得到达赖及巴忠等同意,双方议定,西藏每年以300个银元宝,约合内地银 9600 两,换得廓尔喀从聂拉木、济咙地方退兵。四月,廓尔喀按约撤兵,鄂辉却恬不知耻上奏:"巴勒布

---

① 《乾隆实录》卷 1319。

② 《乾隆实录》卷 1322。

③ 《乾隆实录》卷 1323。

所占地方,业经全行收复,边界廓清。其大人为雪所阻,俟天气晴暖,前来叩见"①。把赔款情节,完全隐瞒下来。六月,鄂辉又奏,巴勒布头人环跪营门,悔罪乞恩,称:

> "我等远在边外,本与唐古忒和好,常来西藏交易。近因西藏人将我等货物任意加税,并于食盐内掺入砂土,我等实不能堪,冒昧侵犯边地。今大兵远来,我等不敢抗拒,望风退回。今蒙将从前在藏滋事之噶布伦并加税之第巴等均革退治罪,又将办事驻藏大臣更换,莫不感仰大皇帝公正严明,额手称颂"②。

乾隆陶醉于虚构的胜利,迷惑于鄂辉等人的阿谀表章。他降旨询问巴勒布王子及伊叔真实名字,准备颁敕封赠。七月十五日,廓尔喀贡使抵札什伦布,十月十日抵打箭炉,十二月抵京。乾隆多次赐宴,并封廓尔喀王子喇特纳巴都尔王爵,其叔巴都尔萨野公爵。

廓尔喀入侵,使乾隆感到有必要强化西藏地方吏治与边防,多次对鄂辉、巴忠说,应将一切善后事宜,悉心妥议,定立章程。五十四年二月十七、十八两天,他接连传谕鄂辉,要他参照十六年班第等订立的《酌定西藏善后章程》的成规,就达赖的权力、噶隆、戴绷③、第巴的补放,藏兵的训练等问题,妥协定议。六月二十七日,军机大臣议覆鄂辉等条奏设站定界事宜19条,其中主要内容有:

1.从前藏抽调150名绿营官兵移驻后藏,在拉子地方添设唐古忒兵200名。

2.前藏添设唐古忒兵800名,在后藏添设唐古忒兵400名,于

---

① 《乾隆实录》卷1326。
② 《乾隆实录》卷1332,文中所云噶布伦,即噶隆又一译音。
③ 戴绷,又作代奔、代本、戴琫,西藏地方政府军职。

绿营内挑取武官,定期分领操练。

3.令每岁秋收后,动币项购买米、稞麦 3000 石,交驻藏粮员,于札什伦布城内建仓收贮。连续采买 2 年后,以 6000 石为常贮额,再按年出陈易新。

4.西藏所属寨落,设立第巴管理,缺分甚多,应一体补放,不许擅用家丁代理。

5.西藏对外贸易,须由老成谨慎的第巴协同该处头目管理。聂拉木、济咙、绒峡 3 处商品进口税准减半征收。外售盐斤,应于挖出时,交该处第巴查验成色,酌中定价①。

上述 19 款规定,还未实施,廓尔喀又第二次入侵西藏。

二、抗击廓尔喀第二次入侵

西藏僧俗权贵以赔款求退兵,却无财力每年支付廓尔喀 300 个银元宝。乾隆五十五年(1790 年)秋,廓尔喀派人索款,达赖遣员向对方要求,一次性给若干银元宝后,撤销原定"合同"。廓尔喀不答应。五十六年六月,噶隆丹津班珠尔应廓尔喀要求,至聂拉木谈判。廓尔喀将丹津班珠尔扣留作索款人质。七月初,廓尔喀第二次入侵西藏,相继占据聂拉木、济咙,烧毁定日各寨落。驻藏大臣保泰惊慌失措,奏请将班禅从札什伦布寺移居前藏。

八月二十二日,乾隆接保泰奏折,因不明真相,将廓尔喀兴兵索赔,视作一般的债务纠纷,认定是从前鄂辉、巴忠未能将债欠查明清还所致。他不同意将班禅移居前藏,要求保泰只可静守,不可妄动。巴忠知道底细,恳请赴藏效力,目的是想一手将真相继续遮掩下去。乾隆不同意,决定派四川总督鄂辉带 50 名绿营兵赴藏处

---

① 《乾隆实录》卷 1333。

理。巴忠胆怯,当夜潜出,投河自毙。乾隆以为巴忠之死,"殊堪骇异",估计到巴忠以御前侍卫自恃,在西藏办了什么见不得人的事,但仍没有看出事态发展的严重性。九月五日说,廓尔喀系"极边小夷,彼此劫掠,乃其常情",如发兵前往,伊等"望影奔溃,势必稽颡请降",届时若允其降而班师,藏人又不能守约善邻,每因小利激变,又复呈请办理,"似此牵缠,殊属不成事体"①,不同意派兵征剿。第二天,他将这道谕旨交给大学士阿桂、两广总督福康安阅看,要求他们阅后陈述见解。二十日,他接保泰奏折,要求将达赖、班禅移居青海泰宁。乾隆责保泰、雅满泰二位驻藏大臣"竟是无用之物,偾乱已甚"②。

廓尔喀第二次入侵,比第一次来势更凶猛。八月二十日,他们已进兵后藏,继而洗劫札什伦布寺,不仅摘去该寺塔上镶嵌的绿松石、珊瑚等,还搬走大半金银佛像,以及中央政府给班禅的金册印等。廓尔喀兵包围札什伦布之前,班禅已被移居前藏。主管后藏事务的仲巴呼图克图也已携带细软奔匿。留在庙中的孜仲喇嘛③竟在"吉祥天母"神前占卜,说天母神谕,"不可与贼接仗",以致众心惑乱,该寺沦入敌手。

九月二十二日,乾隆得知札什伦布被侵占,才意识到局势严重,有"痛加惩创"的必要。他立即降谕,令成都将军成德急驰西藏,调福建水师提督奎林接任驻藏大臣。二十五日,乾隆作出了"明岁春融,厚集兵力,分路进讨"的决定,并将主持军务的重任,交给两广总督福康安,要福康安趱程来京,面授方略。

十月六日,当乾隆得悉札什伦布寺被抢,拿保泰出气,令将保

---

① 《乾隆实录》卷 1386。
② 《乾隆实录》卷 1387。
③ 孜仲喇嘛,又作"济仲喇嘛",西藏地方政府僧官。

泰押至达赖、班禅面前,责打40板后,用重枷永远枷号藏地,以示儆戒。十一月十九日,乾隆从达赖的弟弟罗卜藏根敦扎克巴的口中,得知前年廓尔喀第一次入侵时,噶隆丹津巴珠尔等许以每年给银元宝300个求退兵真相,立即将此事谕知福康安,并指示福康安二点:第一,"倘廓尔喀提及前此许给银两一事",即回答此原系噶隆等与廓尔喀头人私相定议,"实属错谬";第二,此事噶隆告之巴忠,"实系巴忠一人之罪",鄂辉、成德"不过随同附和",以此安定2人之心,俾全力办理剿务①。

为抗击廓尔喀侵略者,从五十六年冬季开始,乾隆作了多方面部署。由于鄂辉、成德入藏行动迟缓,乾隆分别革去他们总督、将军之职,以副都统衔戴罪立功。福康安被授予将军,后改为大将军,寄以统率全师重任。委二等超勇公海兰察以及驻藏大臣奎林为参赞。遣在京巴图鲁、章京②、侍卫百余名随同出征。命吏部尚书、协办大学士孙士毅署四川总督,负责调兵筹粮。调山东巡抚惠龄赴四川,准备接替年逾7旬的孙士毅。命工部尚书和琳协助孙士毅核办军需。乾隆还下令调索伦、达呼尔兵1000名、四川及各土司兵8000名,合原已进藏官兵,共有1.5万至1.6万名③。至五十七年二月孙士毅报告,已调集军粮7万石,足供1.5万人年余兵食④。乾隆还批准拨库银300万两以为军费⑤,后又追加200万两⑥。两淮盐商洪箴远等呈称愿捐银400万两、两浙商人何永和

---

① 《乾隆实录》卷1391。
② 巴图鲁,满语勇士意思,清朝多以为称号,赐给作战有功者。章京,清代军职官名。
③ 《乾隆实录》卷1400。
④ 《乾隆实录》卷1396。
⑤ 《乾隆实录》卷1397。
⑥ 《乾隆实录》卷1406。

愿捐银100万两,乾隆准其分别捐银200万两和50万两以为军费①。此外,达赖、班禅、噶隆等西藏各级僧俗官员,共自愿捐牛1.5万只,布达拉宫现存火药2400余斤、铅子2.8万斤、大炮30余门,也全部运至军营候用②。

五十七年一月,福康安抵藏。二月十七日,他统兵驰赴边境。在此之前,即上年十月二十八日,成德已收复聂拉木。因此,福康安首要任务是攻下济咙。廓尔喀派兵增援,济咙一时难以攻下。福康安打算分兵两路,一路潜兵越险,经过济咙守敌背后,截其归路,另一路径取阳布。四月十八日,乾隆看了福康安上奏的藏地图样,立即否定了分兵两路的作战方案,指示应以济咙为进兵正路,并力会攻。9天之后,即四月二十七日,乾隆又指示说:"若不将济咙等处逗留之贼攻剿净尽,由此路乘胜直前,别寻间道,悬军深入,该处山路丛杂,安保济咙等处贼匪,不心生窥伺,扰我后路?"③

根据乾隆集中兵力先打济咙的指示,五月上旬官兵冒雨攻围,在连续夺取擦木要隘、玛噶尔辖尔甲山梁之后,收复了济咙。乾隆闻讯,"以手加额,叩谢天恩"④。

收复济咙之后,这场反侵略战争被推向廓尔喀境内。热索桥是廓尔喀门户,敌方恃险拒守。六月初,清军于上流潜渡,乘敌不备,直前攻扑,夺取热索桥石卡。九日,清军推进至雍鸦地方。同时,成德所部也占住德亲鼎山,继而攻下头卡、二卡、三卡。六月下旬,清军再克协布鲁一带木城,以及东觉山梁、雅尔赛拉、博尔东拉等地。七月四日,福康安率部裹粮再进,历噶勒拉、堆补木、特帕朗

① 《乾隆实录》卷1396,1397。
② 《乾隆实录》卷1398。
③ 《乾隆实录》卷1401。
④ 《乾隆实录》卷1406。

古桥、甲拉古拉、集木集等处700余里,6战皆捷,杀敌4000余,清兵抵距阳布仅数十里地的热锁桥①。

廓尔喀陷入了危急状态。福康安发兵之初,曾檄谕廓尔喀邻邦哲孟雄、宗木、作木朗、布鲁克巴、披楞等联合进攻廓尔喀,"许事平分裂其地"。但各邦皆观望不前。及至清军长驱直入,廓尔喀向披楞求援,"披楞佯以兵船赴援,实阴逼其边鄙"②。廓尔喀两面受敌,喇特纳巴都尔曾遣使请求孟加拉英国东印度公司以武力支援,遭到拒绝,只好转而向清朝求和。早在五月底,巴都尔萨野已将聂拉木谈判时被俘的清兵王刚以及第巴塘迈等4人遣返,并递禀福康安,说不知道沙玛尔巴是坏人,受其唆使,才诱执汉兵,侵扰后藏。如今沙玛尔巴已死,请求允许认罪投降。福康安一面将廓尔喀求降之事上奏皇帝,另一面向廓尔喀提出请降条件:廓尔喀国王应来军营叩头认罪;沙玛尔巴虽死,应呈验其焚余之躯,并将其眷属徒弟交出;所抢去札什伦布所有财物,应全部交还;以前所立赔款合同应交出查销。七月八日,廓尔喀遣人回话,答应福康安所提出全部条件,二十七日又遣人交出所抢札什伦布寺银物等件,以及沙玛尔巴眷属及手下喇嘛。

福康安前方受降活动,得到乾隆全力支持。八月十日,乾隆说,今年节气较早,以往九月过后,藏地冰雪封山,今年下雪必更早。万一大军深入,进退两难,关系重大。应传谕福康安,如实难进取,即趁敌人畏惧恳乞,准其具表纳贡③。二十二日,乾隆得福康安奏折,说廓尔喀已于七月八日答应了投降条件,"俟其将合同、札什伦布物件呈交,并送出沙玛尔巴骨殖、徒弟、跟役,看如何

---

① 昭梿:《啸亭杂录》卷6《廓尔喀之降》。

② 魏源:《圣武记》卷6《乾隆征廓尔喀记》。

③ 《乾隆实录》卷1410。

具禀,再相机酌办"。乾隆阅后批道:"所见甚是"①。同一天,又著传谕福康安,立即传示圣旨,准许廓尔喀请降,"赦其前罪,准令纳表进贡,悔罪投诚"②,但作出 5 条规定:第一,准许廓尔喀每 3 年或 5 年遣头人赴京具表进贡。第二,来藏贸易巴勒布人,愿留藏地者,即编入户册,作为藏民,不愿者派兵遣回。第三,在西藏设炉铸"宝藏"字样钱,所有巴勒布钱,不许再行使用。第四,自定立疆界后,廓尔喀人不许偷越藏界;藏人亦不得私赴廓尔喀礼拜佛塔和贸易。第五,两名驻藏大臣,向俱驻前藏,嗣后应有一员分驻后藏③。

第二天,乾隆授福康安武英殿大学士兼吏部尚书、孙士毅文渊殿大学士兼礼部尚书,以示嘉奖。

八月八日,廓尔喀遣使到福康安营中赍送贡表。九月三日,廓尔喀贡使在侍卫珠尔杭阿的陪同下赴北京。十日与十六日,乾隆又二次传谕,在大兵撤回之前,要与廓尔喀申明约束,定立地界。他说,应向廓尔喀提出:

> "热索桥迤西,如协布鲁、雍鸦、东觉、堆补木、帕朗古等
> 处皆经大兵攻克,本应即以此为后藏边界,念尔等悔罪投诚,
> 仍行赏还;其热索桥以内济咙、聂拉木、宗喀等处本属藏地,虽
> 经汝侵占,现经大兵收复,非如上次讲和退还者可比。嗣后应
> 以济咙、聂拉木以外为界。尔部落人等不得尺寸擅越。如有
> 私行偷越者,拿获即行正法"。④

清朝虽是战胜国,但不向廓尔喀提出领土要求。这表明乾隆没有扩张野心。

---

① 《乾隆实录》卷 1411。
② 《乾隆实录》卷 1411。
③ 《乾隆实录》卷 1411。
④ 《乾隆实录》卷 1412。

十月三日,乾隆作《御制十全记》曰:"昨准廓尔喀归降,命凯旋班师诗,有十全大武功之句,盖引而未发,兹特叙而记之"。所谓"十全武功"指的是:"平准噶尔为二,定回部为一,扫金川二,靖台湾为一,降缅甸、安南各一,今两次受廓尔喀降,合为二。"①因此,乾隆晚年曾以"十全老人"自诩。

三、强化西藏管理的善后措施

廓尔喀二次入侵,以及西藏地方僧俗权贵背着清中央政府,擅自与廓尔喀订立赔款退兵"合同",使乾隆意识到,要保持西藏地方的局势稳定,就必须采取措施,进一步强化中央对西藏地区的管理。这些措施包括政治军事经济以及对外交往等方面。

首先,在乾隆看来,清朝对西藏地方统制不力,其问题的关键是噶隆权力太大。廓尔喀二次入侵,都是因噶隆妄为生事引起的。第一次起因于噶隆索诺木旺扎勒贪赃枉法,第二次起因于噶隆丹津班珠尔擅自与敌人订立赔款"合同"。至于驻藏大臣,视驻藏为苦差,缺乏责任感,凡事迁就噶隆,但求无事,任满回内地。五十六年十二月二十六日,他传谕军机大臣说:

"卫藏一切事务,自康熙、雍正年间,大率由达赖喇嘛与噶布伦商同办理,不复关白驻藏大臣,相沿已非一日。达赖喇嘛系清修梵行,惟知葆真养性离尘出世之人,岂复经理俗务,自必委之于噶布伦。而噶布伦等遂尔从中舞弊,诸事并不令驻藏大臣与闻,又滋生事端,始行禀白,吁求大臣为之经理。迨至事过,仍复诸事擅行,以致屡次滋衅,成何事体!……向来驻藏大臣,往往以在藏驻扎视为苦差,诸事因循,惟思年期

---

① 《乾隆实录》卷1414。

届满,幸免于事,即可更换进京。今经此番大加惩创之后,自应另立章程,申明约束,岂可复循旧习。嗣后驻藏大臣与达赖喇嘛,遇有应办事件,当一一商同办理,噶布伦等与在藏章京会办,不得稍有专擅。"①

乾隆这一措施,通过提高驻藏大臣的地位与权力,加强中央对西藏的管理。西藏事务须由达赖与驻藏大臣协商处理,噶隆不得专擅,削弱噶隆权力。

其次,乾隆决定应当把噶隆、戴绷、第巴等西藏地方官员的任命权收归中央,由皇帝补放。五十六年九月,乾隆在一道谕旨中指示:

"以前西藏戴绷、第巴缺出,皆由达赖喇嘛处定补,曾降旨令驻藏办事大臣,会同达赖喇嘛商议,拣选补放。至噶布伦责任更要,遇有缺出时,若即将达赖喇嘛议定正陪之人奏效,仍不免徇情滋弊。著交驻藏大臣,嗣后凡噶布伦缺出,会同达赖喇嘛于应升用人内,择其能事者,秉公选定正陪,于各人名下注明如何出力之处,奏请补用,俟朕补放。"②

乾隆这一决定,确立了清中央政府对西藏用人行政的统治权,使西藏与内地其他省份一样,完全隶属于清朝政府。

第三,创设"金奔巴"③制度,改革"呼毕勒罕"④即"转世灵童"的挑选办法。喇嘛教黄教派认为,达赖、班禅及其他呼图克图都是佛的化身,死后其灵魂可转世化生。因此,每当达赖、班禅、呼图克图去世,就要去寻找转世化生的"灵童",以接替其位。在寻找"转

---

① 《乾隆实录》卷 1193。
② 《乾隆实录》卷 1387。
③ 奔巴,藏语瓶的意思。金奔巴,即金瓶。
④ 呼毕勒罕,蒙古语对转世的称呼。

世灵童"过程中,拉穆吹忠即巫师起关键作用。拉穆吹忠称"降神附体,指明地方人家寻觅"。西藏大农奴主贵族往往收买拉穆吹忠,让自己的子弟被指定为"呼毕勒罕"。其结果是,呼毕勒罕皆出权贵之家,甚至"率出一族,斯则与世袭爵禄何异"①,从而造成僧俗权力合于一门,屡代世袭。乾隆说:"朕思其事,近于荒唐,不足凭信。拉穆吹忠往往受其嘱托,假托神言,任意妄指,而藏中人等因其迹涉神异,多为所愚,殊属可笑"②。为了揭穿拉穆吹忠的骗局,乾隆作了2件事。其一是,公布一起拉穆吹忠受贿妄指呼毕勒罕事件。五十七年,喀尔喀蒙古三音诺颜部商卓特巴③那旺达什,为营求将士谢图汗车登多尔济之子指定作班第达呼图克图的呼毕勒罕,竟送银50两、缎1匹、哈达1个给拉穆吹忠。拉穆吹忠即于那旺达什所递字上批说,车登多尔济之子是真呼毕勒罕。其二是,据说拉穆吹忠降神,舞刀自扎,身体无害,是以人皆信之。乾隆指示福康安,亲加面试,果能有验,亦姑听之。如果不灵,即将拉穆吹忠荒唐不可信之处,当众晓谕,俾僧俗人等共知其妄。结果,经和琳等当面演试,"授以刀剑,俱各恐惧战栗",竟不如内地巫师④。通过这二件事,拉穆吹拉假托神灵附体,徇私舞弊真相被戳穿。乾隆宣布,嗣后藏民向拉穆吹忠推问吉凶,暂听其旧,"所有找寻呼毕勒罕一事,永远不准吹忠指认"⑤。与此同时,乾隆创设"金奔巴"以取代拉穆吹忠挑选转世灵童。五十七年九月五日,他指派御前侍卫惠伦等,专程护送"金奔巴"入藏。第二年三月,乾

① 《乾隆实录》卷1427。
② 《乾隆实录》卷1417。
③ 清代文献称西藏或部分蒙古地区管理库藏及财赋收支机构为商上,其主管官员为商卓特巴,设2至4人。
④ 《乾隆实录》卷1427。
⑤ 《乾隆实录》卷1427。

隆颁谕说:

> "朕护卫黄教,欲整饬流弊,因制一金奔巴瓶,派员赍往,
> 设于前藏大昭,仍从其俗,俟将来藏内或出达赖喇嘛、班禅额
> 尔德尼及大呼图克图等呼毕勒罕时,将报出幼童内择选数名,
> 将其生年月日、姓名,各写一签,入于瓶内,交达赖喇嘛念经,
> 会同驻藏大臣,在众前签掣,以昭公当。"①

乾隆还作出规定,如果所找灵童仅有 1 个,也要在金瓶内放进另 1
个无姓名的签牌。如果抽出的是无姓名签牌,就不能认为已找到
转世灵童,应另行寻找。乾隆还把"金奔巴"制度推广到蒙古地
区。在京都雍和宫内亦设一金奔巴,"如蒙古地方出呼毕勒罕,即
报明理藩院,将年月、姓名膳写签上,入于瓶内,一体掣签,其从前
王公子弟内私自作为呼毕勒罕之陋习,永行停止"②。"金奔巴"制
度的建立,把西藏地区宗教领袖的挑选,置清中央政府的控制与监
督之下,扭转了以往贵族通过内定呼毕勒罕,控制教权,使僧俗权
力一体化的局面,对于防止地方权力膨胀以至闹分裂,都有着重大
意义。

第四,整顿西藏地方武装。西藏地处边陲,距内地遥远,在交
通不便的年代,日常边防,应以地方武装力量为主。西藏原有唐古
忒兵 500 名,不仅人数少,且有名无实,其战斗力之弱,在廓尔喀二
次入侵中已充分暴露,亟待整顿加强。五十七年十一月,福康安遵
照乾隆圣旨,筹议了番兵章程,经军机处酌议,皇帝批准实行。章
程规定,全藏设藏兵 3000 名,其中前后藏各 1000 名,定日、江孜各
500 名;带兵军官戴绷从原有 5 名,增至 6 名,下设如绷、甲绷、定

---

① 《乾隆实录》卷 1424。
② 《乾隆实录》卷 1427。

绷各级武官;每名士兵年给青稞 2.5 石,每名戴绷给庄田 1 份,每名如绷年给银 36 两,甲绷 24 两,定绷 14.8 两。兵丁技艺应令各将备督同番目训练,驻藏大臣每次巡查时,应校阅优劣,分别赏罚①。军队所需经费,除每年由西藏地方财政拨款 2600 余两外,其余取足于罪犯沙玛尔巴、仲巴及丹津班珠尔等归公家产。其中查抄沙玛尔巴家产,估价变卖 64 万余两,另有各处庄田年收租银 7100 余两,赏给达赖喇嘛,"足敷每年如绷、甲绷、番兵等养赡之用"②。经过整顿,藏兵战斗力明显提高。五十九年二月,乾隆说:"前后藏汉、番官兵,向来最为懦弱,今经和琳等严饬训练,亲加查阅,分别奖惩,使新设番兵皆成劲旅,实为卫藏所未有"③。

第五,设炉鼓铸西藏货币。西藏地方行使廓尔喀铸币,藏民以银易廓尔喀换铜铸币,不仅存在着换算上的困难,而且造成西藏地区白银外流。五十六年八月二十二日,乾隆在批准接受廓尔喀投降时,所作五条规定中,就提出要停止使用廓尔喀钱。九月,乾隆又说:

"我国家中外一统,同轨同文,官铸制钱通行无滞,区区藏地何必转用外番币货,况伊将所铸之钱易回银两,又复换铜铸钱向藏内交易,源源换给,是卫藏银两转被廓尔喀逐渐易换,尤属不成事体。若于内地铸钱运往,程站遥远,口外又多'夹坝',运送维艰,莫若于西藏地方照内地之例,安设炉座,拨派官匠,即在彼鼓铸。驻藏大臣督同员役监制经理,自可不虞缺乏。"④

---

① 《乾隆实录》卷 1418。
② 《乾隆实录》卷 1432。
③ 《乾隆实录》卷 1456。
④ 《乾隆实录》卷 1387。

第二年,根据乾隆指示,福康安决定在西藏铸3种纯色银币。第一种重1.5钱,每6圆兑换纹银1两;第二种重1钱,每9圆兑换纹银1两;第三种重0.5钱,每18圆兑换纹银1两。其中余银1钱作为铸币工本。3种银币,正面以汉文铸"乾隆宝藏",背面用藏文铸"乾隆宝藏"。五十八年十月,驻藏大臣和琳奏,藏民不愿使用重1.5钱银币。清朝遂决定取消,全部铸重1钱与0.5钱银币。

根据乾隆决定与多次指示,五十七年十二月,福康安上奏《筹酌善后章程》6条,经乾隆批准执行。其主要内容有:驻藏大臣除上山观瞻外,其督办事务应与达赖喇嘛、班禅额尔德尼平等。自噶隆以下官员及管事喇嘛,事无大小,均应禀知办理。噶隆、戴绷、商卓特巴等大小官员应立等级补放,不得越次,亦不得以达赖、班禅亲属挑补。2名驻藏大臣同在前藏,但应于春秋两季轮流赴后藏巡查边界,顺便操兵。

五十八年一月,福康安又奏《酌筹藏内善后章程》16款,其主要内容有:

接壤藏地各部差人来藏,令边界营官禀报驻藏大臣验放。有禀驻藏大臣者,由驻藏大臣给谕。有呈达赖者,俱禀驻藏大臣详验,商发谕帖。其寄信噶隆等,亦令呈驻藏大臣与达赖商给回谕,不准噶隆私通信息,违者革退。

藏地边界如济咙、聂拉木、绒辖等处,与廓尔喀相通,向无界址,现各设鄂博,厘定疆域,不准私越。

西藏地方大小官员,向来由达赖挑选世家子弟即"东科尔"中通书算而家殷实者担任,其余藏民无进身之路,且不告知驻藏大臣。嗣后应令驻藏大臣与达赖公选。非"东科尔"而技熟力勉的兵丁藏民,亦准由定绷渐升戴绷。其余办事官员,仍送"东科尔"按等补用,但不准袭父祖职。

堪布喇嘛系一寺首领,向多营求补放。嗣后各大寺坐床堪布缺出,达赖会同驻藏大臣拣放。小寺堪布仍专会达赖拣选。

藏内各寨百姓供应乌拉①夫马,达赖等向多滥给免差照票。噶隆、戴绷及大喇嘛等庄户亦多求免差税牌票。嗣后概行撤销,惟实著劳绩者,令达赖告知驻藏大臣给票免差。

卫藏各寨户口,增减去留,无从稽核。嗣后令达赖将所管大小庙喇嘛造册,并令噶隆将卫藏所管地方及呼图克图所管寨落户口,一体造册,于驻藏大臣衙门及达赖处,各存一分备查。

喇嘛官员人等,向多私用乌拉。嗣后惟公事差遣,准禀明驻藏大臣及达赖,给以印票,标定号数,沿途照用。

卫藏旧制,犯罪赎罚。近年噶隆任意高下,倍罚肥私,甚至挟嫌捏耸达赖,抄没"番目"家产。嗣后应译写罚赎旧例一本,交驻藏大臣酌核拟办。

达赖赏给噶隆、戴绷等官田,向有事故缺出,不交后任者。请查明随任交代,不准私占。

各寨征收租赋,向多牵混。嗣后令商卓特巴按年立限,严催清交商上,并查实绝户荒田,随时豁赋。

等等。

上述几个章程,是福康安与八世达赖喇嘛强白嘉措、七世班禅丹白尼马反复磋商制定的。尔后,清朝又将几个章程汇总厘定为29 款《钦定西藏章程》颁行。章程的藏文原本存于拉萨大昭寺和札什伦布寺内。通过这些章程,使清政府强化了对西藏的管理,对

---

① 乌拉,满语、蒙古语、藏语中均为差役之意。

西藏地区的政治稳定起了重大作用。

第八节　接见英使马嘎尔尼

　　前面说过,乾隆中期,英商洪任辉三闯宁波港,非但没有打开英国对华贸易的新局面,反而导致乾隆关闭闽、江、浙三海关,颁布更严格的海外贸易管理条例。但欧洲各国对华贸易并没有因此止步不前。"中英两国贸易额每年达几百万英镑"。中国对英国的输出,以茶叶为最大宗。茶叶已成为英国人日常生活必需品,需要量甚大:

　　　　"问题在于,除了利润的考虑而外,有一种主要的中国产品而在其他地方所买不到的东西日益成为英国各级社会人士生活上的必需品。茶叶已经成为人生活上的需要,在我们能够设法在其他地方用同等价钱购进同等数量和质量的茶叶之前,中国方面的来源无论如何必须加以维持"[1]。

据统计,从乾隆三十七年(1772 年)至四十五年,英国共计从中国进口茶叶 5075.9481 万磅,每年平均 563.9939 万磅。仅运输这些茶叶,年需 18 艘船[2]。在中英贸易中,英国严重入超。从乾隆三十八年至乾隆四十七年,英国对华贸易的入口费用共花去 100 万磅,其中茶叶 72.2245 万磅,生丝 20 万磅,瓷器等 2 万磅。巨额的入超,造成英国社会的沉重负担。英国人抱怨说:"现在英国的金银价格很高,而中国又缺乏现银购买外货"[3]。但就中国而言,自给自足的自然经济,不需要外国商品,甚至连对外贸入超于社会经

---

① 《英使谒见乾隆纪实》第 26 页,商务印书馆 1963 年版下同。

② 《英使谒见乾隆纪实》第 542 至 543 页。

③ 《英使谒见乾隆纪实》第 549 页。

济发展的促进作用,也缺乏认识,正如英国人所说:

> "在一个相当长的时期中,中国市场上对欧洲商品确是
> 不太需要。外国人在中国购进中国商品所使用的外币,这
> 在许多需外币购买外国产品的国家看来是非常可贵的,但
> 在中国却认为是换进许多外国硬币,只是一个麻烦而不是
> 什么利益"①。

对于这种状况,英国方面当然是不会满意的。他们感到有必
要采取有力措施,扩大对华贸易。于是,"在中国经商的一些东印
度公司代理人建议派遣一个使节到北京面见中国皇帝,请求他下
一道命令解除英国这些困难"②。英国政府采纳这一建议,经过认
真慎重挑选,马嘎尔尼被英国王指定为来华特使。此人长期从事
外交,曾在印度担任要职,出任过英国驻彼得堡公使,料理过孟加
拉事务,富有谈判经验。副手是马嘎尔尼挚友斯当东。斯当东也
曾代表英国政府处理过多起外交事务。使团还有秘书、翻译、医生
等。为了向中国炫耀大英帝国的力量和物质文明,英国政府还让
一些化学、天文学、力学等多学科专家参加使团。特使乘坐的"狮
子号",是英国海军第一流军舰,舰上配有 64 门大炮。东印度公
司还给使团 1 艘吨位最大的船"印度斯坦"号,以及"豺狼"号等 8
艘小船。使团成员约 100 人,加上各船水手和工作人员共 800
余人。

使团出发之前,英国王写了 2 封信。一封给马嘎尔尼,交代了
此行目的:

> "在中国经商的英国臣民很久以来多于任何其他欧洲各

---

① 《英使谒见乾隆纪实》第 24 页。
② 《英使谒见乾隆纪实》第 24 页。

国。……我对于自己的远方臣民不能不予以应有的关怀,并以一个大国君主的身份要求中国皇帝对于他们的利益予以应有的保护"。

英国王这一封信,就是授命马嘎尔尼代表英国政府与中国皇帝直接谈判,要中国政府保护在华贸易的英商利益。另一封信写给乾隆皇帝。信中,英王大肆吹嘘其殖民者的军威和"仁慈"、"道德":

"在这种精神的指导下,英国的军事威力虽然远及世界各方,但在取得胜利之后,英王陛下对于战败后的敌人也在最公平的条件下给予同享和平的幸福。……英国现在正与世界各国和平共处,因此英王陛下认为现在适逢其时来谋求中英两大文明帝国之间的友好往来。"

实际上这是一封充满狂妄与恫吓的信件。英王还赋予马嘎尔尼特权,"在访华途中,只要马嘎尔尼特使认为任何国家可以供给有用的资料,他都有权进行访问"①。

乾隆五十七年九月,使团从英国朴次茅斯港启航,直驶中国天津。在此之前,东印度公司董事长佛兰西斯·培林爵士给两广总督写信,将马嘎尔尼奉命访华之事,通知清政府。乾隆五十八年一月,清朝表示同意马嘎尔尼访华。但是孤立于世界之外的清王朝,不仅无知,缺乏外交常识,而且从天朝帝国传统的虚骄观念出发,认为英使是为"叩祝"乾隆八十寿辰"进贡"而来的,说什么"阅其情词,极为恭顺恳挚,因俯允所请,以遂其航海向化之忱"②。乾隆完全看错了对象,把企图来敲开中国大门的西方殖民者,看作是要来"诚心效顺"天朝的夷邦。五十八年二月二十一日,乾隆降谕沿

---

①　《英使谒见乾隆纪实》第 39 至 40 页。
②　《乾隆实录》卷 1421。

海各省督抚,指示 2 条:

第一,该贡使船只,可能于"闽、浙、江南、山东等处近海口岸收泊",上述各省督抚"如遇该国贡船进口时,务须派员弹压稽查,列营摆队,以示严肃",但不可失之太过,"竟似陈兵备御",以致"该国使臣心怀疑惧"。

第二,贡使"或于贡船之便,携带货物前来贸易",因此要闽、浙、江南 3 省督抚,应事先行文广东省,准备"行头通事人等",不论贡船在何处上岸,"即飞速行知广东,令将预备之人派员送到,以便为之说合交易"①。

乾隆这 2 条谕令同样说明,他是根据以往对待周边国家贡使来华的通常办法,来接待西方殖民者的到来。

五月,马嘎尔尼的使团船到达澳门。广东巡抚郭世勋获悉后,立即向北京报告。乾隆决定在热河行宫避暑山庄接见马嘎尔尼,并降谕驻在天津的长芦盐政征瑞承办接待工作。五月底,浙江巡抚觉罗长麟报告,英使团船到浙江洋面,并于六月一日从浙江青龙港出发北上。中旬,英使团船到达天津。直隶总督肯林堂和征瑞在天津宴请英使,并送给使团一批米面鸡鸭等生活物资。英使团递交了天体运行仪、地球仪以及装配有 110 门重炮巨大英舰模型等 8 件礼品,在礼品说明书上吹嘘说:"英国在欧洲是第一位的海军强国,素被称为海上之王"②。

使团在征瑞的陪同下到达北京,住进了宏雅园。此时,乾隆已去避暑山庄。七月十八日,英使参观了圆明园。原先,英使曾傲慢地认为,礼品体积高大,难以找到安装地点。但看了正大光明殿之

---

① 《隆实录》卷 1423。
② 《英使谒见乾隆纪实》第 250 页。

后,即认为"这个宽广的大殿正适于陈列礼物"①。乾隆听后十分得意说:"总不出朕所料。该贡使等从未观光上国,其前征瑞说贡品高大,不免夸张其词。兹一见天朝殿宇辉煌壮丽,即以为侭容全分"②。可见,乾隆安排参观圆明园宫殿,是要与西方比物质文明。

为了便于赴热河谒见乾隆,使团被移住城内。这时,马嘎尔尼最担心的是谒见乾隆的礼节问题。如果按清政府要求,行三跪九叩礼,这等于英国"表示屈服和顺从",难以接受。如果不行此礼,又怕达不到谒见中国皇帝的目的,完不成英王交给的使命。"这对英国和英属印度甚至全欧洲商业的关系是重大的"③。马嘎尔尼给大学士和珅写去备忘录,就谒见的礼节进行交涉:"贵国皇帝钦派一位同本使地位身份相同的大员穿着朝服在英王陛下御像前行本使在贵国皇帝面前所行的同样礼节。……这样做法就可以使本特使既能向贵国皇帝致敬,而又不损及他所代表的本国国王在世界列强中的崇高地位"④。

七月末,使团动身赴热河。沿途看了万里长城。随团一员叫约翰逊的说,其祖父老约翰逊博士曾讲过,"假如他的孙子能参观一下万里长城,那将是一件值得骄傲的事"⑤。到达热河后,英使与和珅继续磋商谒见礼节问题。英方坚持"双方行对等礼",并说"过去中国把英王礼品写成'贡品'字样,已经发生混淆了"⑥。

乾隆对英使不肯行三跪九叩礼很不满意。八月五日上谕说:

① 《英使谒见乾隆纪实》第 318 页。
② 《乾隆实录》卷 1433。
③ 《英使谒见乾隆纪实》第 320、321 页。
④ 《英使谒见乾隆纪实》第 326 页。
⑤ 《英使谒见乾隆纪实》第 325 页。
⑥ 《英使谒见乾隆纪实》第 359 页。

"现在英吉利使臣等前来热河,于礼节多未谙悉,朕心深为不惬。伊等前此进京时,经过沿途各地方官,款接供给未免过于优待,以致该贡使等妄自骄矜,……此等无知外夷,亦不值加以优礼"①。

经过反复磋商,清朝终于答应马嘎尔尼提出的另一方案,以晋见英王时单腿下跪礼谒见乾隆,但免去英国式的吻手礼节。谒见礼节问题达成协议后,乾隆指示,八月十日在避暑山庄万树园,接见正使马嘎尔尼和副使斯当东。在接见之前,马嘎尔尼再次拜会了和珅,向和珅提出"关于发展两国商业对中国有什么好处的问题"。和珅很客气地回答:"在特使留在中国期间,这个问题还可从长计议"②。

八月十日清晨,乾隆在万树园接见了英国正副使。同时接见的还有缅甸国使臣,以及蒙古诸王、贝勒、贝子、额附、台吉等。马嘎尔尼向乾隆行礼致词,把装在镶有珠宝的金盒里的英王书信,递交给乾隆。乾隆赐宴款待,并约请马嘎尔尼及其随员,第二天游览御花园。第二天清早,马嘎尔尼赶往御花园等候乾隆。乾隆到达后,对马嘎尔尼说:"我现在要去布达拉庙拜佛,因为你们同我们不是一个宗教,我就不叫你陪我去啦"。于是命和珅、福康安陪马嘎尔尼游览了避暑山庄。

八月十三日,是乾隆生日。马嘎尔尼带着随员到澹泊敬殿行庆贺礼。参加庆典活动的有外国使臣和各王公大臣,庆典活动还举行了阅兵礼,有8万名军队和1.2万名官员参加。庆寿连续几天,有歌舞、杂技、戏剧和燃放焰火。中国的焰火艺术,使英国人惊

---

① 《乾隆实录》卷1434。
② 《英使谒见乾隆纪实》第362页。

叹不已,"许多设计都是英国人从未见过的,……似乎中国人有随意把火包裹起来的本领,……焰火的最末一场是伟大壮观的火山爆发"①。

庆寿活动后,英国使团先行回京。乾隆在热河看了刚刚译成中文的英文信件。此时,他才真正了解到英国使团来华的目的。八月十五日,他给英王写了复信,即《勅谕英吉利国王》,回答了英方提出的 8 项要求。

一、关于英国要求派一人居北京照管贸易一款,乾隆回答:"此则与天朝体制不合,断不可行",理由是,"天朝所管地方至为广远,凡外藩到京,驿馆供给,行止出入,俱有一定体制,从无听其自便之制","况留人在京,距澳门贸易处所,几及万里,伊亦何能照料耶!"

二、关于英国要求在浙江宁波、珠山(舟山)及天津泊船贸易一款,乾隆回答,"皆不可行"。说"向来西洋各国,前赴天朝地方贸易,俱在澳门,设有洋行,收发各货,由来已久,尔国亦一律遵守多年,并无异语。其浙江宁波、直隶天津等海口,均未设有洋行,尔国船只到彼,亦无从销卖货物。况该处并无通事,不能谙晓尔国语言,诸多未便。"

三、关于英商要求仿效俄国,在京"另立一行,收贮货物发卖"一款,乾隆回复,"更断不可行"。"京城为万方拱极之区,体制森严,法令整齐,从无外藩人等在京开设货行之事","从前俄罗斯人在京设馆贸易,因未设立恰克图以前,不过暂行给屋居住。嗣因设立恰克图以后,俄罗斯在该处贸易买卖,即不准在京居住"。

四、关于要求在珠山(舟山)群岛借一小岛居住一款,乾隆回

---

① 《英使谒见乾隆纪实》第 380 页。

复,"天朝无此体制,此事尤不便准行"。"天朝尺土俱归版籍,疆址森然,即岛屿沙洲,亦划界分疆,各有专属"。

五、关于要求在广州附近拨一小地方居住英商一款,乾隆回答,此"已非西洋夷商历来在澳门定例。况西洋各国在广东贸易多年,获利丰厚,来者日众,岂能一一拨给地方住耶"。

六、关于要求英商货物自广东至澳门,由内河行走,或不上税或减税一款,乾隆回复,"夷商贸易往来,纳税皆有定则。西洋各国均属相同。此时既不能因尔国船只较多,征收稍有溢额,亦不便将尔国上税之例,独为减少。惟应照例公平抽收,与别国一体办理"。

七、关于英国商船入关照例纳税一款。乾隆回答,"粤海关征收船料向有定税。今既未便于他处海口设行交易,自应仍在粤海关按例纳税,无庸另行晓谕"。

八、关于要求允许传教士"任听"传教一款,乾隆回答"尤属不可"。"尔国所奉天主教,原系西洋各国向奉之教。天朝自开辟以来,圣帝明王垂教创法,四方亿兆率由有素,不敢惑于异说"①。

英国方面提出的上述 8 款,可以分作 3 种情况。其一,符合外交关系准则的,如要求派员在京管理本国对华贸易的商务。乾隆加以拒绝,这显然是排外防外保守思想的反映。其二,个别条款与清朝所支持的封建传统文化相抵触。如要求让传教士在中国随处任意传教,企图以西方宗教的蒙昧主义来奴化中国人,这与重视儒学的乾隆当然是格格不入,被乾隆视为有悖于"圣帝明王垂教"的"异说",加以抵制。它反映了东西方二种意识形态的对立。其三,8 款中主要内容,尤其是要求在舟山、广州给地居住,减免内河

---

① 《乾隆实录》卷 1435。

关税,这实质上是要求中国政府割让土地,减免关税,是对中国主权的侵犯,是英国政府企图把它的殖民地政策,推行到中国领土上来。乾隆拒绝这些侵略性的条款,维护了国家主权,是完全正确的外交政策。但在复信中,再一次暴露了孤立于世界之外的中国封建帝王的愚昧与孤傲。马嘎尔尼曾就将英王给乾隆的礼物写作"贡品"一事,向清政府提出抗议。乾隆无视于此,他给英国王的复信,竟然用"勅谕"二字,摆出了君临世界各地的"天朝上国"的架子,这是愚蠢表现之一。复信中,他重复当年处理洪任辉事件所说过的话:"天朝物产丰盈,无所不有,原不籍外夷货物,以通有无,特因天朝所产茶叶、磁器、丝觔为西洋各国及尔国所必需之物,是以恩加体恤,在澳门开设洋行,俾得日用有资,并沾余润"[1]。在资本主义已经来临的时代,在世界贸易已蓬勃发展的时代,在中国社会经济的发展已落后于西方的时刻,乾隆仍然抱着历代帝王的老观点,以为对外贸易是"天朝加惠远人",是对夷邦的恩赐,唯独看不到与外国做生意对本国经济发展的促进作用,这是愚昧表现之二。

不过,通过接待马嘎尔尼使团,特别是阅览了英王来信,乾隆对西方殖民者总算多少有所了解。他给军机处谕旨说:

"英吉利在西洋诸国中,较为强悍,且闻其向在海洋有劫掠西洋各国商船之事,是以附近西洋一带夷人,畏其恣横。今不准其留人在京,该国王奉到勅谕令后,或因不遂所欲,藉词生事,不可不豫为之防"[2]。

乾隆从耳闻英国在欧洲的行为,估计到马嘎尔尼访华没有达到预

---

① 《乾隆实录》卷 1435。

② 《乾隆实录》卷 1435。

期目的不会善罢甘休。为此,他在外交和军事上采取了预防性措施。

首先,他指派觉罗长麟为总督赴广州上任,要他到达广州后,与巡抚郭世勋"和衷商榷",严密注视英国人动静,并事先作好其他各国商人的安顿工作,"设使该国(英国)无知妄行,或于澳门小有滋扰,该处(广州)贸易之西洋人等,并非所属,未必与彼一心,……英吉利即有诡谋,亦断不能施其伎俩"①。其次,要求沿海各省整肃军队,部署海防。他说:

"但观该(英)国如此非份干求,究恐其心怀叵测,不可不留心筹计,预之为防。因思各省海疆,最关紧要。近年巡哨疏懈,营伍废弛,必须振作改观。……今该国有欲拨给近海地方贸易之语,则海疆一带营汛,不特整饬军容,并宜预筹防备。即如宁波之珠山(舟山)等处海岛,及附近澳门岛屿,皆当相度形势,先事图维,毋任英吉利夷人潜行占据。该夷人虽能谙悉海道,善于驾驶,然便于水而不便于陆。且海船在大洋,亦不能进内洋也。果口岸防守严密,主客异势,亦不能施其伎俩。……若该国将来有夷船驶至宁波天津等处,妄称贸易,断不可令其登岸,即行驱逐出洋。倘竟抗违不遵,不妨慑以兵威,使知畏惧。此外如山东庙岛地方,该使臣曾经停泊,福建台湾洋面,又系自浙至粤海道,亦应一体防范"②。

此时,乾隆已预计到,英国可能对中国沿海进行军事侵略。半个世纪之后,这种预计终于被证实。

尽管如此,乾隆仍然要求各地方官员,对正在动身回国的英国

---

① 《乾隆实录》卷 1436。

② 《乾隆实录》卷 1436。

使团成员,给予妥善照顾。英国使团大部分成员由海道经宁波,然后由广州回国。而特使马嘎尔尼于九月三日起程,从内河水路赴广州,乾隆指派侍郎松筠陪同特使,沿途照料。乾隆不仅回赠英王一批礼物,他还估计到英使团船要在海上度岁,特地写二个"福"字,派员赶路交给松筠。一个"福"字送给英王,祝他"永迓新正祥禧",另一送给使团,祝使团"吉祥如意,安稳涉洋"①。

英国使团在华期间,对中国的自然地理和经济政治状况以及社会人情风俗,都有了许多真实的了解。马嘎尔尼一行曾惊叹中国劳动者的聪明才智。在安装英方礼品行星运行仪时,发现运行仪上一块玻璃在途中被打碎了。英方技术人员束手无策,"一个中国工人居然在一块弯的玻璃板上刺下一小片玻璃来丝毫不爽地安配上去"。他们对中国风箱甚感兴趣,认为较欧洲直放式风箱先进,"为了更好地研究它的构造,我们要了一个模型带回英国"②。但是,总的说来,在英国使团的心目中,中国是一个技术落后的国家,尤其是天文和数学等方面。使团成员还认为,中国的落后原因在于封关自守,"中国自古到今一直都闭关自守,使他们无由摹仿和学习外国人的经验和发明"③。

通过参加乾隆8旬寿辰庆典活动,英国人也切身体验到中国皇帝的绝对权威。"在中国崇拜尊敬到这样地步,以致在人们心里产生一种敬畏森严的情绪"④。他们还看到了清朝吏治的腐败。"在中国以及其他东方国家,下级向上级,当事人向法官,送礼的风气是很盛行的"。"不过更坏的是,中国的这种送礼并不是明文

① 《乾隆实录》卷 1437。
② 《英使谒见乾隆纪实》第 391 页。
③ 《英使谒见乾隆纪实》第 511 页。
④ 《英使谒见乾隆纪实》第 377 页。

规定的,所送礼的轻重按人的富有程度为比例,越富的人送的礼物越要重"。"据说在中国的法庭中,最后决定裁判的仍然是钱,富人胜诉的机会当然多得多。中国官吏的薪金不高,使他们容易接受礼物引诱"①。当使团成员看到列队欢迎使团的士兵手持扇子的景象时,感到滑稽可笑。"当时天气很热,有几个士兵的手里拿着扇子,是一个奇怪现象。东方某些国家里,军官在检阅军队的时候,可以把伞撑在头上,军官既然可以撑伞检阅军队,士兵手里拿扇子也就不足为奇了"②。

使团的成员,凭着直观感觉,看到了中国社会的矛盾。"在中国,穷而无靠的人处在官吏的淫威之下,他们没有任何诉苦伸冤的机会"③。"中国老百姓身家性命的安全操在官吏们手中,对于这种命运,他们是不甘心的",势必"会引起不可抑止的复仇心理"。"有时由于长期受到巨大压迫,老百姓忍无可忍而发生了骚乱"④。他们还看到"满汉之间地位悬殊是很大的。任何一个低微的鞑靼人(满族人)在汉人面前都有一种优越感"⑤。"鞑靼人的特殊待遇造成鞑靼人和汉人之间的隔阂,……隔阂却越来越深,达到相互仇视的地步"⑥。

英国使团还看到中国人口问题和黄河的水土流失。关于黄河水土流失,据使团的一位成员推算,"在八百七十五万天内,也就是说在二万四千年内,黄河的泥土就要填满了黄海"⑦。

---

① 《英使谒见乾隆纪实》第 481 页。
② 《英使谒见乾隆纪实》第 272 页。
③ 《英使谒见乾隆纪实》第 476 页。
④ 《英使谒见乾隆纪实》第 395 页。
⑤ 《英使谒见乾隆纪实》第 353 页。
⑥ 《英使谒见乾隆纪实》第 383 页。
⑦ 《英使谒见乾隆纪实》第 444 页。

总之,通过英国使团来华访问,一个庞大而又虚弱的中国,完全暴露给西方殖民者。马嘎尔尼说:

　　　　"清帝国好比是一艘破烂不堪的头等战舰。它之所以在过去一百五十多年中没有沉没,仅仅是由于一般幸运的、能干而警觉的军官们的支撑,……但是一旦一个没有才干的人在甲板上指挥,那就不会再有纪律和安全了。"

他还认为,"英国从这一变化中将比其他任何国家得到更多的好处"①。马嘎尔尼的描述,无疑会增加西方冒险家来华经营的信心。而使团的副使斯当东回国之后,根据访华人员的纪录,编写了《英使谒见乾隆纪实》,于1797年即清嘉庆二年于伦敦出版。这是向英国资产阶级汇报他们访华情况,当然也会增强西方殖民者对中国的野心。可悲的是,古老的中华帝国的最高统治者,还在"天朝声威"梦幻中自我陶醉。

第九节　三年太上皇

一、从立储到"归政"

　　三十七年(1772年)十一月,乾隆首次向诸皇子表示,定于86岁时归政。第二年冬,又"手书应立皇子之名,密缄而藏之"②。此事仅军机大臣们知道,至于储君是谁,乾隆对任何人都不透露。由于储君问题秘而不宣,朝野颇多议论。四十三年九月,乾隆赴盛京谒陵途中,锦县生员金从善道旁呈词,条陈4事,其中首条就是请

---

① 　克拉默·宾编《出使中国:据马嘎尔尼勋爵谒见乾隆纪实》,伦敦1962年版,转引自纳罗奇茨等编著《远东国际关系史》第98页。
② 　《乾隆实录》卷1066。

432

求建储,并说:"大清不宜立太子,岂以不正之运自待"。乾隆很重
视这件事。他清醒估计到,朝野臣民虽不至于如金从善那样"毁
斥本朝",但由于受汉族历朝建储方式的影响,"立储之说,未必不
耿耿潜蓄于心"①。因此决定将自己建储的思想和作法,公诸天
下。当月二十一日,他发表宏论,说太子之名,盖自周始,尔后历代
相沿。但"朕历览诸史,今古异宜,知立储之不可行,与封建井田
等,实非万全无弊之道"。这个"弊",就是指容易引起宫廷内外残
酷的权力之争:

> "盖一立太子,众见神器有属,幻端百起,兄弟既多,所猜
> 嫌宵小且从而揣测者献媚逢迎,以陷于非;其强者设机谋孽,
> 以诬其过,往往酿成祸变,致父子之间,慈孝两亏。"

他举出汉武帝、唐太宗、明成祖立储导致宫廷之祸后,接着又指出:

> "至于立嫡立长之说,尤非确论。汉之文帝最贤,并非嫡
> 子。使汉高(祖)令其嗣位,何至有吕氏之祸。又如唐太宗为
> 群雄所附,明永乐亦勇略著闻。使唐祖不立建成而立太宗,明
> 太祖不立建文而立永乐,则元武门之变,金川门之难,皆无自
> 而起,何至骨肉相残,忠良惨戮。此立嫡立长之贻害,不大彰
> 明较著乎!"②

从这一席话可以看出,乾隆总结历代王朝的教训,反对通过册立太
子公开立储的传统方式,以及立嫡立长的传统观念。因此,他采取
的是秘密建储的方式和不立嫡不立长而立贤的建储原则。确定这
种方式与原则的出发点,一是要维护统治核心的稳定,防止因公开
立太子而引起统治核心分裂成不同政治集团,互相争斗。他对历

---

① 《乾隆实录》卷1066。
② 《乾隆实录》卷1067。

史上那一幕幕吁请建储的闹剧,作了鞭辟入里的分析:"盖从来谏请立储,动辄征引古说,自以为得事君之道,不知其心隐以为所言若得采纳,即属首功,可博他日之富贵。名议国是,实为身保"①,是一种政治投机行为。如此尖锐针砭,对于当时朝野要求建储的舆论起到了钳制作用。二是从乾隆家庭实际状况出发。乾隆登基伊始,曾立皇后富察氏所生嫡子即皇二子永琏为储君,但永琏于三年夭折。乾隆又打算立富察氏所生皇七子永琮为储君,永琮不久也殇逝。二个嫡子去世,断绝了乾隆立嫡念头,又反省了历史经验教训,从而提出立贤的主张。以"贤"作为选择储君的标准,否定了嫡子长子继承权,这是历史的进步。

此时,乾隆不得不同时把已经秘密建储的事和自己退位计划,一并公诸于世。他说,此等大事,朕未尝不计及,已于三十八年冬手书应立皇子之名,密缄藏之。当年冬至时南郊大祀,还默祷上帝,所立储君,"如其人贤,能承国家洪业,则祈佑以有成;若其不贤,亦愿潜夺其算,毋使他日贻误,予亦得以另择元良"。他宣布"至乾隆六十年乙卯,予寿跻八十有五,即当传位皇子,归政退闲",而且表示,如果7旬、8旬以后,"神老稍衰,不能似今之精勤求治",可以提前退位②。至此,乾隆在位60年归政的大局,正式确定下来了。

降至五十四年十二月,即将寿登8旬的乾隆,离归政只有6年,但仍壮心不已,说"一日未息肩,万民恒在怀"③。尽管如此,他还是着手为不久将来的归政作准备。早在三十五年,他就下令修葺寿宁宫,以为将来"优游颐寿之所"。乾隆对藩邸旧居重华宫很

---

① 《乾隆实录》卷 1067。
② 《乾隆实录》卷 1067。
③ 《乾隆实录》卷 1345。

有感情,多次要子孙们保持原来陈设规制。说内所陈设大柜一对乃孝贤皇后嘉礼的妆奁,东首顶柜存放康熙所赐,西首顶柜之东存放雍正所赐,其西存放太后所赐,两顶下所贮是自己在潜邸时常用物件,要求"后世子孙随时检视,手泽口泽存焉"①。这实际上是要把重华宫作为乾隆的永久纪念之所。

五十八年,归政日期逼近。乾隆决定举行"嘉惠士林之典",于次年秋特开归政恩科乡试,六十年春再举行恩科会试,秋季开新皇帝恩科乡试,新皇帝即位春季行恩科会试。

五十九年十二月,乾隆降谕普免天下积欠,将"各省节年正耗民欠,及因灾缓征带征银谷",全部蠲免,裨小民"得以户庆盈宁"②。这次蠲免项目,除钱粮外,还有灶户盐课、云南铜厂课等,共计银约 1376 万两,粮约 453 万石③。同时,还赏赐八旗兵丁饷粮,自亲王以下满汉各级官员和闲散宗室、觉罗氏八旗兵丁,各赏借半年俸银或饷银④。六十年正月,又宣布"破格施恩",蠲免被查抄官员中"实属无力完缴者"的未完缴银两⑤。二月,降谕加封自己的二位启蒙老师,福敏晋赠太师,蔡世远加赠太傅⑥。

乾隆有着强烈权力欲。随着退位日期的逼近,他多次宣布退位不放权,国家最高权力要掌握在自己手中。六十年二月,刑部对二个小案处理不当,乾隆借题目做文章说:

> "不特朕未归政以前,断不肯任其朦混,即归政以后,朕亦岂肯置天下之事于不问! 维时若臣下等敢于尝试,更当重

---

① 《乾隆实录》卷 1489。
② 《乾隆实录》卷 1466。
③ 据《乾隆实录》卷 1466 至 1478 记载统计。
④ 《乾隆实录》卷 1466。
⑤ 《乾隆实录》卷 1468。
⑥ 《乾隆实录》卷 1470。

治其罪,决不因归政而稍存宽贷也"①。

乾隆挑选他登基60周年纪念日,即乾隆六十年九月三日,公布储君人选。这一天,他御勤政殿,召集诸皇子皇孙和王公大臣,取出当年存放在乾清宫"正大光明"匾后的密诏,公同阅看,宣布皇十五子永琰为太子,明年改元嘉庆。永琰同时改为颙琰,移居毓庆宫,生母令懿皇贵妃赠孝仪皇后。此时,乾隆当着太子与王公大臣的面宣布:

> "至朕仰承昊眷,康疆逢吉,一日不至倦勤,即一日不敢懈弛。归政后凡遇军国大事及用人行政诸大端,岂能置之不问! 仍躬亲指教,嗣皇帝朝夕敬聆训谕,将来知禀承,不致错失,岂非国家之大庆"②。

这就是说乾隆退位并不意味着权力转移。一切军国大事及用人行政等重大决策,必须由乾隆过问。嘉庆只能在一旁"敬聆训谕",将来才不至于办错事。"嗣皇帝"实际上还只是一位"见习"皇帝,只能参加祭祀、经筵、耕耤、大阅、传胪等礼仪活动。

十月,乾隆又宣布了明年传位大典有关事宜,决定届时颁发传位诏,退位后乾隆称太上皇,谕旨称勅旨,自称乃用朕字。新皇帝称嗣皇帝。太上皇与嗣皇帝起居注分别纂修。臣僚题奏,凡遇"天"、"祖"字,高4格抬写,太上皇高3格抬写,皇帝高2格抬写。太上皇生日称万万寿,嗣皇帝生日称万寿。同时,还命令明年"宝泉宝源二局钱文,乾隆嘉庆年号各半分铸"③。

嘉庆元年(1796年)元旦,退位的日子终于到来。乾隆御太和

---

① 《乾隆实录》卷1469。
② 《乾隆实录》卷1486。
③ 《乾隆实录》卷1489。

436

殿,亲授颙琰皇帝之宝。鸿胪寺官员上天安门城楼,宣读太上皇传位诏,重申在京各部院和各省督抚"题奏事件,悉遵前旨"①。四日,为庆贺"纪元周甲,躬举授受上仪"盛典,乾隆与嘉庆御寿宁宫、皇极殿举行千叟宴。这是清朝第 3 次举行千叟宴。第一次在康熙五十二年(1713 年)庆贺皇帝 60 寿辰。第二次是乾隆五十年(1785 年)庆贺皇帝 75 寿辰。第三次千叟宴,乾隆 86 岁,所有入宴者年龄,从第二次的 60 岁以上,提高到 70 岁以上,但文武官员仍准 60 岁以上入宴。当时赴宴者多达 3000 人。

授受大典举行才半个月有余,就发生湖广总督毕沅奏折不按规定格式书写的事件。乾隆认为这是无视自己的最高权威,降旨斥责。

"本年传位大典,上年秋间即明降谕旨颁行中外,一切军国事务,朕仍亲理,嗣皇帝敬聆训诲,随同学习。其外省题奏事件,并经军机大臣等奏定款式,通行颁发。毕沅等并不遵照办理,是何意见?……即自嘉庆元年以后,内而部院各衙门,外而督抚大吏,章奏事件,亦皆朕躬综览,随时训示,岂有因授受之典,即自暇自逸,置政事于不问乎!"②

毕沅因此被交部议处。

乾隆退位后,官吏的升迁任免权仍然在握。历年在热河引见文武官员,是乾隆了解官僚队伍的重要方式,日久形成规制。这一规制被保留下来。嘉庆元年四月,在他即将赴避暑山庄前夕,要求吏、兵 2 部,将知县、武备以上应行引见者,由该部堂官轮流带往热河。乾隆归政期间,还处置了一批不称职的官吏。如嘉庆二年

---

① 《乾隆实录》卷 1494。
② 《乾隆实录》卷 1494。

（1797年），江西巡抚陈淮因罪被乾隆革职①。四月，原任福建巡抚姚棻患风痹开缺，乾隆命田凤仪补授，他还同时任命了福建布政使、江西巡抚、江西按察使、广东巡抚、广东按察使等官员②。同时，他将牟利营私的参赞大臣额勒春，从乌里雅苏台拿问回京，革职治罪③。五月十三日，嘉庆"方泽大祀"，许多官员没有按例陪祀，被乾隆降旨交部议处④。九月，卢沟桥操演火炮，亲王绵恩没有亲自到场，被乾隆罚俸半年⑤。副都统齐哩克齐护送察哈尔马匹赴襄阳府，因没有直接护送到军营，被乾隆革职⑥。

这时期的经济大权也控制在乾隆手中，凡田赋及其他捐税的蠲免，都是他批准的。如嘉庆元年七月，湖北湖南因受白莲教起义影响，乾隆准许缓征半年钱粮。当年，承德府是第5次普免钱粮的轮免之年，又适逢传位授受，乾隆、嘉庆同驻避暑山庄，因而决定该府各州县明年再免钱粮一次⑦。嘉庆二年三月，乾隆幸盘山，降勅蠲免所过沿途州县钱粮⑧。三年五月，乾隆去避暑山庄，降勅说：以往巡幸到此，每次仅蠲免钱粮十分之三，"今岁朕春秋八旬有八，同皇帝启銮，诸事吉祥"，著免四成⑨。

嘉庆前三年，军事大权更归太上皇一人独揽。在这期间，苗民暴动于湘黔，白莲教起义于川楚陕。镇压这二方面起义的指挥权，

① 《乾隆实录》卷1496。
② 《乾隆实录》卷1496。
③ 《乾隆实录》卷1496。
④ 《乾隆实录》卷1496。
⑤ 《乾隆实录》卷1497。
⑥ 《乾隆实录》卷1497。
⑦ 《乾隆实录》卷1495。
⑧ 《乾隆实录》卷1496。
⑨ 《乾隆实录》卷1498。

操在乾隆手中,诚如他自己所说:"一切军务机宜,俱朕酌指示"①。

太上皇期间,乾隆依然集政权、财政、军权于一身,所以降至嘉庆三年,他干脆丢掉"归政"二字,而代之以"训政",说:"三载以来,孜孜训政"②。

二、镇压湘黔苗民起义

乾隆归政,不是在升平的鼓乐声中进行。他退位前夕,湘黔川交界山区爆发了苗民起义;归政伊始,白莲教徒又发难于川楚陕3省。在阶级搏斗的喊杀声中,乾隆交给嘉庆的是动荡不安的江山。

湖南、贵州、四川3省交界的松桃厅(今松桃苗族自治县)、永绥厅(今湖南花垣县)、凤凰厅(今湖南凤凰县)、乾州(今湖南吉首县西南乾州镇)、保靖(湖南今县)和秀山(四川今县),坐落于万山之中,是苗族聚居地,清朝的驻军营汛间错相望。随着改土归流政策的推行,这些地区被迅速纳入封建政治经济体制中。这固然有利于各民族间经济文化交流,但苗族人民也被套上了沉重的封建政治压迫与经济剥削的沉重枷锁。派往苗族地区的胥吏和驻军中的百户、外委,百般凌辱苗民。据记载:

> "往时百户与办苗外委,多外间奸民承充,遇苗户事件,敲骨吸髓,无所不至。甚至一苗在案,阖寨被害"③。

清政府虽严禁汉人进入苗族地区,但"改土归流"后,大批汉族地主和高利贷者却接连来到湘黔边区,被称为"客民"。他们大多通过高利贷盘剥苗民,掠取土地:

---

① 《乾隆实录》卷1494。
② 《乾隆实录》卷1499。
③ 严如熤:《苗防备览》卷22《杂识》。

"苗寨中富民放账,其息甚大。钱一千、谷一石,一二年加息数倍。不能偿,折以山地衣服。虽受其盘剥,而仰以为生,或即所折山地转求佃耕,或易以他山地为之佃耕,听其役使,生死惟命"[①]。

因此,苗族地区严重地存在着"客民"与苗民的对立,它实质上是封建剥削者与贫苦苗民的阶级矛盾。正是这一矛盾的激化,导致了苗民暴动。

　　早在乾隆五十二年(1787年),凤凰厅勾补寨苗民,为反抗官府欺压,就在石满宜带领下占山反抗,但很快被镇压下去。五十九年末,松桃厅大塘汛大寨营苗民石柳邓、永绥厅黄瓜寨苗民石三保等,聚集在凤凰厅鸭保寨百户吴陇登家,商量于翌年正月十八日3厅同时起义。由于机密泄露,石柳邓被迫提前起义,于正月十三日攻占大塘汛,包围了松桃厅和铜仁附仁的盘石营和正大营。十九日,黄瓜寨石三保、苏麻寨吴半生、鸭保寨吴陇登和乾州平陇寨吴八月同时暴动。苗族义军攻取乾州仓库,相继杀同知宋如椿、巡检江瑶、镇篁镇总兵明安图、永绥协副将伊萨纳,又进攻滚牛坡,夺清军粮运,杀云南鹤丽镇中营游击永舒、四川阜和协左营都司班第。3厅1州起义,鼓舞了邻近各地苗民,保靖永顺寨张廷仲率众数千人造反,四川秀山和贵州思南、印江及镇远四十八溪苗民也群起响应。

　　二月,湘黔苗民起义的消息传到北京。乾隆急忙作出3路会剿松桃的部署。南路令云贵总督福康安起赴铜仁,由南向北进攻正大、松桃。时四川总督和琳从卫藏进京,正在邛州途中。乾隆命他速赴秀山,先剿平秀山附近义军,然后率部东进。原湖广总督福

---

　　① 严如熤:《苗防备览》卷8《风俗》。

宁新调两江总督尚未赴任,乾隆命他从镇算由北向南进攻。乾隆指示福康安说:"逆苗竟敢戕害镇将,杀毙多兵,不法已极。查办时不得不痛加惩创,使之震慑畏惧,不敢复萌故智"①。乾隆决心对起义的苗民大开杀戒。

南路清军进展较顺利。二月中旬,福康安抵铜仁,十九日夜,他与总兵花连布分路进攻,在盘塘纮与义军激战,二十六日,清兵攻下正大营,继而又包围了永绥厅嗅脑及松桃厅。石柳邓引兵撤往湖南,与石三保会师合围永绥城。西路千余名官兵在和琳率领下,于二月十七日到达秀山。和琳又招聚附近汉屯兵2000余人,攻下秀山附近的炮木山、黄坂一带苗寨后,引兵东向与福康安会师。北路军在福宁与湖广提督刘君辅率领,本欲分路进剿,但刚出发不久,就遇苗兵阻击,只好撤回镇算。福宁上疏诉苦:"贼匪忽聚忽散,处处需要堵截"②,受乾隆严词斥责。

三月,福康安和琳合兵攻打永绥城附近的土司。苗族义军蜂拥而上,与官兵激战3昼夜后,主动放弃了对永绥城的包围,回兵据守苗寨。乾隆获知石柳邓据大营寨、石三保据黄瓜寨、吴陇登据鸭保寨,即时命令福康安、和琳分路直前,合兵征剿。为了牵制敌人,义军分兵从永绥后路攻打花园,阻截清军粮道。总兵花连布押运贵州粮饷,途中遭伏击,险些丧命。饷运被阻,军心不稳。乾隆却果断地要求福康安、和琳不必顾及运道,唯并力合攻黄瓜寨,而把打通粮道的责任交给福宁。福宁只得率6000官兵从泸州出发,攻打乾州,在苟琶岩与苗族义军遭遇。清军立刻瓦解,福宁匿辎重中逃命,自此益发不敢与义军对阵。苗族义军遂出泸溪巴斗山,先

---

① 《乾隆实录》卷1472。
② 《乾隆实录》卷1472。

后攻浦市、泸溪、麻阳，复逼箪镇，再围永绥城。

按照乾隆的指示，四月下旬，福康安、和琳率部攻破黄瓜寨大山，石三保脱险而去。接着，清军又破苏麻寨和上下西梁，吴半生负伤逃走。五月十七日，福康安、和琳率兵至大乌草河。"该处大山一道，地势险峻，所有鸭保、鸦酉、天星寨等处远近山势，约略可观"①。由于接连打胜仗，福康安产生了轻敌情绪，加上河水猛涨，他竟顿兵不进，将军务交给花连布，自己则"日置酒高会"②。六月三日，乾隆降谕福康安，待大乌草河无益，应设法进兵。为了配合军事围剿，六月二十六日，乾隆发出诏书，除吴半生、石柳邓、石三保、吴八月和一些"彰明较著"的义军首领罪在不赦外，其余人只要投降，"俱可无庸深究"③。这一招抚政策，收到了分化瓦解义军的效果。从六月底至七月初，新任湖广总督毕沅招安了苗族头人石上进、石大贵等，在辰州、乾州一带抚辑苗寨260余④。

七月，福康安部渡过大乌草河抵达古丈坪，与镇箪福宁部会合。乾隆又调云贵兵2000名增援。八月，刘君辅再解永绥城之围。此时，清军已摆开了全面进攻的态势。

为了对付清军的追剿，苗族义军五、六千人集结在鸭保、平陇各寨，并推平陇寨首领吴八月为"吴王"。九月，清军破高多寨，吴半生兵败被俘。乾隆封福康安为贝子、和琳一等宣勇伯，并指令他们攻打鸭保寨。十月，清军破天星寨。吴八月眼看鸭保寨危在旦夕，率义兵从平陇寨赶来支援。此时，乾隆指示福康安、和琳"应

---

① 《乾隆实录》卷 1480。
② 《清史稿》卷 334《花连布传》。
③ 《乾隆实录》卷 1481。
④ 《乾隆实录》卷 1485。

即用计离间，或设法招徕"①。清军遵谕展开招抚攻势，"苗酋许以官爵花翎，散苗优以金钱"②。在清朝的利诱下，吴陇登叛变。吴陇登原是苗寨百户，曾参与镇压石满宜暴动，他率众起义，本出于政治投机。他鼓动鸭保寨义军出山投降，被吴八月制止。吴陇登竟缚吴八月、陇五勋等义军领袖献给清军，以换取花翎顶戴。

十二月，清军破擒头陂、骠马碉，打开了通向平陇、乾州的门户。嘉庆元年（1796 年）正月克连营山，二月攻下壁多山、高吉陀。求胜心切的乾隆这时降谕福康安等，说平陇一带山溪险阻，苗军负嵎抗拒，若专由此一路进攻，未免稽迟，应一面由平陇虚攻，另遣偏师潜僻路取乾州。福康安贯彻了乾隆这一军事部署，四月间当清军推进到距平陇仅 30 里之时，另遣军直趋乾州。但是，为了夺取攻破乾州的大功，清军各将领竟相互牵制，阻于河溪（今湖南吉首县东南）不进。军士因不习水土，中暑毒死者日众。五月，石三保虽兵败被俘，但清军主帅福康安也染病身亡。六月，和琳率部克乾州后，即命都统额勒登保进攻平陇。八月，和琳亦病死。乾隆急忙调署广州将军明亮、提督鄂辉赴军营，会同额勒登保并力攻打平陇寨。九月，清军夺取平陇隘口。十二月，石柳邓兵败战死，其子石老乔等被俘。历时 2 年波及湘黔川 3 省的苗族人民起义，终于被血腥镇压下去。

三、镇压川楚陕白莲教起义

乾隆当太上皇期间，发生的川楚陕白莲教起义，是中国封建社会最后一次大规模的农民战争。

---

① 《乾隆实录》卷 1490。
② 魏源：《圣武记》卷 7《乾隆湖贵征苗记》。

这次起义,是乾隆后期黑暗政治的产物,是日趋尖锐的阶级矛盾的爆发。而川楚陕3省交界的广袤山区,成为这次起义的基地,并非偶然。3省边境毗连,高山深林绵亘数百里。3省及河南、江西、安徽等地流民,多携老带幼,进入深山老林垦荒耕种,侨寓者多达"数百万计"①。他们伐木支椽,架棚栖身,被称为"棚民"。山区有铁、煤等丰富矿产资源,又盛产竹、木耳、石菌等。不少商人挟资进山,利用丰富资源和棚民廉价劳动力,办铁厂、煤厂、纸厂、木厂和盐井。棚民除耕山外,还以佣工为生,身受地主和雇主残酷压榨,又备受衙役与地痞流氓的敲勒欺凌。"山民受其凌虐,无可告诉,无为申理,嚣然无复有生之乐"②,所以反抗情绪格外强烈。

乾隆前期,清政府曾在全国各地严厉取缔白莲教。可是,白莲教非但没有销声匿迹,传播却日益广泛。川楚陕交界山区流传着白莲教3大支派:刘松、刘之协师徒倡导的三阳教,宋之清、齐林建立的西天大乘教,艾秀、王应琥组织的收元教。3教派虽各自独立,各成系统,但都宣传弥勒降世,辅佐牛八。抬出"牛八"即"朱"字的旗号,就具有反清复明的政治色彩。乾隆五十九年(1794年)夏,陕西兴安府西天大乘教首先被清政府破获,继而四川大宁县收元教组织也遭破坏。乾隆降旨在湖北、四川、陕西、河南、安徽、甘肃等省严缉白莲教骨干。降至当年十一月,各教派首领刘松、宋之清、王应琥、齐林等相继被捕,惨遭杀害,仅有刘之协逃脱,清政府仍穷搜不已。面对官府的血腥捕杀,教徒们被迫拿起武器,殊死反抗。嘉庆元年(1796年)正月七日,荆州枝江、宜都两县万余名教徒,在张正谟、聂杰人率领下首先发难,各地闻风而起,烈火迅速蔓

① 严如熤:《三省边防备览》卷14卓秉恬《川陕老林情形亟宜区处疏》。
② 严如熤:《三省边防备览》卷11《策略》。

延至长阳、长乐、当阳、竹山、保康等县。二月,年仅20岁的齐林妻子王聪儿(又称齐王氏),与姚之富在襄阳教区起义。

湖北义军蜂起,清朝急忙调兵遣将,部署镇压。三月十七日,乾隆命湖广总督毕沅赴荆州收复当阳,命湖北巡抚惠龄赴枝江、宜都剿杀聂杰人。继而又调西安将军恒瑞、热河总管鄂辉等入湖北协助毕沅、惠龄,命副都统永保由乌鲁木齐赶往西安,总统剿务。不久,聂杰人投降变节,清军全力进军当阳张正谟。四月,清朝重新部署兵力,对起义军采取分路剿杀策略:陕甘总督宜绵驻商州,剿办郧县郧西一带;永保、恒瑞剿办竹谿至保康一带;毕沅剿办当阳、远安、东湖一带;惠龄剿办枝江、宜都一带;鄂辉剿办襄阳、谷城一带;四川总督孙士毅剿办与四川接壤的来凤一带①。为了配合军事剿杀,四月二十三日,乾隆颁布招抚谕:

> "湖北奸民聚众滋事,……凡贼人党与,无论被贼胁迫煽惑,听从为逆者,一经投出,均当免其治罪。即素日误习邪教之人,若能及早省悟,自行投出,亦概与免死。倘有能将贼首目斩获擒献者,不但不治以从贼之罪,并当优加奖赏"②。

起义初期,各支义军彼此缺乏配合,各自为战,且多固守城镇或深山老林,被动防御,因而很快被清军各个击破。唯有王聪儿、姚之富率领襄阳义军,采取流动作战的灵活战术。三月,王、姚率部攻襄阳不克,过樊城,移师钟祥。六月,张正谟兵败被俘杀,清军合兵攻打钟祥,分路堵剿。王、姚率众从东南方向张家集一带脱险而去。乾隆降旨切责永保。十一月,王聪儿等犯枣阳,复渡滚河而西,破吕堰,奔向光化、谷城,围河南巡抚景安于邓州魏家集。乾隆

---

① 《嘉庆实录》卷4。
② 《乾隆实录》卷1494。

斥责永保拥兵万余,对义军仅尾追而不迎击,将永保逮捕下狱,由惠龄代总统军务。

正当湖北义军的斗争陷于困境时,四川白莲教异军突起。嘉庆元年(1796年)九月十五日,达州白莲教首领徐天德举义旗于当地亭子铺,旬日间有众万人。接着,王三槐等暴动于东乡,也聚众万人。界连汉南的川东各州县迅速燃遍烽火。乾隆命陕西巡抚秦承恩、四川总督英善率兵进剿。这些人贪生怕死,畏惧不前。义军越战越勇,十一月扑杀清总兵袁国璜、何元卿、都司百寿等。十二月,又有巴州罗其清等起于方家坪、通江冉文涛等起于王家寨、太平龙绍周等起于南津关。除夕,徐天德、王三槐等挥师攻破东乡城。白莲教起义迅速在四川形成燎原之势,清朝急忙调陕甘总督宜绵赴达州指挥征剿。广州将军明亮、都统德楞泰等一批悍将也移师入川。嘉庆二年春,在四川地方乡勇的配合下,清军先后攻破张家观、清溪场、金峨寺、重石子、香炉坪等义军。在白莲教徒中享有很高威望的孙士风在战斗中牺牲,徐天德、王三槐等部都陷入困境。

五月,湖北义军王聪儿、姚之富部和李全以及王廷诏部合为一路,由紫阳白马石北渡汉水进入陕西。乾隆对惠龄只能跟在义军后面转十分恼怒,夺惠龄官衔世职花翎,由宜绵总统军务。起义军没有久留陕西,迅速分道入川。王、姚部由通江竹峪关进入四川,与四川义军会师于东乡。川楚各支义军约定按青、黄、兰、白分号,并确立掌柜、元帅、先锋、总兵、千总等职建制。这时,清军从各处调集兵马会剿东乡。为了打破敌人围剿,八月,王聪儿、姚之富率本部经云阳、奉节,沿江东下,再入湖北。沿途百姓响附,人数增至数万,声势大振。李全则踞开县南天洞、火焰坝,旋奔袭云安场,谋攻夔州。徐天德围打巴州,罗其清、冉文涛攻仪陇。史称"川楚贼氛愈炽"①。九月,为了对付义军的分股流动作战,清朝制定分兵专剿的军事计划:王聪儿、姚之富"尤为贼中紧要之犯",责明亮、德楞泰"专心设法擒获";责成宜绵剿杀四川徐天德、王三槐、罗其清、冉文涛;责都统威勇侯额勒登保剿杀巴东义军;责将军观保等剿杀老木园陈崇德部义军;责惠龄、恒保剿杀安康李全部。"彼此各办各贼,不拘何路,擒获贼首,即属该处带兵大员之功。何路任贼纵逸,即系该处带兵大员之罪"②。为了加强清军的指挥力量,十月间乾隆令宜绵回任陕甘总督,命湖广总督勒保总统军务。十二月,勒保对各路清军访察之后,认定官军征剿不力的症结,在于对付不了义军流动作战的战术。他说:

> "……川陕楚三省犬牙交错,绵亘数千里,崇山峻岭,处处有险可恃,有路可逃。及官兵择隘堵御,贼又向无兵处滋扰,以致有贼之地无兵,有兵之地无贼"③。

为此,他建议以层层逼剿对付流动作战。鉴于"陕楚兵多贼少,川省兵少贼多",一方面要求陕楚各路官兵严密截堵,不许义军从陕楚入川;另方面从川东开始进剿,清一路再进一路。乾隆同意勒保的征剿设想。

嘉庆三年五月,王聪儿、姚之富以高均德偏师从汉中踹浅渡越北岸,直奔城固、洋县,吸引了明亮、德楞泰主力,自己则率大队人马乘虚从石泉渡汉水,再与高均德会师,东向汉阴。乾隆降旨责明亮舍王、姚主力而穷追高均德,"正堕贼计",殆误军机,夺职戴罪立功。

二月,王聪儿、姚之富、高均德由镇安、山阳北上。李全、土廷诏则分道由城固、南郑北出宝鸡,向东攻打眉县、周至。义军原计

---

① 《清史稿》卷344《勒保传》。
② 《嘉庆实录》卷22。
③ 《嘉庆实录》卷25。

划分别从西从南二个方向合攻西安。时陕西巡抚秦承恩母死,本应丁忧回籍。乾隆特准他在任守制。秦承恩唯恐西安有失,急忙从兴安回防。李全先遣军王士奇部在焦家镇、屺子村被清总兵王文雄击溃,而王、姚部也被明亮、德楞泰咬住。义军会师攻打西安计划未能实现,王、姚率部从陕西山阳退往湖北郧西,在石河、甘沟败于清军,继而被围困于郧西三岔河的卸花坡山沟,粮尽水绝。王聪儿、姚之富不甘被俘,跳崖自尽。

王、姚部虽被扑杀,但仍有数支义军实力可观。六月,清军重新调整分路征剿计划。陕西由宜绵、额勒登保负责,专剿义军刘成栋部;湖广总督景安负责堵截由川入楚义军;惠龄、德楞泰等专剿李全、高均德部,如果李全与罗其清、冉文俦合师,惠龄、恒瑞、明亮、德楞泰则合为一路,并力兜击;勒保专剿王三槐部,"各剿各股,责有攸归"①。

七月,被勒保围困于云阳安乐坪的王三槐投降。乾隆欣喜若狂,说"朕于武功十全之外,又复亲见扫除氛祲,成取钜功"②。除了勒保晋封公爵外,宠臣和珅亦因"赞襄机宜",从伯爵晋公爵,户部尚书福长安也封侯爵。

王三槐投降后,所部归冷天禄指挥。十月,冷天禄从安乐坪突围转移新宁。其他各支义军如王光祖、包正洪、萧占国、张长庚等部也分别攻打江北涪州、忠州等地。徐天德则率部直趋大竹、邻水。就在这一时刻,嘉庆四年(1799 年)正月三日,乾隆去世。临死前,他"以军务未竣,深留遗憾"③执着嘉庆的手"频望西南"④。

---

① 《嘉庆实录》卷 31。
② 《乾隆实录》卷 1499。
③ 《嘉庆实录》卷 37。
④ 《嘉庆实录》录 38。

太上皇一死,嘉庆掌握了实权。正月四日,他颁谕说,镇压白莲教起义,历经数年,糜饷至数千万两之多而尚未蒇功者,"总由带兵大臣及将领等全不以军务为事,惟思玩兵养寇,籍以冒功升赏,寡廉鲜耻,营私肥橐"①。为了加强军事力量,他撤换了统兵官员。任命勒保为经略大臣,各路带兵将领均受节制。罢年老多病的宜绵陕甘总督之职,令"才具本短"的陕西巡抚秦承恩回家守制。不久,又将秦承恩以"从未身亲督率"等罪,解京下狱。三月,又罢湖广总督景安之职。经过一番整顿,虽然强化了清军的指挥,但直至嘉庆九年,波及湖北、四川、陕西、河南、甘肃 5 省的白莲教起义,才最终被平定下去。

白莲教起义虽然失败了,但它沉重地打击了清王朝的统治。如果说,王伦起义是乾隆朝从盛入衰的转折;那末,川楚陕白莲教起义,则宣告维持百余年的"康乾盛世"至此结束,大清帝国在迅速滑坡。

四、乾隆去世,和珅垮台

晚年的乾隆意满志骄。不仅以建立"十全武功"的"十全老人"自诩,对自己的健康状况也充满信心,多次说朕"寿开九帙,精神康健,视听未衰"②。不过,他还是对自己的身后事作出了安排。清入关后,顺治、康熙、雍正 3 位皇帝的陵墓,分别称孝陵、景陵和泰陵。孝陵、景陵坐洛遵化,泰陵在易州。乾隆即位时,本想在泰陵附近建自己的陵墓,后考虑到后世子孙"亦思近依祖父建陵",与东路的孝陵、景陵"日远日疏",因而改在东路胜水峪建陵。嘉

---

① 《嘉庆实录》录 38。
② 《乾隆实录》卷 1486。

庆元年十二月,他指示尔后嗣皇帝的陵墓,应选在西路。东西两路"承承继继,各依昭穆次序,迭分东西,一脉相联"①。对于神位的安排,乾隆也作了交代。他要求在寿皇殿中龛供康熙圣容,左龛供雍正圣容,日后自己的圣容供在右龛②。

嘉庆三年十一月四日,嗣皇帝率诸王、贝勒、贝子及内外文武大臣,奏请庚申年(嘉庆五年,1800年),举行太上皇9旬万万寿庆典。乾隆心花怒放,说朕"躬跻上寿,一堂五世,庆衍云祁",答应依"康熙六十年及乾隆五十五年朕八旬万寿典例备办",并要求"专派大臣董办"③。但就在这一年冬,乾隆偶感风寒之后,健康状况急速下降,饮食渐减,视听不能如常,老态顿增。四年(1799年)元旦,他在乾清宫受贺礼,翌日病危,第三天去世,享年89岁。

乾隆去世,嘉庆亲政。他立即动手翦除和珅集团。

乾隆晚年,和珅窃取了愈来愈大的权力。他把自己的党羽吴省兰、李潢、李光云等都安插在部院侍郎、卿等要职,把持枢廷,事多专决。军机处记名人员,他可以擅自撤换。嘉庆二年,首席军机大臣阿桂病死,由和珅接替。他"乘高宗(乾隆)昏耄,颇有挟太上皇以号令皇帝(嘉庆)之势"④。和珅公然擅改成章,用印文传示各部院衙门及各直省督抚,给皇帝的奏折,必须另缮写一份,封送军机处。军机大臣王杰、董诰虽受乾隆器重,但因不肯依附和珅,受到排挤。嘉庆三年,董诰丁母忧毕还京,和珅"遏不上闻",以致乾隆屡问"董诰何时来",直至乾隆一次出宫,见道旁跪着董诰,才发现这位军机大臣。和珅一手遮天,竟至于此。他甚至敢于借口腿

---

① 《乾隆实录》卷1495。
② 《乾隆实录》卷1495。
③ 《乾隆实录》卷1499。
④ 《嘉庆三年太上皇帝起居注·朱希祖序》。

疾,骑马直进皇宫左门,过正大光明殿,"乘坐大椅桥抬入大门,肩舆出入神武门"①。乾隆所批谕旨,和珅可以"因字迹不甚识,将折尾裁下,另拟进呈"②。和珅得意忘形,把君臣尊卑之别,全然置之不顾。当然,和珅也明白,乾隆年事已高,能否控制住未来新皇帝,对他至关重要。乾隆六十年(1795年)九月二日,当他得知皇帝要立永琰为太子时,抢先给永琰"先递如意,漏泄机密",以讨好新主子。他对嘉庆不放心,多方阻止嘉庆的亲信升擢。传授大典举行过后,乾隆本打算调永琰的老师、两广总督朱珪入阁。永琰作诗向老师祝贺。事被和珅侦知,他向乾隆密告:"嗣皇帝欲市恩于师傅"③。乾隆遂罢朱珪之召。和珅还把心腹吴省兰安插在嘉庆身边,"与之录诗草,觇其动静",实为坐探。三年(1798年)春,嘉庆颁谕将于冬季举行大阅之典,和珅竟通过乾隆降勅,"现在川东教匪虽将次剿除完竣,但健锐营、火器营官兵尚未撤回,本年大阅著停止"④,公然拂逆未来天子的意志。

对于和珅骄横跋扈,嘉庆内心憎恨,表面上却十分恭谨,"凡于政令,惟和珅是听,以示亲信,俾不生疑惧"⑤,甚至扬言自己要倚和珅治天下⑥。嘉庆的韬晦策略,麻痹了和珅,使和珅对未来有了安全感。因此,他把乾隆病危消息,仅仅当作新闻,"出向外廷人员叙说,谈笑如常"⑦,他作梦也没想到,乾隆去世,自己的末日也来临。

---

① 《嘉庆实录》卷37。
② 李孟符:《春冰室野乘·和珅供词》。
③ 《清史稿》卷340《朱珪传》。
④ 《嘉庆三年太上皇起居注》。
⑤ 《朝鲜李朝实录中的中国史料》下编卷12。
⑥ 昭梿:《啸亭杂录》卷1《今上侍和珅》。
⑦ 《嘉庆实录》卷37。

乾隆去世当天,嘉庆就把和珅软禁起来,名义上任命和珅与成亲王永瑆、大学士王杰、尚书福长安等负责办理丧仪,但要求和珅、福长安"昼夜守直殡殿,不得任其出入"①。正月四日,在斥责征剿白莲教不力的诏书中,嘉庆矛头直指军机大臣,"内而军机大臣,外而领兵诸将,同为不忠之辈"②,指责对象当然是首席军机大臣和珅。五日,嘉庆宣布御门听政,决定"于用人行政一切事宜,皆得封章密奏"③,把政治权力收归手中。他还同时表示要效法先帝,"以求言为急务",不能仅听"一二人之言"。嘉庆这些举措,实际上是向内外廷臣发出向和珅开刀的信号。于是御史广兴、郑葆鸿,给事中广泰、王念孙等,相继上疏弹劾和珅。八日,嘉庆降谕逮捕和珅、福长安,并宣布嗣后一切陈奏事件,"俱应直达朕前,俱不许另有副封关会军机处。各部院文武大臣亦不得将所奏之事,预先告知军机大臣"④。同时,任王杰为首席军机大臣,命成亲王永瑆、前任大学士署刑部尚书董诰、兵部尚书庆桂等为军机处行走,命仪亲王永璇总理吏部,永瑆总理户部,调兵部尚书郭庆桂为刑部尚书。驰驿安徽,调巡抚朱珪入京直尚书房。山东巡抚伊江阿得知乾隆去世,驰驿赴京递送奏折,被嘉庆派人截获。伊江阿奏折内附有给和珅书信,劝和珅"节哀",而于嘉庆"无一字提及"。嘉庆恼怒之下,将伊江阿发配伊犁。嘉庆还把和珅集团中主要人物左都御史吴省兰革职回籍,侍郎李潢降为编修,太仆寺卿李光云以原品休致,大学士苏凌阿罢官去看守乾隆陵墓裕陵。十五日,嘉庆宣布和珅20条大罪,十八日赐和珅自尽,福长安斩监候,被押往和珅

---

① 《朝鲜李朝实录中的中国史料》下编卷12。
② 《嘉庆实录》卷37。
③ 《嘉庆实录》卷37。
④ 《嘉庆实录》卷37。

452

监所,跪视和珅自尽后,再押回狱,秋后处决。嘉庆还查抄了和珅"累至数十百万"的家产①。

铲除和珅政治集团,是嘉庆力图革除乾隆晚期败政的主要举措。但是,19世纪中国封建社会已逼近历史尽头,嘉庆不可阻止清王朝走向没落的颓势。

---

① 《嘉庆实录》卷40。

第五章　风流天子

第一节　"书生"皇帝

一、饱学之君

乾隆自幼受汉满文化熏陶,执政后又勤学不逮,遂成一多才多艺之君。就文化素养而言,历代帝王除乃祖康熙之外,无人可望其项背。

乾隆重视中国的传统文化,对于渺视读书人的言行,很不以为然。有一次,他针对某些督抚每每用"书生不能胜任"或"书气未除"参奏属员,严厉驳斥说:

> "人不读书,……有不可救药者。……朕惟恐人不足当书生之称,而安得以书生相戒乎! 若以书生相戒,朕自幼读书宫中,讲诵二十年,未尝少辍,实一书生也。……至于'书气'二字尤其贵,沈浸酝酿而有书气,更集又以充之,便是浩然之气。人无书气,即为粗俗气、市井气,而不可列于士大夫之林矣"。①

这位以"书生"自诩的皇帝,深受宋儒影响,把"理"视为世界万物的主宰。雍正七年(1729 年),皇帝在上书房挥毫写下一付

---

① 《乾隆实录》卷 5。

对联：

> "立身以至诚为本，读书以明理为先"。

那时仅有 19 岁的弘历，遂以这付对联的上下二句，各著论一篇。《读书以明理为先》一文写道：

> "天地之间，万事万物莫不有理。理者，天之经，地之义，民之行也。是故日月星辰之朔望躔度，阴阳寒暑四时之推迁往来，皆天地之气也，而有乾健于穆不已之理主宰乎其中。山川河嶽，百谷草木之丽乎地以生者，亦莫不赖坤元载厚之理以为之根柢。人性之仁义礼智，赋乎天之正理也，因之而见为恻隐、羞恶、辞让、是非之情，及变化云为万有不齐之事。由是观之，天下事物孰有外于理哉。故圣人之教人讲学，亦曰明理而已矣。盖理者，道也。道之大，原出于天，其用在天下，其传在圣贤，而赖学者讲习讨论之功以明之。六经之书，言理之至要也，学者用力乎明理之功以观六经，则思过半矣。"

日月星辰的运行，寒暑四时的变化，百谷草木的成长，都是受"理"的主宰。在人世间，"理"还赋予人们仁义礼智性的本性。"盖理者，道也。道之大原出于天"。显然，乾隆是一个客观唯心主义者。在他看来，"圣贤"的职责，就在于传道、传理。读圣贤的"六经"，应该"用力乎明理之功"。这里，所谓用力读书，实际上是要求人们去自我完善道德修养。

乾隆还把"理"与封建纲常联系在一起。他说：

> "所谓明理者，明其所当然与其所以然。所当然者，父子当亲，君臣当义，夫妇当别，长幼当序，朋友当信之谓也。所以然者，父之所以慈，子之所以孝；君之所以仁，臣之所以忠；夫之所率，妇之所以从；长之所以爱，幼之所以恭；朋友之所以责善辅仁之谓也。知其所当然，然后信之笃，而不误于歧趋。知

其所以然,然后喻之深而不能以自已"①。

在乾隆看来,读书以明理为先,明的只不过是封建伦理关系。而且,弘历强调的是和谐的相辅相成的父子、君臣、夫妇、长幼、朋友关系。作为君、父、夫、长、友的一方,也必须有仁、慈、率、爱等道德观念,作为臣、子、妇、幼等另一方也就有忠、孝、从、恭和责善辅仁等道德观念。这种强调双方和谐的道德虽然流于空洞说教,但毕竟是对以尊凌卑,以上欺下暴戾行为的否定。

乾隆还经常在经筵讲论中发表对儒学经典的见解。他的讲论,每每能结合政治实践。如二十三年(1758 年)二月,他在仲春经筵上讲《书经》中"思其艰以图其易,民乃宁"二句:

> "夏不能不雨,冬不能不寒,于其常也。而民犹有怨咨者,非怨雨寒也。力耕桑而不得饱食煖衣,斯其艰也。……治人者岂可不思其艰乎?思其艰当图其易。而易正不易图也,必也生众食寡,为疾用舒"②。

百姓之"艰",在于"力耕桑不得饱食煖衣","治人者"要想到这一点,应该通过发展生产,达到"生众食寡,为疾用舒",才能解决"民艰"。可见,乾隆不是死读书。他能结合国计民生的现实,诠释儒家经典。

乾隆精通历史。他非常强调"正统"史观。这当然有其政治目的。

爱新觉罗氏以少数民族统治者的身份,建立君临全国的封建王朝。但要把这一政权长久地稳固在人们的心中,还需要铲除在汉族士大夫头脑中根深蒂固的华夷之辨的传统观念。为此,乾隆

---

① 《乐善堂集》卷1《读书以明理为先论》。
② 《乾隆实录》卷556。

既重视清王朝建国历史,也重视历史上少数民族政权的历史地位。乾隆四十年(1775年)七月,他阅读元代托克托等人修撰的《金史》,对编纂者"妄毁金朝"很不满意,说"夫一代之史,期于传信。若逞弄笔锋,轻贬胜国,则千秋万世之史,皆不足信,是则有关于世道人心者甚大"①。乾隆多次说过封建"正统"论应当是修史的基本观点:

> "朕之厘正书法,一秉至正。非于辽金有所偏向。盖历代相承,重在正统。如匈奴在汉,颉利在唐。……即宋室运际凌夷,然自徽(宗)、钦(宗)以上,其主位号犹存,书法尚宜从旧。若五季时,中国已瓜分瓦解,不独石晋为辽所立,即梁唐诸代,亦难与正统相衡,犹之南宋以后,不得与汉唐北宋并论也。且朕意在于维持正统,非第于历代书法为然。惟我开国之初,当明末造,虽其国政日非,而未及更姓改物,自宜仍以统系予之。至本朝顺治元年,定鼎京师,一统之规模已定,然明福王犹于江南仅延一线,故'纲目'之篇,及《通鉴辑览》所载,凡我朝与明交兵事迹,不令概从贬斥。而于甲申三月,尚不遽书明亡。惟是天心既已厌明,福王又不克自振,统系遂绝……盖能守其统,则人共遵王,失其统,则自取轻辱,实古今不易之通义也"②。

乾隆"正统"论,表面看来是对历史的尊重。他说,清灭明,虽然续接明朝的正统地位,但有个过程。南明福王小朝廷尚在,明统一线尚存。南明覆灭,明统绪绝,上天才完全集统于有清。所以,清是接替明而获得正统。这里,乾隆实质是要强调大清的正统地位。

---

① 《乾隆实录》卷987。
② 《乾隆实录》卷1034。

乾隆"正统"观与元末杨维桢所著宋辽金《三史正统辨》是一致的。杨维桢这篇文章，在本人《东维子文集》中不载，被陶宗仪收录在《辍耕录》中。文章认为，"今日之修宋辽金三史者，宜严于正统与大一统之辨"。所谓"正统"，杨维桢认为，指的是"万年正闰之统"，亦即以皇帝年号为象征的皇权。但皇权并非任何人都可谋取。它一方面"系于天数盛衰之变"，是一种由"天数"所决定的"天命"；同时也是"出于人心是非之公"，在人世间体现为民心或民意，而且它又由圣人所阐述，"立于圣人之经，以扶万世之纲常"，成为治世的最高道德准绳。所以，杨维桢的"正统"论实质是天命论与道德论相结合的皇权神圣论，即所谓"统出视天命人心之公"[①]。杨维桢还认为，正统"起于夏后传国，汤武革世"，一脉相传。但是，具有"正统"地位的王朝，不一定都居于"大一统"的政治地位，如三国时蜀汉和南宋政权。宋辽金对峙时期，正统在宋，不在辽或金。杨维桢认为元朝是"接宋统之正者"，反对把元看作是接辽、金之统。杨维桢的《正统辨》曾被《四库全书》馆的编纂者视为"持论纰缪"，要从《辍耕录》中删除。唯有乾隆看出"正统"论的现实政治意义，多次肯定"其论颇正，不得谓之纰缪"[②]，说"《正统辨》使天下后世晓然《春秋》实大公至正，无一偏奇之见"，其文应与保存。乾隆宣传正统论，是要反对华夷之辨。既然"正统"是天命与人心的产物，是治世纲常，那末对于居"正统"地位的清王朝，对于夷狄问题，也不必考究了。乾隆说，"至于东夷西戎，南蛮北狄，因地而名，与江南河北山左关右何异。孟子云舜为东夷之人，文王为西夷之人，此无可讳，亦不必讳。但以中外过于轩轾，

---

① 陶宗仪：《辍耕录》卷3《正统辨》。
② 《乾隆实录》卷1142。

逞其一偏之见,妄肆讥讪,毋论桀犬之吠"①。

乾隆还写了不少史论文章,纵谈古今治乱兴衰。他尤其重视历代帝王的统治经验,评论明君御世之术。他认为,要治理好天下,除了帝王本身的道德修养之外,还要搞好君臣关系。他在《上下交而其志同论》中说:

"夫天下安宁,治登上理,必赖明良一德,咨谋启沃,然后上下一心,庶绩允凝而万方顺则也。《易》曰'上下交而其志同',可以觇治世之气象矣。盖天高而地下,君尊而臣卑,势之当然也。君之不可下于臣,犹天之不可卑于地。然天地之形不可交,而以气交。上下之分不可交,而以心交。故阴阳和而万物顺,上下交而万民化。此天地之常经,古今之通谊也。上下一心,君臣相得则治,反之则乱……"②。

君臣尊卑之别,犹如天地上下之分。但天地以气相交,才使万物和顺。君臣也要以心相交,才能使天下得到治理。

乾隆还认为,皇帝治理天下,必须任贤能,采嘉言:

"夫天下之治乱,系于人臣之邪正。而人臣之邪正,又在人君之用与不用也"③。

在一篇题为《嘉言罔攸伏论》文中,乾隆以古为鉴,详细论述了国君能否纳谏从善,是国家兴衰治乱所攸关。文章首先提出,国君个人认识有局限性,应当兼采众智:

"盖天下之智有不同,而天下之理无一定。故恃一人之智以为智,不若兼千百人之智以为智。人君虽明,足以照万

---

① 《乾隆实录》卷 1168。
② 《乐善堂集》卷 1《上下交而其志同论》。
③ 《乐善堂集》卷 5《褚遂良论》。

邦,烛万事,然天下千百人之智又何能尽兼？万事之至赜至动,参错不齐者,又何能尽明？所赖人臣陈善闭邪,补衮之所阙,使嘉言谠论日闻于前,然后微烛隐政无不通,而明无不照。然人臣之能尽言者,由人君有以启之矣"①。

再高明的皇帝,也不可能烛照万物,洞察一切,必须赖人臣陈善闭邪。而人臣能否做到言无不尽,关键在于国君能否鼓励人臣讲话。乾隆这一席话,说得相当动人。接着,他还比较了汉、唐、宋几位皇帝的治绩。汉文帝虽"仁厚俭约有余",但缺乏"骨鲠之臣",宋仁宗有韩琦、富弼、范仲淹、欧阳修诸臣却不能用。唯有唐太宗得房玄龄、杜如晦、魏征等,"终日陈言绳愆纠谬,唐太宗屈己从之。贞观之风,远过于文帝仁宗者,职此之由。由是观之,纳谏听言顾不亟哉。"桀、纣、幽、厉和秦始皇,就是因拒谏,甚至杀害敢于讲真话的大臣,才导致灭国绝嗣。历史确实给乾隆以有益的启迪,增长了他的治国才干,所以,他多次说:"朕幼读书,颇谙治理"②。

二、爱作诗情韵寡淡

乾隆帝尤爱作诗,"若三日不吟,辄恍恍如有所失"③。据统计,他在位 60 年间,所作的诗多达 41800 多首。即位以前《乐善堂集》中千余首与退位以后作的诗,尚不在此数。

乾隆帝写诗数量之多,令人咋舌,但其中佳作甚少,绝大部分诗缺乏诗味,读来有同嚼蜡,有的还颇晦涩费解。

出手快,不加锤炼,是乾隆作诗基本风格。他说,写诗"岂必待研警句,兴之所至因笔拈"。这种随兴拈笔,不求韵律的作品,

---

① 《乐善堂文集》卷 2《嘉言罔攸伏论》。

② 《乾隆实录》卷 162。

③ 《清高宗御制诗初集·跋》。

难免徒有诗的格式,而无诗的韵味。如《免除宿迁等地部分正赋》长诗中云:

　　"因思时巡免正赋,十分之三常则耳。

　　数县瘠土应倍怜,益三至五斯可矣"。

通常减免的数额是正赋的十分之三,这几县土地瘠硗,增免3分,共计免5分可以了。这与其说是诗,勿宁说是宣布免征田赋的数目,韵味索然,意境全无。有时,他为了硬拼成五言或七言一句,甚至不惜任意删改名词。如"哈萨克"减一字作"哈萨";"扎什伦布"增一字作"扎布焕伦布"。

　　乾隆诗不仅少韵,而且寡情。这是由作者思想、个性和生活经历所决定。乾隆满脑君主至尊至贵观念,臣民对他要绝对地忠顺。他的人际关系,是主宰与服从、统治与被统治、恩赐与被恩赐的关系。除了怀念亡妻富察氏等少数诗篇之外,他的诗总是充满了主宰者的孤傲、统治者的权威和恩赐者的"慈悲"。如乾隆三十年(1770年)他第4次南巡至清江浦,作《清道河杂咏》:

　　"迎銮黎庶聚犹多,雨里那曾笠与簑。

　　爱敬真如子于父,可无惠保计如何。"

众多的黎庶在雨中迎驾,既无笠也无簑。他们对我真像儿子对父亲那样崇敬,我应当向他们施什么恩惠呢?这种高踞百姓之上以救世主自命的人,对风雨中的黎庶,怎么可能写出富有情感的诗呢?历来吟农夫耕作的诗不少,乾隆在潜邸时也作过一首《古体诗·观割麦》:

　　"麦苗入夏结穗黄,东垅西垅硕且长。

　　老农此日走田畎,腰镰遍割乐岁穰。

　　笑看黄云各成片,密茎随手行行乱。

　　肩挑背负晒檐头,饘粥有余他不羡。

呼儿莫逐飞来雀,令渠亦识收成乐。"①

作者以皇子的身份,在一旁观看麦收,他只能就劳动的场景作皮相描绘。农夫劳动的艰辛,他无法体会。至于用"呼儿莫逐飞来雀"来衬托农夫收获的喜悦,更是大谬不然。这首诗,作者要歌颂的仅仅是皇清太平盛世。

乾隆经常以诗说教。这类诗尤其低劣。他在《读杜牧集》五律诗中说:"所输老杜者,一饭不忘君"。杜牧不如杜甫之处,就因为杜甫具有"一饭不忘君"的忠君思想。这种评判,倒是非常符合乾隆身份。八年(1743 年),他东巡回京路过山海关,在关外凭吊孟姜女的墓与祠,写下《姜女祠》:"千古无心夸节女,一身有死为纲常"。被秦朝暴政夺去爱情的孟姜女,万里寻夫,哭倒长城,这一传说是对封建帝王的控诉。但在乾隆笔下,孟姜女成为维护封建纲常的楷模。这种随意改铸传说中人物形象的诗,自然引不起人们的共鸣,缺乏感染力。

乾隆自称"十全老人",自诩有"十全武功"。但是所有的战争,他无一亲征。他靠前线奏折指挥战争,也是凭奏折咏战争。所以,乾隆写战争的诗虽然很多,却不可能有真切的意境描绘,自然也难以去拨动吟者的心弦。他写战争的诗,仅仅是流露出胜利者意满志骄的情绪,或者干脆以诗来表彰建功将士。如《御午门受俘馘》:

> "函首霍占来月窟,倾心素坦款天闻。
>
> 理官淑问宁须试,骠骑穷追实可臧。
>
> 西海永清武大定,午门三御典昭祥。
>
> 从今更愿无斯事,休养吾民共乐康。"

---

① 《乐善堂文集》卷 15《观割麦》。

霍集占传首京师,乾隆午门受馘,典礼隆重,踌躇满志,希望从今后"西海永清",可以"休养吾民"。这种纪事诗,作者洋洋自得,但诗味淡如水。又如十四年,岳钟琪协助经略傅恒平定大金川后还京,乾隆帝作《岳钟琪入觐诗赐之》:

"剑佩归朝矍铄翁,番巢单骑志何雄!

功志淮蔡无渐李,翼奋渑池不独冯。

早建奇勋能鼓勇,重颂上爵特褒忠。

西南保障资猷略,前席敷陈每日中。"

这首诗,头 2 句还对这位老将作形象化的描绘,余下的均系褒词,充其量是用诗的格式写成的一纸奖状。

不过,乾隆毕竟是有作为的皇帝。他对国计民生,尤其是农业生产是关心的。在靠天吃饭的年代,他特别关心的是水与旱。淫雨或久旱,都会令他坐立不安。四十九年三月他第 6 次南巡到达江苏,还挂念着陕北、河南、山东等地的旱情。五日,他传旨询问以上 3 省曾否续得雨泽,说"朕念切雨旸,时深厪注耶"①。十一日,在苏州府,半夜梦醒听得雨声,遂作《夜雨》:

"夜雨打船窗,恰值清醒梦。

入耳适宜听,披衾不觉冷。

即南已增润,忆北牵怀永。

须臾幸渐稀,无眠以耿耿。"

他从江南下雨,又想北方 3 省。在"忆北牵怀永"一句后面,注释道:"时北省正望雨之际,未知此泽遍及否?"作者对农事忧念萦怀,情跃纸上。这一首是乾隆数万首诗中不可多得的佳作。

乾隆在位期间,屡次出巡,因而对民间疾苦,多少有一些了解。

---

① 《乾隆实录》卷 1200。

如《石门驿》一诗,写的是七年他去遵化东陵路上看到的一个在地租与赋税重压之愁苦的老农:

> "路旁一农父,倚仗愁默默。……租吏下乡来,款按完赋额。吏去业主来,逋欠坐求责。吾农三时劳,曾无一日适。我闻凄然悲,执政无良划。罔民焉可为,恒产究安则。翁其善保躯,展转增叹息"。

诗中,作者从老农终岁劳勤,却为租赋逋欠所逼,而对自己"执政无良划"作了反省。身为封建帝王,能写出这样的诗,可谓难得。

乾隆自己说过:"予向来吟咏,不屑为风云月露之辞。每有关政典之大者,必有诗记事"①。乾隆帝爱作诗,但他首先是一个皇帝。不吟风云月露,以诗纪政事,符合他的身份。正因为如此,乾隆帝的诗,是乾隆朝历史的写照,是可靠的历史资料。他的诗,史料价值远远高于文学价值。

第二节　家庭生活

一、对两位皇后的不同感情

封建帝王历来多妻。众多后妃,身份不同,地位高低悬殊。清康熙以后,内宫典制定局,皇帝的后妃分 8 个等级:皇后 1 人,皇贵妃 1 人,贵妃 2 人,妃 4 人,嫔 6 人,贵人、常在、答应无定数。这一大群后妃,分居东西 12 宫。东 6 宫是景仁、承乾、钟粹、延禧、永和、景阳。西 6 宫是永寿、翊坤、储秀、启祥、长春、咸福。

乾隆一生后妃不下 40 位,数量之多,在清代帝王中仅次于康

---

① 《(乾隆)御制诗余集》卷 2《惠山园八景》诗注。

熙。他先后册立过2位皇后,即富察氏与乌喇拉那氏。乾隆六十年(1795年)令皇贵妃魏佳氏因其生子永琰立为太子,册赠孝仪皇后。但魏佳氏时已去世20年。

第一位皇后富察氏,是乾隆原配福晋,比乾隆小一岁。他是察哈尔总督李荣保之女。富察氏曾祖父哈什屯是清朝开国功臣,祖父米思翰又是康熙亲信。乾隆的内阁大学士傅恒是她的弟弟。雍正五年(1727年)七月,当富察氏16岁时,被册封作弘历嫡福晋,乾隆二年(1737年)立为皇后。富察氏为人恭俭,平日不戴珠翠,以通草绒花为饰,每年还按关外传统技艺,用鹿羔细皮绒作荷包送给皇帝,以示不忘本。她与乾隆伉俪情笃。有一次,乾隆帝患痈甫愈,医嘱应静养百日。这一百天中,富察氏每夜在皇帝寝宫外居住奉侍①。她居摄六宫,上以孝伺奉皇太后,"朝夕承欢",下抚视诸妃所生各皇子一如己出,因而获得内宫一片称颂声,自妃嫔至宫人皆心悦诚服。乾隆视她为贤内助,曾说:"朕得以专心国事,有余暇以从容册府者,皇后之助也"②。

富察氏先后生2男2女。大儿子即二皇子永琏,死于乾隆三年,只有九岁。第二个儿即皇七子永琮,乾隆帝已内定建储为太子,又于十二年除夕这一天因出痘去世。36岁的富察氏中年失子,其悲痛可想而知,"乃诞育佳儿,再遭夭折,殊难为怀"③。

一个月后,即乾隆十三年二月四日,富察氏含悲随驾东巡。当月下旬到达曲阜祭孔庙,继而登泰山。三月四日,回舆抵济南,"微感风疾",病情似乎并不重,也没有引起皇帝注意。乾隆在济南活动繁忙。四日幸趵突泉,五日阅兵,还乘兴张弓,连射皆中的。

---

① 陈康祺:《郎潜纪闻二笔》卷9《孝贤皇后》。
② 《乾隆实录》卷318。
③ 《乾隆实录》卷305。

又到舜庙行礼,到千佛山行香。六日,阅视济南府,泛舟大明湖,诣历下亭,至北极庙拈香。七日,再幸趵突泉。皇后经过几天将息,已觉渐愈,十一日回銮至德州,半夜却与世长辞。皇帝悲恸不已,奉皇后梓宫兼程返京。三月十七日到达京师,停柩长春宫。旋即,乾隆降旨,9天内不办事,并批准总理丧仪王大臣奏请,诸王以下文武官员俱斋宿27天,缟素27日,百日才可剃头。外省文武官员从奉到谕旨时起,应摘冠缨齐集公所,哭临3天。乾隆初年,贵妃高佳氏去世,乾隆谥以慧贤皇妃。富察氏在旁曾说,"吾他日期'孝贤'可乎?"。乾隆应她生前的要求,果然给谥"孝贤皇后"。十月二十七日,孝贤皇后被安葬在风景秀丽的胜水峪地宫,皇帝奠酒举哀。

乾隆对富察氏感情是真挚的。为悼念亡妻,他作《述悲赋》,写道:"痛一旦之永诀,隔阴阳而莫知";"纵糟糠之未历,实同共而共辛";"制泪兮泪滴襟,强欢兮欢匪心";"对嫔嫱兮想芳型,顾和敬兮怜弱质";"入椒房兮阒寂,披凤幄兮空垂"[1]。这位叱咤风云的皇帝,对妻子哀思也是那样缠绵深沉。他多次南巡,望济南绕道而过,怕的是触景生情。乾隆三十年,他第4次南巡时写道:

"济南四度不入城,恐防一入百悲生;

春三月昔兮偏剧,十七年过恨未平。"[2]

孝贤皇后的去世,还惹起了几场政治风波。各地方官获悉皇后去世,纷纷呈表向皇帝请安,并要求晋京叩谒梓宫。所有表章都用"衔哀泣血,五中如裂"、"哀痛惨裂,伏地呼抢"等夸张语言,来表达自己对皇后去世的悲痛之情。乾隆心里明白,这一切都不是

① 《清史稿》卷214《后妃传》。
② 乾隆《御制三集》卷45《四依皇祖南巡过济南韵》。

"出于中心之诚",但他仍然要求每一个官员要"以君臣义重"具折请安,以示诚悃。特别是旗员,"沐恩尤为深重","义当号痛奔赴"。为此,各省满洲督抚、提督、将军、都统、总兵官等,凡得悉皇后"大事"而不行奏请来京号痛者,皆谕令降2级留用,或销去军功纪录。据统计,因此而受处分的满洲官员达53名,其中包括两江总督尹继善、闽浙总督哈尔吉善、湖广总督塞楞额、漕督温著、浙江巡抚顾琮、江西巡抚开泰、河南巡抚硕色、安徽巡抚纳敏等。

在备办皇后的丧礼中,又有一大批官因失职而受处分。

四月二十日乾隆发现,孝贤皇后的册文中,"皇妣"二字,译成满文时,误作"先太后",气愤地斥责说:"从来翻译有是理乎?此非无心之过,文意不通可比"。管理翰林院的是刑部尚书汪克敦。乾隆认定,因前些时期在张廷玉问题上"解其协办大学士之故,心怀怨望"①,是有意的,拟斩监候,秋后处决(后获赦)。其他如满族尚书盛安、吏部侍郎德通、翰林院侍读学士塞尔登等有关官员均受处分。五月,工部办理谥皇后宝册,"甚属粗鄙",该部主要官员"以大不敬罪"受到处分②。在册谥皇后时,"礼部未议王公行礼之处,于礼未协",堂官交部议处。乾隆还发现,皇后灵前祭品,办理草率,将经管的光禄寺卿增寿保、沈起元降级调用。

因触犯国丧百日内不许剃头的规定而获罪官员就更多了。乾隆虽降旨在孝贤丧期百日内,文武各官不许剃头。但大清会典律例中没有这条规定。所以,被参百日内剃头者愈来愈多。六月十二日,乾隆又发布命令,已经发觉百日头剃头者,要他们"自当参处",即自动请求处分。其余未发觉,概不另饬查;但"旗人本属当

──────────

① 《乾隆实录》卷313。
② 《乾隆实录》卷315。

知,若有丧心之徒,不在此宽免之例"①。实际上,不管是满族还是汉族官员,百日内剃头都受到处分。如闰七月发现,江南总河周学健于皇后"大事后二十七日甫毕即已剃头",他的下属全部在百日内剃头,乾隆立即将周学健"逮捕治罪"。江南总督尹继善明知不奏,革职留用②。不久,乾隆帝又获悉,湖广总督塞楞额、湖北巡抚彭树葵、湖南巡抚杨锡绂以及两省文武官员俱已剃头,严厉斥责说:"况君臣上下之所以维系者,以有名分。若于名分所在,慢忽而不知敬畏,渺忽而膜不相关,则纪纲凌替,人心浇漓,将不可问。所关至为重大"③。满洲官员塞楞额著革职,汉籍官员彭树葵、杨锡绂革职留用。

富察氏丧服期间,乾隆多次暴怒,惩办了众多官员。这些举措近乎反常,远远超出对皇后的敬爱之情。这一年,金川战事失利,皇帝心情不好,动辄怒火中烧,淫威滥施,从而使官吏遭殃。

富察氏去世之后,皇太后要乾隆立乌喇那拉氏为皇后。乾隆虽"心有不忍",但"内治需人",于十三年七月一日立娴贵妃那拉氏为皇贵妃,并答应于皇帝40岁大庆之先、皇后丧过27个月之后,册封为皇后。

乌喇那拉氏,是佐领那尔布女儿,事弘历于潜邸,是为侧福晋。乾隆二年(1737年)封娴妃,七年进贵妃。乾隆此时封她为皇贵妃,代行皇后职责,统摄六宫。那拉氏地位不断上升,说明乾隆对她还是很宠爱的。十五年八月一日,她被册立为皇后,皇帝颁诏天下,褒誉她"孝谨性成,温恭夙著"④。这8字评语,说明那拉氏平

---

① 《乾隆实录》卷316。
② 《乾隆实录》卷321。
③ 《乾隆实录》卷321。
④ 《乾隆实录》卷370。

日行为谨慎,对皇帝温顺体贴。乾隆历次出巡,那拉氏皆伴驾随行。三十年,乾隆第 4 次南巡到达杭州时,那拉氏先是忤旨,继而剪发。这引起乾隆恼怒,命令她先行返京。三十一年七月,在乾隆秋狝木兰期间,那拉氏忧愤而死。乾隆命以皇贵妃礼葬在裕妃园寝,没有得到皇后的应有待遇,与富察氏死后的大操大办,更不可同日而语。御史李玉鸣为那拉氏丧礼过于潦草,上疏叫枉,结果被"革职锁拿,发往伊犁"①。

那拉氏在杭州忤旨剪发,以及死后葬礼降格,在当时社会上引起颇多议论。四十一年七月,山西高平人候选吏目严谮,向大学士舒赫德投书,内有"请议皇后"一项。严谮被逮捕审讯。他供述:

"(我曾在都察院当吏目)自二十五年役满回籍后,三十一二年,在本籍即闻皇上南巡路上,有皇后得了不是,先行回京之事。及三十三年我到京师,听见皇后已故,并未颁诏,又有御史将礼部参奏,当即发遣,我心里就想这个御史为人梗直"。

又供说:

"我那时在山西本籍,即闻有此事。人家都说皇上在江南要立一个妃子,纳皇后不依,因此挺触,将头发剪去。这个话说的人很多"②。

那拉氏在杭州忤旨剪发,乾隆讳莫如深。即便在处理严谮案件,也是遮遮掩掩。乾隆降谕舒赫德等,要他们在京秘密审讯,然后将结果"密奏","不必解赴行在,恐致无识之徒妄加猜疑"。就乾隆性格而论,如果那拉氏所谏并非纳妃之事,街头巷尾所议是无稽之

---

① 《乾隆实录》卷 765。
② 《清代文字狱档》第 3 辑《严谮私拟奏折请立正宫案》。

谈,他一定大发宏论,予以驳斥。可是,乾隆却沉默不语,实际上是无法辩解。还应当考虑到,皇帝纳妃本是寻常事,皇后竟剪发抗争,所纳之女肯定是不符合封建道德标准。不过,作为天下母仪的皇后,竟然剪发,皇帝尊严自然受严重侵袭。乾隆如此恼恨那拉氏,盖出于此。从此他不再立皇后。

二、宠爱来自回部的容妃

众多的后妃中,乾隆较宠爱的,是一位来自新疆维吾尔族妃子,宫中赐号容妃。

容妃身世,《清史稿·后妃传》仅有寥寥数语:

"容妃,和卓氏,回部台吉和扎麦女,初入宫,号贵人,累进为妃,薨。"

"和扎麦"是维吾尔语对"和卓"的尊称,意即"我的和卓"。据学者考证,这位"和扎麦"就是三等台吉帕尔萨。另一说,容妃生父阿里和卓,帕尔萨是她的叔叔。阿里是回部第 29 世和卓,与布拉尼敦、霍集占同出和卓家族。阿里的儿子即容妃之兄图尔都,对大小和卓叛清行径,持反对态度。乾隆二十三年(1758 年),将军兆惠所部被困黑水营时,图尔都发兵攻打喀什噶尔所属英吉沙尔,缓解了大小和卓木对兆惠所部压力,使兆惠转危为安。图尔都因功于乾隆二十七年封晋国公,而容妃叔叔额色楞先于乾隆二十四年因军功受封辅国公。

二十四年九月,当图尔都进京之时,乾隆降旨命兆惠班师时,带图尔都家口进京。第二年二月,兆惠班师返京时,容妃与她的六叔帕尔萨等随同到达。二月四日,容妃入宫,封贵人,给赐甚丰。这一年她 27 岁,宫中认为她姓"和卓",所以称"和贵人"。2 年后,即二十七年五月,她晋封为容嫔,三十三年六月,她 35 岁时又晋封容妃。

容妃入宫后,乾隆尊重她的生活习惯、宗教信仰和本民族的特殊爱好。二十六年正月,容妃入宫未满 1 年,维族杂技艺人也被召入宫中,表演玩小羊、玩绳杆、斗羊等本民族传统节目。容妃始终信奉伊斯兰教,以至于在她死后棺木上有手书的阿拉伯文《古兰经》。二十三年,乾隆曾于西内建"宝月楼"(即今之新华门)。容妃进宫后,又于宝月楼墙外特建"回子营",又建回教礼堂,供维吾尔族人礼拜。容妃平日在宫中仍是本民族衣着打扮。因此,三十三年六月封妃之前,颁旨说:"容嫔封妃,现无满洲朝冠、朝服、吉服,应赏给其项圈、耳坠、数珠"①。宫中还设有维族厨师,专门为容妃做饭。容妃有时也让自己的厨师,烧作民族风味进献皇帝。如四十六年正月五日,在斋宫晚膳时,回回厨师烧了二道名菜"谷伦杞(抓饭)"和"滴非雅则(洋葱炒的菜)",受到皇帝的赞赏。

容妃还屡次随驾出巡。她不仅随驾出关外木兰哨鹿,而且还到过江南。三十年乾隆第 4 次南巡时,随行的后妃中除皇后那拉氏,还有令贵妃、庆贵妃、容嫔、永常在和宁常在。随行的王公大臣中,也有容妃的哥哥图尔都。这两位来自天山脚下的兄妹,领略到苏杭等地碧山绿水的秀丽风光。在下江南的途中,容妃受赏赐的食品,有不少是用羊肉、鸡、鸭烹饪的。三十六年,她又随驾东巡泰山,到曲阜拜谒孔庙。四十六年,她随驾到盛京,在八月二十日、二十四两次赐膳中,其他妃子赏的是野猪肉,唯容妃一次赏鹿肉,一次赏狍肉。

在宫中,容妃也多次得到赏赐。按宫中典制,贵人每年赏银150 两。升为嫔之后,赏银增至 300 两。三十八年,容妃 40 岁生

---

① 《内庭赏赐例》三。

日,受赏无量佛1尊、玉如意1盒9柄,以及青玉寿星、银晶象耳双环瓶、玛瑙灵芝杯等大批珍玩。

乾隆对容妃的家属也给优厚待遇。二十五年四月,乾隆将宫女巴朗赏给图尔都为妻。四十三年,图尔都死后无子,由侄儿托克托袭辅国公。五十五年,容妃叔叔额色楞死,其子喀沙和卓本来要降等承袭,但乾隆加恩批准仍袭辅国公。五十六年,又因其勤奋奉职,加封镇国公。容妃的堂弟额色尹从子玛木特于乾隆四十四年卒,子巴巴袭二等台吉。四十八年又议定,巴巴如无功绩,死后乃子降袭四等台吉。但是,乾隆五十三年又改定,"世袭二等台吉罔替"[①]。乾隆给容妃家族的优厚待遇,绝不仅仅是爱屋及乌,更重要的是希望通过这些政策,与维吾尔族上层人物搞好关系。

五十三年四月十九日,容妃与世长辞,终年55岁。临死前,她把大量物品,赠送给宫中后妃、公主、太监、宫女以及娘家的图尔都、额色尹妻子和自己的姐妹,死后,容妃被安葬在今河北省遵化县裕陵妃园寝内。

容妃死后,有关香妃的传说逐渐流传开来。尤其是辛亥革命之后著的稗乘野史,如《满清十三朝宫闱秘史》、《清稗类钞》、《清朝野史大观》等,或说容妃本是小和卓霍集占之妃,或说是大和卓布拉呢敦之女,在清军平定回疆之时,被生致入宫。此女天姿国色,体有异香,被乾隆纳为妃子,号香妃。香妃因承宠遭妒,诸妃共谮于皇太后。皇太后乘乾隆外出,将香妃赐死。另一种说法是,香妃入宫之后,袖藏白刃,欲杀乾隆以报民族仇恨。太后得知后,将香妃赐死。1914年,原北平故宫陈列所举办一次轰动一时的展览,展出10余张美人像油画,说是乾隆时宫廷画家意大利人郎世

---

① 《回疆通志》第4卷。

472

宁所作,其中一幅戎装女子画,是香妃像,并作简介说:

> "香妃者,回部王妃也。美姿色,生而体有异香,不假熏
> 沐,国人号之曰香妃。或有称其美于中土者,清高宗闻之,西
> 师之役,嘱将军兆惠一穷其异。回疆既平,兆惠果生得香妃,
> 致之京师,帝于西内建宝月楼居之。楼外建回营,毳幕韦鞲,
> 具如西域式。又于武英殿之西浴德室,仿土耳其建筑,相传亦
> 为香妃沐浴之所。盖帝欲藉种种以悦其意,而内稍杀其思乡
> 之念也。讵妃虽被殊眷,终不释然,尝出白刃袖中示人曰,国
> 破家亡,死志久决。然决不效儿女汶汶徒死,必得一当以报故
> 主。闻者大惊。但帝虽知其不屈,而卒不忍舍也。如是数年,
> 皇太后微有所闻,屡诫帝弗往,不听。会帝宿斋宫,急召妃入,
> 赐缢死。有图即香妃戎装像,佩剑矗立,趑趄有英武之风,一
> 望而知为节烈女子。"

这次展览,实物和图文三者并茂,又是故宫所办,人们信以为真。
香妃的故事,海外也广泛流传,日本、美国还出版了有关香妃的文
字。实际上,那一位心怀民族仇恨的香妃,子虚乌有。在乾隆后
宫,只有一位为民族和睦团结作过有益贡献的容妃。

三、儿女们的命运

乾隆帝有儿子 17 个,女儿 10 个。

乾隆本人长寿,但儿子大多数短命。其中 2 岁夭折的 2
个——皇七子永琮和未命名的皇九子;3 岁夭折的 2 个——未命
名的皇十子和皇十三子永璟;4 岁夭折的 2 个——皇十四子永璐
和未命名的皇十六子;9 岁夭折的 1 人——皇二子永琏。25 岁至
26 岁死亡的 4 人——长子永璜、皇三子永璋、皇五子永琪、皇十二
子永璂,皇四子永珹活到 30 岁,皇六子永瑢活到 47 岁。因此,乾

隆晚年,身边只有4个儿子,即皇八子永璇、皇十一子永瑆、皇十五子永琰、皇十七子永璘。

皇后富察氏生了2个儿子,即皇二子永琏和皇七子永琮。永琏生于雍正七年(1729年),由雍正帝命名,"隐然示以承宗器之意"①。此子"聪明贵重,气宇不凡"。乾隆元年(1736年)七月,乾隆按乃父所创秘密建储办法,召集大臣,将立储密诏,置于乾清宫"正大光明"匾之后。所立储君就是永琏。可惜的是,永琏短命,乾隆三年十月偶染寒疾,一病不起。乾隆痛失爱子,辍朝5日,将永琏追谥端慧皇太子。富察氏所生第二子又死于乾隆十二年十二月。乾隆伤心之余说:

> "皇七子永琮,毓粹中宫,性成凤慧,甫及二周,岐嶷表异。圣母皇太后因其出自正嫡,聪颖殊常,钟爱最笃。朕亦深望教养成立。……而嫡嗣再殇,推求得非本朝自世祖章皇帝以至朕躬,皆未有以元后正嫡绍承大统者。岂心有所不愿,亦遭遇使然耳,似此竟成家法。乃朕立意私庆,必欲以嫡子承统,行先人所未曾行之事,邀先人所不能获之福,此乃朕过耶"②。

皇帝虽然可以驾驭一切,但主宰不了命运之神。面对着2个嫡子夭折,乾隆竟哀叹起"家法",相信是家族命运使他不可能以"嫡子"继承大统。

乾隆长子永璜,生母也姓富察氏,事弘历于潜邸。她死于雍正十三年(1735年)。皇三子永璋,生母苏佳氏。乾隆十三年(1748年)三月,皇后富察氏病逝东巡途中,永璜、永璋因为没有哀伤的

---

① 《乾隆实录》卷78。
② 《乾隆实录》卷305。

表示,受乾隆严厉谴责。最初,乾隆还仅斥大阿哥"茫然无措,于孝道礼仪,未克尽处甚多"。永璜的几位师傅、俺达也因"未尽心教导"之罪,受罚俸处分。及至皇后丧事满百日,对永璜谴责升级了,而且涉及永璋。六月二十一日,乾隆说:

> "试看大阿哥年已二十一岁,此次于皇后大事,伊一切举动尚堪入目乎?父母同幸山东,惟父一人回銮至京,稍具人心之子,当如何哀痛,乃大阿哥全不介意。……若将伊不孝之处表白于外,伊尚可忝列人世乎!今事虽已过,朕如不显然开示,以彼愚昧之见,必谓母后崩逝,兄弟之内惟我居长,日后除我之外,谁克肩承重器,遂致妄生觊觎。……从前以大阿哥断不可立之处,朕已洞鉴,屡降旨于讷亲傅恒矣。至三阿哥,朕先以为尚有可望,亦降旨于讷亲等。今看三阿哥亦不满人意。年已十四岁,全无知识。此次皇后之事,伊于人子之道竟不能尽。……此二人断不可继承大统。……大阿哥系朕长子,三阿哥亦稍长。如果安静守分,日后总可膺王、贝勒之封。……伊等若敢于朕前微露端倪,朕必照今日显扬其不孝之罪,即行正法。……今满洲大臣内,如有具奏当于阿哥之内,选择一人立皇太子者,彼即系离间父子,惑乱国家之人,朕必将伊立行正法,断不宽贷"①。

这道谕旨,不仅断绝了永璜、永璋继位的念头,使乾隆与皇长子、皇三子之间关系紧张,而且建储一事被宣布暂时搁置。这一年,38岁的乾隆春秋正鼎盛。他的儿子,除了已死的2个嫡子与皇长子、皇三子之外,其他均在9岁以下。他还要用一段时间进行考察挑选。然而,永璜遭此打击,不到2年即身亡,被追封定亲王。乾隆

---

① 《乾隆实录》卷317。

二十五年年仅 26 岁的永璋也去世,被追封循郡王。

皇四子永珹生于乾隆四年,皇五子永琪生于乾隆六年,皇六子永瑢生于乾隆八年,皇八子永璇生于乾隆十一年。乾隆对他们的学习抓得很紧。二十年正月二十六日,乾隆偶然到尚书房,"甫及未初,……并不闻皇子读书之声,行走各员,多半不到"。乾隆对各皇子"试之以诗,虽依韵完篇,而全无精义"。他说"不意平日怠惰,不能尽心课读至此"。几位老师全部被罚俸 3 年①。在这几位皇子中,永珹于乾隆二十八年出继给履亲王允祹为后,于四十二年去世,谥履端亲王。皇五子永琪,年少即学骑射,娴清语。这 2 项被视作清王室看家本领,受历朝帝王重视。永琪自然也就得到乾隆钟爱,于三十年封荣亲王。除去死后追谥之外,永琪在诸皇子中是第一个封王的。可惜,4 个月后他因病去世。皇六子永瑢也是一个人才,工绘画,通天算,于乾隆二十四年出继为慎郡王允禧之后,封贝勒;三十七年封质郡王,五十四年再晋封亲王。他还是《四库全书》16 名正总裁官之一,又当过总管内务府大臣,主持过皇帝的 7 旬、8 旬万寿庆典,朝野都认为皇帝属意永瑢,是太子当然人选②。皇八子永璇"为人轻躁,作事颠倒","沉湎酒色,又有脚病,素无人望"③,三十五年曾因私自外出,受乾隆斥责。

皇十一子永瑆是一位颇负盛名的书法家,"幼时握笔,即波磔成文",成年后学习并发展了明末董其昌用前三指握管悬腕书法,号称"拨灯法"。士大夫得其"片纸只字,重若珍宝"。乾隆很喜欢这个儿子,多次幸其府第,特命刊其字帖,亲自作序颁行。永瑆也是《四库全书》总裁官之一,五十五年封成亲王。但他"天性阴忮,

---

① 《乾隆实录》卷 481。

② 《朝鲜李朝实录中的中国史料》卷 10。

③ 《朝鲜李朝实录中的中国史料》卷 11。

好以权术驭人。持家苛虐,护卫多以非罪斥革"。据说,有一天他
所乘的马倒毙,下令烹以代膳,"是日即不举爨,其啬吝也若是"①。
嘉庆四年(1799年)永瑆受命军机处行走,总理户部三库。清代以
亲王领军机处,从永瑆开始。

　　皇十二子永璂,因其生母乌喇那拉氏忤旨剪发,也失宠于乾
隆,四十一年年仅25岁便死去。乾隆几个成年去世的儿子均受追
封,唯永璂没有谥爵,可见其受冷落程度。皇十七子永璘,与皇十
五子永琰是同母兄弟,不好读书喜音乐,爱嬉游,然性格诙谐,为人
直厚,护卫们可以当众与他倨傲嬉笑。年轻时常微服出游,间为狭
巷之乐。乾隆很讨厌这个儿子。五十四年十一月,皇六子、十一
子、十五子都封王,他仅封贝勒。不过,他很知趣。乾隆后期,几个
阿哥都在觊觎皇位。他却对兄长们说:"使皇帝多如雨点,亦不能
滴吾顶上。唯求诸兄见怜,将和珅邸第赐居,则吾愿足矣"②。果
然,和珅垮台后,他得到和珅住宅的一部分,并晋封庆郡王。

　　乾隆帝10个女儿中,夭折5个。他们是皇长女、皇二女、皇五
女、皇六女、皇八女。寿命最长的,是皇三女固伦和敬公主。她是
皇后富察氏所出,生于雍正九年(1731年),乾隆十二年(1747年)
嫁给色布腾巴尔珠尔。色布腾巴尔珠尔是顺治皇帝从女端敏公主
额附班第的孙子,乾隆十七年晋袭亲王,二十三年授理藩院尚书。
二十八年任金川参赞大臣时,上疏弹劾率兵征剿金川的主帅大学
士温福,获罪夺爵幽禁。木果木温福丧帅殒命,乾隆再度起用色布
腾巴尔珠尔为参赞。四十年死于军中。皇四女和硕和嘉公主,是
皇贵妃苏佳氏所出。乾隆二十五年嫁给福隆安,乾隆三十二年去

---

① 昭梿:《啸亭杂录》卷2《成王书法》、卷5《成哲王》。
② 昭梿:《啸亭续录》卷5《庆僖王》。

世,年仅23岁。福隆安是忠勇公大学士傅恒次子,曾先后任兵部、工部尚书,军机处行走。乾隆三十四年傅恒病逝,第二年福隆安袭一等忠勇公。皇七女固伦和静公主和皇九女和硕和恪公主,都是皇十五子永琰同母所生的姐姐。和静公主下嫁给超勇王策凌的孙子拉旺多尔济。公主本人死于乾隆四十年,年仅20岁。和恪公主于乾隆三十八年嫁给武毅谋勇公兆惠的儿子扎兰泰。时兆惠已死,扎兰泰承爵位。皇十女固伦和孝公主,生于乾隆四十年。乾隆老年得女,且长相酷似自己,因而爱如掌上明珠。他曾对公主说:"汝若为皇子,朕必立汝储也"①。四十三年,公主生母惇妃汪氏笞宫婢至死。乾隆认为这是宫中罕见案件,若不从重处置,于情法未为平允,但念她曾生育公主,量从末减,降妃为嫔。不久又封为妃。降而复升,这与乾隆宠爱和孝公主不无关系。和孝公主长大后,性刚毅,能挽十力弓,曾男装随驾校猎射鹿,乾隆益发喜爱,未出嫁就赐以乘金顶轿。乾隆五十四年,和孝公主嫁给和珅的儿子丰绅殷德。那时,和珅势虽焰,声名狼藉。公主对丰绅殷德说:"汝翁受皇父厚德,毫无报效,惟贿日彰,吾代汝忧。他日恐身家不保,吾必遭汝累"。有一天,丰绅殷德在以畚锸拨雪儿戏,公主责之曰:"汝年已逾冠,尚作痴童戏耶"②。乾隆死后,和珅家产被籍没。嘉庆为了照顾和孝公主,将和珅的住宅、花园以及热河寓所的一半留给这位小妹妹。丰绅殷德一家政治上一落千丈,经济上也显得拮据,全靠和孝公主治家有方,"内外严肃,赖以小康"③。嘉庆十五年(1810年)丰绅殷德病死后,和孝公主还得到嘉庆多次恩赐。道光三年(1823年),和孝公主病逝,年49岁,道光还亲临灵堂祭奠。

---

① 昭梿:《啸亭续录》卷5《和孝公主》。
② 昭梿:《啸亭续录》卷5《和孝公主》。
③ 昭梿:《啸亭续录》卷5《和孝公主》。

附　　录

乾隆帝弘历年表

康熙五十年（1711 年，1 岁）

　　八月十三日，生于雍王邸（后改雍和宫），取名弘历。父胤禛，康熙帝四子，母钮祜禄氏，四品典仪凌柱之女。

康熙五十八年（1719 年，9 岁）

　　开始接受庶吉士福敏的启蒙教育。

康熙六十一年（1722 年，12 岁）

　　三月，弘历被胤禛引见给康熙，倍受康熙喜爱，被带回宫中"养育抚视"。入秋，随康熙住避暑山庄，住万壑松风读书。十一月，康熙病故，胤禛即皇帝位，明年改元雍正，弘历成了皇子。

雍正元年（1723 年，13 岁）

　　正月，雍正命署翰林院掌院学士朱轼、徐元梦等对弘历进行系统的儒学教育。八月十七日，秘密建储，弘历为内定嗣君。

雍正五年（1727 年，17 岁）

　　七月成婚，嫡妻富察氏系察哈尔总督李荣保之女。

雍正八年（1730 年，20 岁）

　　秋，将自己 14 岁以来诗文辑成《乐善堂文钞》付梓，庄亲王允禄、果亲王允礼、大学士鄂尔泰、张廷玉、朱轼等 14 人为诗集作序,为继位作舆论准备。

雍正十一年(**1733 年,23 岁**)

二月,弘历封为宝亲王。

雍正十三年(**1735 年,25 岁**)

八月二十三日,雍正崩,弘历即皇帝位,二十四日,颁布数道谕旨,按乃父遗志准鄂尔泰、张廷玉配享太庙。又派张广泗替代平苗无功的张照,总理苗疆事务。二十五日,颁谕严禁太监向内宫走递朝廷信息,干扰政局。又招朱轼还京办事,改派大学士稽曾筠总理江南总河浙江海塘工程。九月三日,御太和殿正式即位,颁诏天下,改明年为乾隆元年。又豁免各省民人拖欠 10 年以上钱粮。十月令将阿其那(即允禩)、阿思黑(即允禟)子孙,收入玉牒,复归宗室。取消对乡镇村落零星买卖所收的"落地税"。确定对西北准部噶尔丹策零的策略,以防守对进攻,以断绝贸易逼对方和议。十一月,将张照革职拿问,重新处理曾静、张熙案,磔曾静、张熙于市。十二月,颁劝减租佃谕。

乾隆元年(**1736 年,26 岁**)

正月十七日,宣布从西北撤兵。三月四日,以甘肃巡抚许容未及时赈济固原、环县等处灾民,被革职解京治罪。五月,减轻山东益都"钦租地"税额。七月,取消雍正所创的"老农顶戴制度"。八月,下谕"永除新疆(贵州古州)苗赋"。十月,豁免湖北江夏等 19 州尚未摊入地赋的所谓"重丁银"。十一月,下令将固安、新城、霸州、永清设立的八旗井田实验区改为屯田。十二月,批准张广泗所奏苗疆善后事宜 3 款。

乾隆二年(**1737 年,27 岁**)

十二月,册立嫡福晋富察氏为皇后。

乾隆三年（1738 年,28 岁）

正月,定以侍郎阿克敦为正使,御前三等侍卫旺扎尔、乾清门头等台吉额默根为副使,随准部使者达什赴准噶尔部议和。七月,工部尚书赵宏恩受贿事发,革职发往台站效力。

乾隆四年（1739 年,29 岁）

九月,处理弘晳集团案。允禄革亲王,停双俸,罢去所有职务。弘晳永禁于景山东莱园,子孙除出宗室。弘昌革贝勒,弘普革贝子,弘昇永远围禁,弘皎不革王号,永远停俸。十一月,晋封西藏贝勒颇罗鼐为郡王,其长子珠尔默特车布登为辅国公,次子珠尔默特那木扎勒为札萨克一等台吉。十二月,同意准噶尔部派人到北京和肃州贸易,每 4 年 1 次,人数限于200 名和 100 名。

乾隆五年（1740 年,30 岁）

正月,宣布"禁八旗私行典卖承买地亩"。五月,福建巡抚王士任纳贿贪赃,被逮入狱。

乾隆六年（1741 年,31 岁）

正月,决定恢复木兰秋狝。三月,以御史仲永檀参奏步军统领鄂善,并牵涉大学士张廷玉、赵国麟、徐本等多人,命怡亲王弘晓、和亲王弘昼、大学士鄂尔泰等会审此案,赐鄂善自裁。七月,奉皇太后赴木兰围场,诏免所经州县本年田赋十分之三。八月,开始行围活动,并接见赐宴蒙古诸王公台吉等。九月,返回圆明园。又重审谢世济《大学注》一案。十二月,采纳左都御史刘统勋关于裁抑张廷玉亲族升转之事的建议。

乾隆七年（1742 年,32 岁）

四月,颁布汉军旗人"出旗为民"政策。七月,削去礼部尚书赵国麟职务,命在咸安宫效力。十二月,以左副都御史仲永檀将留中密奏泄于詹事鄂容安,命庄亲王允禄、履亲王允裪、和亲王弘昼会同大学士张廷玉等审理。罢鄂容安官职,留上书房行走,鄂尔泰受降级处分,仲永檀下狱。

乾隆八年(1743 年,33 岁)

正月,仲永檀死于狱。九月,规定外洋货船来闽粤贸易,带米 1 万石以上,免征货银十分之五,带米 5000 石以上,免征货银十分之三。

乾隆十年(1745 年,35 岁)

四月,鄂尔泰病死,遵守雍正生前诺言,令将其配享太庙,首席军机大臣职由讷亲担任。六月,普免全国钱粮。七月,以建昌镇总兵袁士弼为总统,发兵进剿瞻对土司。

乾隆十一年(1746 年,36 岁)

六月,瞻对之役结束,加封川陕总督庆复太子太保衔。降谕缉拿云南、贵州、四川、江苏、直隶、湖广、江南、江西、山西等省的大乘教首领。批准云南边外茂隆矿厂课减半抽收,一半赏给葫芦国酋长。九月,定制从明年起,专委大员分批巡阅各省营伍,3 年内各省阅视一遍。十一月,宣布"邪教"追查结束,但大乘教书籍、图记仍继续收缴销毁。

乾隆十二年(1747 年,37 岁)

三月,西藏颇罗鼐病故,其子珠尔默特那木札勒袭封郡王。调张广泗为川陕总督,入川同庆复商讨进剿大金川事宜。八月,查明征剿瞻对,瞻对头人班滚脱走,命革川陕总督庆复职,交刑部监候。

乾隆十三年(1748 年,38 岁)

正月,准张廷玉辞去兼管的吏部事务。三月,颁布严禁"邪教"谕旨。又皇后富察氏随驾东巡逝去,谥"孝贤皇后"。

四月,命首席军机大臣讷亲为经略大臣,驰赴川西指挥军事。起用岳钟琪,以提督衔往金川听候调遣。七月,立娴贵妃那拉氏(佐领那拉布之女)为皇贵妃。九月,张广泗以玩兵养寇交刑部治罪,讷亲革职,自备鞍马赴北路军营效力赎罪。命大学士傅恒以经略金川事兼管川陕总督印务。十一月,因粮价居高不下,降旨恢复征收各地过关粮食税。十二月,御瀛台亲鞫张广泗,以老师糜饷立斩张广泗。

乾隆十四年(1749年,39岁)

正月,斩讷亲于军前。决定撤兵金川。封傅恒"忠勇公"。二月,以傅恒、岳钟琪抚降大金川土司莎罗奔,赐傅恒四团龙补褂、宝石顶戴等,加封岳钟琪太子少保衔。十月,降谕定于十六年正月,巡幸江南。十一月,同意张廷玉以原官带伯爵衔致仕。十二月,削去张廷玉伯爵,仍许配享。

乾隆十五年(1750年,40岁)

四月,降谕不许张廷玉配享。五月,西藏局势恶化,珠尔默特那木扎勒调兵运炮,阴谋叛乱。八月,册封那拉氏为皇后。九月,革去张廷玉大学士衔。又准部宰桑萨喇尔(勒)率部属千余户内投,命编为佐领,授散秩大臣职。十月,以西藏局势恶化,命策楞、岳钟琪筹划进兵。驻藏大臣傅清、拉布敦在诛叛乱头目珠尔默特那木扎勒时殉职。十一月,命岳钟琪、策楞率兵3000入藏平定叛乱。

乾隆十六年(1751年,41岁)

正月,奉太后自京师动身,首下江南,宣布蠲免所经山东州县本年田赋十分之三。二月,宣布增取江苏、安徽、浙江3省岁试文童名额,特准两淮纲盐食盐每引赏加10勔。三月,奉太后临视江宁织造机房,诣明孝陵祭明太祖朱元璋。

又批准《西藏善后章程》13条款。五月,奉太后返回北京。六月,以贵州安顺府查获孙嘉淦伪奏疏,指令全国各地追查伪疏稿炮制者和传播者。又御太和殿接见缅甸贡使及茂隆厂课长吴尚贤。十月,指令云贵总督硕色扣押茂隆厂课长吴尚贤。

乾隆十八年(1753年,43岁)

正月,定江西千总卢鲁生、南昌守备刘达为造孙嘉淦伪奏疏案主犯。二月,命将卢鲁生凌迟处死,刘时达及卢鲁生之子俱斩监候,其余人犯从宽释放。八月,训斥舒赫德要与准部达瓦齐修好。

乾隆十九年(1754年,44岁)

五月,宣布明年拟两路进兵,直抵伊犁。十一月,驻跸热河召见阿睦尔撒纳,又加封他为亲王,讷默库、班珠尔为郡王,发布征准噶尔部文告。

乾隆二十年(1755年,45岁)

正月,以阿睦尔撒纳为定边左副将军出北路,萨喇尔为定边右副将军出西路,拟于二月间进剿达瓦齐。三月,胡仲藻以《坚磨生诗钞》获罪立斩,鄂昌赐自尽,史贻直致仕回籍,又将鄂尔泰从贤良祠中撤出。四月,英国商人洪任辉率船到宁波贸易。六月,回部伯克霍集斯计擒达瓦齐献于军前,以准噶尔部荡平,檄令两路撤兵。八月,阿睦尔撒纳叛清。九月,封噶勒藏多尔济为绰罗斯汗,车凌为杜尔伯特汗,沙克都尔曼为和硕特汗,巴雅尔为辉特汗,重建四卫拉特。十月,献俘京师,免达瓦齐死罪,加恩封亲王,入旗籍,赐第京师。

乾隆二十一年(1756年,46岁)

正月,以朱思藻《吊时语》中有"暴君污吏,长君逢君"等语,命将他发配黑龙江。命玉保挂先锋任,追寻阿睦尔撒纳。全面实施开户家奴出旗为民政策。五月,授达瓦党阿为定边右副将军,旋补定西将军出西路,哈达哈为定边左副将军出北路配合,追剿叛军。

乾隆二十二年(1757年,47岁)

正月,以成衮扎布为定边将军,车布登扎布署定边左副将军,定于三月间再剿阿睦尔撒纳。又命兆惠晓谕大小和卓木"酌定贡赋章程",前来陈奏。第2次下江南。三月,命兆惠成衮扎布分路出击。四月,洪任辉第2次到宁波贸易。五月,副都统阿敏道被大小和卓木杀害,回部叛乱,命平定厄鲁特后即挥师征回部。六月,以段昌绪抄存吴三桂反清檄文,降旨处斩,原任布政使彭家屏家藏明季野史,处斩监候。七月,令理藩院行文俄罗斯萨纳特衙门,要求对方遵约遣回阿睦尔撒纳。八月,指示理藩院行文驳斥俄罗斯通过阴葛达河、额尔衮河、黑龙江运送粮食的无理要求,又饬令黑龙江边防台站官兵加意防范。十一月,宣布洋船"只许在广州收泊贸易",关闭闽、浙和江苏海关。十二月,授特勒伯克为乌梁海总管,暂定科布多为游牧地。

乾隆二十三年(1758年,48岁)

正月,批准在黑龙江靠近俄罗斯边境增设卡座70处,"委员巡查,日一会哨"。宣布大小和卓木罪状,命兆惠、雅尔哈善率师平叛。二月,大金川与革布什咱土司因亲构衅。三月,降谕将斩、绞、缓决各犯纳赎之例永行停止。四月,以雅尔哈善为靖逆将军总理回部事务,调兆惠返京休整。以各土司联合攻打大金川,乾隆决计实施"以番攻番"政策。八月,降旨取消对恰克图地区的贸易禁令。九月,废除贪官在限内完赃可以减刑的旧例。

乾隆二十四年(1759 年,49 岁)

正月,以雅尔哈善失职罪论斩。黑水营解围,封兆惠武毅谋一等公。二月,命兆惠自阿克苏取叶尔羌,富德由特穆尔图诺尔或乌什取喀什噶尔。四月,洪任辉第 3 次到宁波贸易,被清方阻截。洪任辉继续北上天津,声称上京递状伸冤。六月,降旨将洪任辉呈词中指控的粤海关监督李永标革职。七月,大小和卓木逃往巴达克山国,旋被杀。降旨定回部各城伯克等官员的品级。八月,授意两广总督李侍尧等召见英、法、荷等 5 国商人代表,宣布剔除海关陋规。批准乌梁海人迁往阿尔泰山以南之额尔齐斯。九月,命兆惠将旧伯克霍集占族戚及伯克霍集斯迁居北京。十月,命将英商洪任辉圈禁澳门 3 年。以西北两役告竣,颁《御制开惑论》宣示天下。十一月,撰《御制平定回部告成太学碑》等。十二月,批准李侍尧所奏防范外夷条例。

乾隆二十五年(1760 年,50 岁)

二月,回部容妃入宫,封贵人。五月,大金川土司莎罗奔病故,子郎卡袭职。

乾隆二十六年(1761 年,51 岁)

七月,批准在伊犁与乌鲁木齐之间安设村庄,驻兵屯田,设台站 21 处。

乾隆二十七年(1762 年,52 岁)

正月,第 3 次下江南。五月,回部容贵人封为容嫔。九月,授明瑞为总管伊犁等处将军,伊犁将军自此始。大金川土司攻打党坝,各土司集兵抗拒。十二月,命铸乌梁海左右翼总管印,分别颁授察达克、图布新。是年,全国人口逾 2 亿。

乾隆二十八年(1763年,53岁)

八月,谕乌里雅苏台将军成衮扎布率兵前往库克乌苏、色毕地方,拆毁非法入境的俄罗斯人木栅屋宇。九月,下令暂停恰克图地区的中俄贸易。

乾隆二十九年(1764年,54岁)

六月,四川总督阿尔泰赴京请训。工部尚书阿桂奉旨巡边,暂署川督。乾隆指示阿桂等,可明谕各土司,集众往攻大金川,继续执行"以番攻番"政策。

乾隆三十年(1765年,55岁)

正月,第4次下江南。二月,乌什事变爆发。四月,以阿克苏办事大臣边特哈、参赞大臣那世通办理乌什事务不利,论斩。又命阿桂前往帮助明瑞。五月,下旨克复乌什城后进行屠杀报复。十二月,因缅甸连年内犯,命云贵总督刘藻带兵追击入侵边境的缅军。

乾隆三十一年(1765年,56岁)

正月,普免各省漕粮。二月,一批官员抗击缅甸入侵不力受处罚,参将何琼诏、游击明浩、守备杨坤被正法,刘藻降补湖北巡抚,命杨应琚接任云贵总督。七月,听信杨应琚,决定对缅甸发动战争。皇后那拉氏忧愤而死,命以皇贵妃礼葬在裕妃园寝。十一月,杨应琚出师攻缅甸。

乾隆三十二年(1766年,57岁)

正月,杨应琚征缅失利。二月,遣御医往云南视杨应琚,调其次子杨重英驰永昌襄助一切军务。三月,命明瑞替代杨应琚继续征缅。六月,杨应琚被解往避暑山庄,命其自尽。九月,命明瑞分兵两路直捣缅都。十二月,以蛮结之役,封明瑞为一等诚嘉毅勇公。

乾隆三十三年(**1768 年,58 岁**)

二月,闻征缅失败明瑞死讯。授大学士傅恒经略缅甸,阿里衮、阿桂为副将军,舒赫德为参赞大臣,鄂宁为云贵总督。八月,下令取消恰克图地区对俄贸易禁令。

乾隆三十四年(**1769 年,59 岁**)

八月,批准傅恒水路并进征缅作战计划。十一月,闻副将军阿里衮病殁阵前,降旨撤兵,同意与缅甸息兵议和。

乾隆三十五年(**1770 年,60 岁**)

正月,第 2 次普免全国地丁的钱粮。驳回缅甸"欲通贸易"的请求,坚持对方应先奉表求贡的原则。三月,未见缅甸奉表,命阿桂选精锐袭击缅境。十一月,土尔扈特部在渥巴锡汗率领下毅然起程从伏尔加河流域返回祖国。

乾隆三十六年(**1771 年,61 岁**)

六月,命参赞大臣巴图济尔噶勒驰赴伊犁办理接待土尔扈特安置事宜。又派额驸色布腾巴勒珠尔前往迎接渥巴锡等至热河行在。又命陕甘总督吴达善从藩库拨银 20 万两解往巴里坤、乌鲁木齐备用。七月,指令西安巡抚文绶紧急援助土尔扈特人棉袄、毡衣等物品。免去阿尔泰四川总督职,以德福代之,出兵讨伐小金川。命温福、阿桂自云南入川。八月,降德福为三等侍卫,赴伊犁听差。九月,御木兰围场伊绵峪接见渥巴锡、舍楞一行。又封渥巴锡为卓哩克图汗,策伯克多尔济为布延图亲王,舍楞为弼哩克郡王。十月,授舍楞为盟长,将所部迁至科布多及阿尔泰附近。命温福以定边副将军衔驰往成都,主持征伐金川军务。

乾隆三十七年(**1772 年,62 岁**)

正月,降谕蒐集天下古今群书,准备编纂大型丛书。五月,以四川总督桂林征小金川兵败夺职,调文绶入川接替,又授阿桂为参赞大臣指挥南路进攻小金川。八月,批示理藩院行文驳斥俄罗斯要求遣还渥巴锡等人的威胁。十一月,首次向诸皇子表示,将于86岁归政。十二月,以小金川获捷,授温福为定边将军,阿桂、丰升额为右副将军,3路进讨大金川。

乾隆三十八年(1773年,63岁)

二月,定丛书之名为《四库全书》,强调按经史子集四部分类,突出儒家经典。闰三月,批准大学刘统勋荐举,任命纪昀、陆锡焦为总办,以姚鼐、程晋芳、任大椿、汪如藻、翁方纲为纂修,以余集、邵晋涵、周永年、戴震、杨昌霖等在分校上行走。四月,批准渥巴锡所部迁至珠勒都斯游牧。六月,以木果木之败,温福死,恩赏一等伯爵,世袭罔替,入祀昭忠祠,旋即削去,又命阿桂任定边将军继续进军两金川。十一月,以小金川事定,指示阿桂做好善后工作。十二月,将应当皇子之名写好"密缄而藏之"。又宣布自己将在乾隆六十年乙卯传位皇子。

乾隆三十九年(1774年,64岁)

正月,命阿桂分3路进攻大金川。八月,大金川索诺木献尸求降,指示阿桂"不当以受降完结"。又山东王伦起义,标志乾隆朝由盛转衰。九月,命舒赫德赴山东指挥镇压起义。十一月,就屈大均诗文案,发布《呈献违碍书籍谕》。又命收缴民间私藏鸟枪。十二月,批准直隶总督周元理提出在全国范围内推行保甲制度。

乾隆四十年(1775年65岁)

闰十月,下令处理违碍书籍《偏引堂集》、《皇明通纪》及《喜逢春传奇》案。

乾隆四十一年(1776 年,66 岁)

二月,以清军荡平金川全境,下令撤兵。四月,龙袍衮服御午门受献俘礼。十一月,下令四库全书馆详核违碍书籍。

乾隆四十二年(1777 年,67 岁)

正月,皇太后去世,第 3 次普免全国地丁钱粮。

乾隆四十三年(1778 年,68 岁)

九月,批驳"立嫡立长之说",主张以"贤"作为选择储君的标准。

乾隆四十四年(1776 年,69 岁)

三月,降谕再次中止对俄贸易,至次年恢复。

乾隆四十五年(1780 年,70 岁)

正月,第 5 次下江南。三月,授和珅议政王大臣。八月,举行 7 旬万寿庆典,普免全国漕粮。十月,擢和珅《四库全书》馆正总裁兼理藩院尚书。

乾隆四十六年(1781 年,71 岁)

三月,甘肃爆发伊斯兰教新教徒苏四十三领导的回民起义,命和珅、阿桂前往督办。又王亶望贪污案发,命将勒尔谨、王亶望处斩,陆续受牵连而被处死者 50 名,发遣者 46 名。五月,指示阿桂彻底镇压苏四十三起义残余,并拆毁所有新教教堂。十二月,《四库全书》第 1 部缮写完成。

乾隆四十七年(1782 年,72 岁)

七月,令抄 3 份《四库全书》藏于南三阁。九月,以闽浙总督陈辉祖侵吞王亶望查抄赃物,命将其处斩监候,其他参预人员发配新疆,或往河南以河工效力。

乾隆四十九年(1784 年,74 岁)

正月,第 6 次南巡。二月,驻跸江宁府接见安南使臣,并赐安南国王"南交屏翰"之匾。四月,以田五起义,降旨陕甘总督李侍尧带兵镇压。五月,又命福康安、侍卫内大臣海兰察带兵前往协助李侍尧。八月,下令禁止天主教的传播。

乾隆五十年(1785年,75岁)

以登基50年"国庆",举行"千叟宴",3000人与宴。

乾隆五十一年(1786年,76岁)

四月,以浙江学政窦光鼐揭发浙江亏空,派阿桂前往查办。五月,以两广总督富勒浑家奴殷士俊案发,命将富勒浑革职。六月,宣布浙江亏空案完结。七月,御史曹锡宝弹劾和珅家人刘秃子,命将曹锡宝革职留任。八月,命阿桂返回杭州,会同江苏巡抚闵鹗元重审浙江亏空案。九月,颁旨处理亏空案有关人员;原浙江巡抚福崧、布政使兼杭州织造盛桂革职。阿桂及现任浙江巡抚伊龄阿及参与审理此案的江苏巡抚闵鹗元俱交部议处。窦光鼐升任署光禄寺卿。十二月,以台湾林爽文起义,命闽浙总督常青率兵镇压。

乾隆五十二年(1787年,77岁)

正月,以泉州、兴化、广东籍客民帮助清军镇压林爽文起义,令予以嘉奖。二月,命李侍尧接替常青总督职,常青以将军衔赴台坐阵指挥。七月,令福康安带海兰察、舒亮、普尔普及增援清军赴台,扭转了台湾战局。十一月,谕将诸罗县改名为嘉义县。

乾隆五十三年(1788年,78岁)

正月,以台湾总兵柴大纪劣迹昭彰,降旨革职解京治罪。林爽文等被清军捕获押往北京审讯。四月,批准福康安增设台湾地方佐员的请求。回部容妃逝世,被安葬在裕陵妃园寝内。六月,缅甸奉表称臣纳贡。命两广总督孙士毅赴广西龙州办理安南王眷内投事宜。七月,命四川总督李世杰、提督成德调兵入藏抵御廓尔喀的入侵。八月,同意孙士毅先期调兵预备出征安南的建议。九月,令许世亨带官员 3000 名,择期出兵安南又命巴忠入藏经略一切事务。十月,批准孙士毅率兵征安南。十一月,清军进抵黎城,黎维祁复国。十二月,谕孙士毅退兵。

乾隆五十四年(**1789 年,79 岁**)

正月,阮文惠率部败清军。福康安受命往广西取代孙士毅。乾隆决定扶持阮文惠。三月,命福康安代表清朝接受阮文惠的输诚议和。四月,西藏僧俗当权者以每年赔款银元宝 300 个求廓尔喀退兵。五月,谕安南使臣阮光显一行于七月赶往热河参加赐宴。令黎维祁一体薙发,改用清朝服色。六月,册封阮文惠为安南国王,又命礼部员外郎成林往黎城宣旨册封。十一月,按朝鲜例,颁给安南《时宪书》。又开水口关以通贸易。

乾隆五十五年(**1790 年,80 岁**)

正月,第 4 次普免全国地丁钱粮。七月,在热河卷阿胜境接见安南国王阮文惠,两国重新恢复友好关系。十一月,尹壮图参奏"议罪银"制度获罪。

乾隆五十六年(**1791 年,81 岁**)

二月,免去尹壮图内阁大学士,以内阁侍读仍带革职留用,八年无过方准开发。九月,廓尔喀第 2 次犯境,命成都将军成德入藏,调福建水师提督奎林为驻藏大臣。又决定明年春厚集兵力,分路进讨。九月,决定西藏噶隆、戴绷、第巴等地方官员的任命权收归中央,由皇帝补放。十二月,革去鄂辉、成德总督、将军之职,以副都统衔戴罪立功。授福康安为大将军入藏抗击廓尔喀。

乾隆五十七年(1792 年,82 岁)

八月,以福康安击败廓尔喀第 2 次入侵,授武英殿大学士兼吏部尚书。九月,谕福康安撤兵前,应与廓尔喀申明约束,定立地界。批准在西藏创立"金奔巴"制度挑选转世灵童。十一月,谕福康安整顿西藏地方武装。十二月,批准有关西藏《筹酌善后章程》6 条。

乾隆五十八年(1793 年,83 岁)

二月,英马嘎尔尼使团来访,降谕沿海各省以"夷邦"贡船例处理。五月,定在热河行宫接见英使马嘎尔尼。八月,在避暑山庄万树园接见英正副使及缅甸贡使,并以《敕谕英吉利国王》一信交付英使,作为对英方 8 项要求的回答。九月,派松筠护送英使马嘎尔尼至广州。

乾隆五十九年(1794 年,84 岁)

二月,以石柳邓等领导湘黔苗民起义,命云贵总督福康安、四川总督和琳、原湖广总督福宁分 3 路会剿。八月,普免全国漕粮。九月,清军镇压了苗民起义,降旨封福康安为贝子,和琳为一等宣勇伯。十二月,诏免天下积欠,除钱粮外,包括灶户盐课及云南铜厂课等项。是年,全国人口共三亿一千三百万人。

乾隆六十年(1795 年,85 岁)

正月,豁免被查抄官员"无力完缴者"的未缴银两。九月御勤政殿召集诸皇子皇孙及王公大臣,宣布皇十五子永琰为太子,明年改元嘉庆。永琰改名颙琰,移居毓庆宫,生母由懿皇贵妃赠孝仪皇后。十月,定明年传位,称太上皇,新皇帝称嗣皇帝。又令明年第 5 次普免全国地丁钱粮,命宝泉、宝源 2

局钱文乾隆、嘉庆年号对半分铸。闽浙总督伍拉纳、福建巡抚浦霖因贪赃被处死。

嘉庆元年（1796年，86岁）

正月，御太和殿授颙琰皇帝之宝，又御寿宁宫、皇极殿举行千叟宴。三月，以川楚白莲教起义，命湖广总督毕沅、湖北巡抚惠龄及西安将军恒瑞、热河总管鄂辉、副都统永保等前往镇压。八月，以福康安、和琳相继病没，命广州将军明亮、提督鄂辉赴军营接替。九月，命陕西巡抚泰承恩、四川总督英善进攻川东白莲教。十一月，斥永保不力，逮捕下狱，命惠龄总统进剿军务。

嘉庆二年（1797年，87岁）

五月，斥惠龄不力，夺官衔世职，由宜绵总统军务。八月，阿桂死，命和珅任首席军机大臣。十月，命宜绵回任陕甘总督，以湖广总督勒保总统军务。

嘉庆三年（1798年，88岁）

三月，义军首领王聪儿、姚之富兵败投崖死。

嘉庆四年（1799年，89岁）

正月三日，乾隆去世。八日，嘉庆降谕逮捕和珅、福长安。十五日，宣布和珅20条罪状，十八日赐和珅自尽。查抄和珅家产"累至数十百万"。四月，谥乾隆为高宗纯皇帝。九月，葬于裕陵。

责任编辑:于宏雷

图书在版编目(CIP)数据

乾隆传/唐文基,罗庆四 著. -2 版. —北京:人民出版社,2015.3
 (2021.2 重印)
 (中国历代帝王传记)
ISBN 978－7－01－014454－2

Ⅰ.①乾…　Ⅱ.①唐…②罗…　Ⅲ.①乾隆帝(1711～1799)－传记
Ⅳ.①K827＝49

中国版本图书馆 CIP 数据核字(2015)第 019161 号

乾 隆 传
QIANLONG ZHUAN

唐文基　罗庆四　著

人民出版社 出版发行
(100706　北京市东城区隆福寺街 99 号)

北京新华印刷有限公司印刷　新华书店经销

2015 年 3 月第 2 版　2021 年 2 月北京第 2 次印刷
开本:850 毫米×1168 毫米 1/32　字数:367 千字　印张:15.75

ISBN 978－7－01－014454－2　定价:62.00 元

邮购地址 100706　北京市东城区隆福寺街 99 号
人民东方图书销售中心　电话 (010)65250042　65289539